Triads

of the

Harmonic Minor Scale

on Guitar

Copyright © 2022 Alexander Badiarov

- https://www.youtube.com/c/jazzguitartranscriptions
- https://www.instagram.com/panzerschwein

PayPal: elexandor@gmx.net // BUSD (BEP20): 0xEd979ad7E9d7E3f6f7cB7c2830aA2ae1DfBB1A6D

panzerschwein@gmx.de // Cologne, Germany

Feb 2022

~ Table Of Contents ~

~ C harmonic minor ~

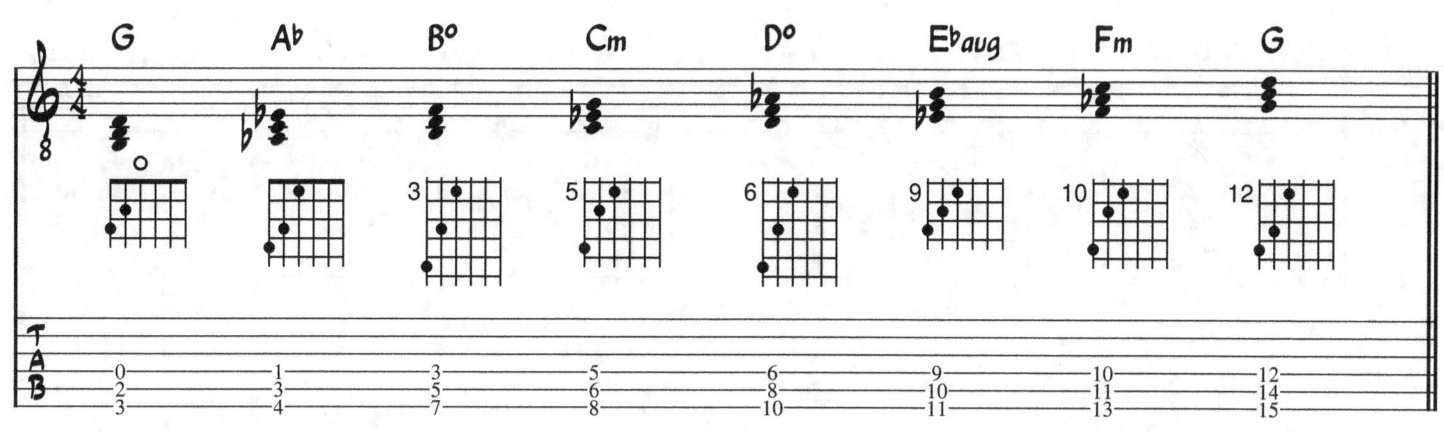

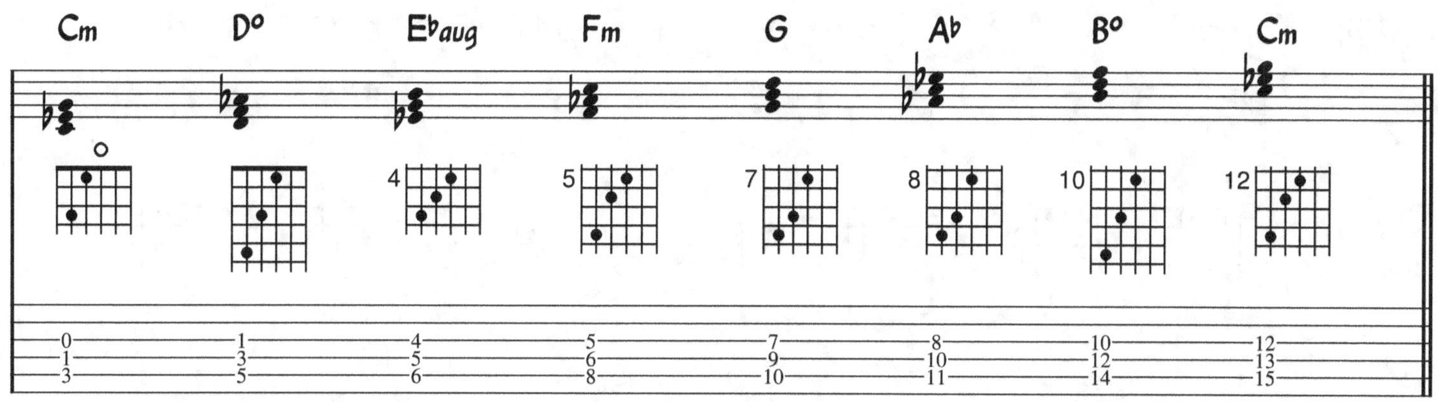

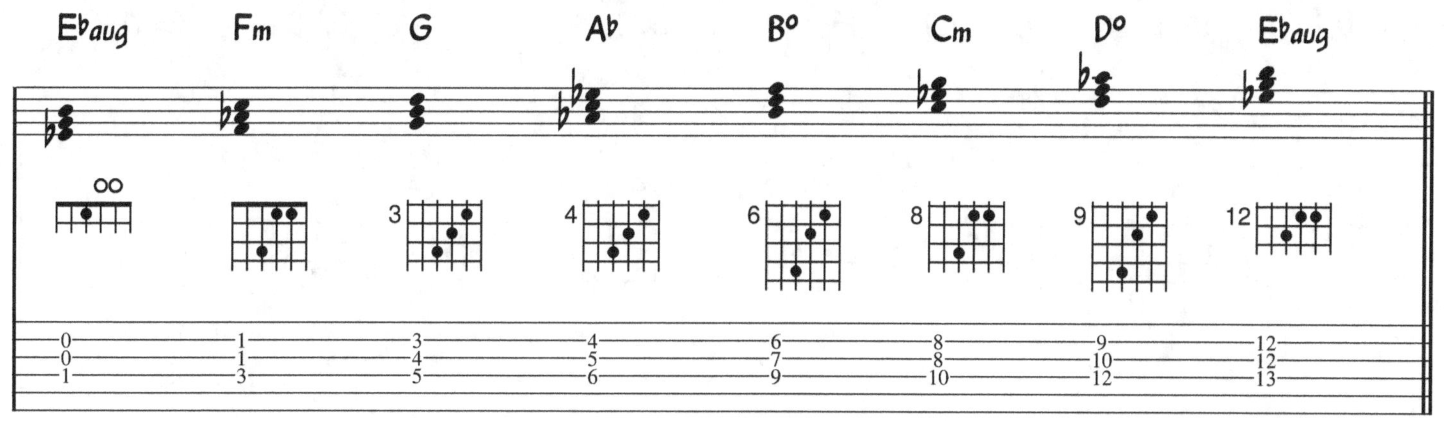

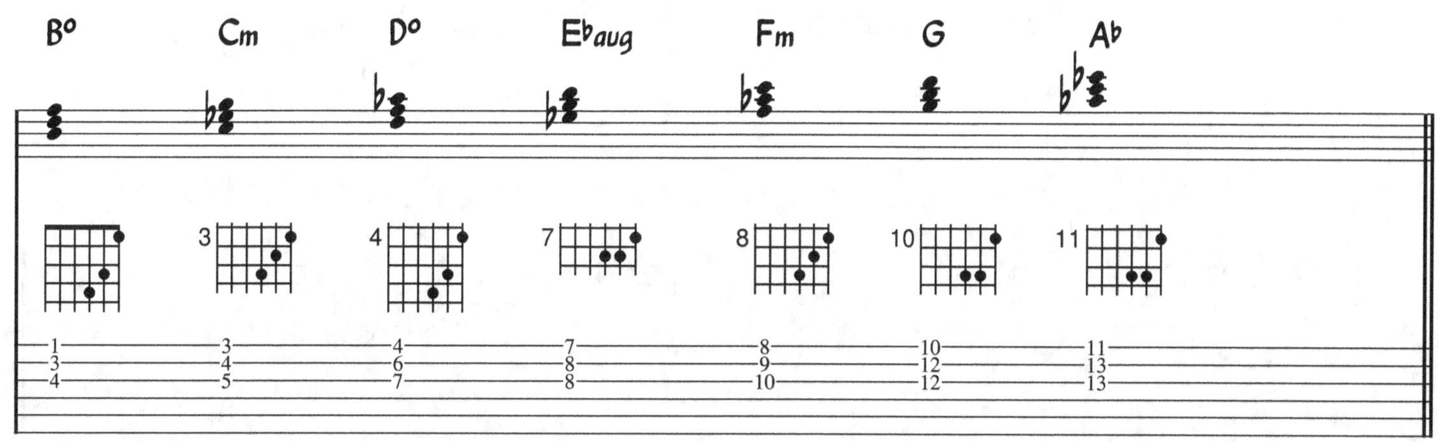

E♭aug/G   Fm/A♭   G/B   A♭/C   B°/D   Cm/E♭   D°/F
G/B   A♭/C   B°/D   Cm/E♭   D°/F   E♭aug/G   Fm/A♭   G/B
Cm/E♭   D°/F   E♭aug/G   Fm/A♭   G/B   A♭/C   B°/D   Cm/E♭
Fm/A♭   G/B   A♭/C   B°/D   Cm/E♭   D°/F   E♭aug/G

B°/F Cm/G D°/A♭ E♭aug/B Fm/C G/D A♭/E♭ B°/F
E♭aug/B Fm/C G/D A♭/E♭ B°/F Cm/G D°/A♭ E♭aug/B
G/D A♭/E♭ B°/F Cm/G D°/A♭ E♭aug/B Fm/C G/D
D°/A♭ E♭aug/B Fm/C G/D A♭/E♭ B°/F Cm/G

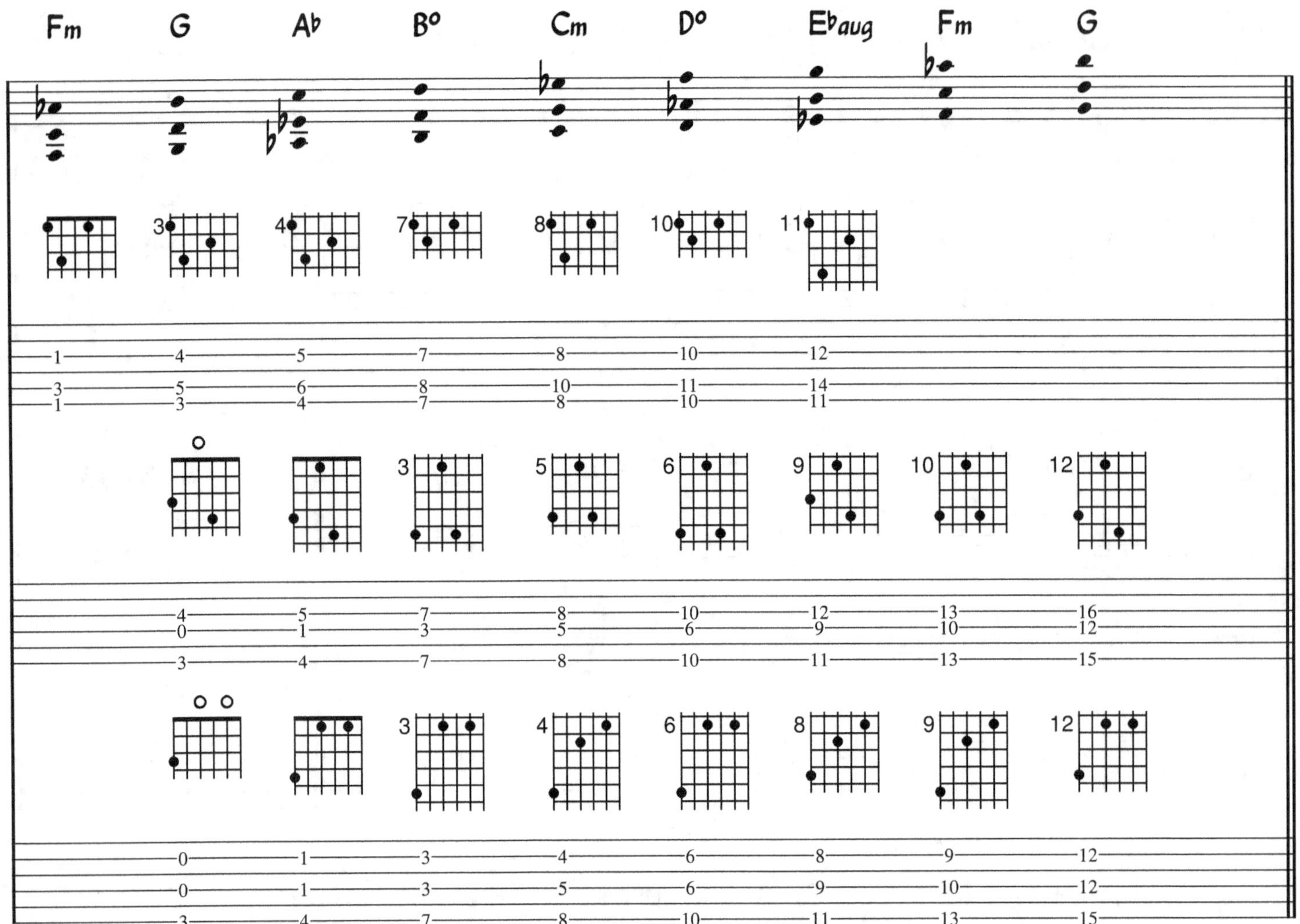

Fm
G
Ab
Bo
Cm
Do
Ebaug
Fm
G

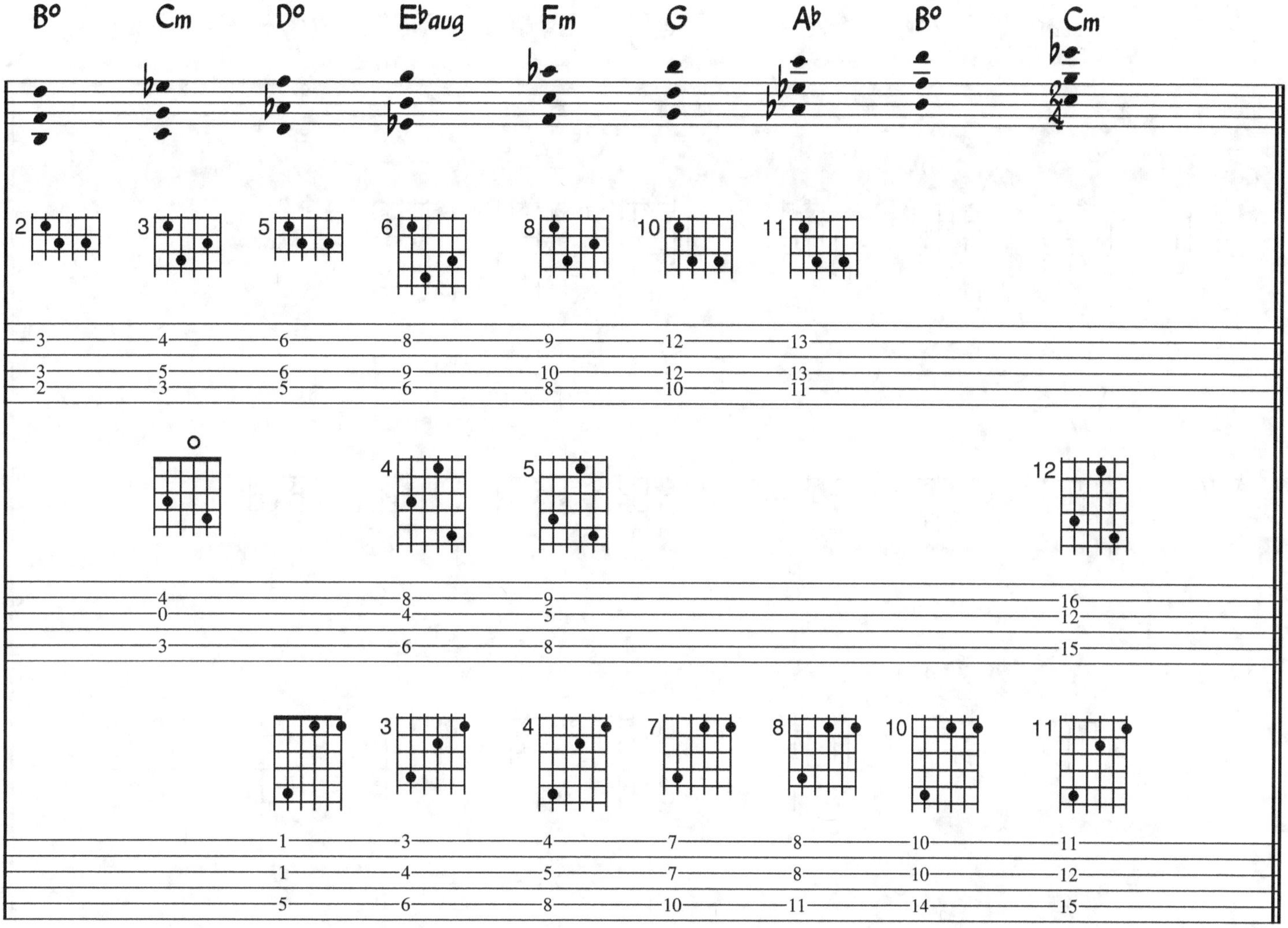

B° Cm D° E♭aug Fm G A♭ B° Cm
D° E♭aug Fm G A♭ B° Cm D° E♭aug

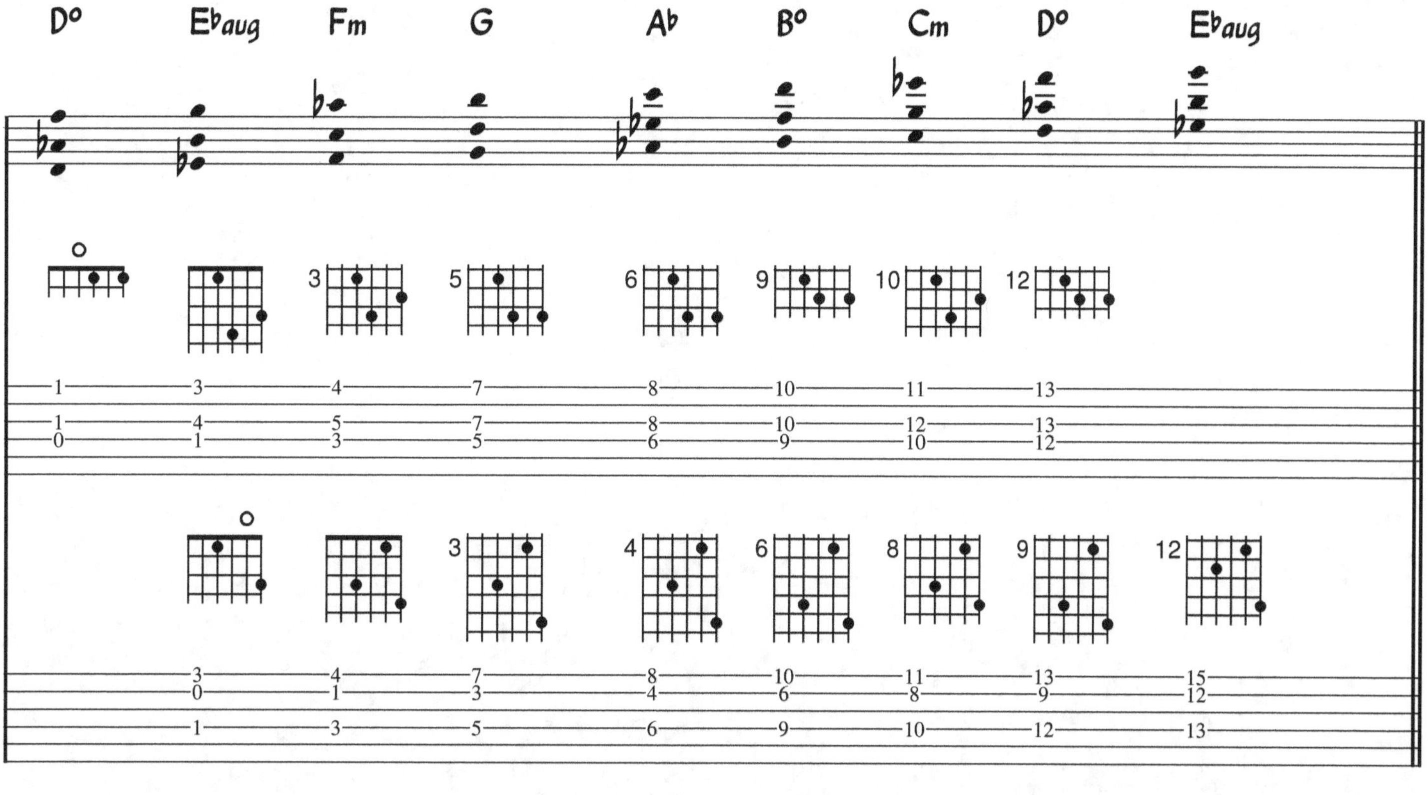

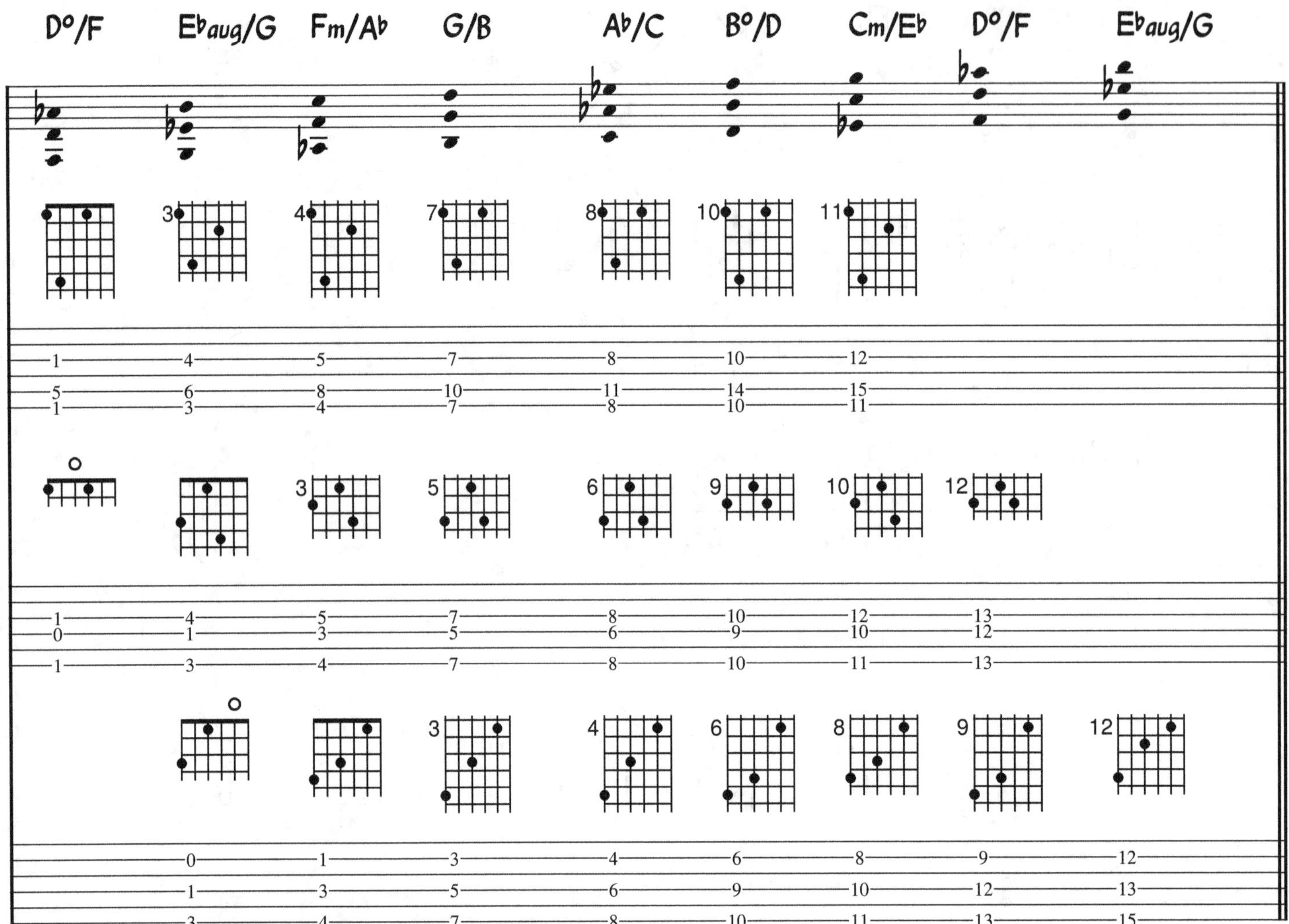
D°/F
E♭aug/G
Fm/A♭
G/B
A♭/C
B°/D
Cm/E♭
D°/F
E♭aug/G

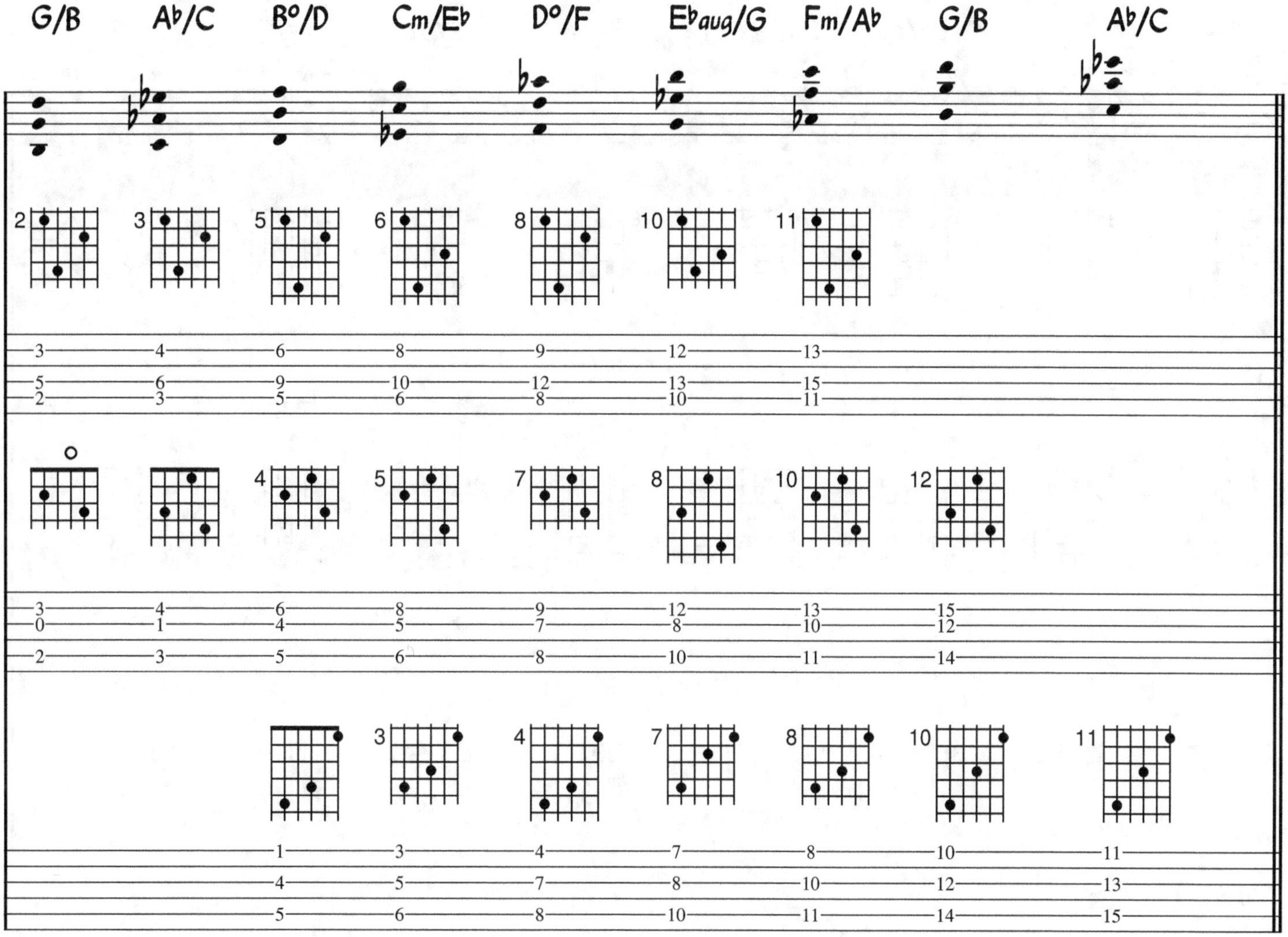

G/B A♭/C B°/D Cm/E♭ D°/F E♭aug/G Fm/A♭ G/B A♭/C

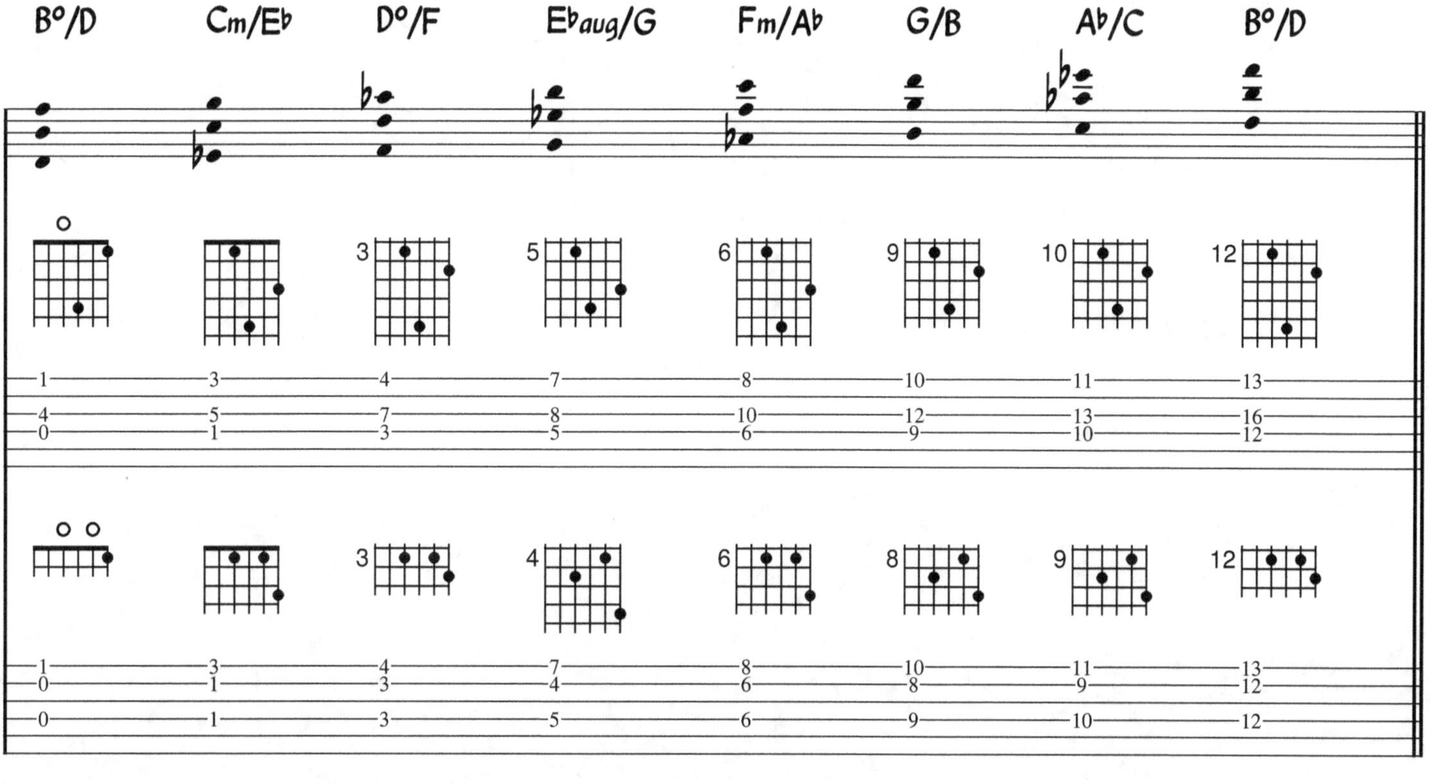

B°/D Cm/E♭ D°/F E♭aug/G Fm/A♭ G/B A♭/C B°/D

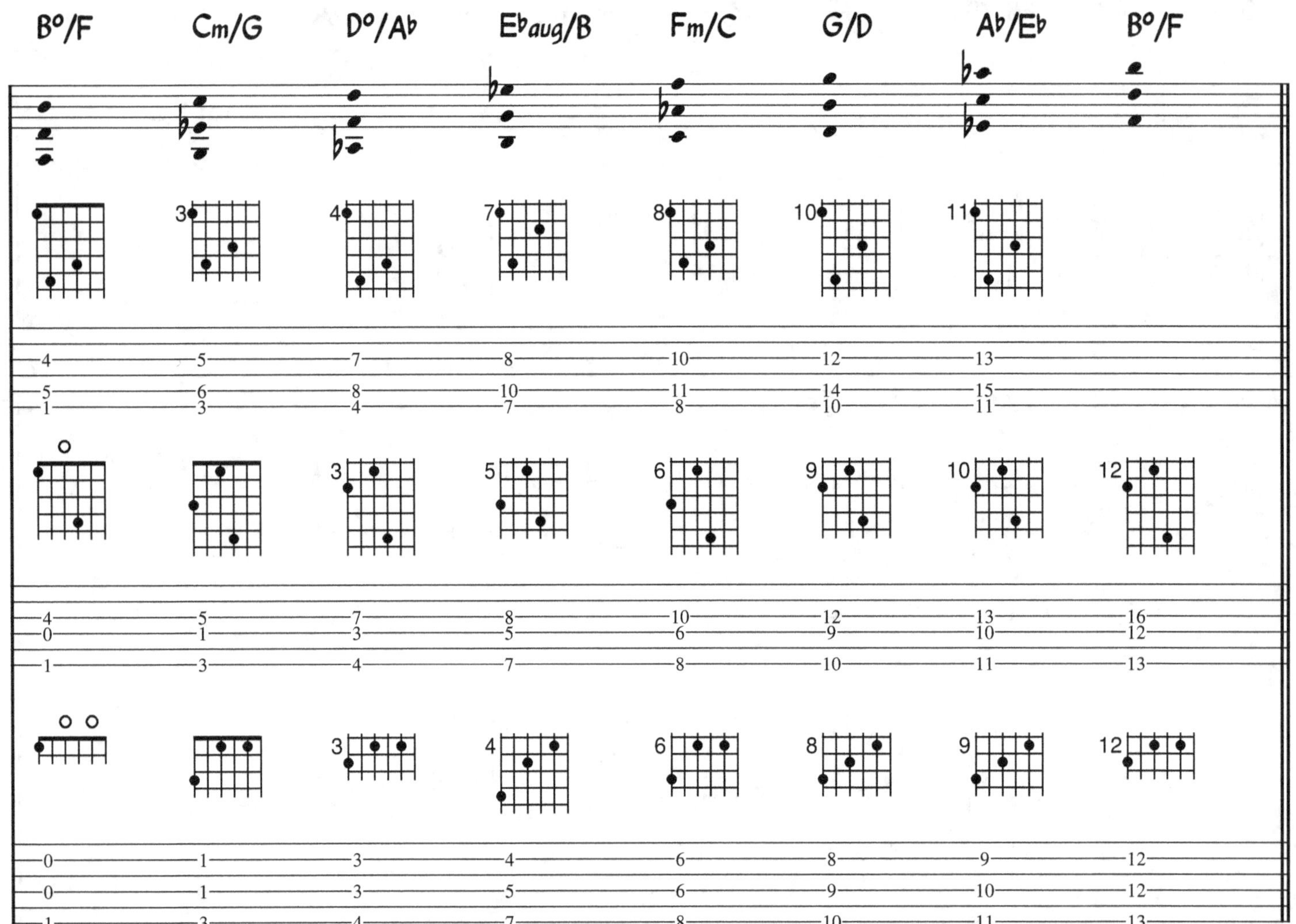

B°/F   Cm/G   D°/A♭   E♭aug/B   Fm/C   G/D   A♭/E♭   B°/F

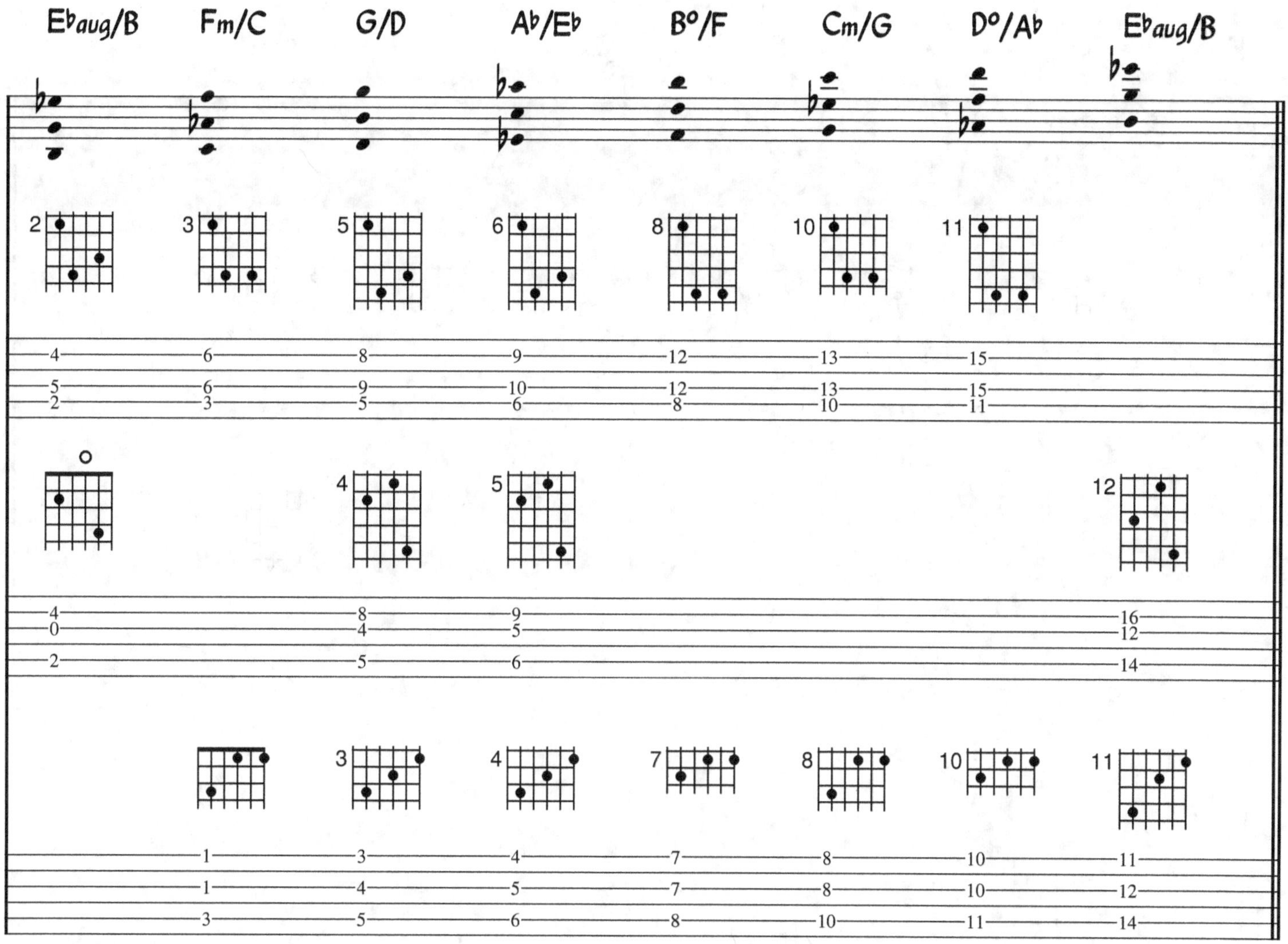

E♭aug/B
Fm/C
G/D
A♭/E♭
B°/F
Cm/G
D°/A♭
E♭aug/B

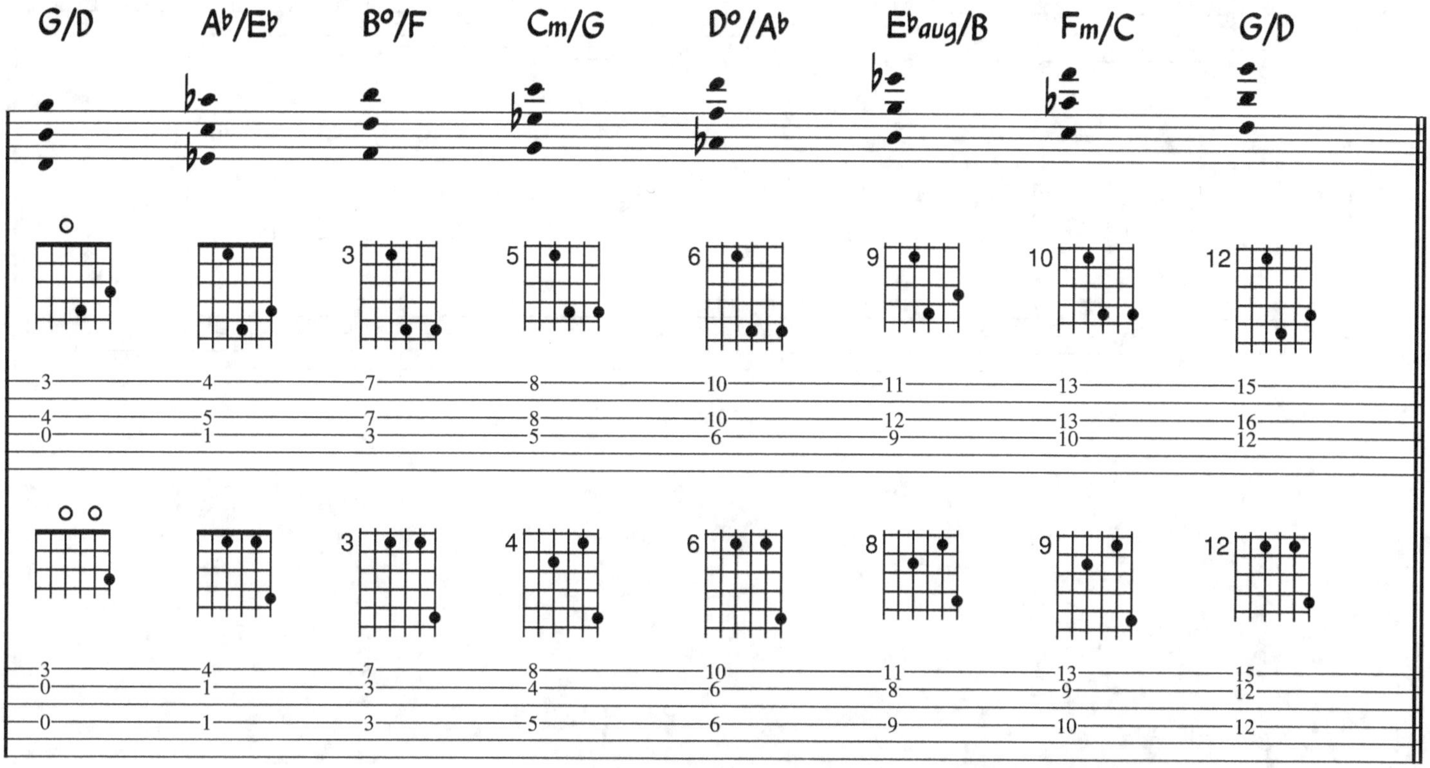

G/D
A♭/E♭
B°/F
Cm/G
D°/A♭
E♭aug/B
Fm/C
G/D

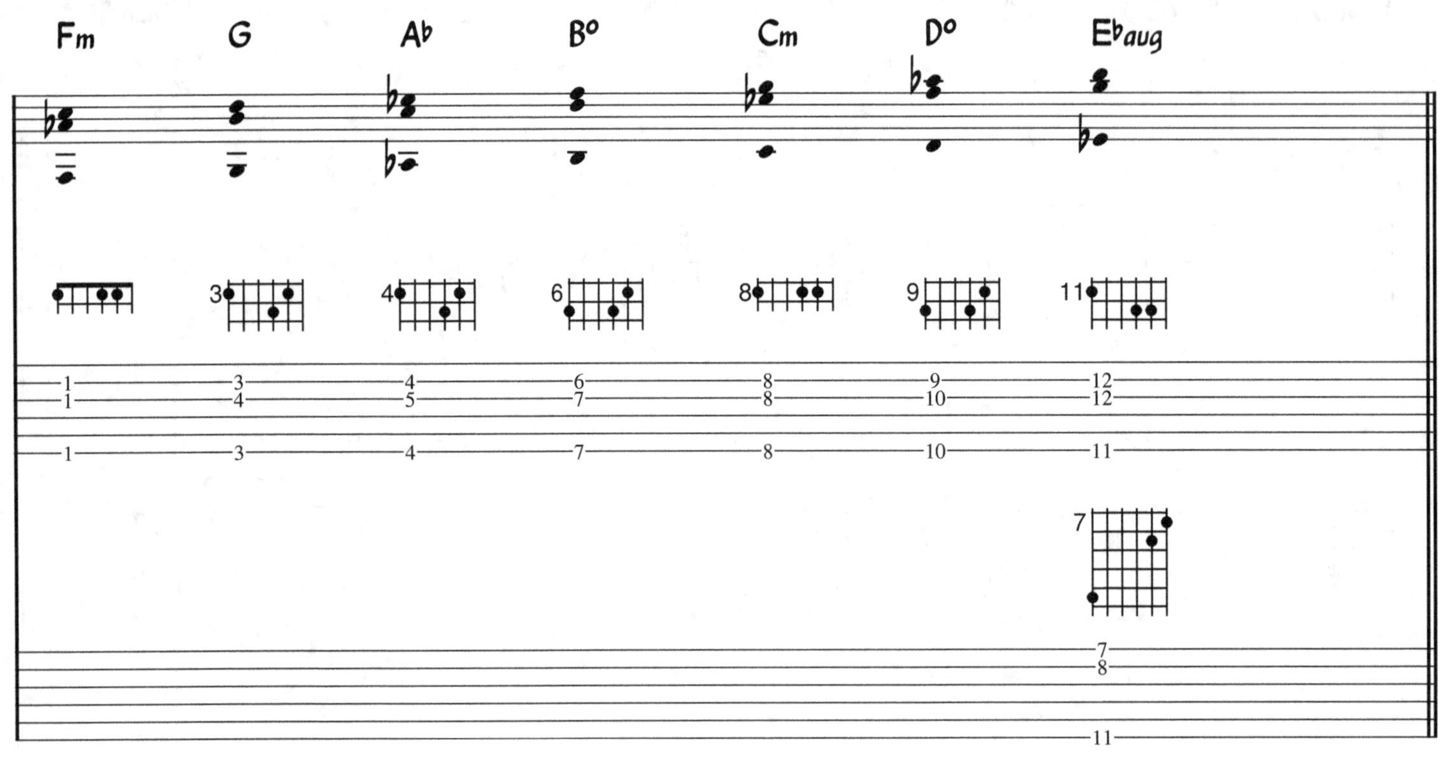

Fm
G
Ab
Bo
Cm
Do
Ebaug

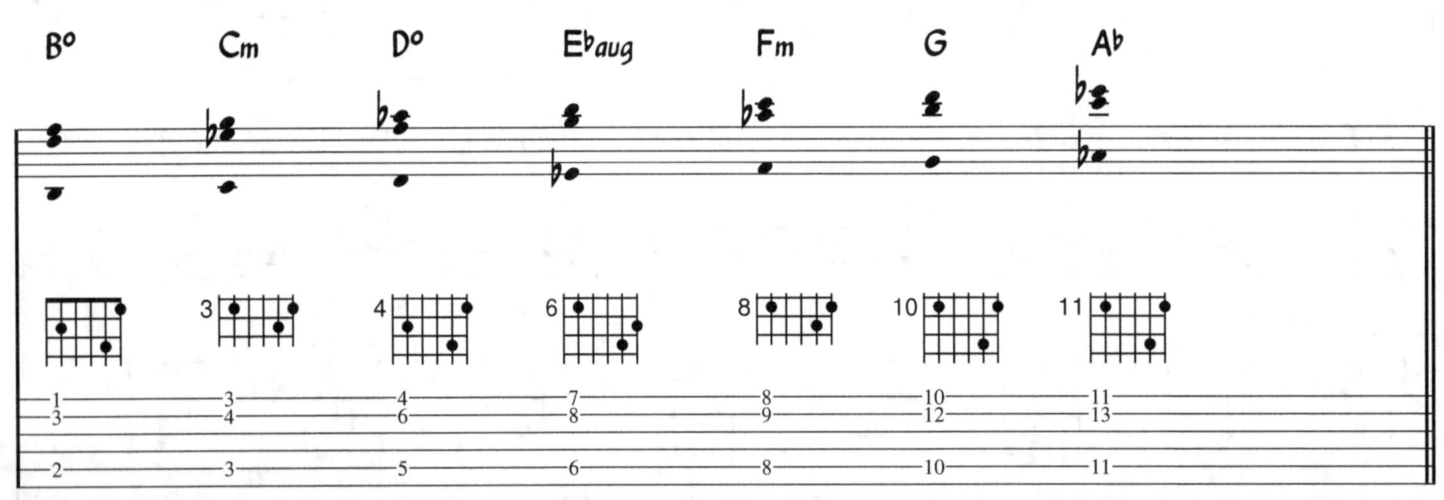

Bo
Cm
Do
Ebaug
Fm
G
Ab

D°/F   Eᵇaug/G   Fm/Aᵇ   G/B   Aᵇ/C   B°/D   Cm/Eᵇ   D°/F   Eᵇaug/G

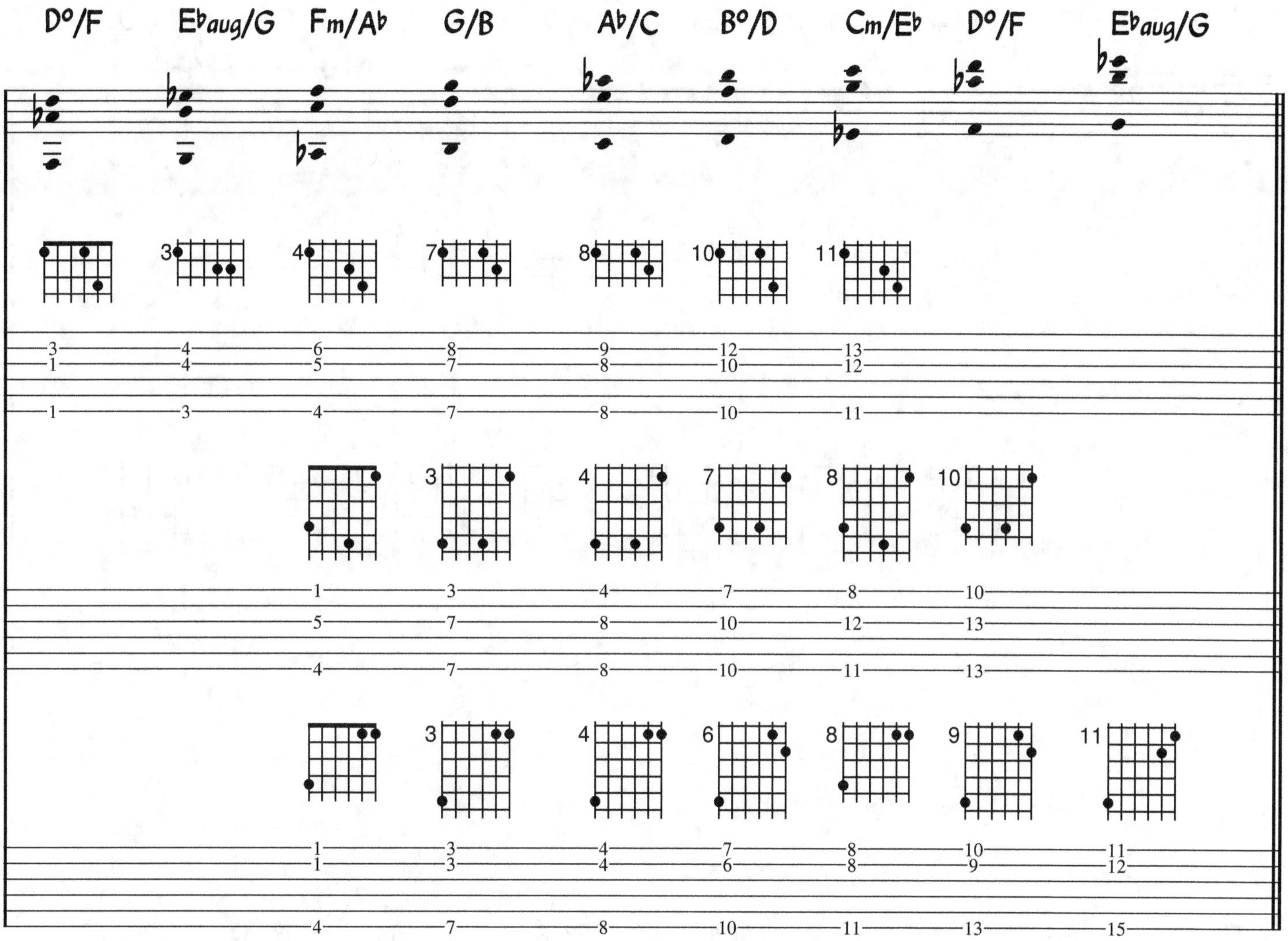

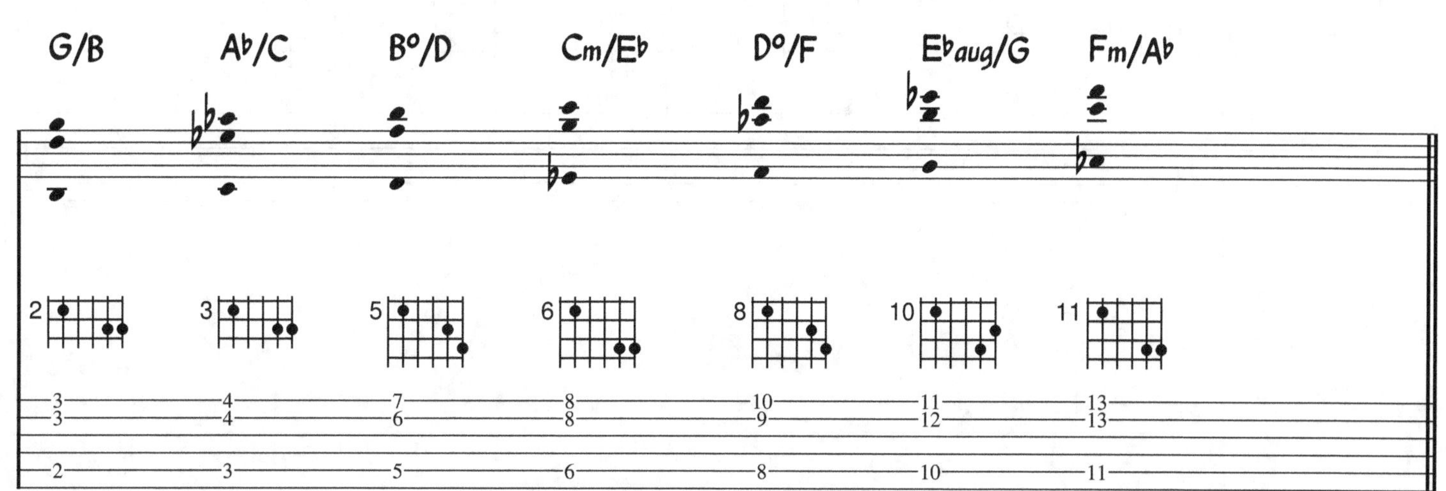

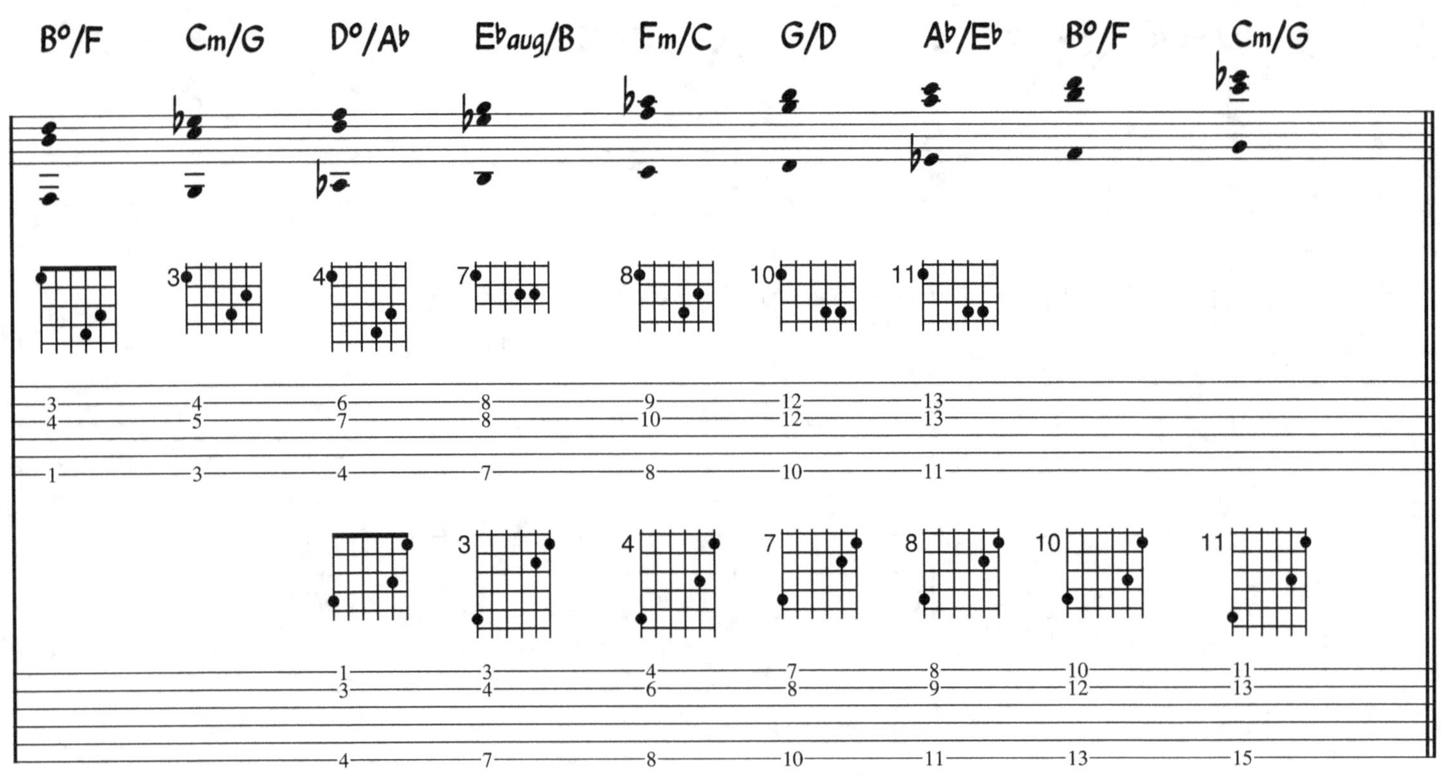

B°/F   Cm/G   D°/Ab   Ebaug/B   Fm/C   G/D   Ab/Eb   B°/F   Cm/G
Ebaug/B   Fm/C   G/D   Ab/Eb   B°/F   Cm/G   D°/Ab

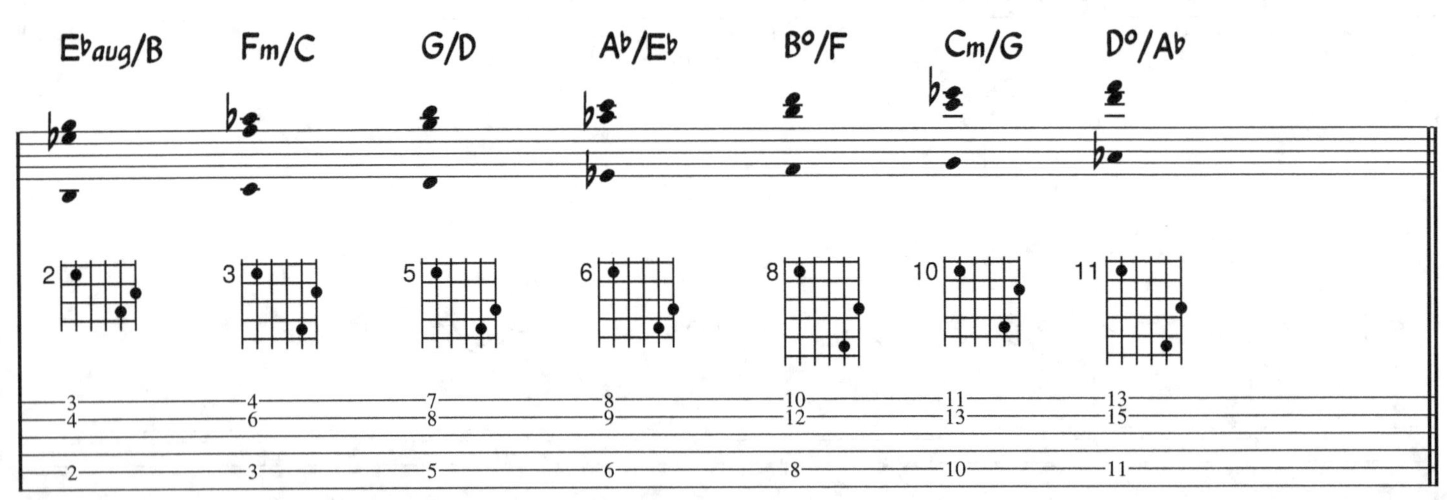

Ebaug/B   Fm/C   G/D   Ab/Eb   B°/F   Cm/G   D°/Ab

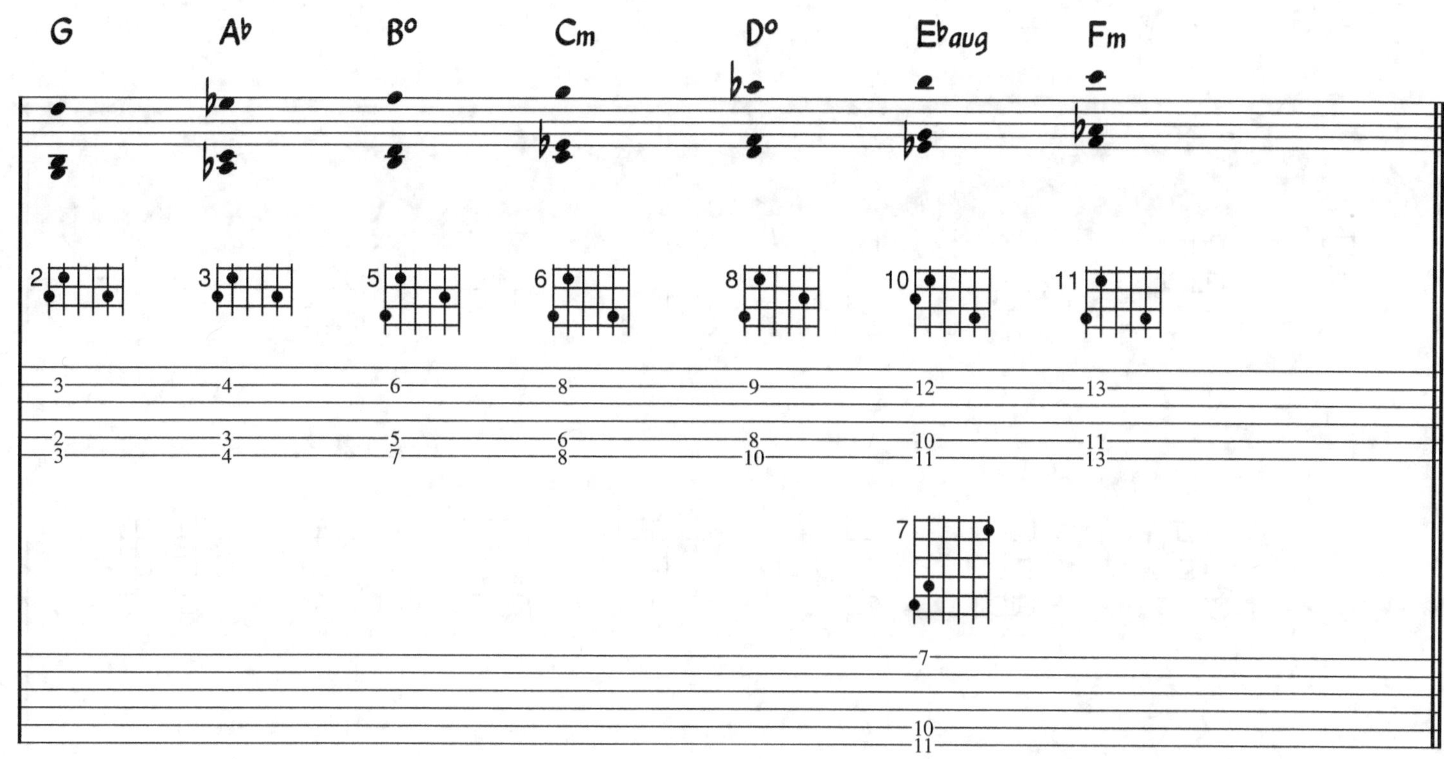

G
A♭
B°
Cm
D°
E♭aug
Fm
2
3
5
6
8
10
11
7

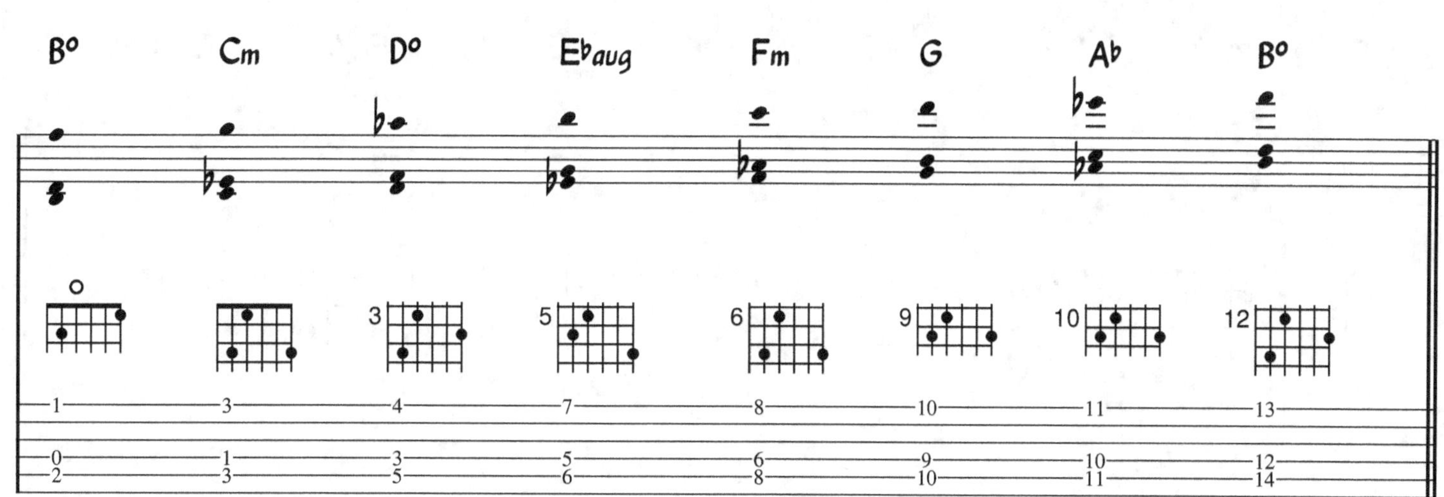

B°
Cm
D°
E♭aug
Fm
G
A♭
B°
3
5
6
9
10
12

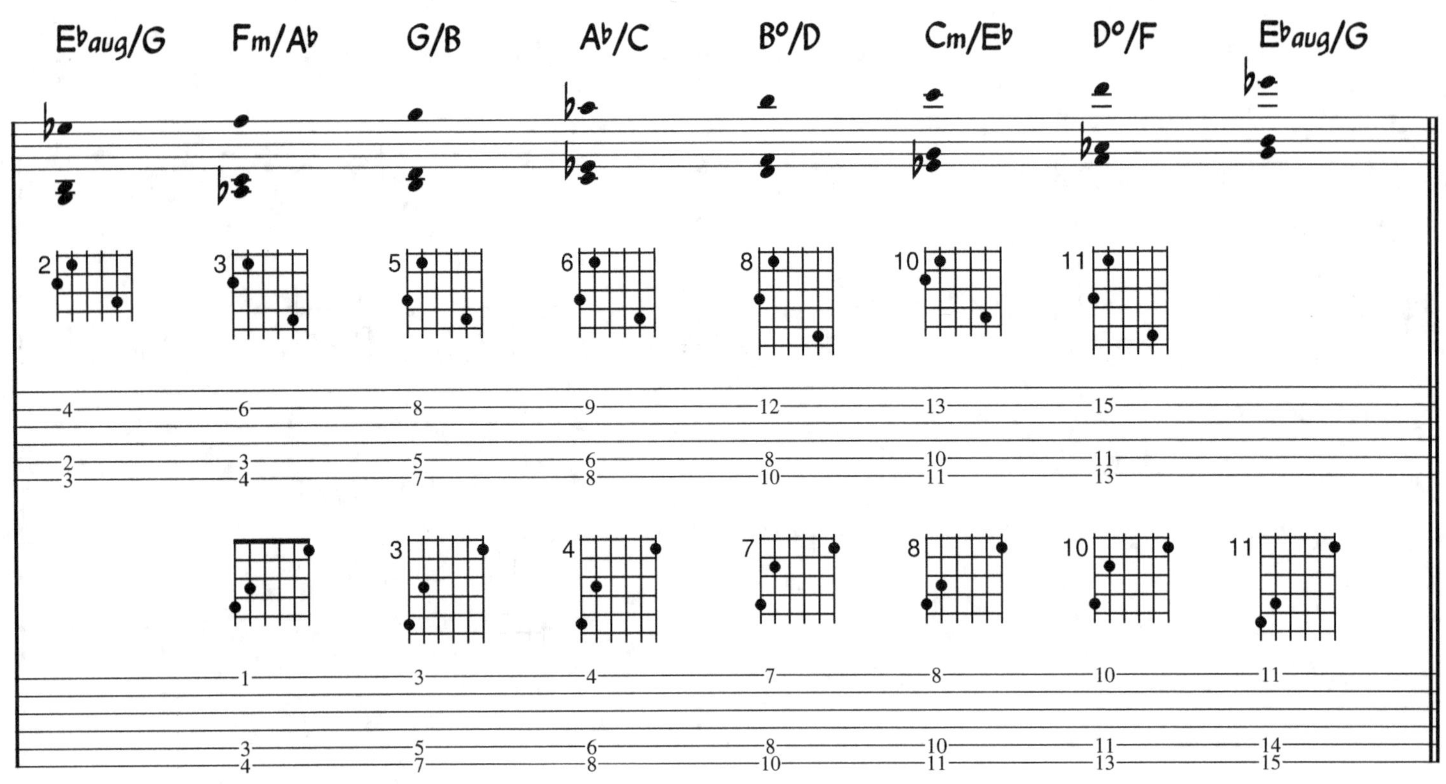

E♭aug/G
Fm/A♭
G/B
A♭/C
B°/D
Cm/E♭
D°/F
E♭aug/G

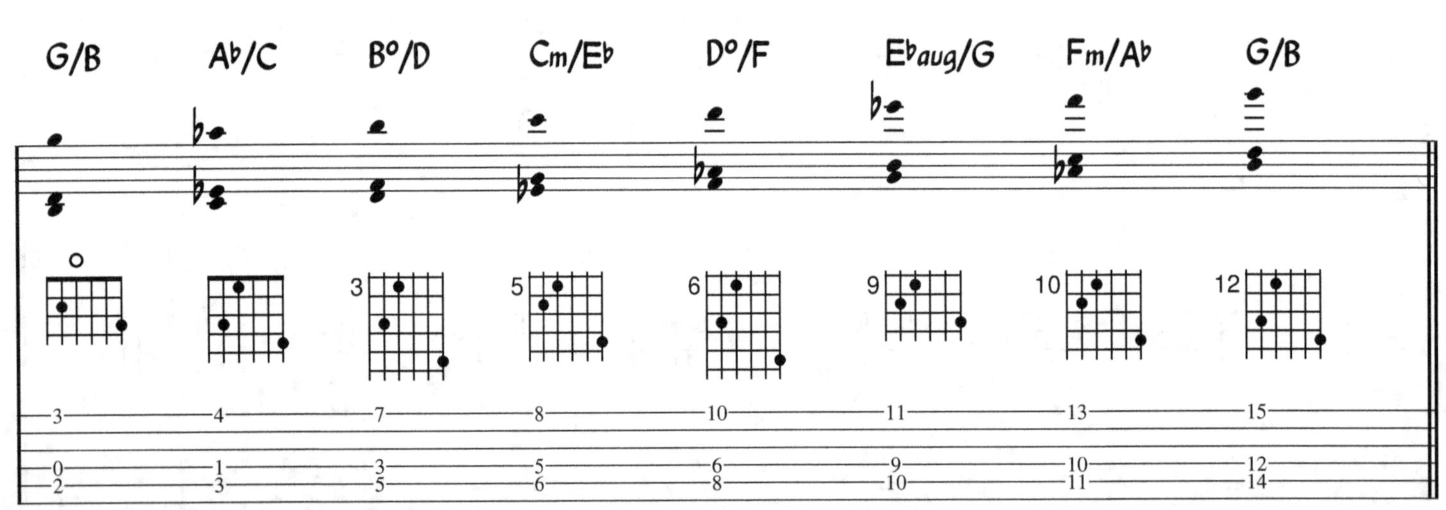

G/B
A♭/C
B°/D
Cm/E♭
D°/F
E♭aug/G
Fm/A♭
G/B

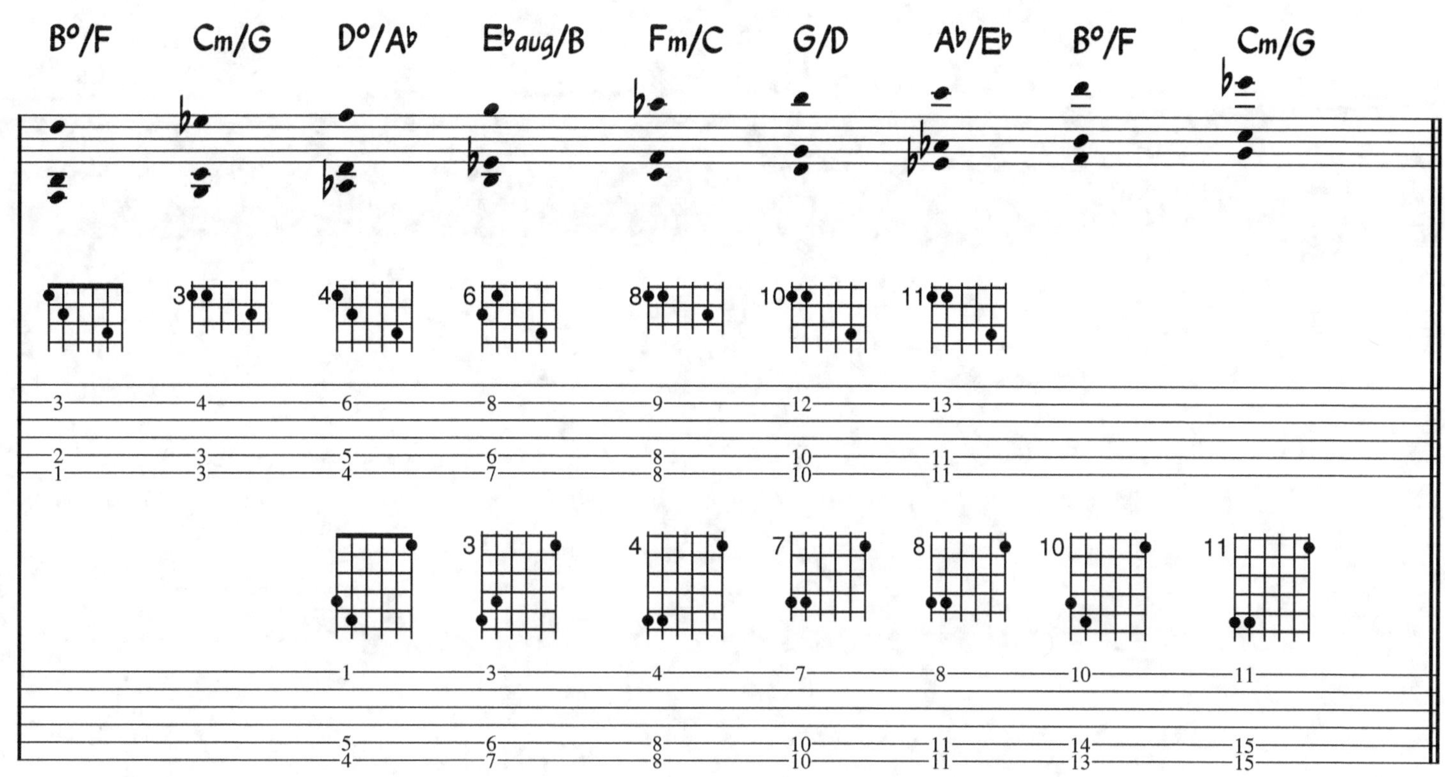
B°/F
Cm/G
D°/A♭
E♭aug/B
Fm/C
G/D
A♭/E♭
B°/F
Cm/G

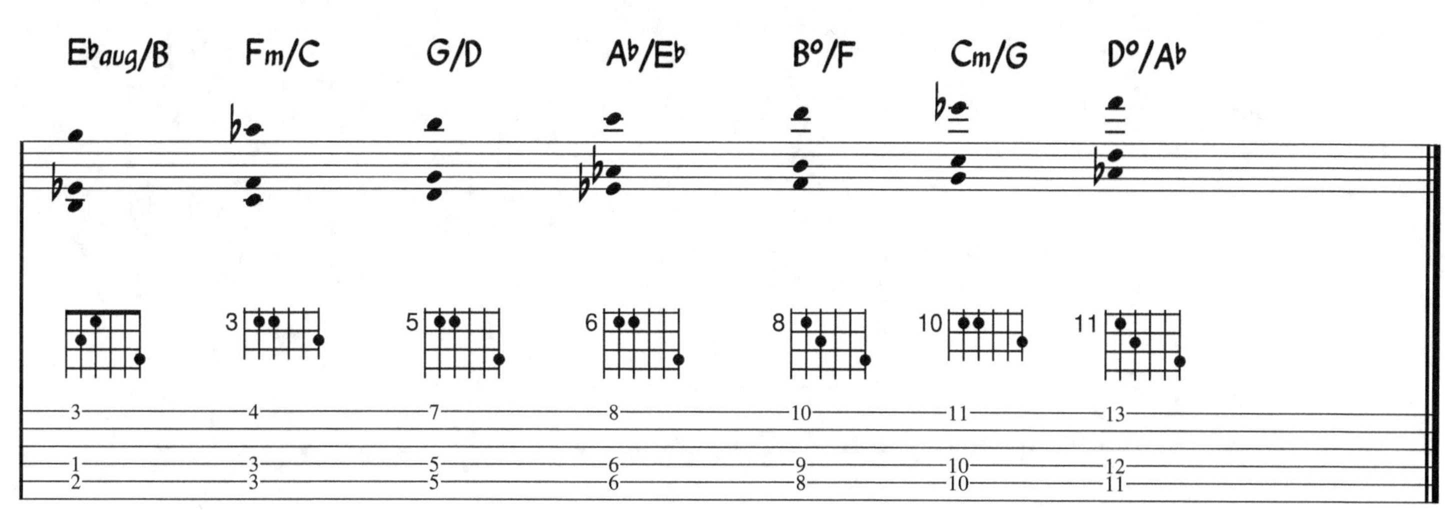
E♭aug/B
Fm/C
G/D
A♭/E♭
B°/F
Cm/G
D°/A♭

~ G harmonic minor ~

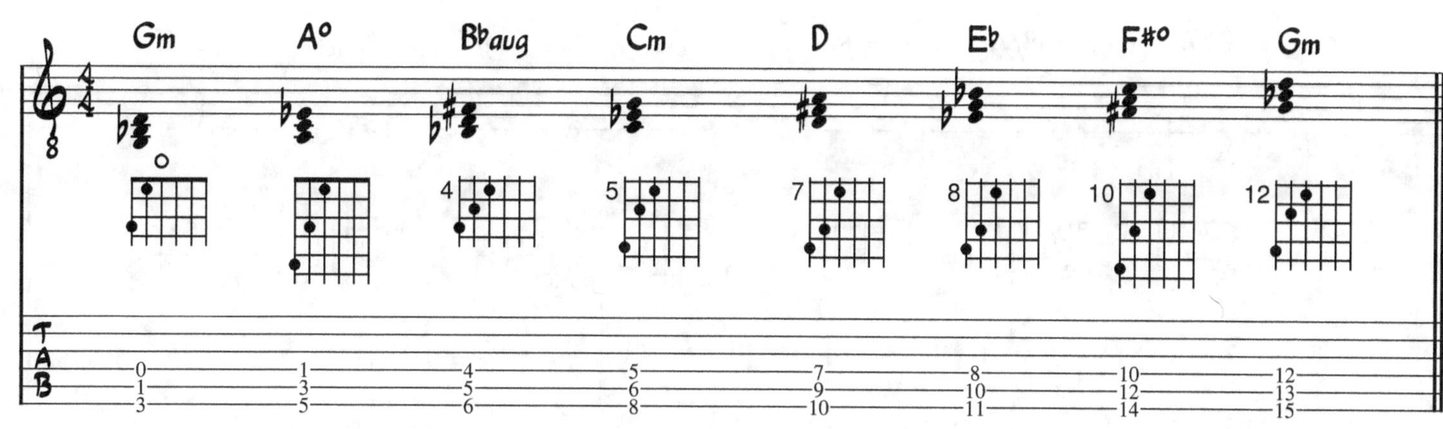

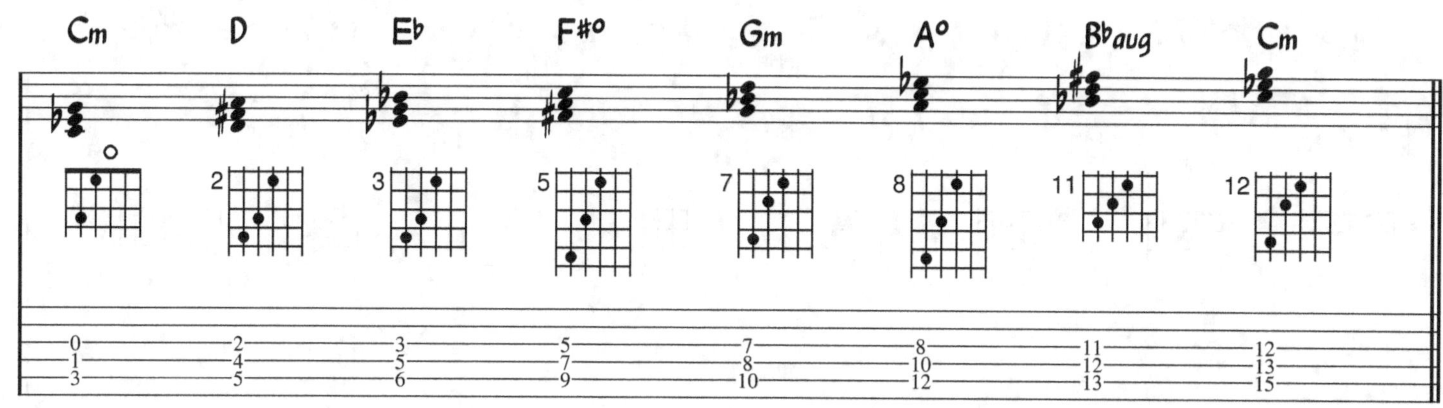

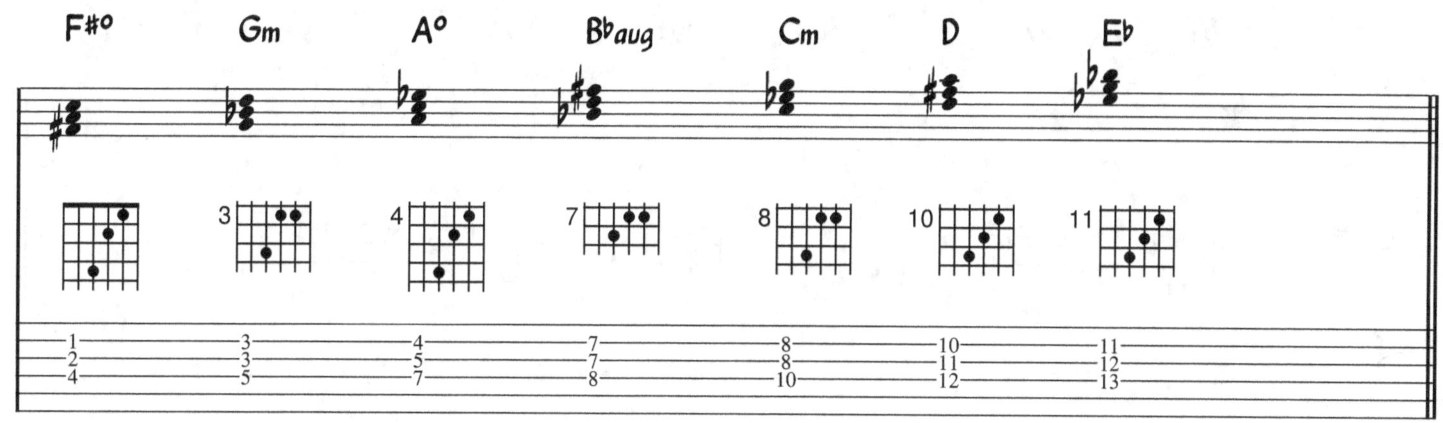

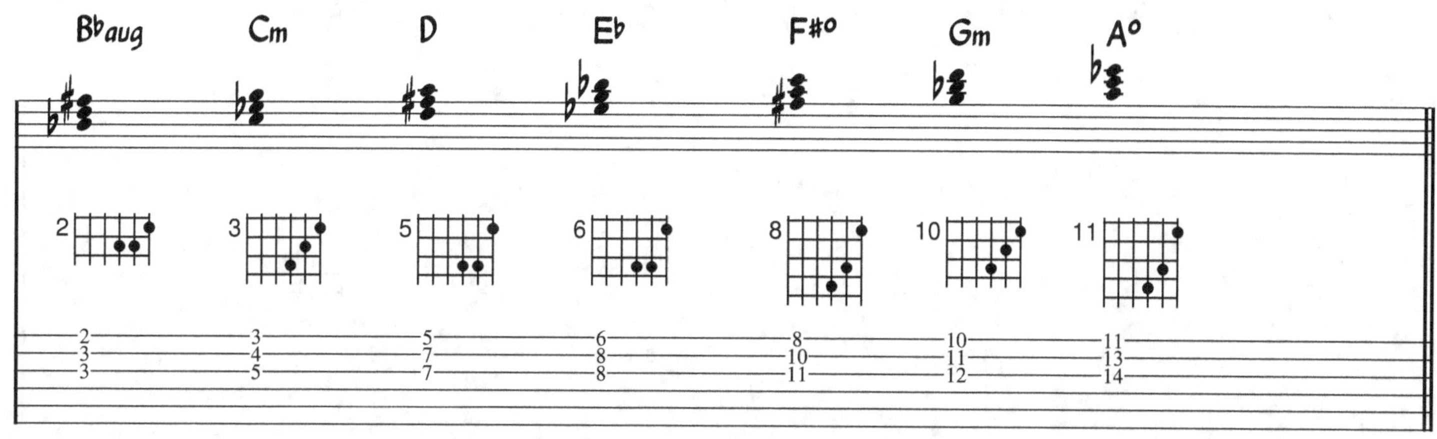

1st inv.

D/F#   Eb/G   F#o/A   Gm/Bb   Ao/C   Bbaug/D   Cm/Eb   D/F#
Gm/Bb   Ao/C   Bbaug/D   Cm/Eb   D/F#   Eb/G   F#o/A   Gm/Bb
Cm/Eb   D/F#   Eb/G   F#o/A   Gm/Bb   Ao/C   Bbaug/D   Cm/Eb
F#o/A   Gm/Bb   Ao/C   Bbaug/D   Cm/Eb   D/F#   Eb/G

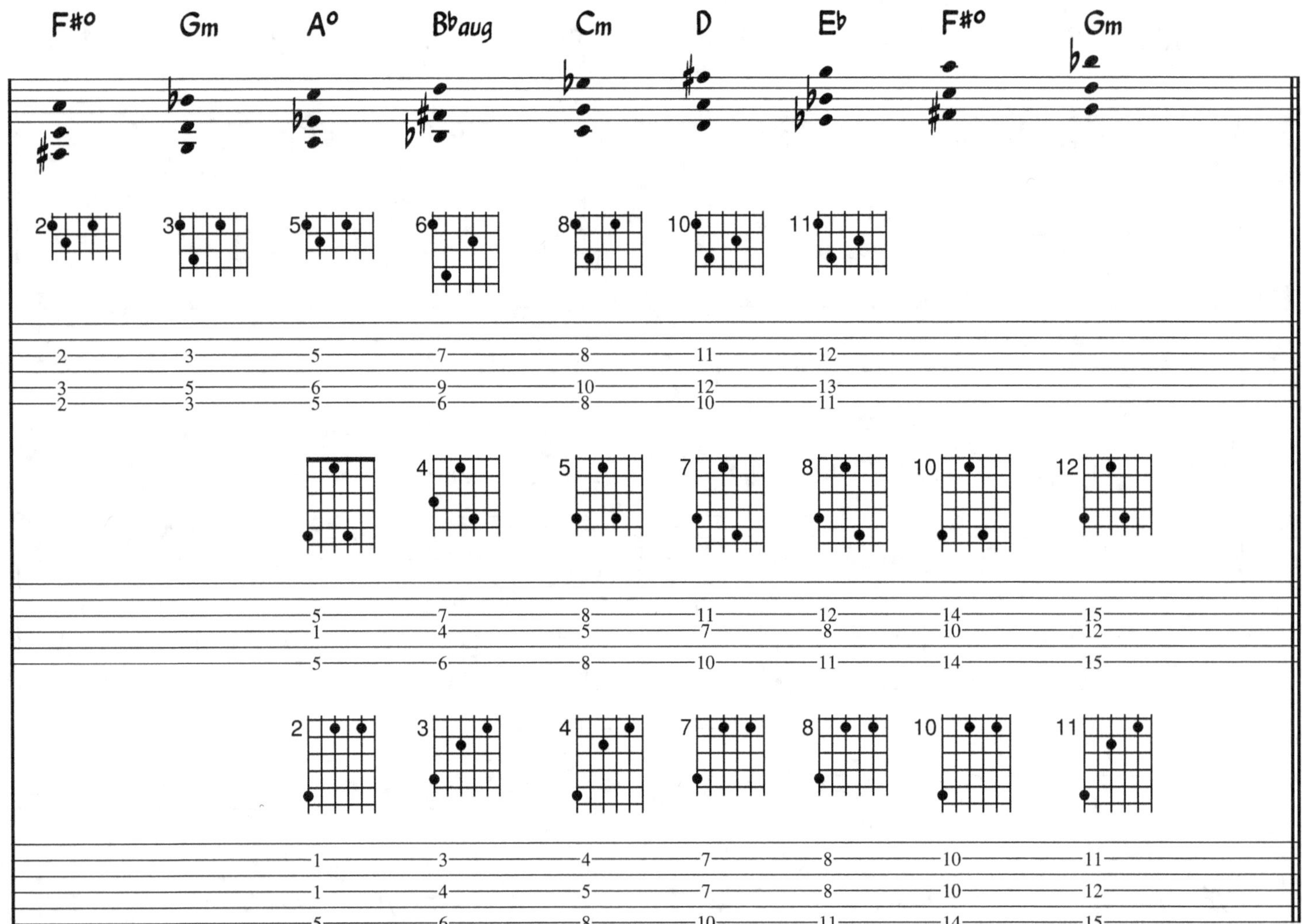

F#°   Gm   A°   Bbaug   Cm   D   Eb   F#°   Gm

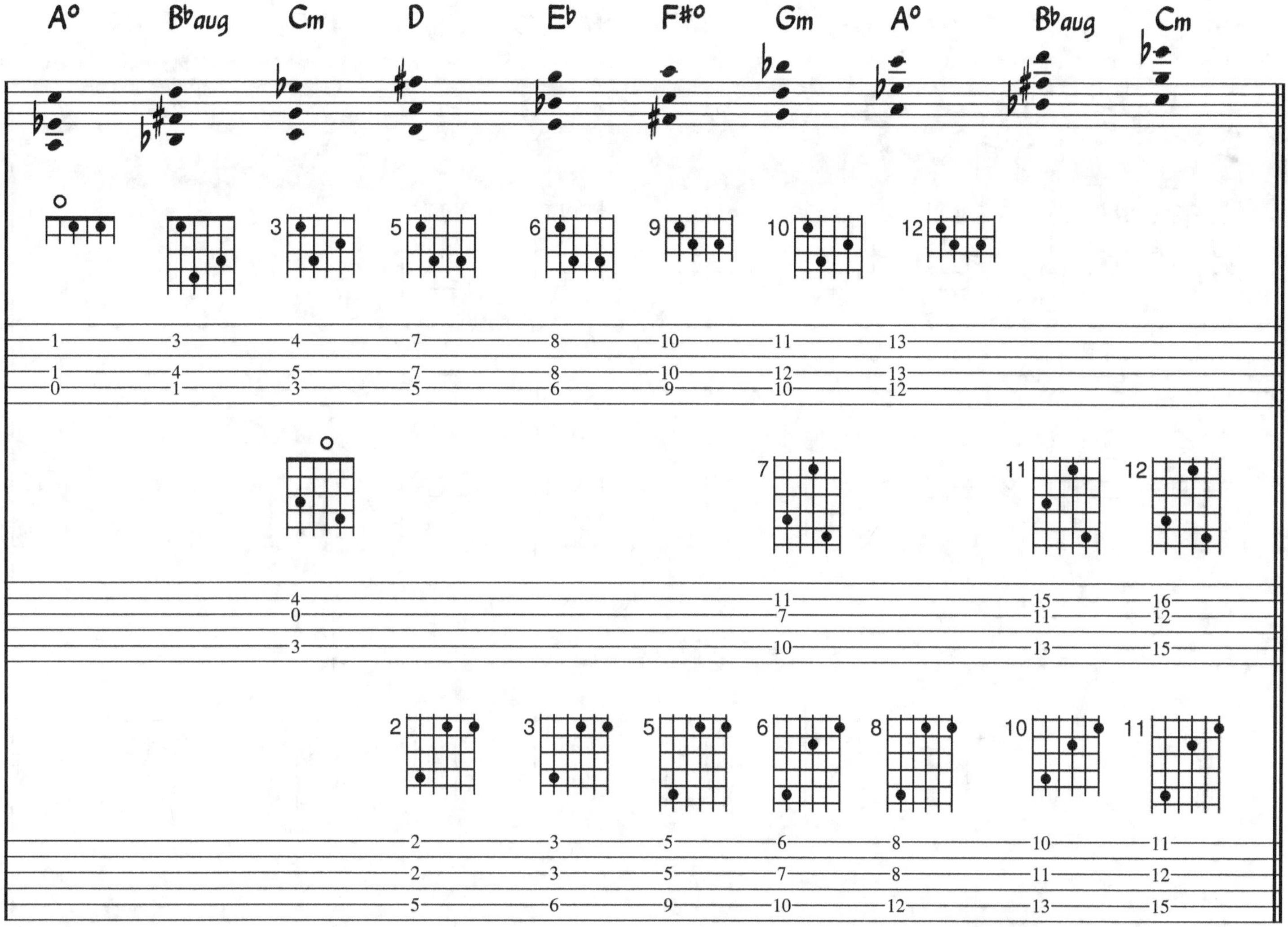

A°
B♭aug
Cm
D
E♭
F#°
Gm
A°
B♭aug
Cm
D
E♭
F#°
Gm
A°
B♭aug
Cm
D
E♭

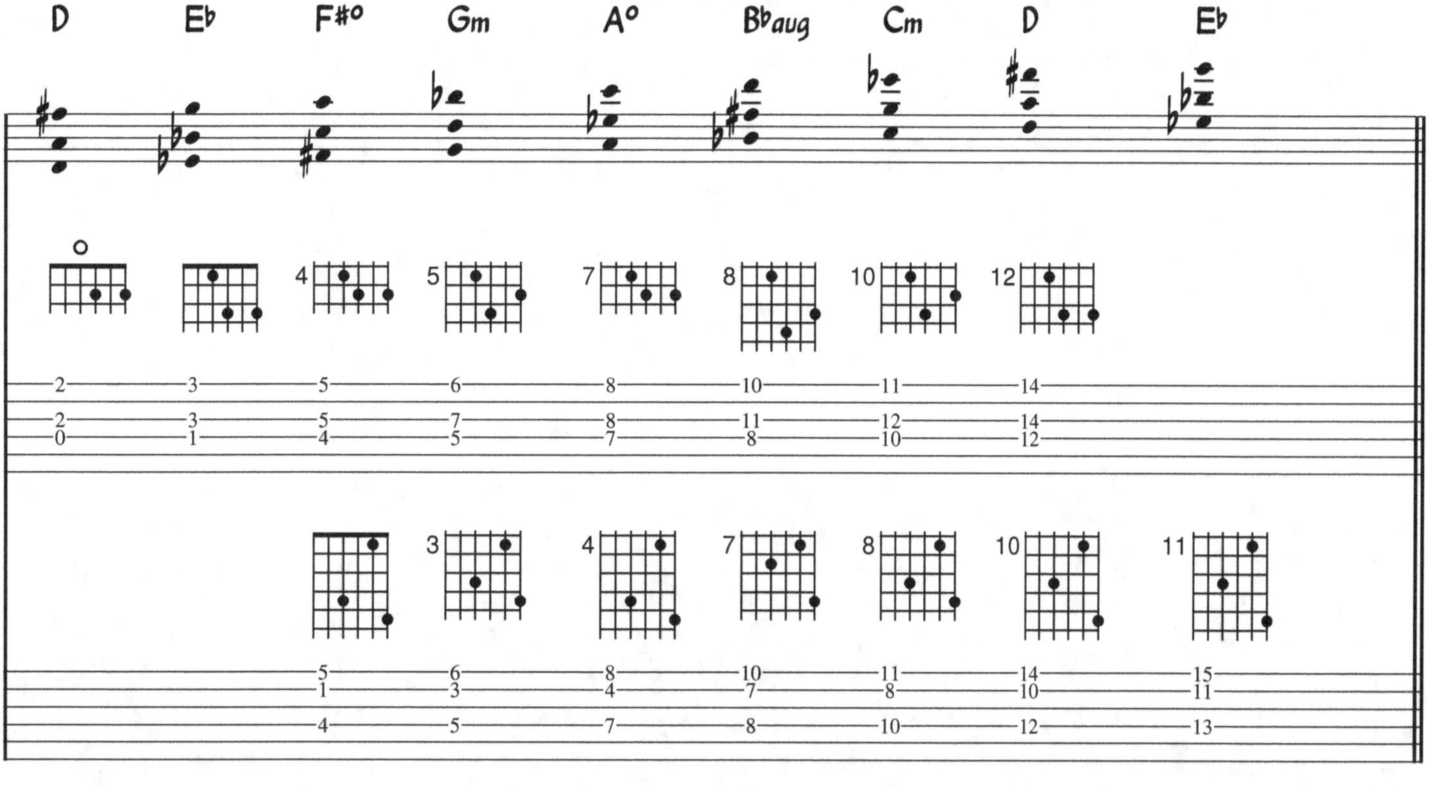

1st inv. (open voiced)
D/F#   E♭/G   F#º/A   Gm/B♭   Aº/C   B♭aug/D   Cm/E♭   D/F#   E♭/G

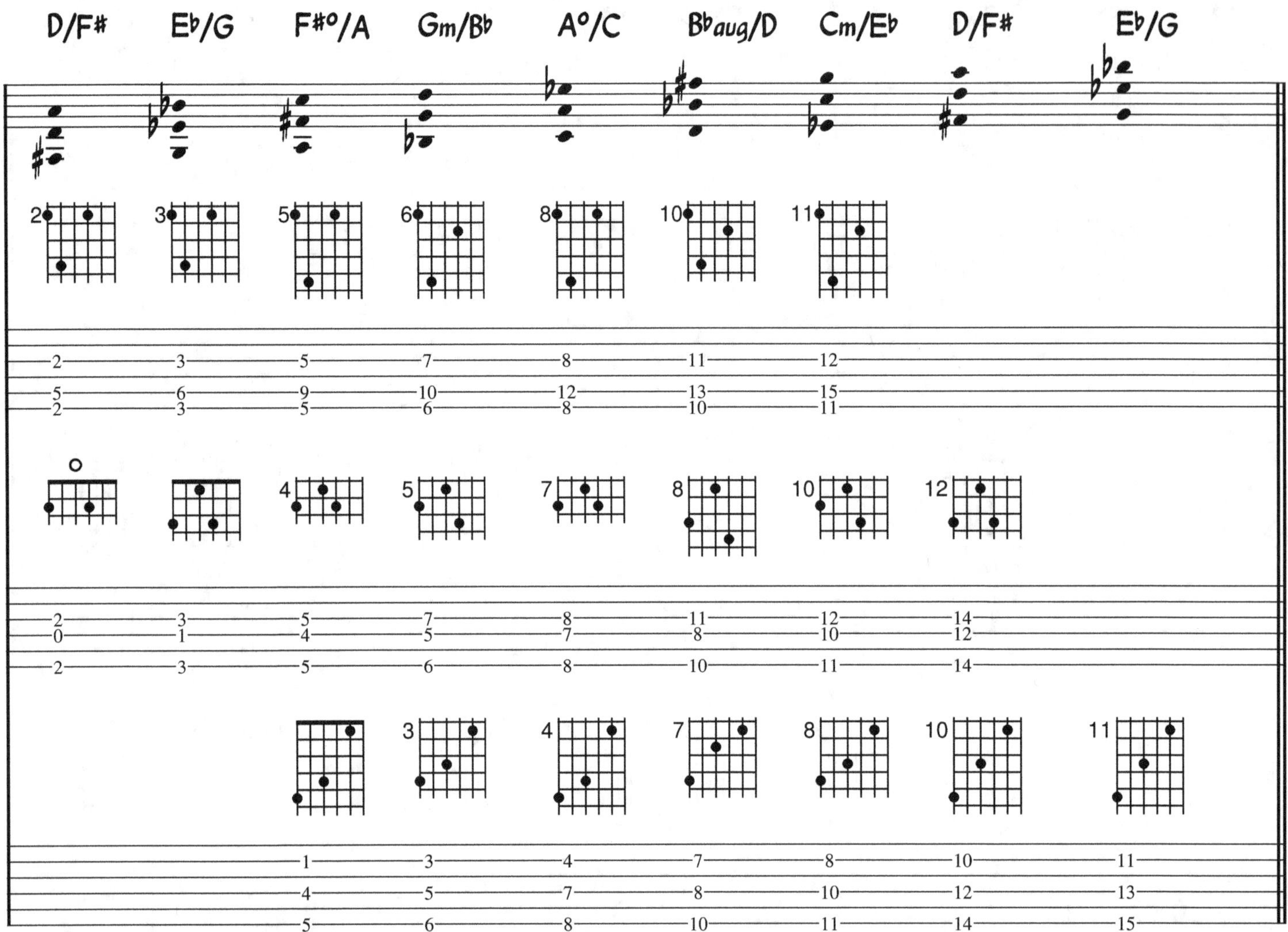

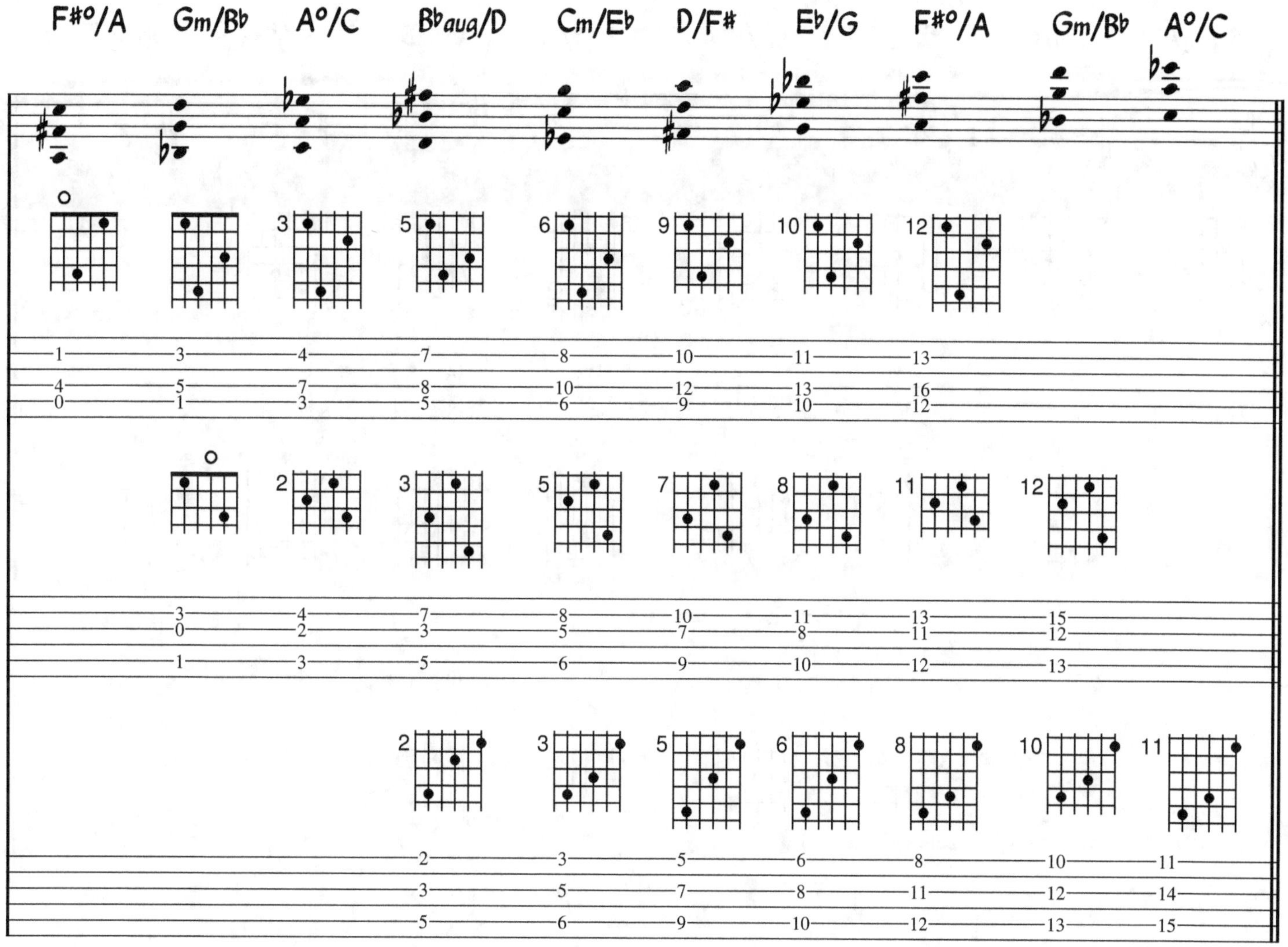

F#º/A   Gm/Bb   Aº/C   Bbaug/D   Cm/Eb   D/F#   Eb/G   F#º/A   Gm/Bb   Aº/C

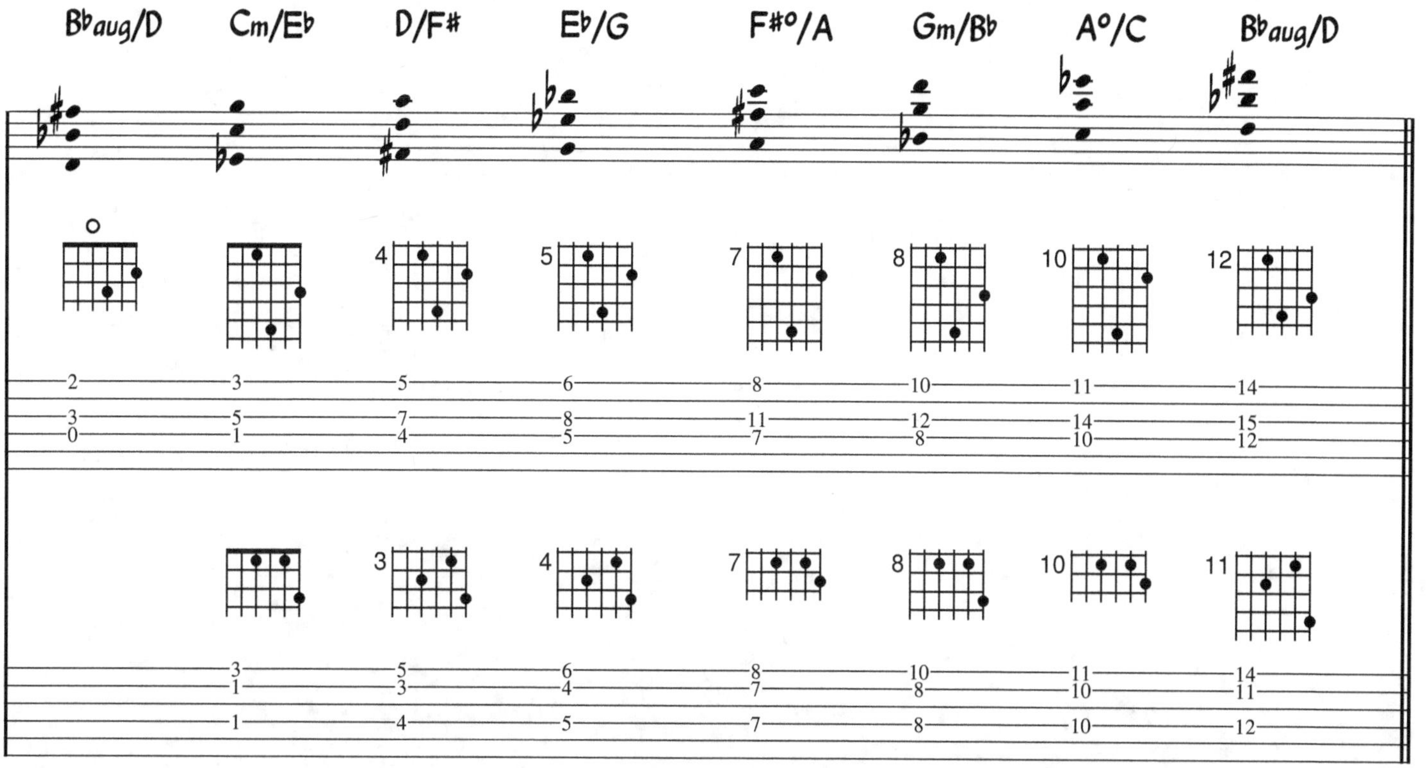

Bbaug/D   Cm/Eb   D/F#   Eb/G   F#º/A   Gm/Bb   Aº/C   Bbaug/D

2nd inv. (open voiced)
B♭aug/F#
Cm/G
D/A
E♭/B♭
F#º/C
Gm/D
Aº/E♭
B♭aug/F#

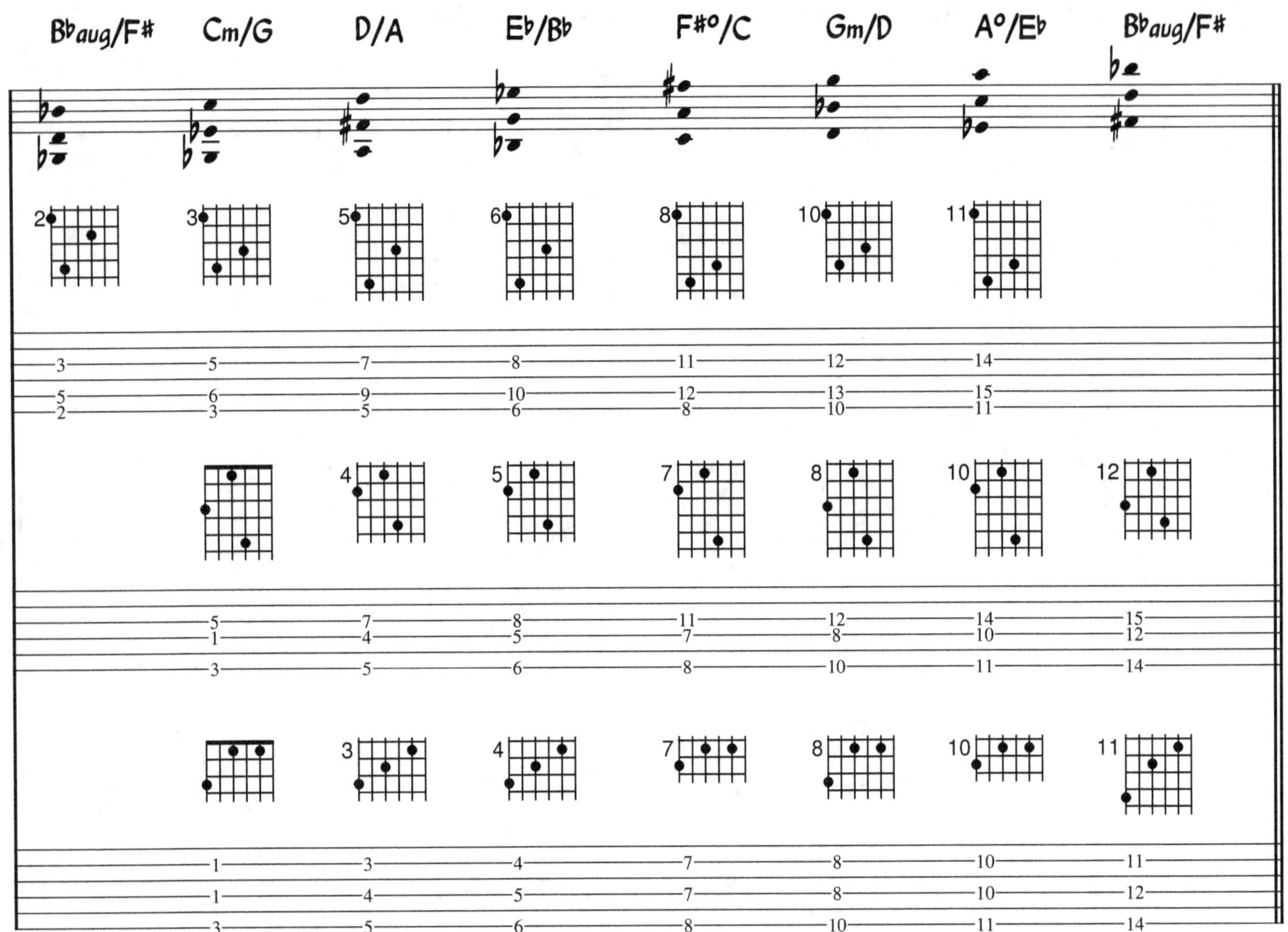

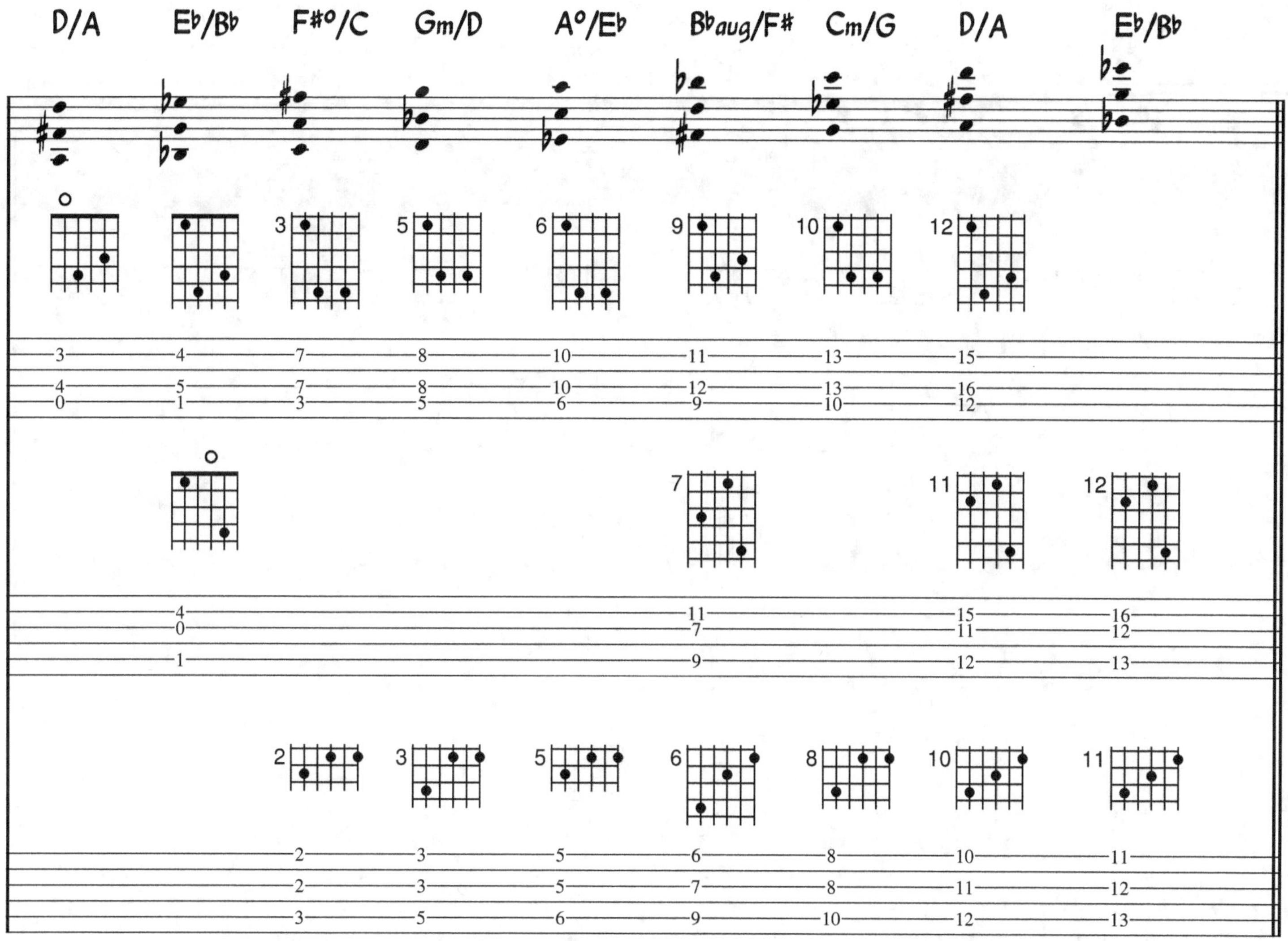

D/A   E♭/B♭   F#º/C   Gm/D   Aº/E♭   B♭aug/F#   Cm/G   D/A   E♭/B♭

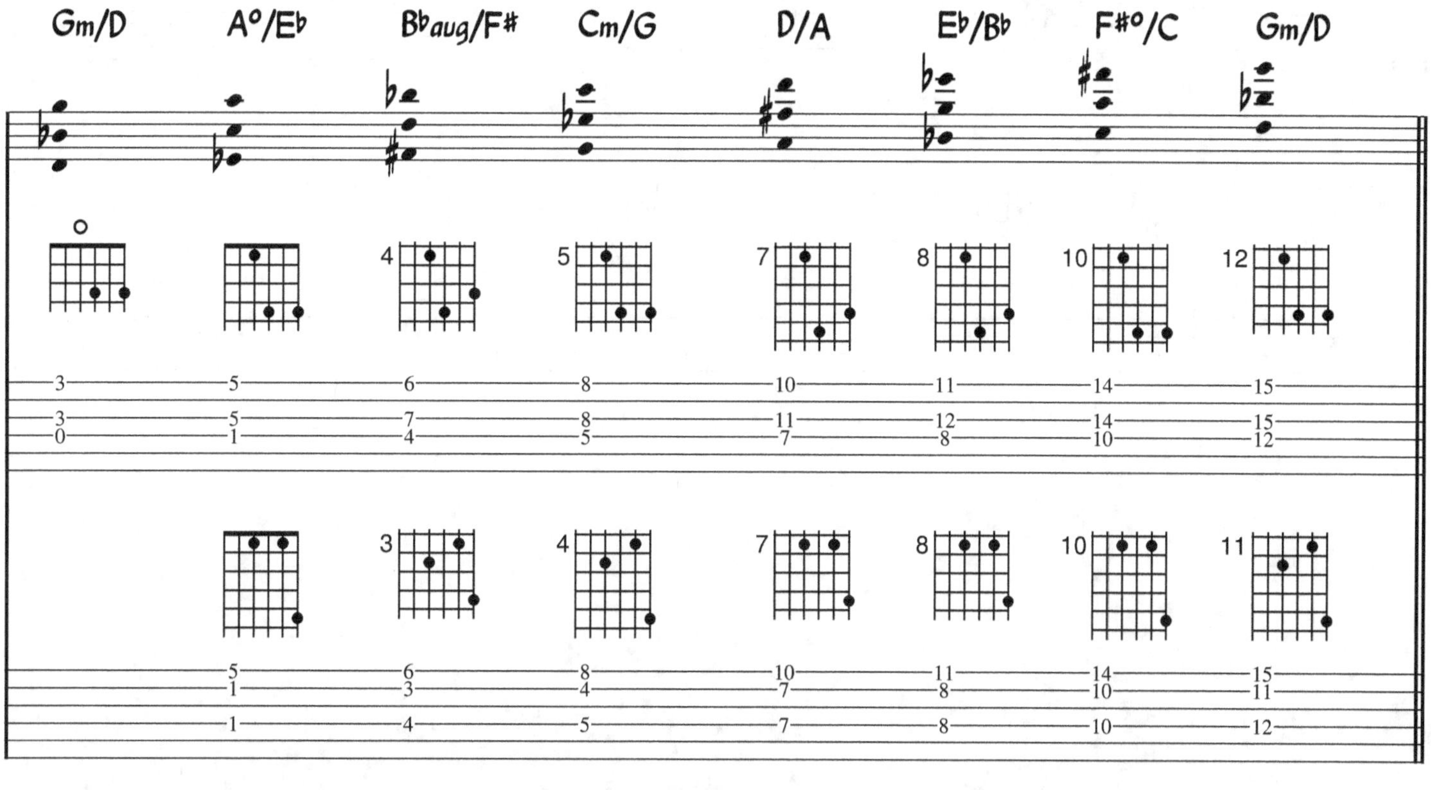

Gm/D   Aº/E♭   B♭aug/F#   Cm/G   D/A   E♭/B♭   F#º/C   Gm/D

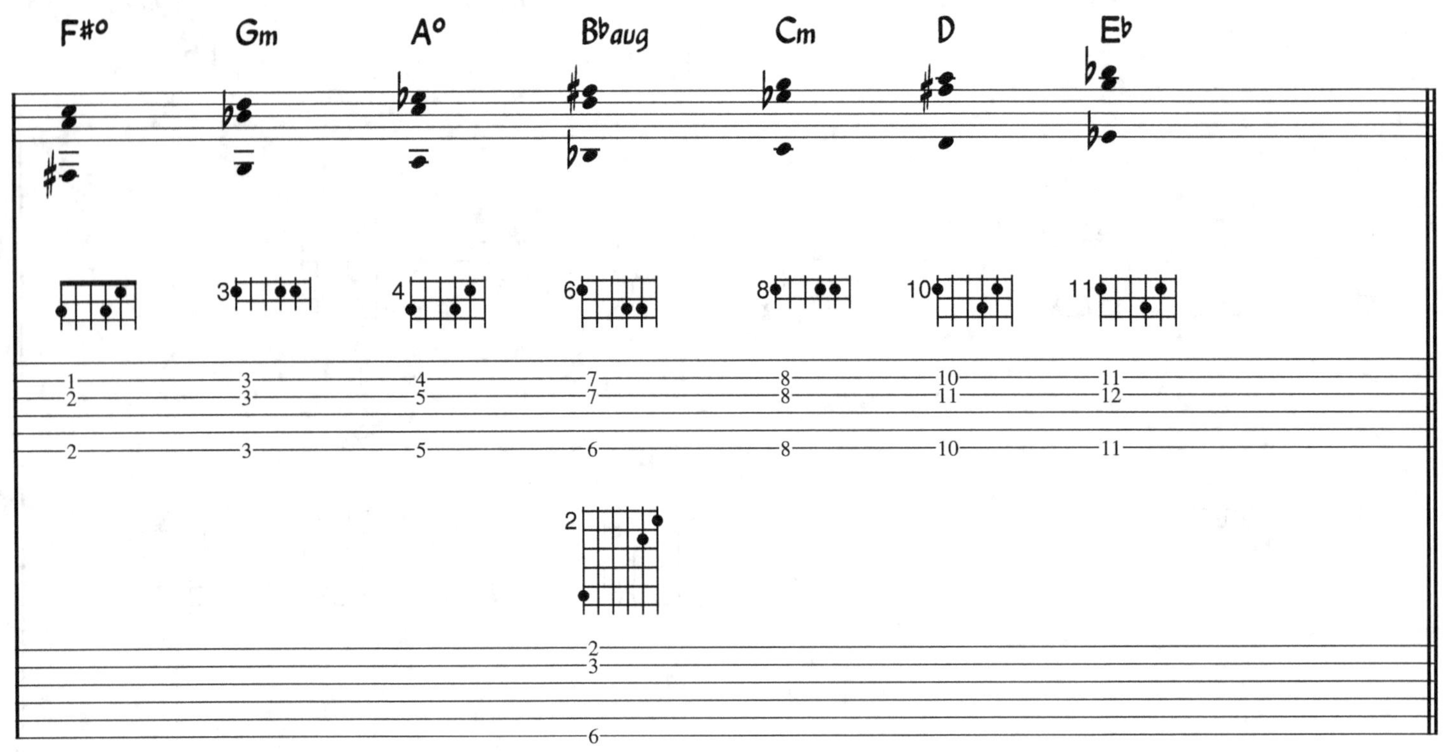

F#o   Gm   Ao   Bbaug   Cm   D   Eb

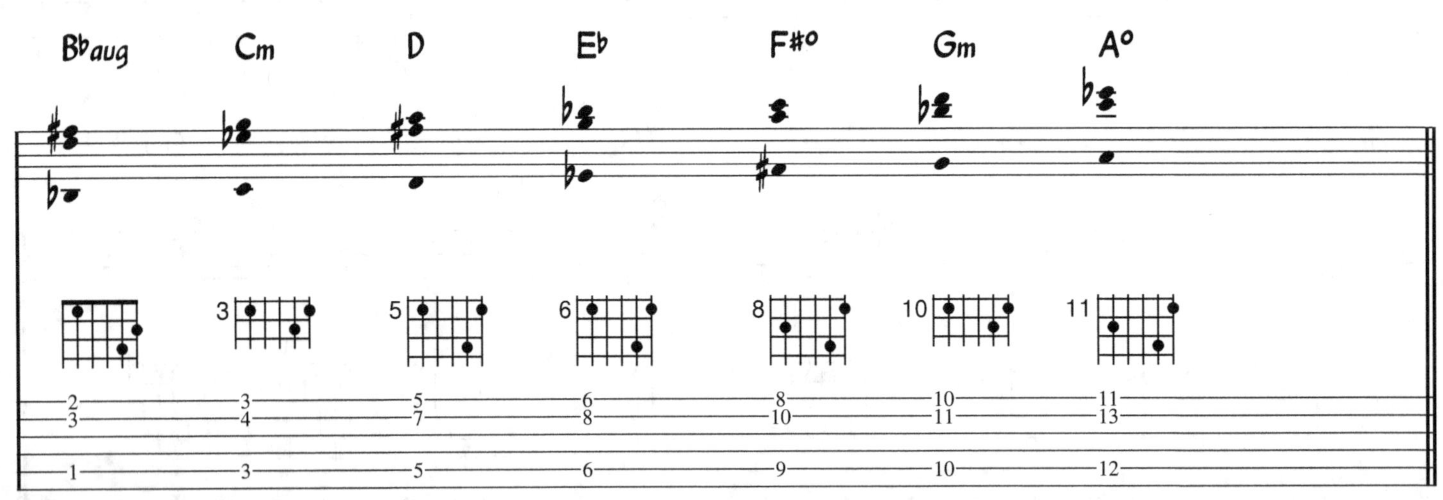

Bbaug   Cm   D   Eb   F#o   Gm   Ao

1st inv. (open voiced, Version 2)

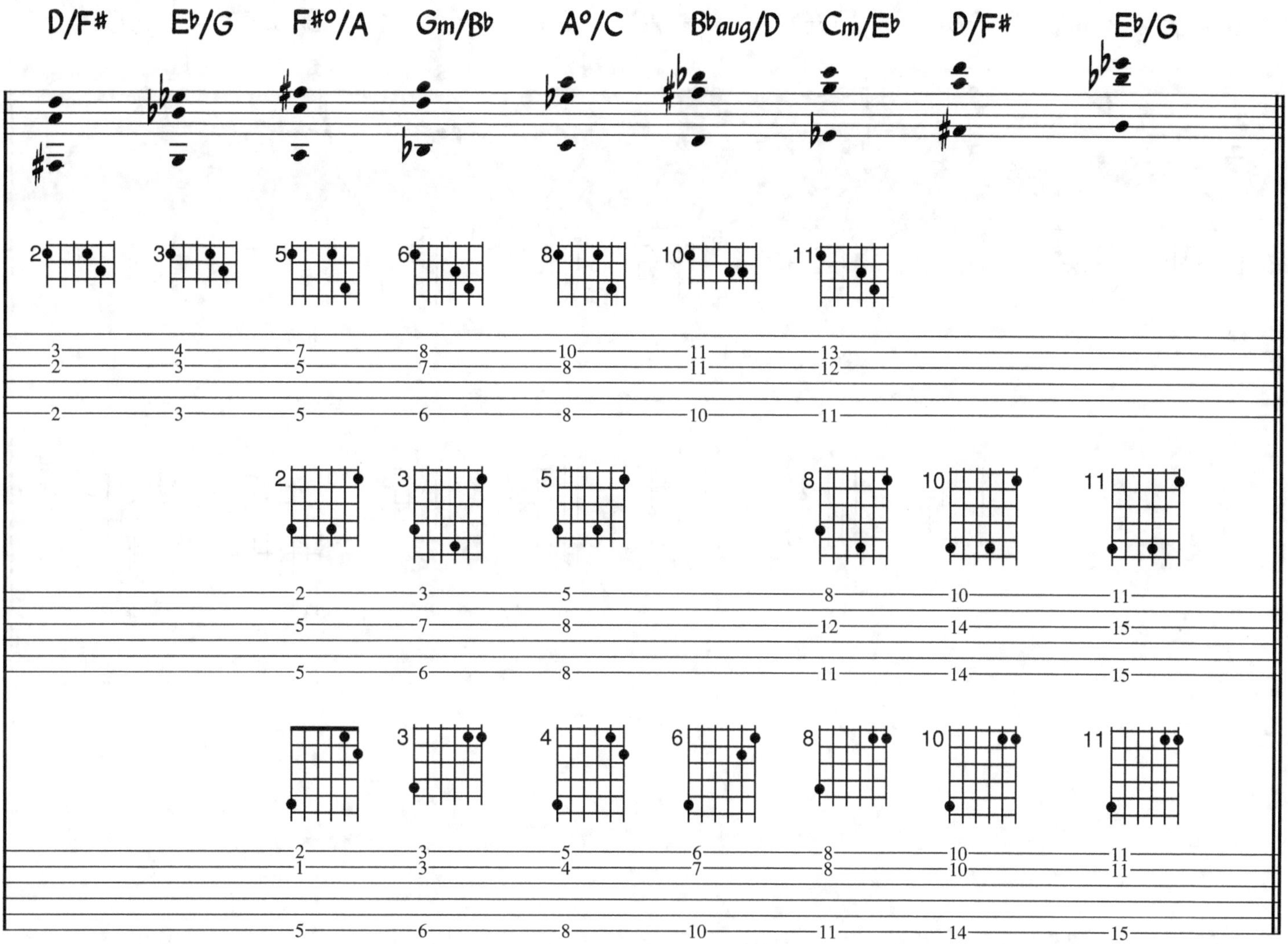

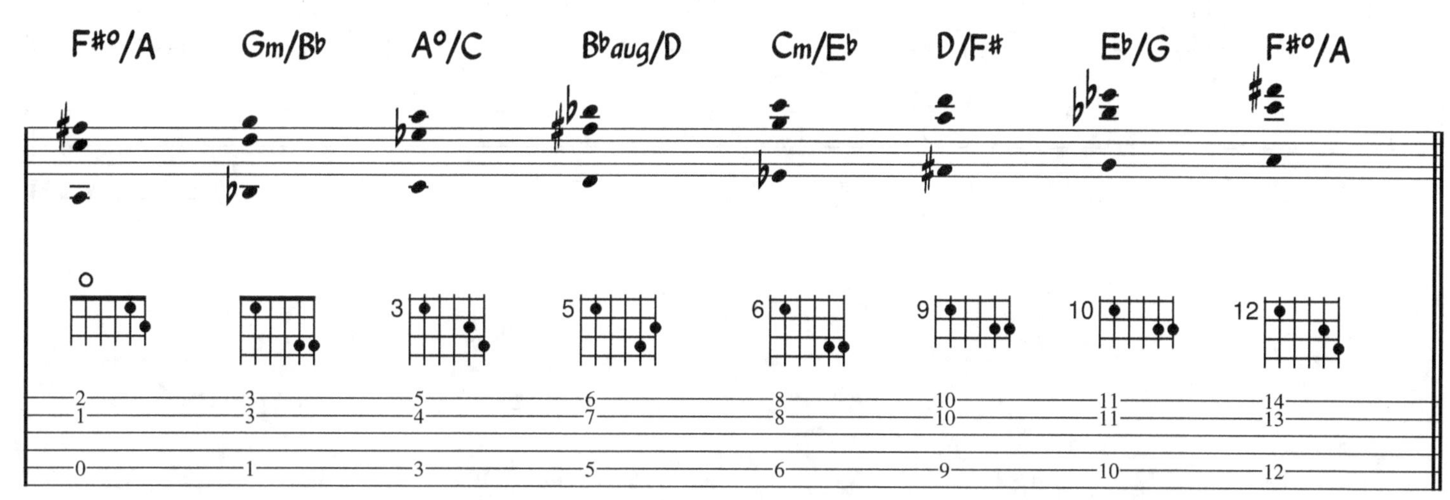
D/F#   Eb/G   F#o/A   Gm/Bb   Ao/C   Bbaug/D   Cm/Eb   D/F#   Eb/G
F#o/A   Gm/Bb   Ao/C   Bbaug/D   Cm/Eb   D/F#   Eb/G   F#o/A

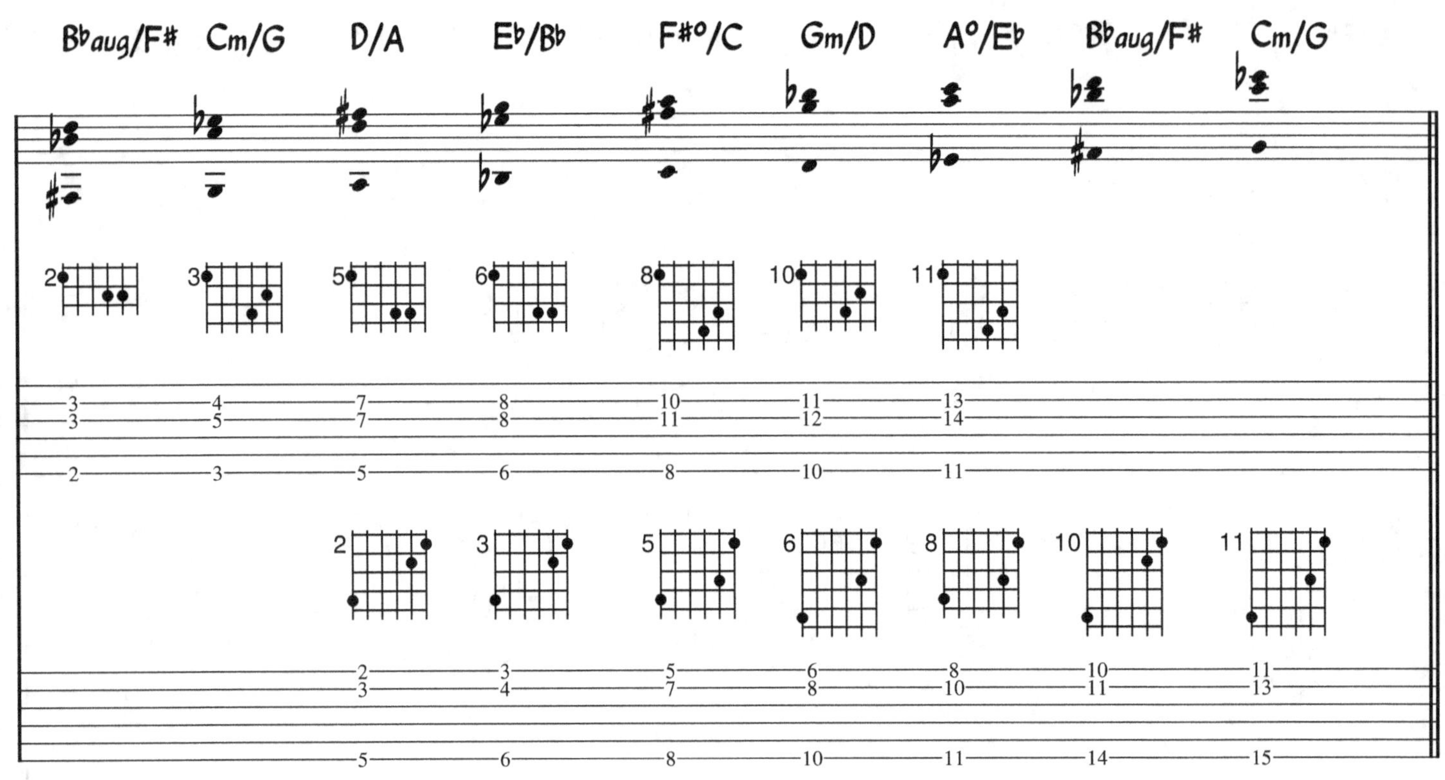

B♭aug/F#   Cm/G   D/A   E♭/B♭   F#o/C   Gm/D   Ao/E♭   B♭aug/F#   Cm/G

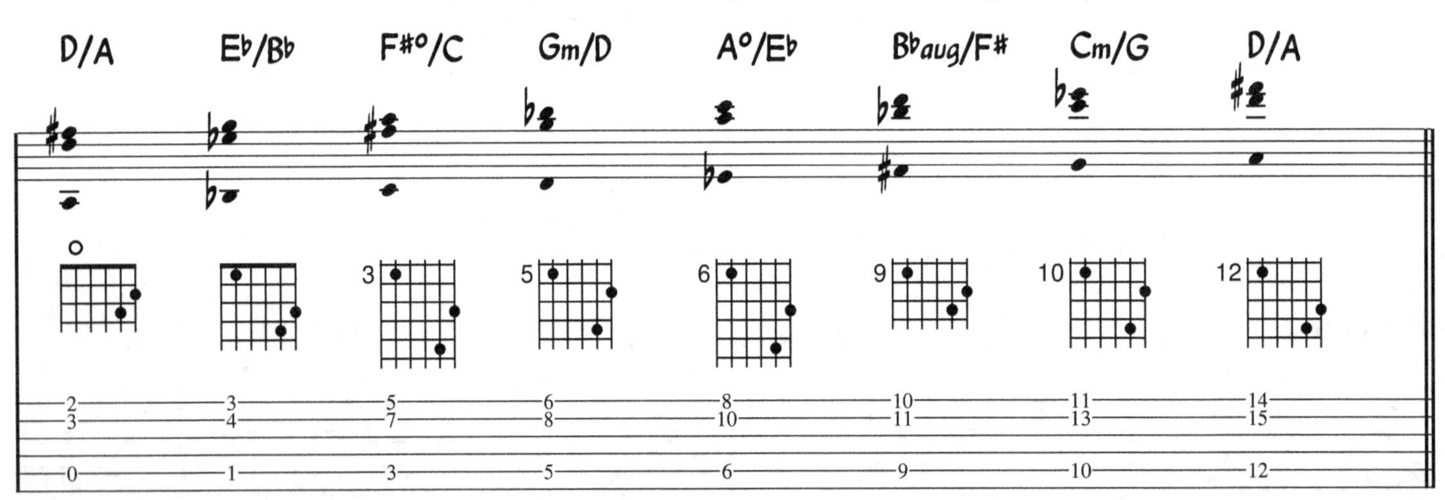

D/A   E♭/B♭   F#o/C   Gm/D   Ao/E♭   B♭aug/F#   Cm/G   D/A

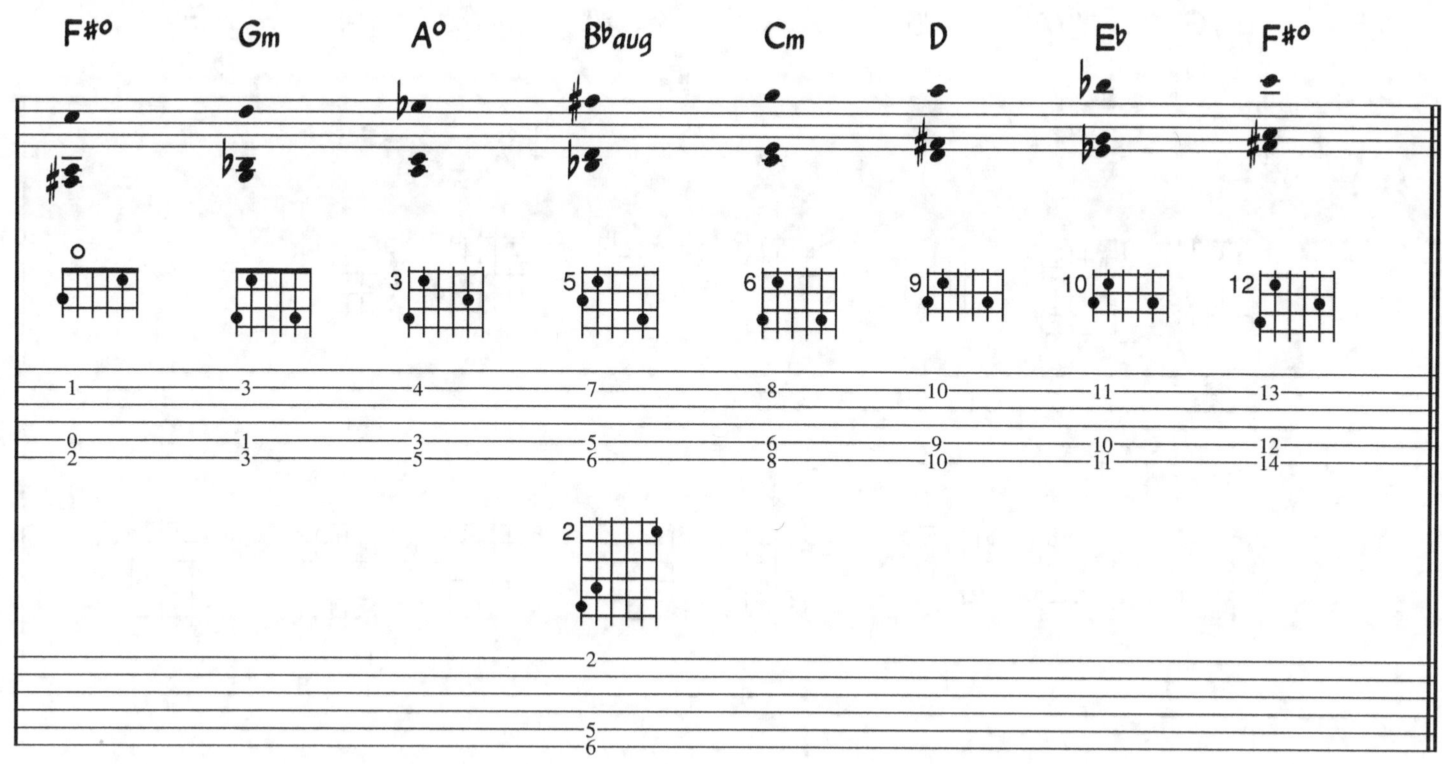

F#o
Gm
Ao
Bbaug
Cm
D
Eb
F#o

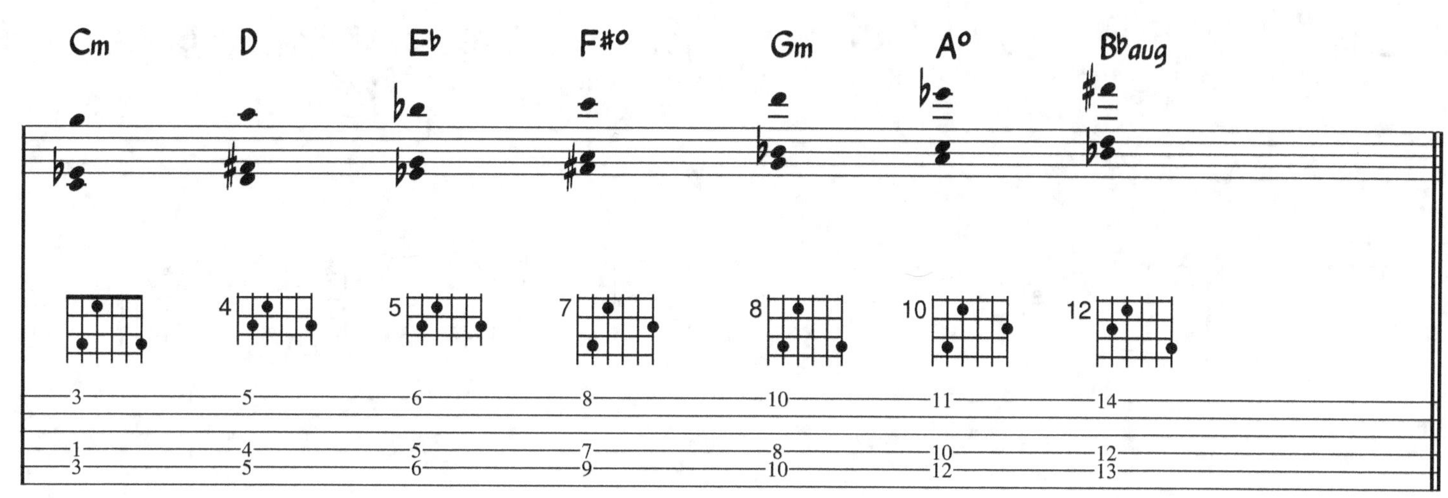

Cm
D
Eb
F#o
Gm
Ao
Bbaug

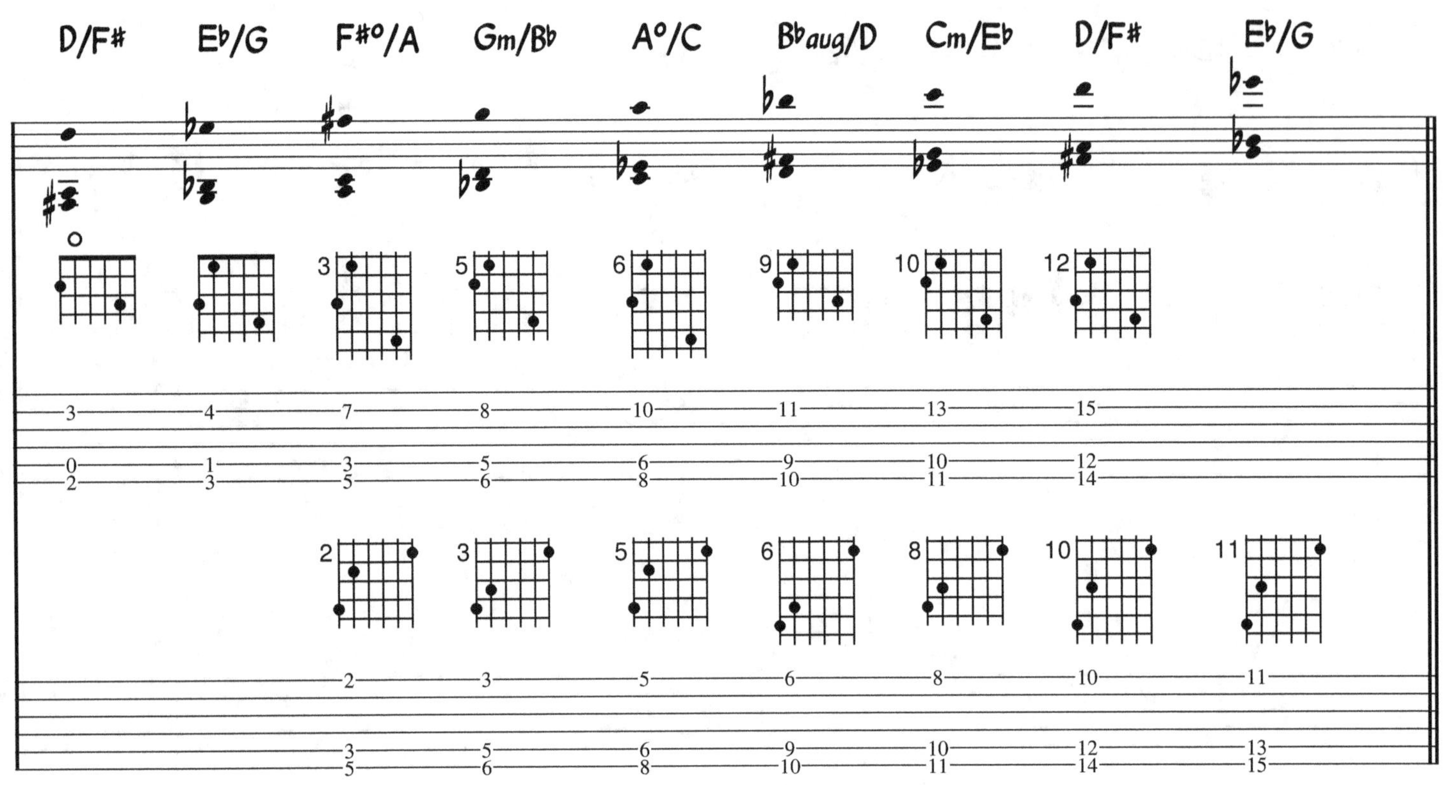

D/F#   Eb/G   F#o/A   Gm/Bb   Ao/C   Bbaug/D   Cm/Eb   D/F#   Eb/G

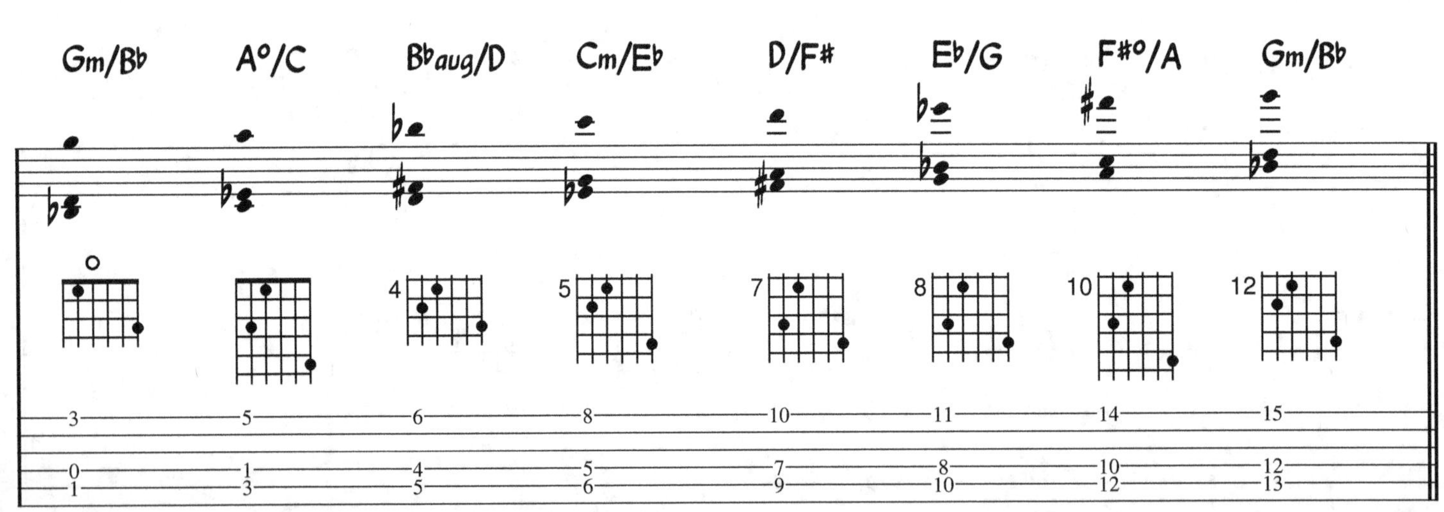

Gm/Bb   Ao/C   Bbaug/D   Cm/Eb   D/F#   Eb/G   F#o/A   Gm/Bb

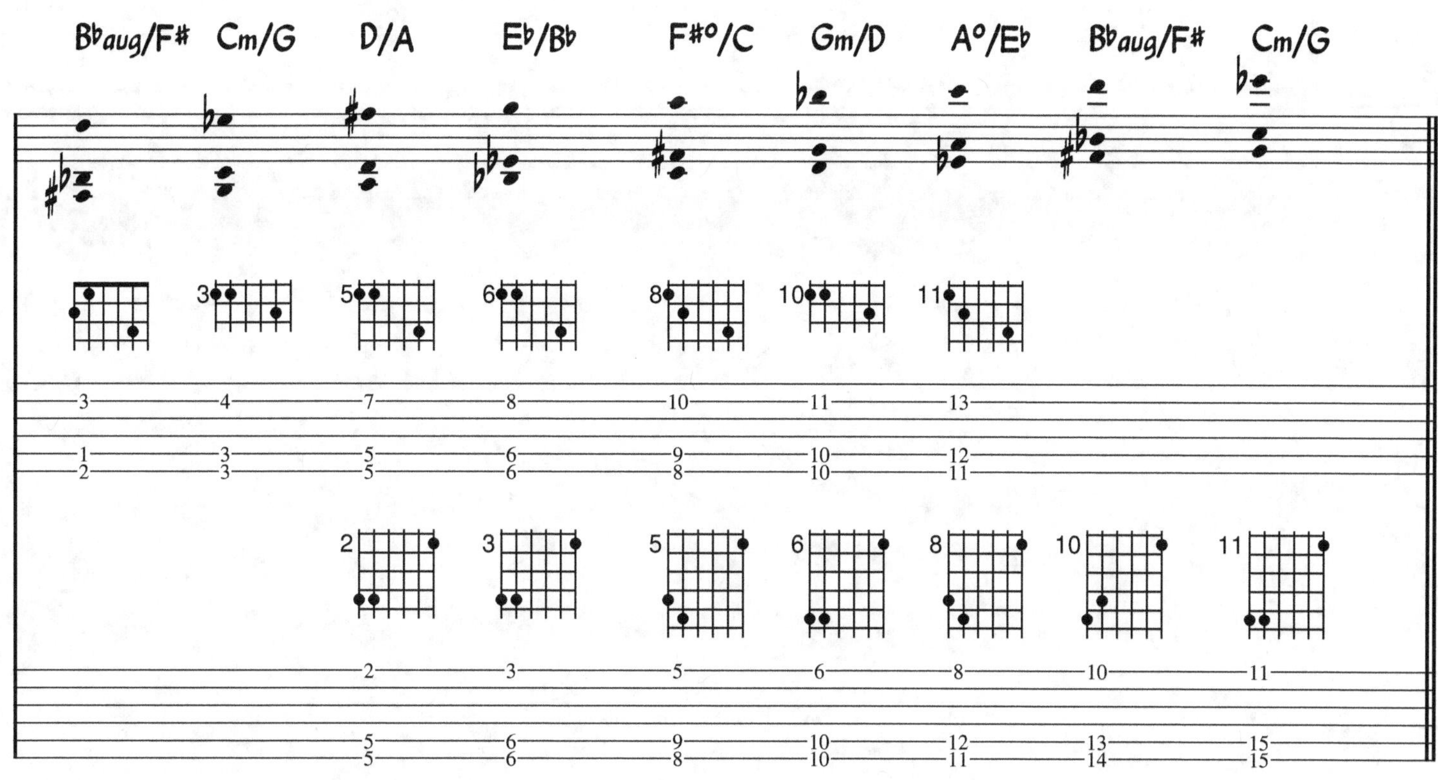

Bbaug/F# Cm/G   D/A   Eb/Bb   F#o/C   Gm/D   Ao/Eb   Bbaug/F#   Cm/G

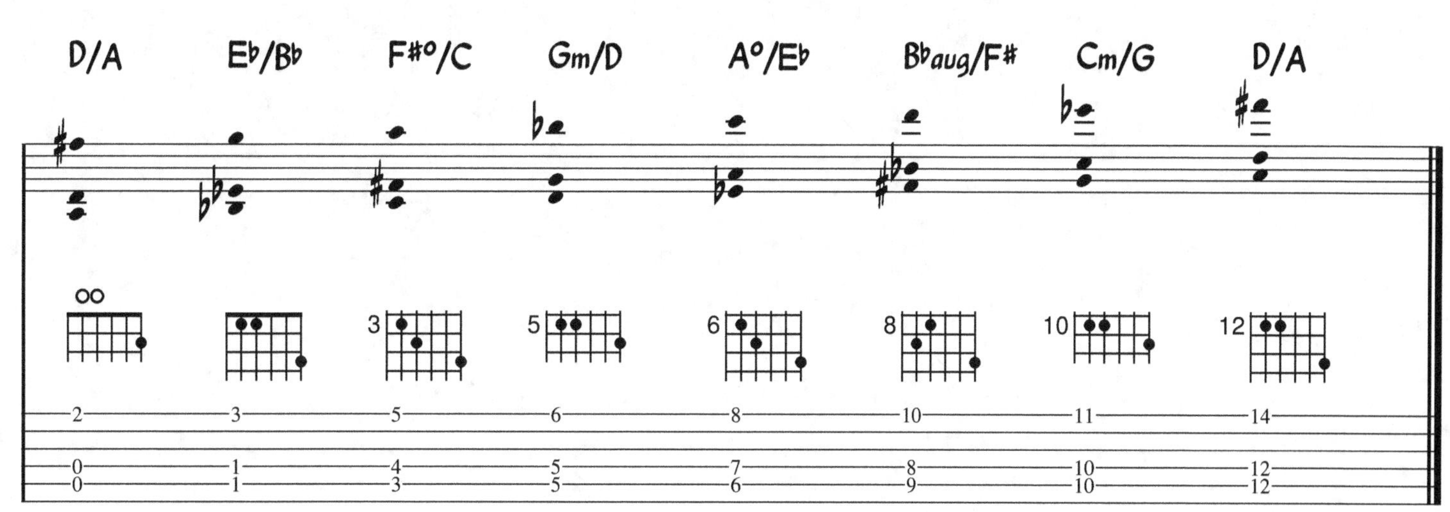

D/A   Eb/Bb   F#o/C   Gm/D   Ao/Eb   Bbaug/F#   Cm/G   D/A

~ D harmonic minor ~

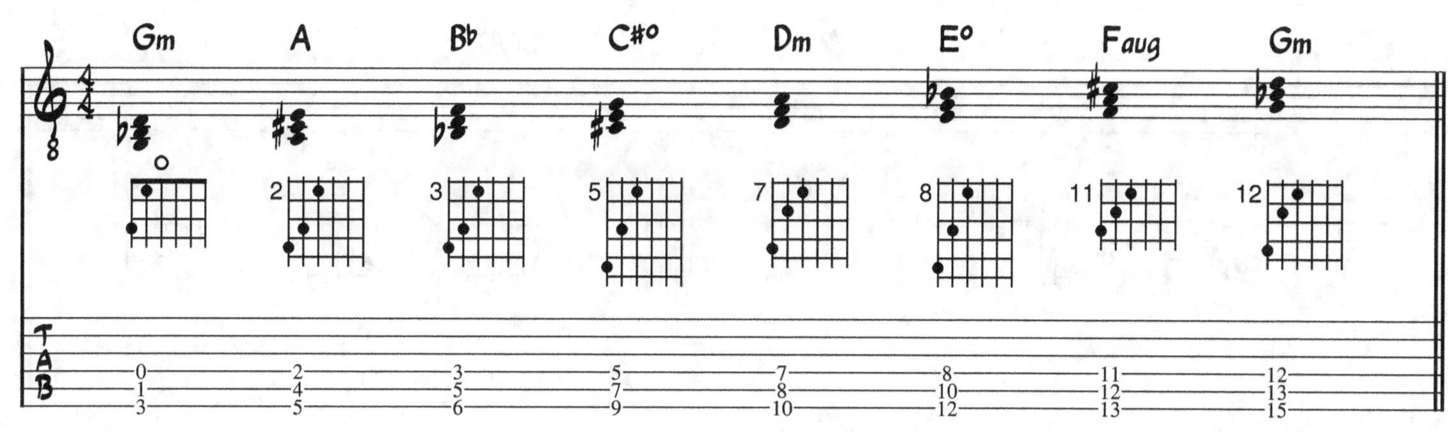

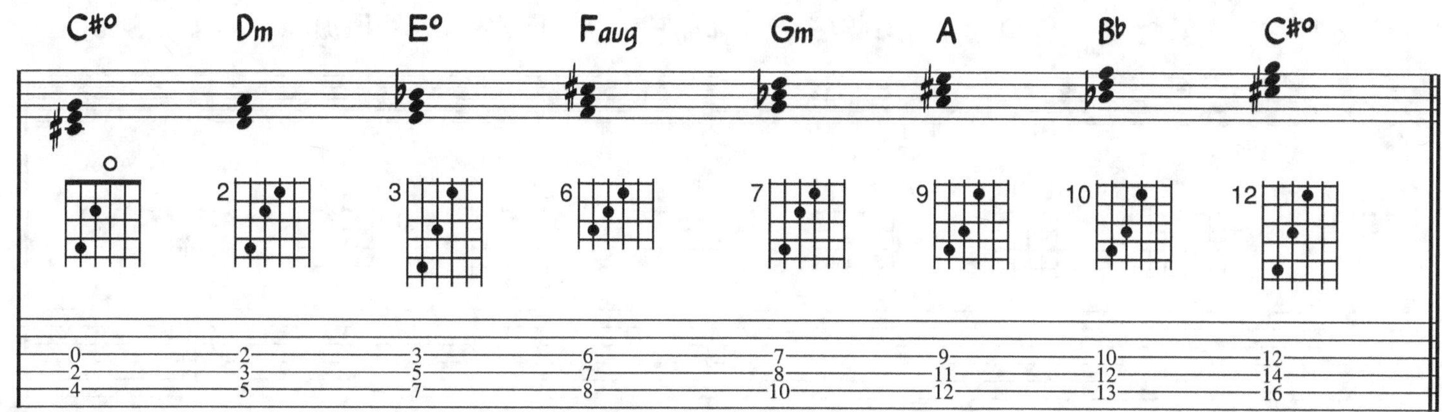

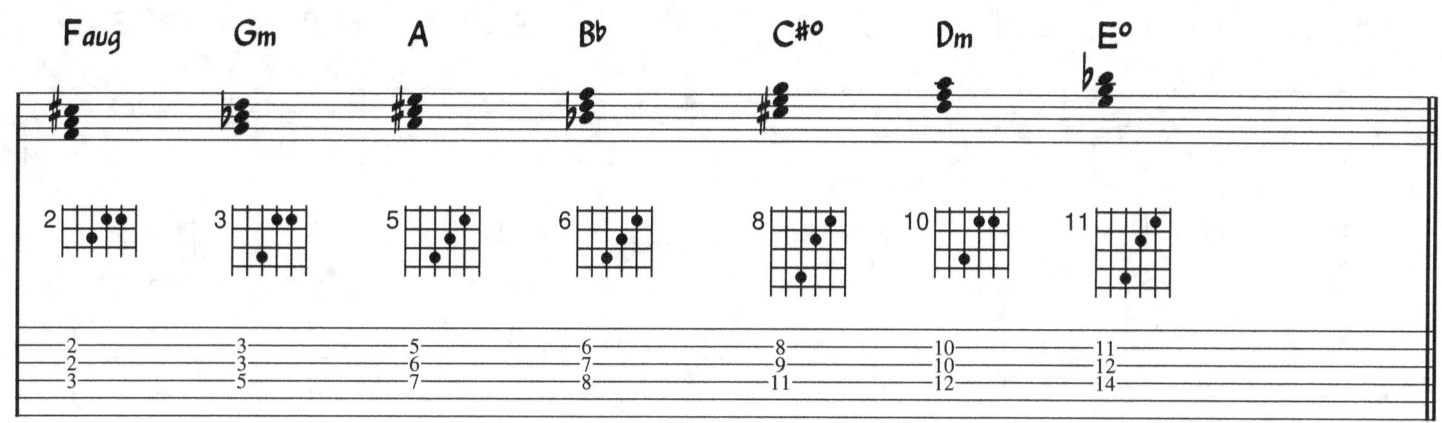

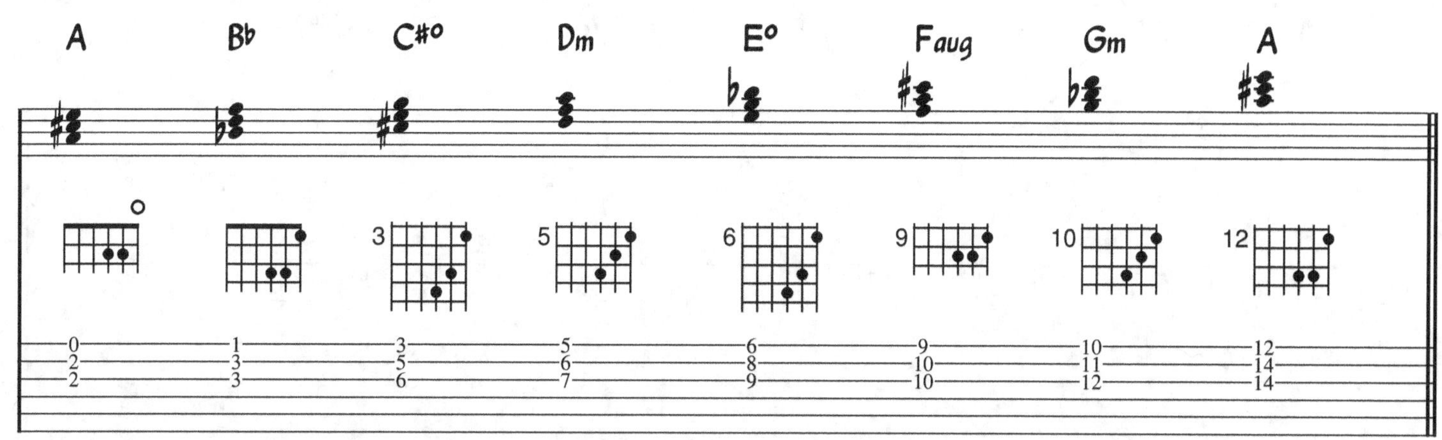

2nd inv.

Bb/F   C#o/G   Dm/A   Eo/Bb   Faug/C#   Gm/D   A/E   Bb/F
Eo/Bb   Faug/C#   Gm/D   A/E   Bb/F   C#o/G   Dm/A   Eo/Bb
A/E   Bb/F   C#o/G   Dm/A   Eo/Bb   Faug/C#   Gm/D
C#o/G   Dm/A   Eo/Bb   Faug/C#   Gm/D   A/E   Bb/F   C#o/G

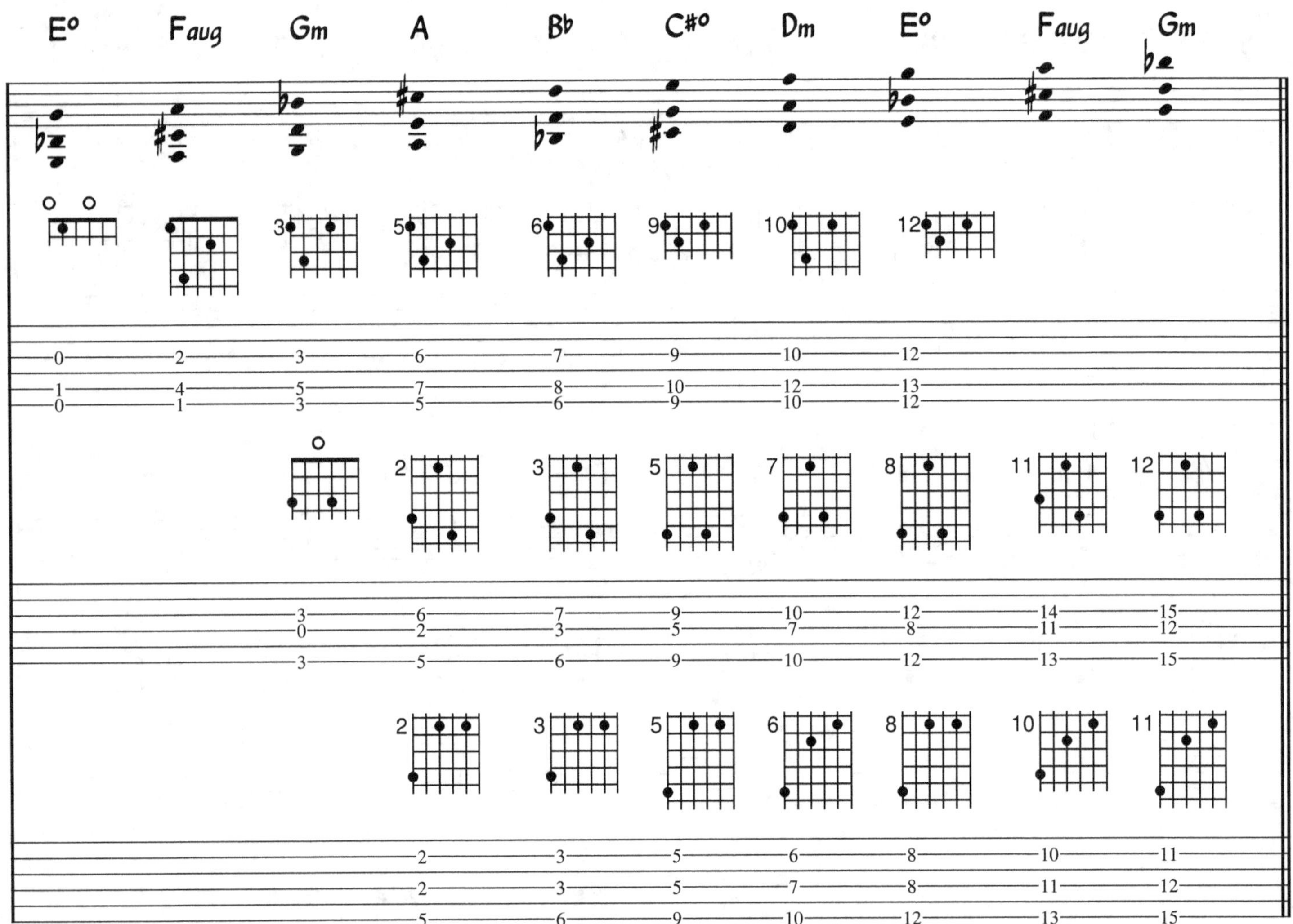

E°
Faug
Gm
A
B♭
C#°
Dm
E°
Faug
Gm

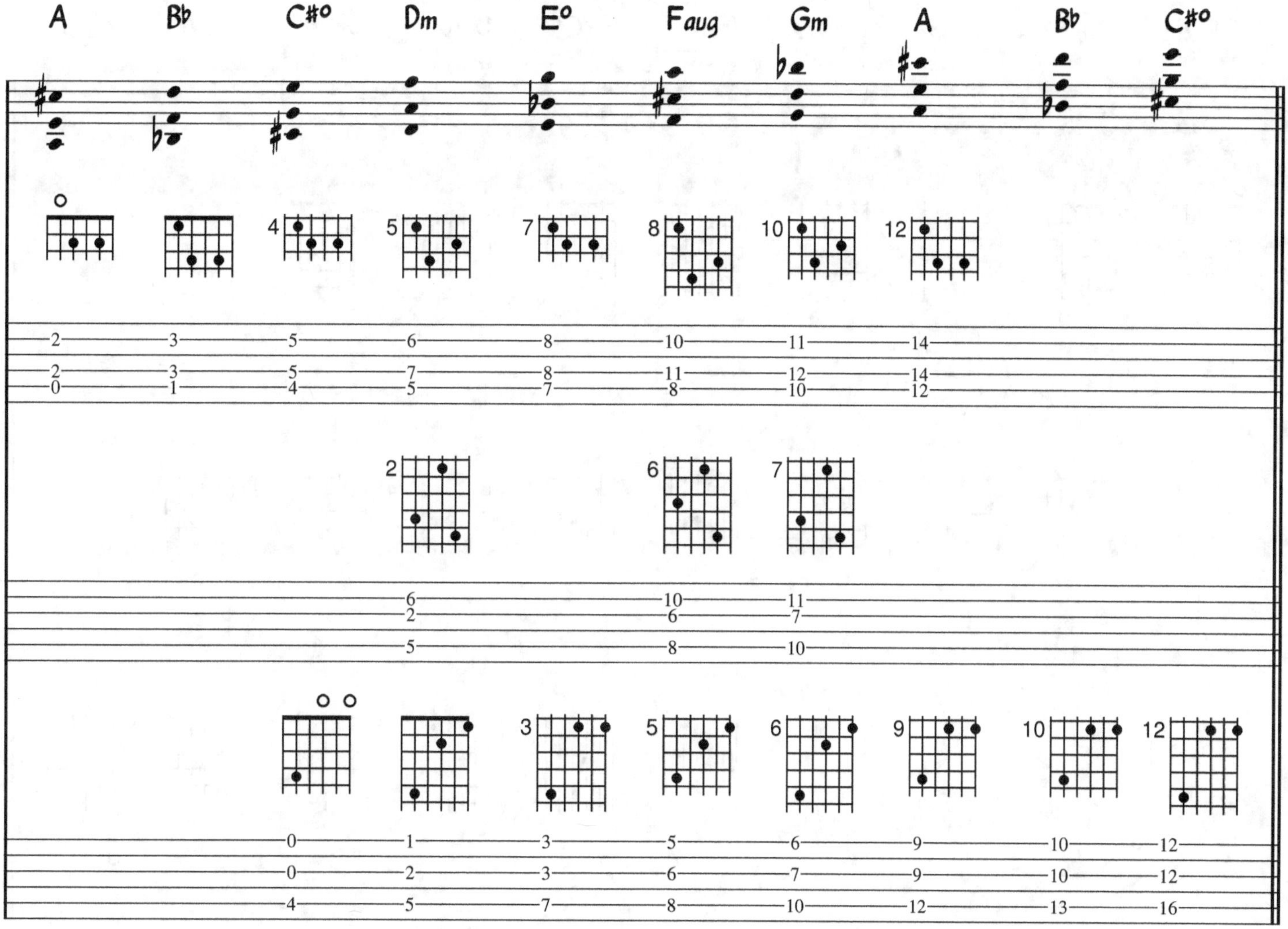
A
B♭
C#o
Dm
Eo
Faug
Gm
A
B♭
C#o

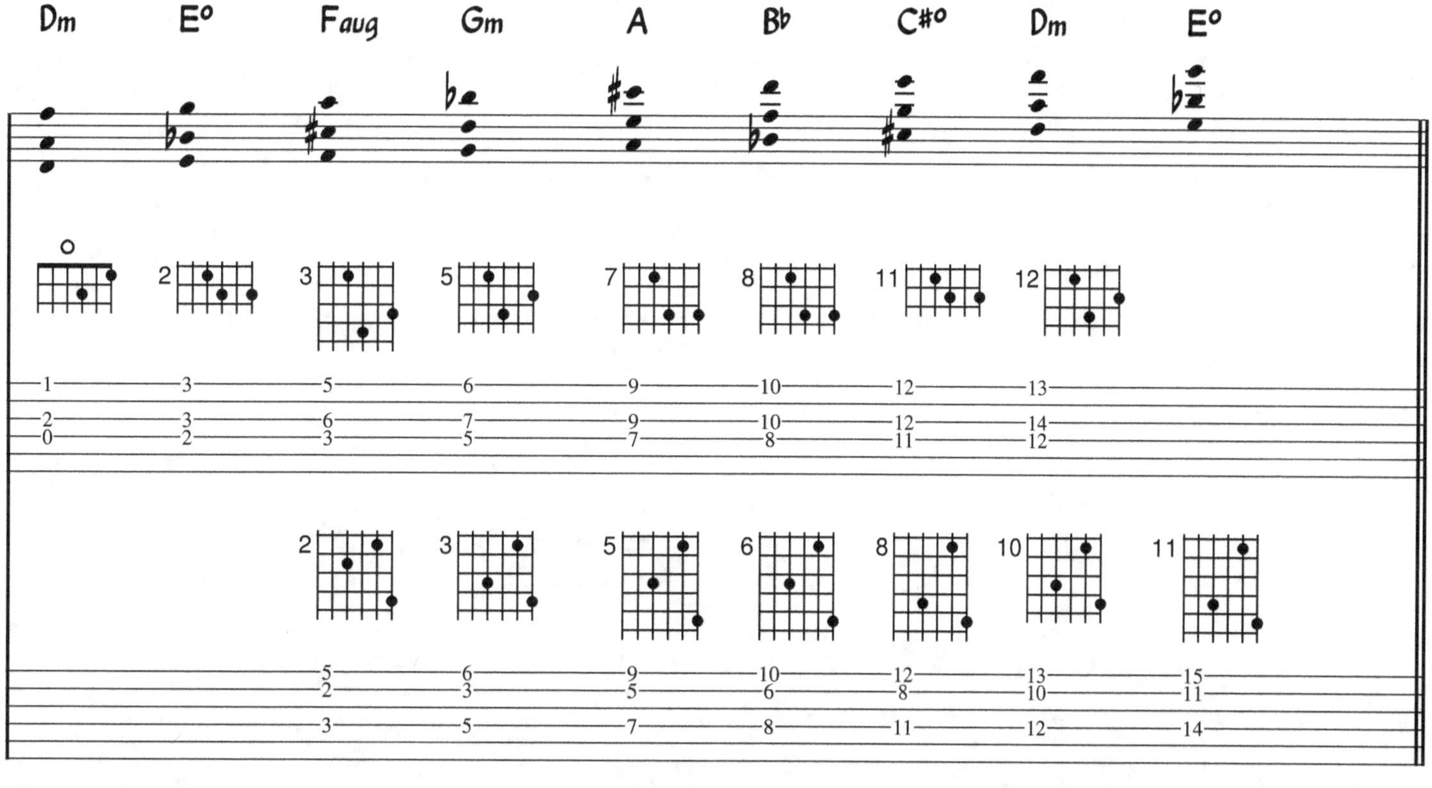
Dm
Eo
Faug
Gm
A
B♭
C#o
Dm
Eo

1st inv. (open voiced)

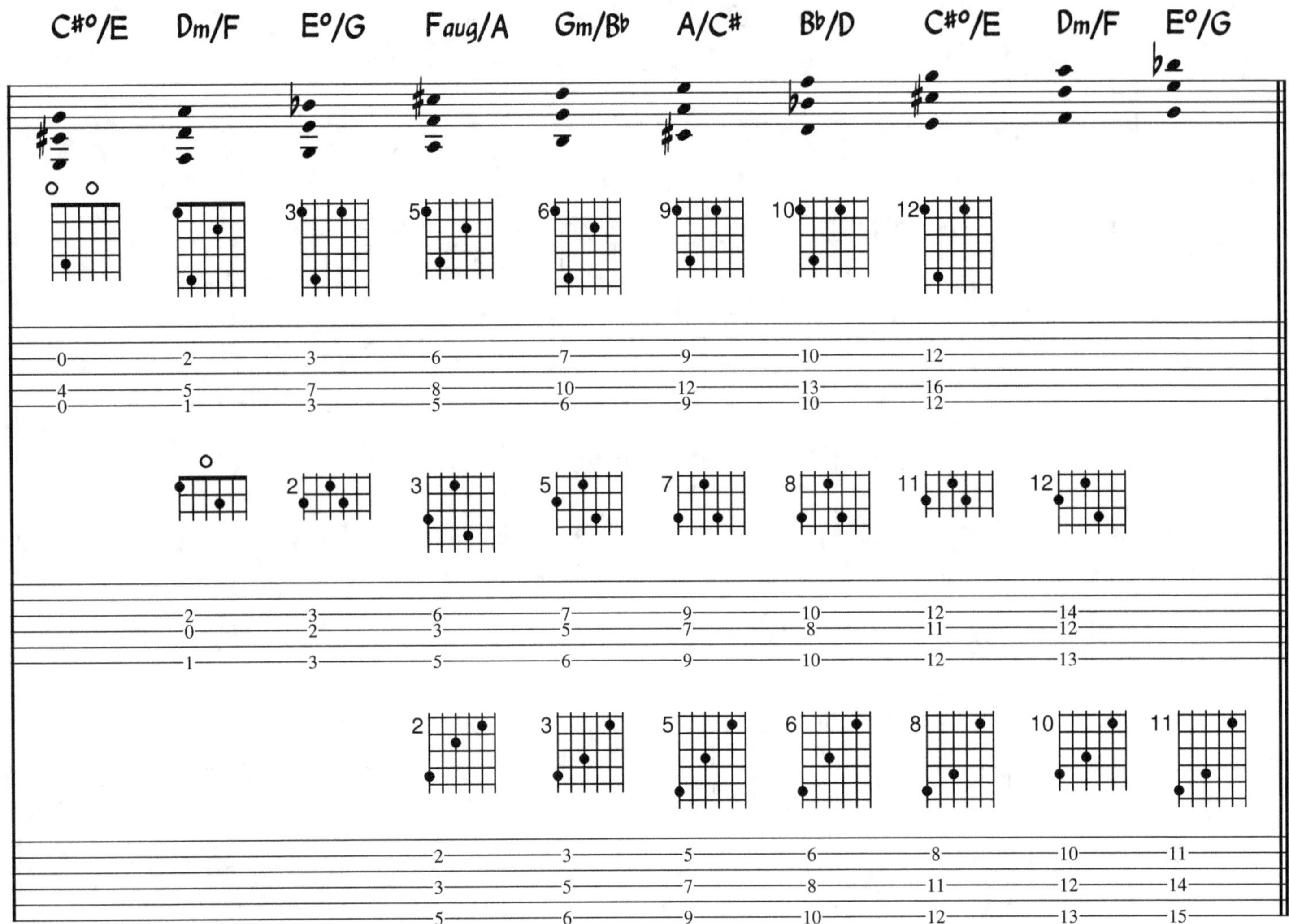
C#o/E   Dm/F   Eo/G   Faug/A   Gm/Bb   A/C#   Bb/D   C#o/E   Dm/F   Eo/G

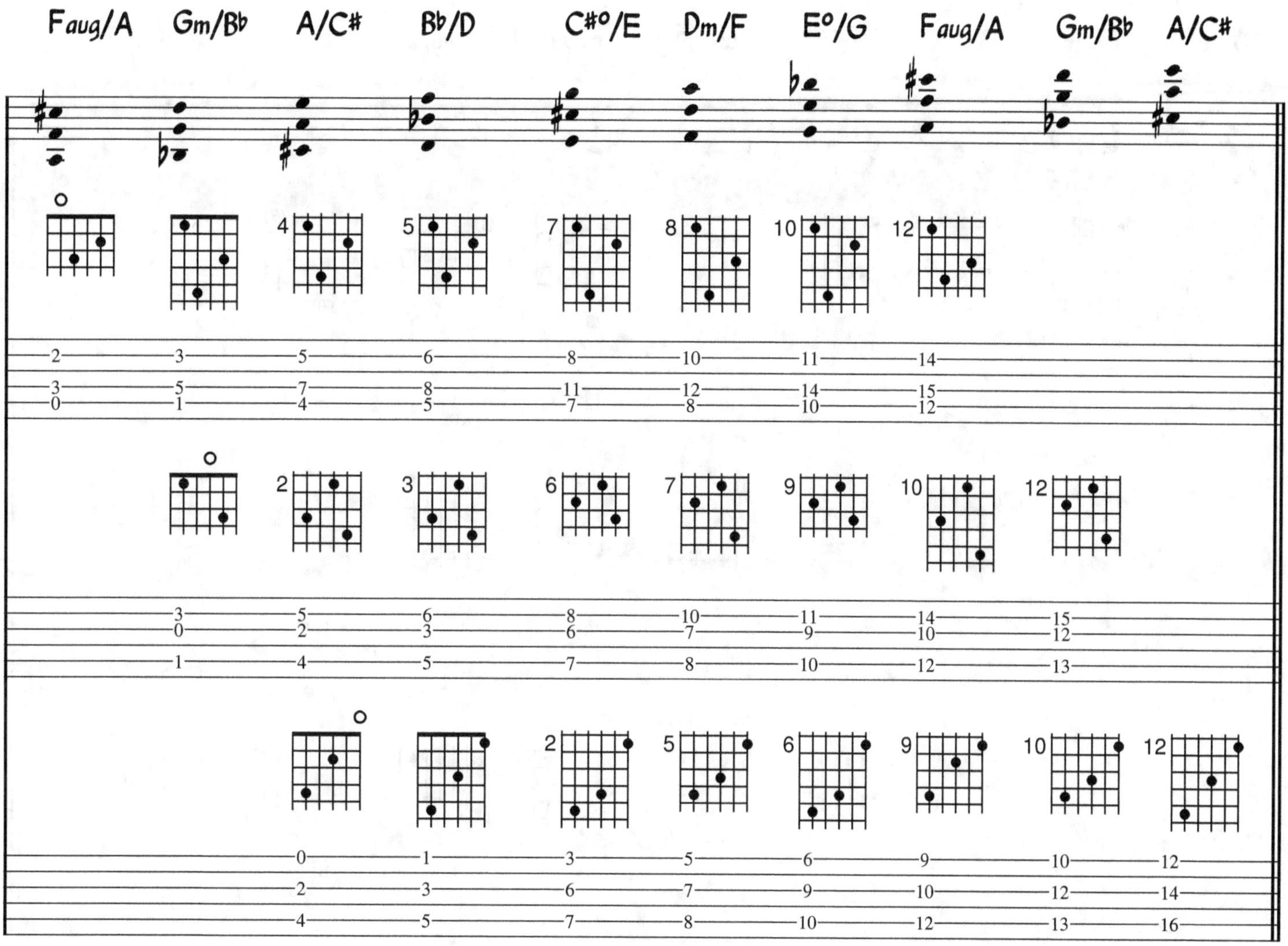

Faug/A   Gm/Bb   A/C#   Bb/D   C#o/E   Dm/F   Eo/G   Faug/A   Gm/Bb   A/C#
Bb/D   C#o/E   Dm/F   Eo/G   Faug/A   Gm/Bb   A/C#   Bb/D

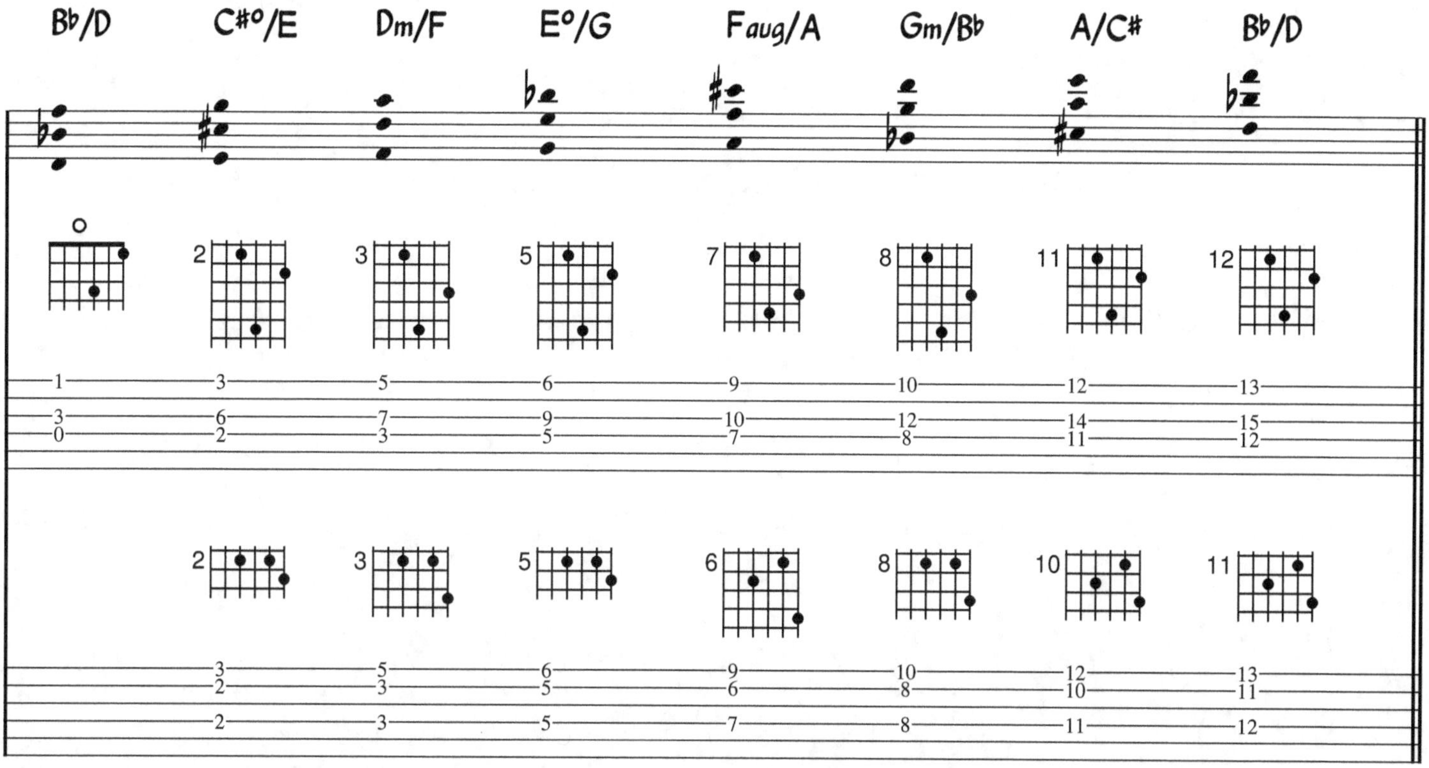

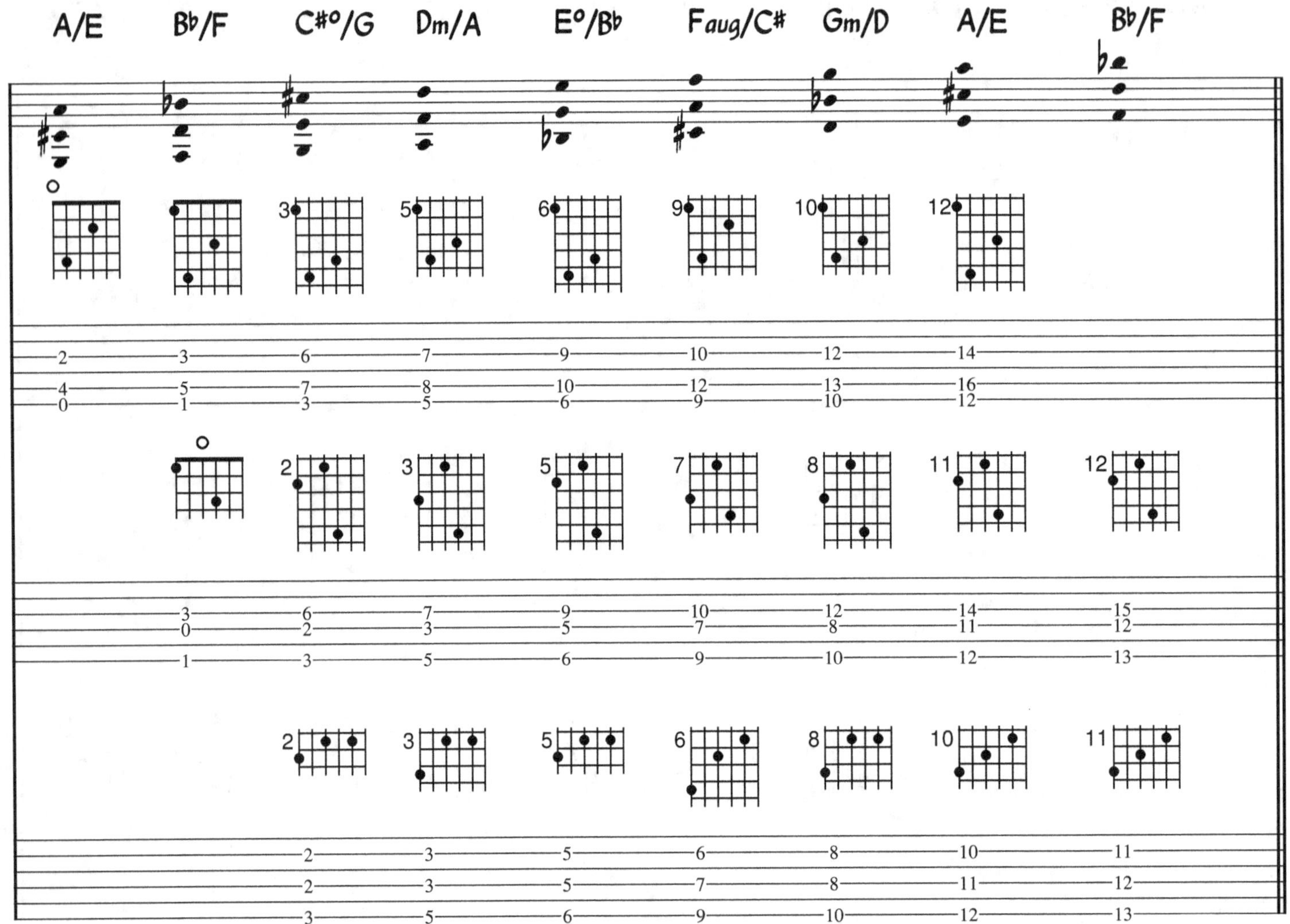

A/E   Bb/F   C#o/G   Dm/A   Eo/Bb   Faug/C#   Gm/D   A/E   Bb/F

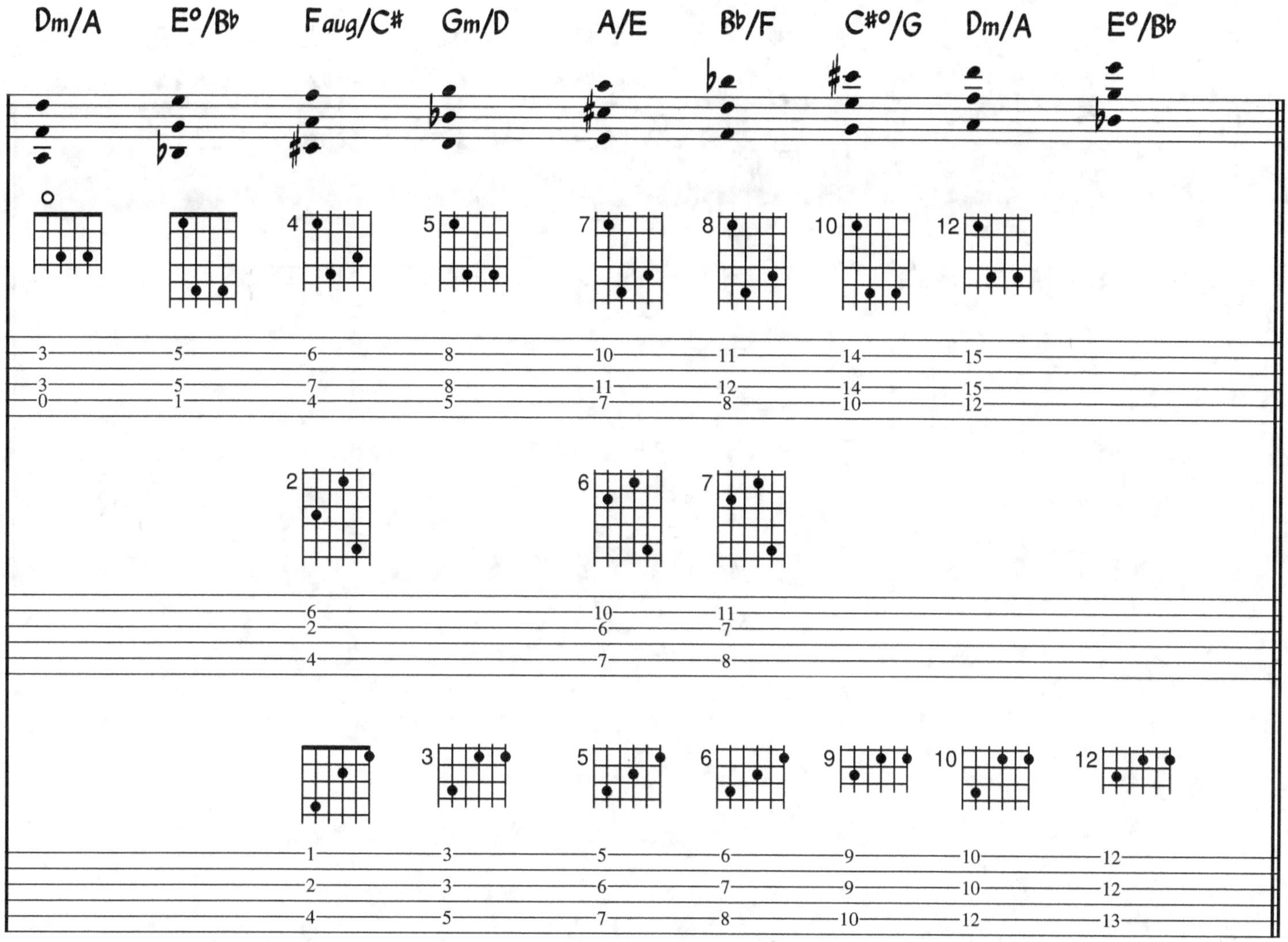

Dm/A   E°/Bb   Faug/C#   Gm/D   A/E   Bb/F   C#°/G   Dm/A   E°/Bb
Gm/D   A/E   Bb/F   C#°/G   Dm/A   E°/Bb   Faug/C#   Gm/D

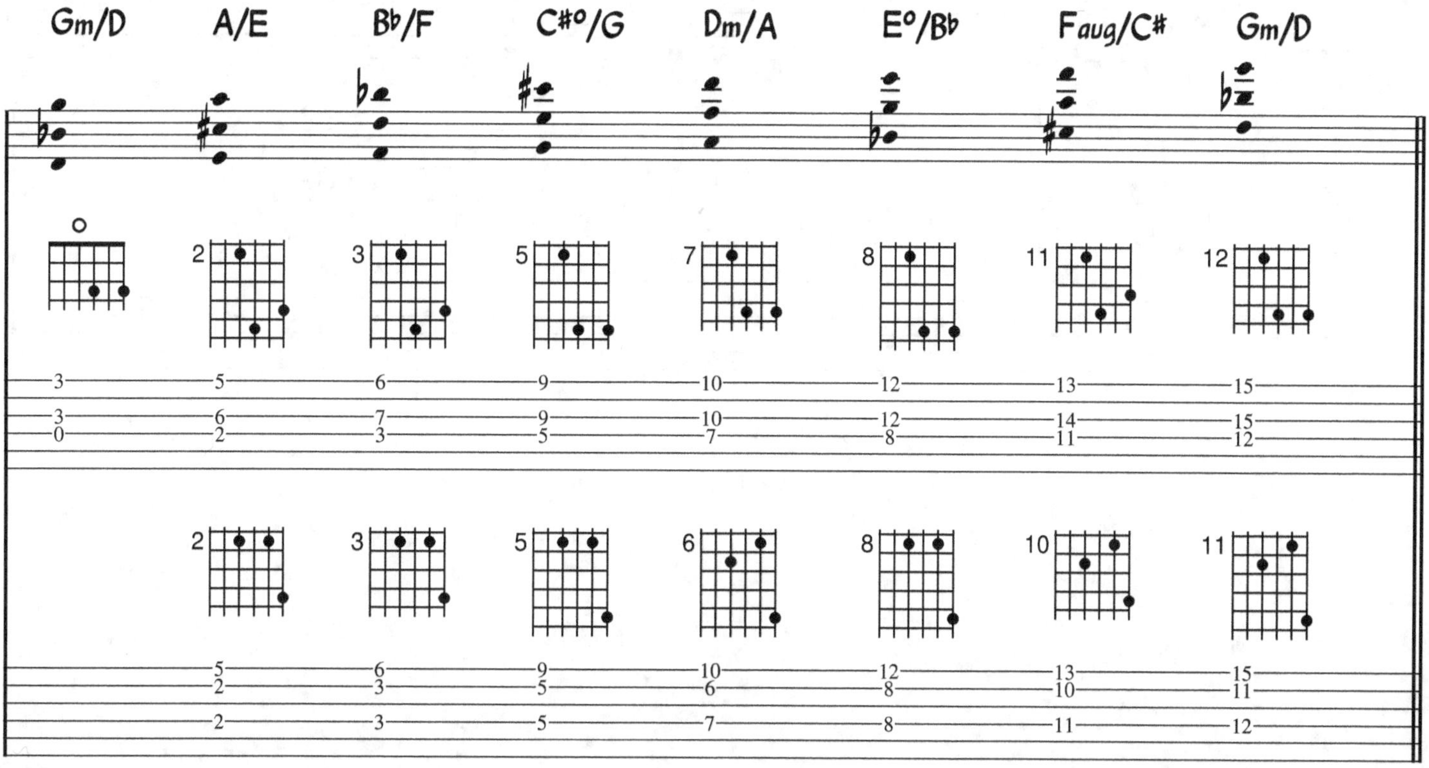

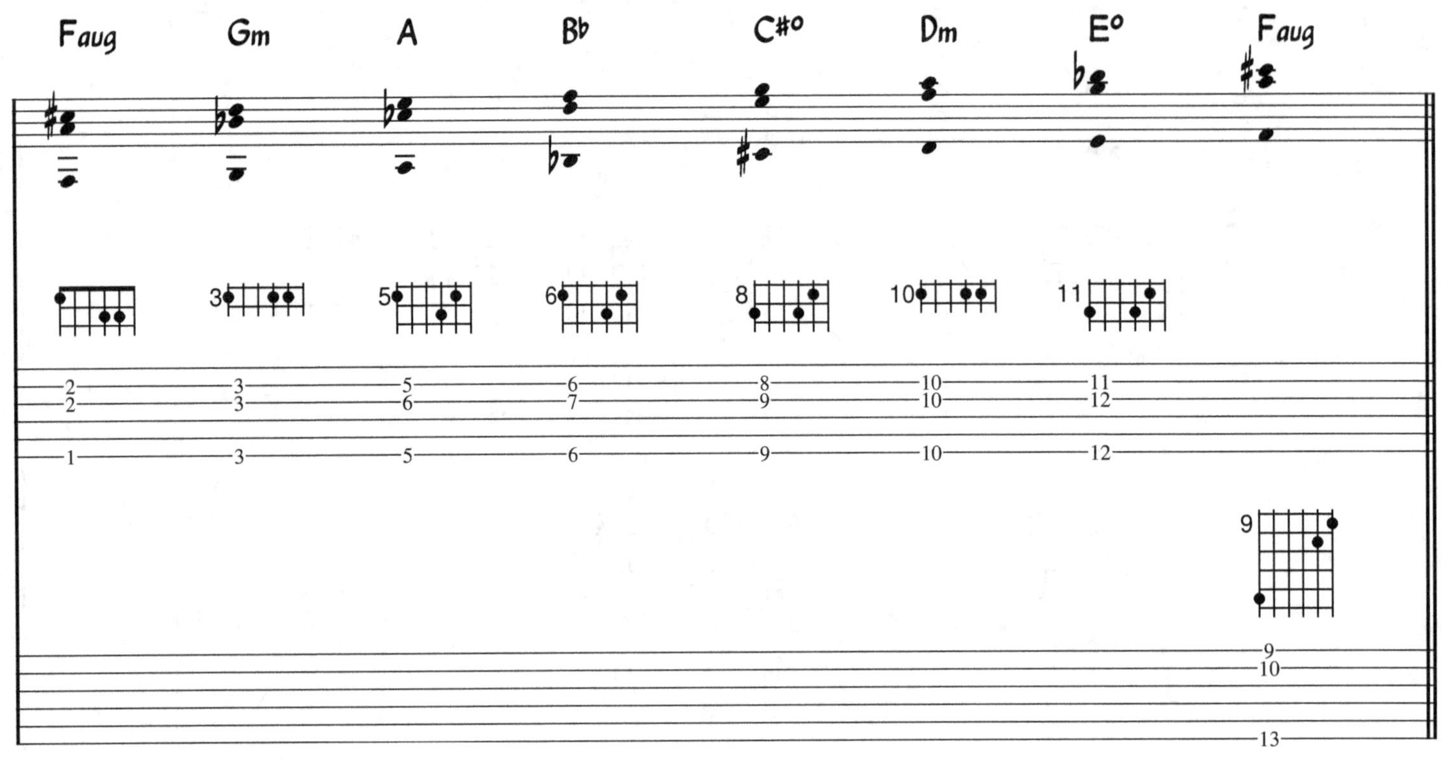
Faug
Gm
A
Bb
C#o
Dm
Eo
Faug

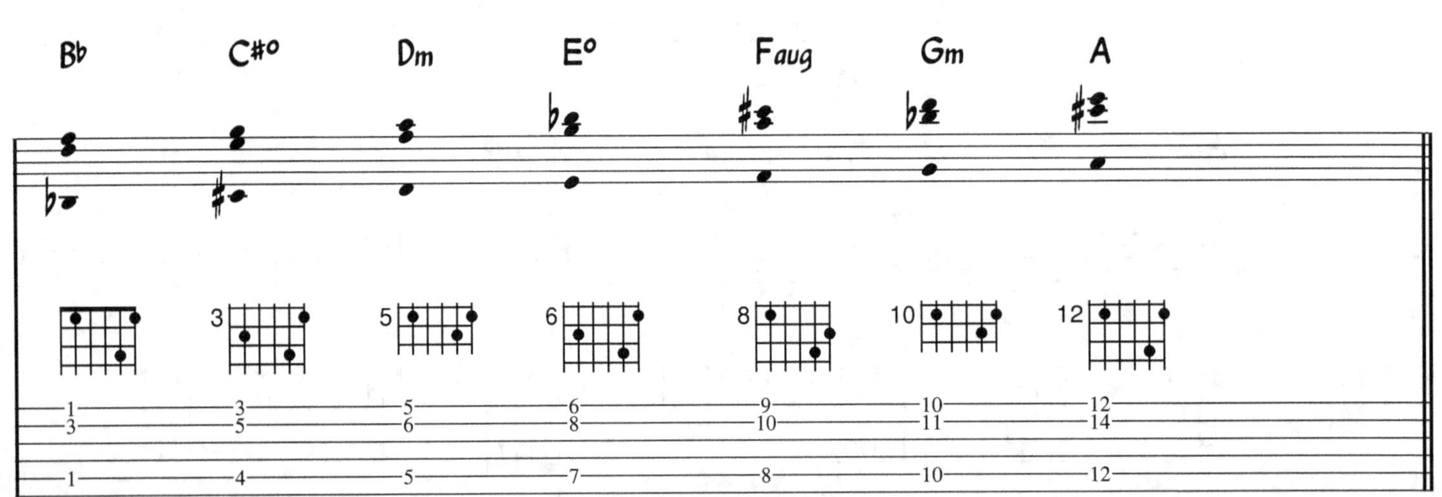
Bb
C#o
Dm
Eo
Faug
Gm
A

1st inv. (open voiced, Version 2)

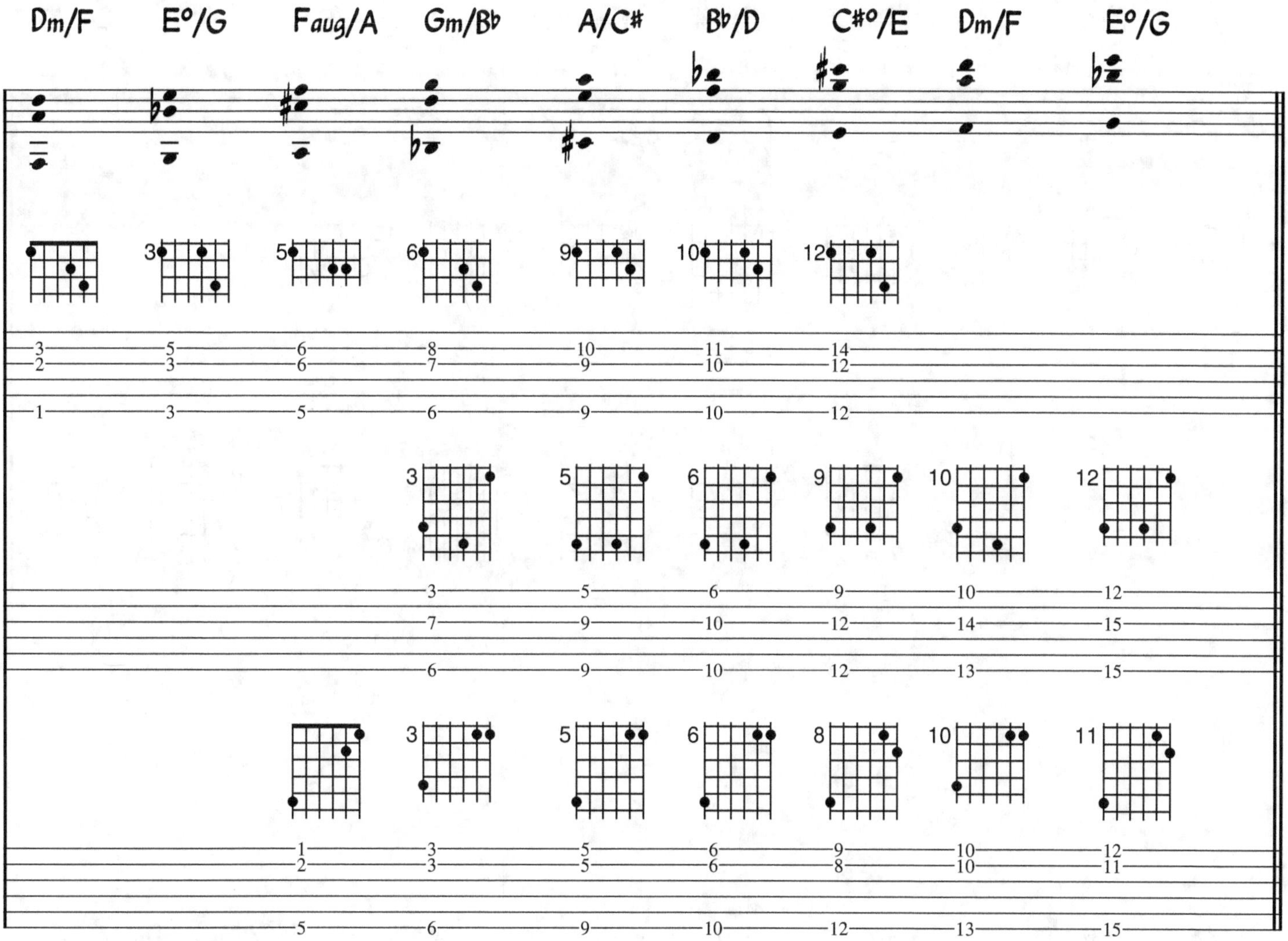

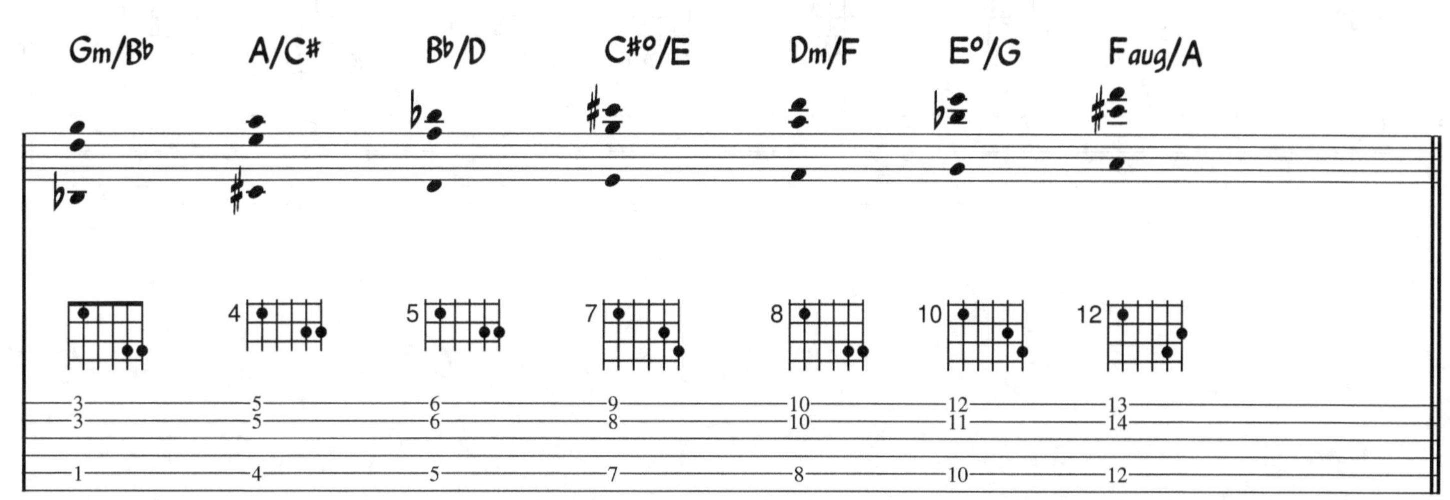
Dm/F   E°/G   Faug/A   Gm/Bb   A/C#   Bb/D   C#°/E   Dm/F   E°/G
Gm/Bb   A/C#   Bb/D   C#°/E   Dm/F   E°/G   Faug/A

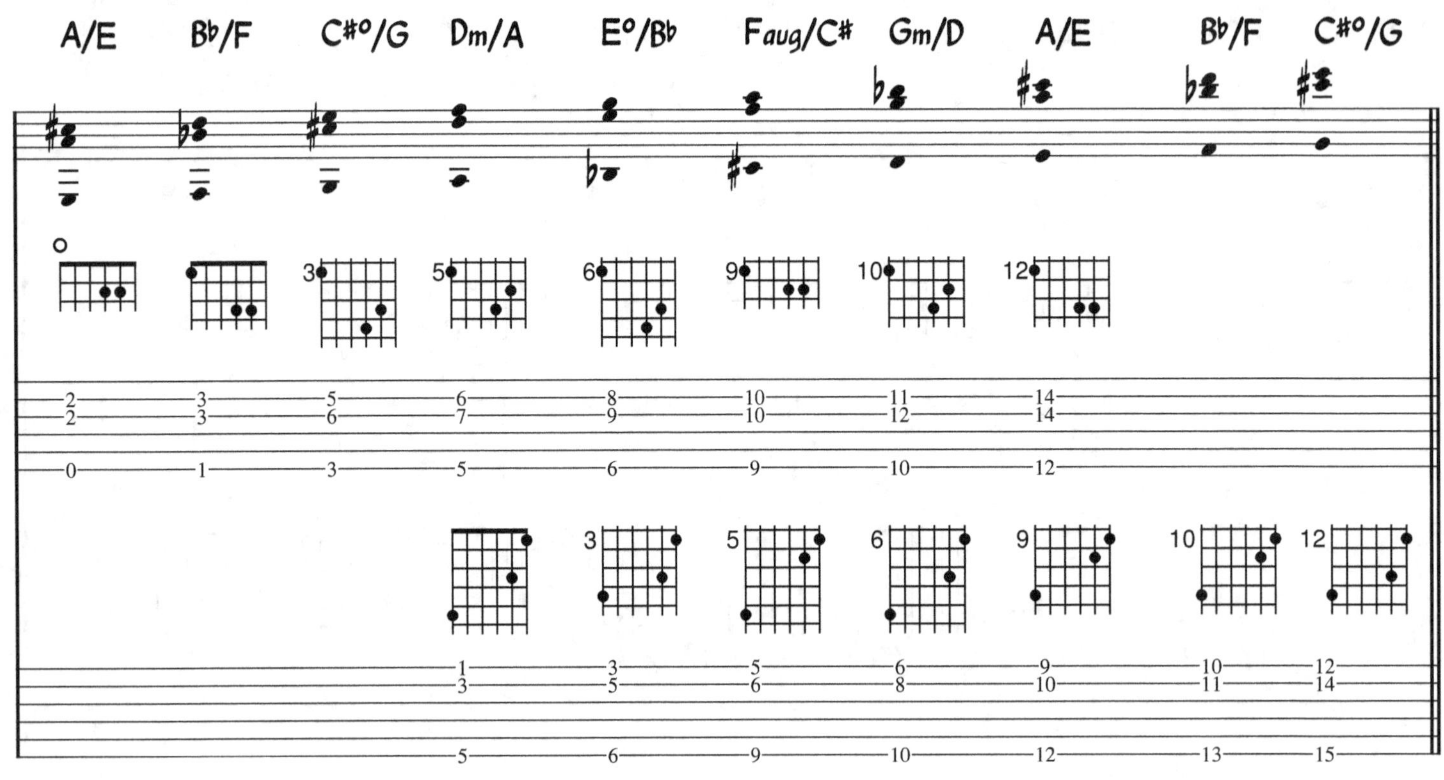
A/E   Bb/F   C#o/G   Dm/A   Eo/Bb   Faug/C#   Gm/D   A/E   Bb/F   C#o/G

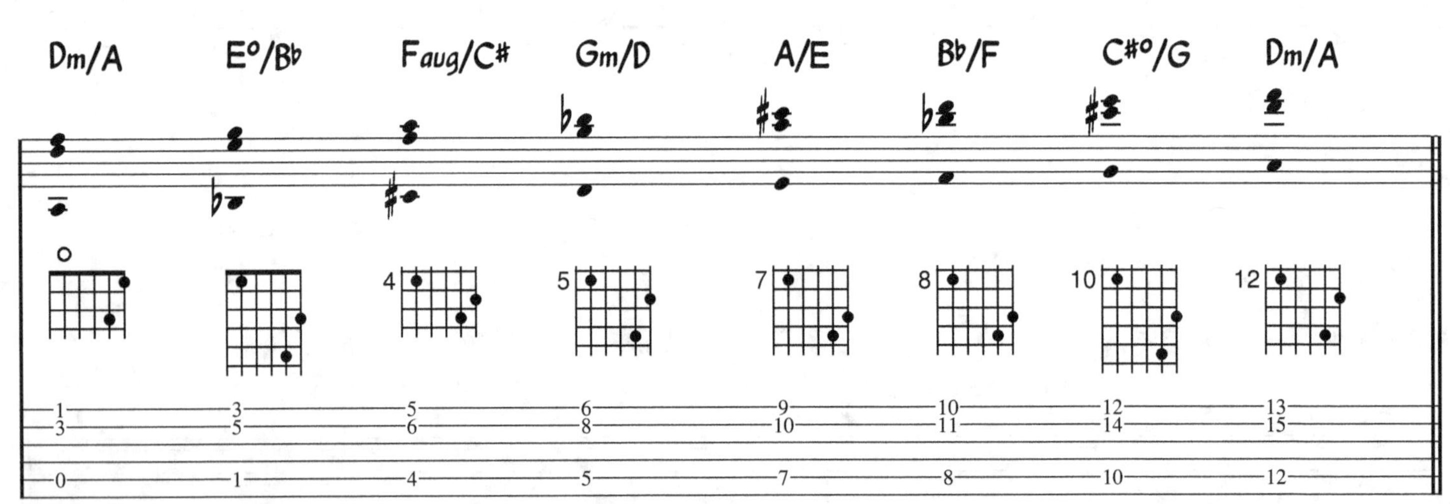
Dm/A   Eo/Bb   Faug/C#   Gm/D   A/E   Bb/F   C#o/G   Dm/A

Root Position (open voiced, Version 3)

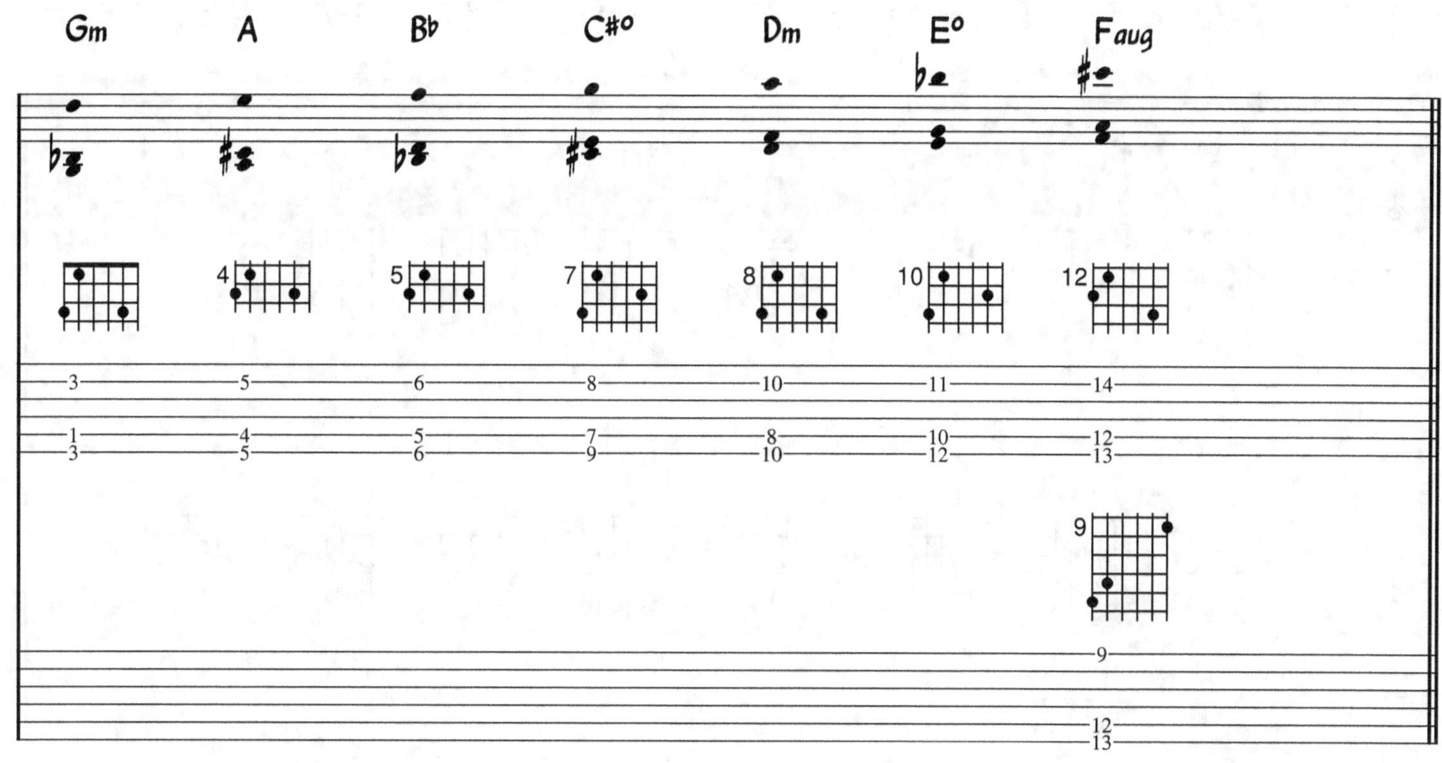

Gm   A   Bb   C#o   Dm   Eo   Faug

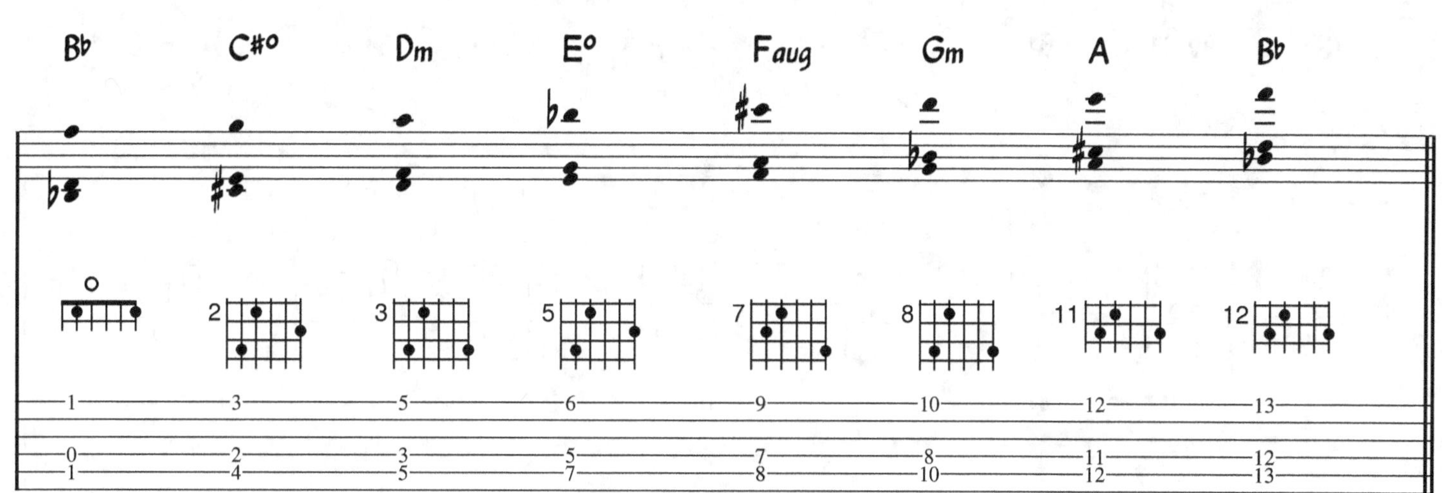

Bb   C#o   Dm   Eo   Faug   Gm   A   Bb

1st inv. (open voiced, Version 3)

Dm/F   E°/G   Faug/A   Gm/Bb   A/C#   Bb/D   C#°/E   Dm/F   E°/G

Gm/Bb   A/C#   Bb/D   C#°/E   Dm/F   E°/G   Faug/A   Gm/Bb

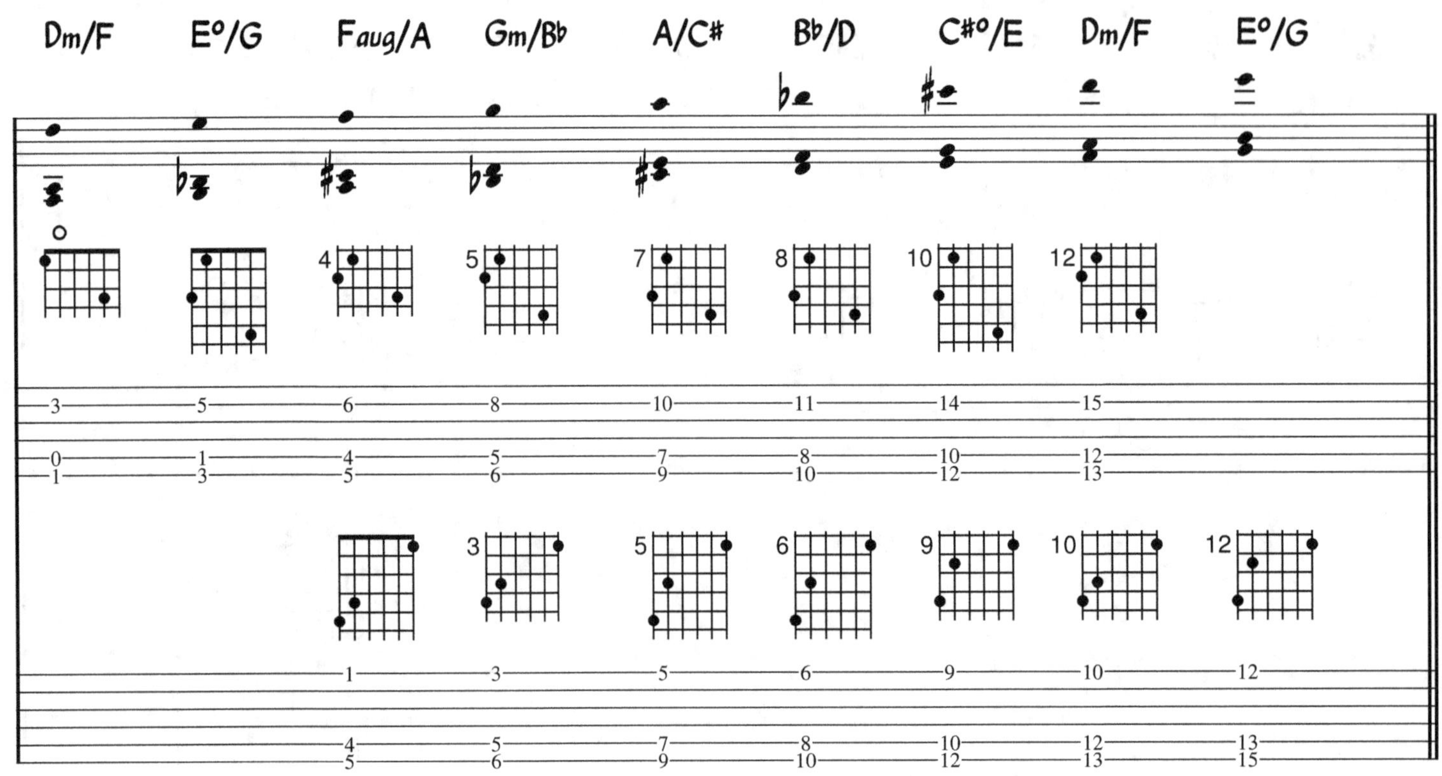

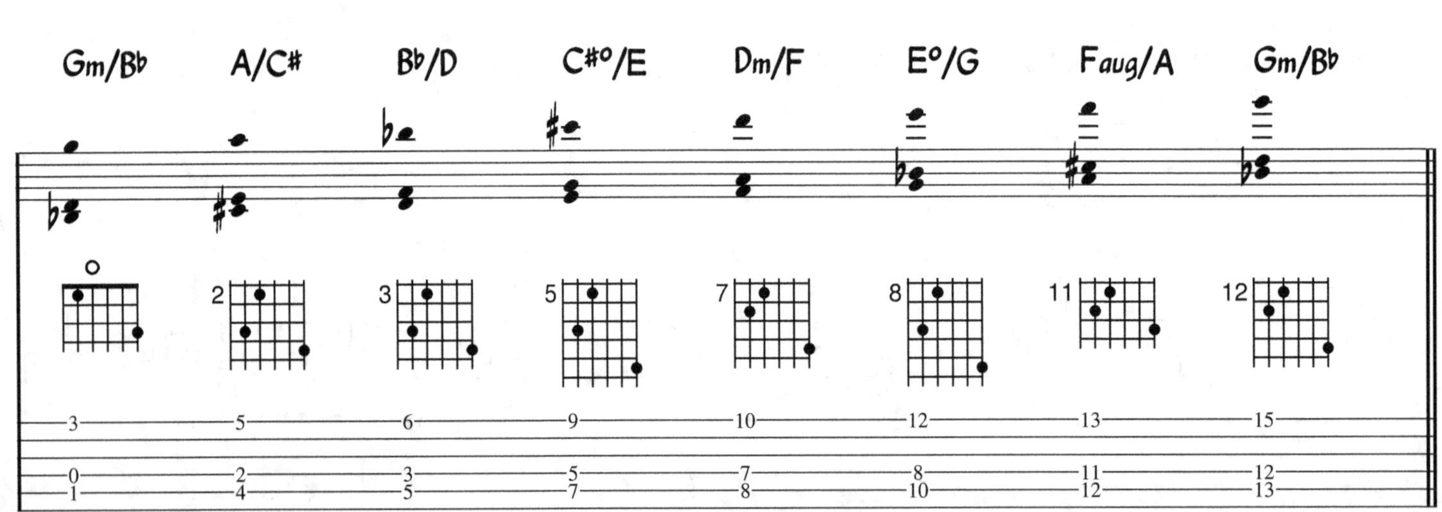

46

2nd inv. (open voiced, Version 3)
A/E   Bb/F   C#o/G   Dm/A   Eo/Bb   Faug/C#   Gm/D   A/E   Bb/F   C#o/G

Dm/A   Eo/Bb   Faug/C#   Gm/D   A/E   Bb/F   C#o/G   Dm/A

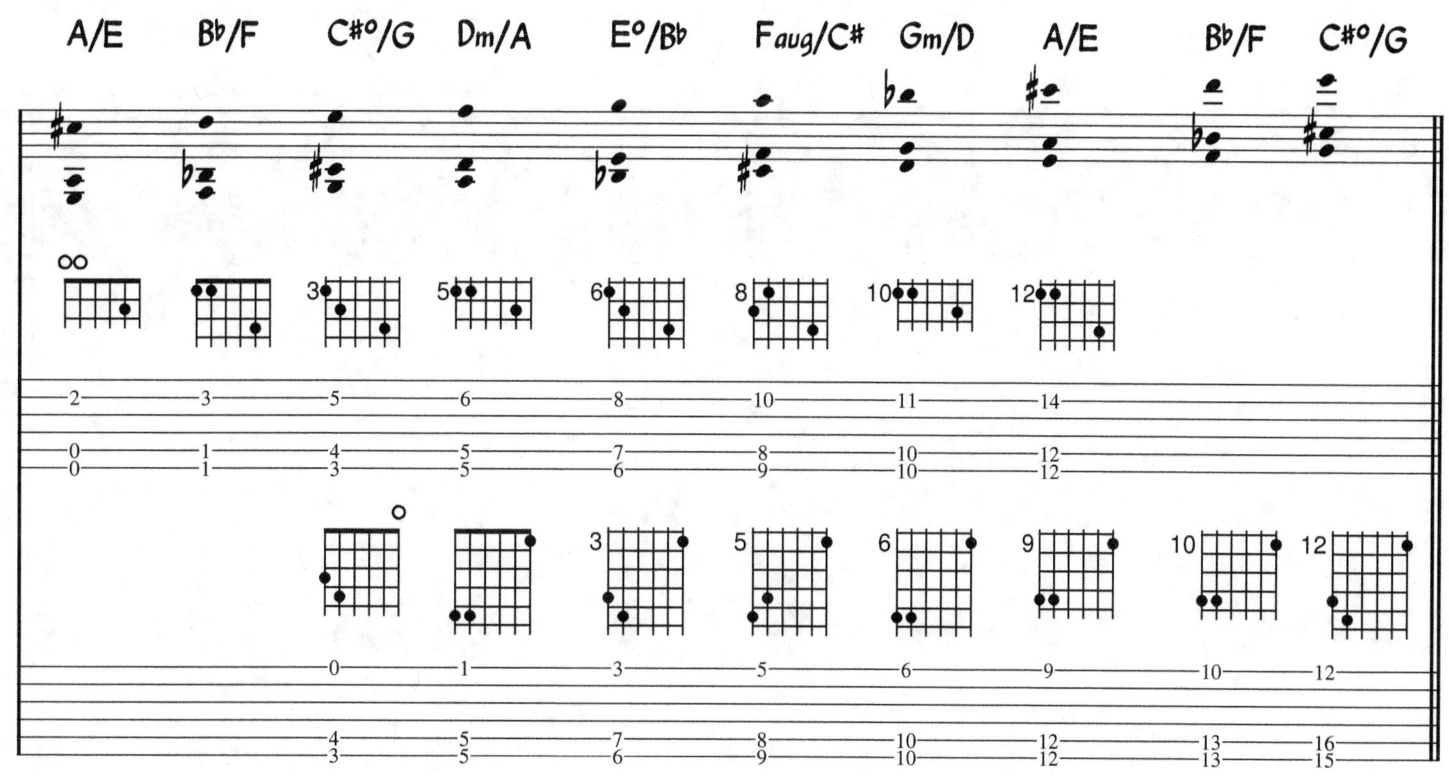

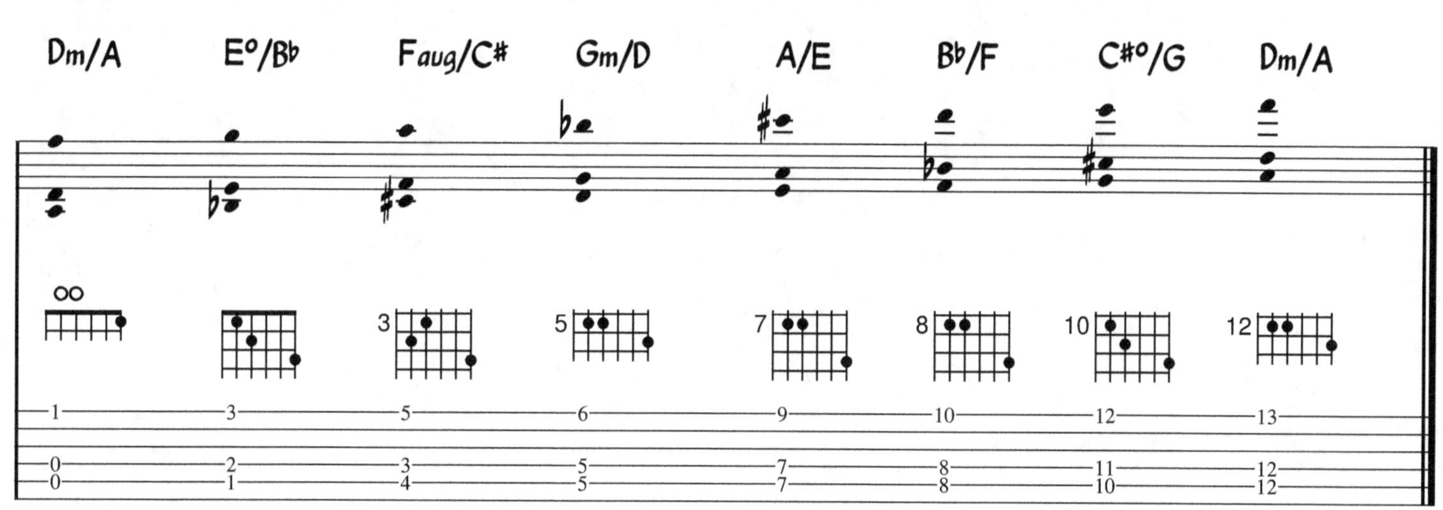

47

~ A harmonic minor ~

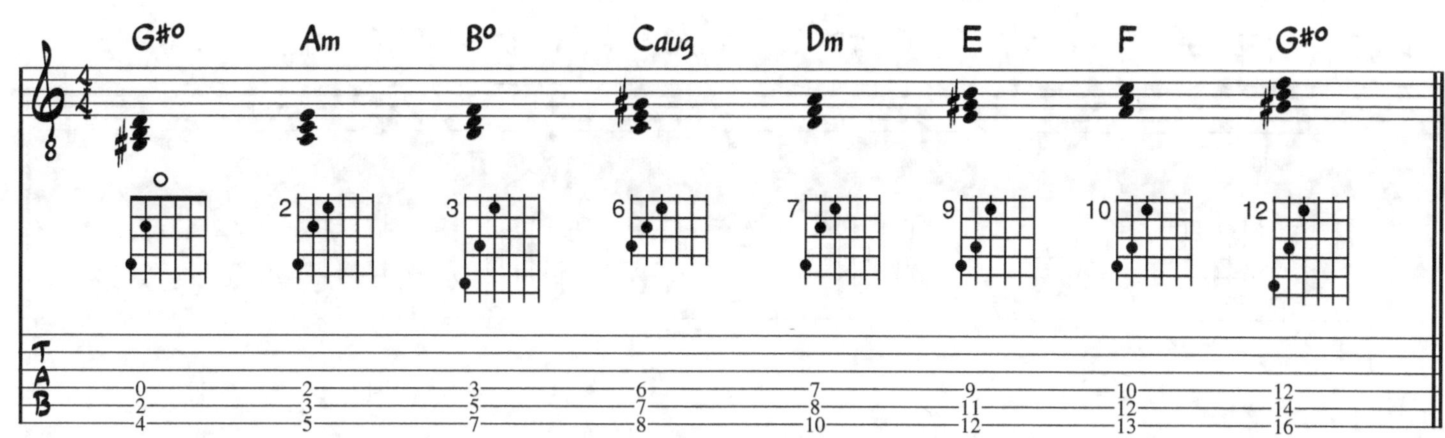

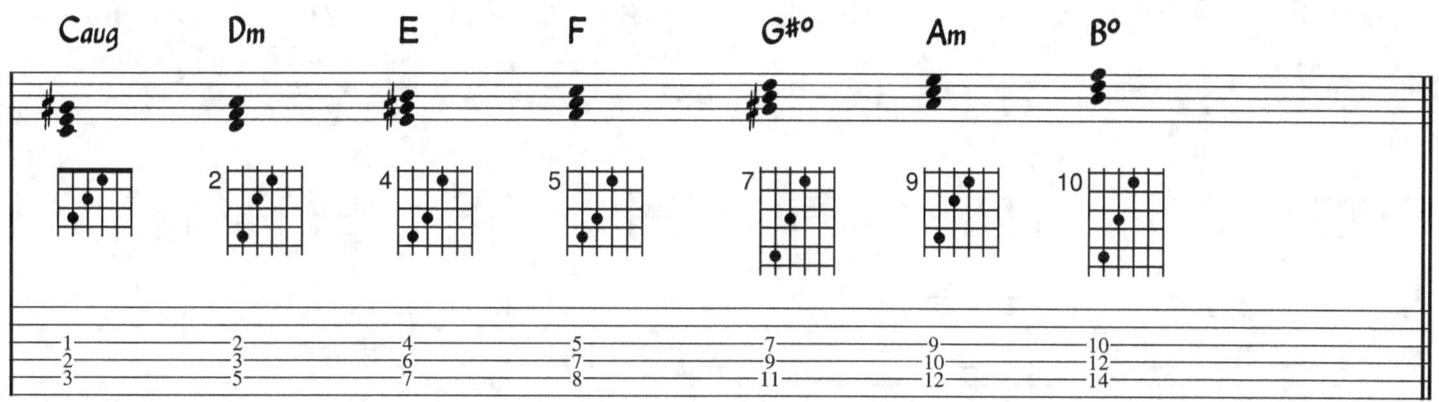

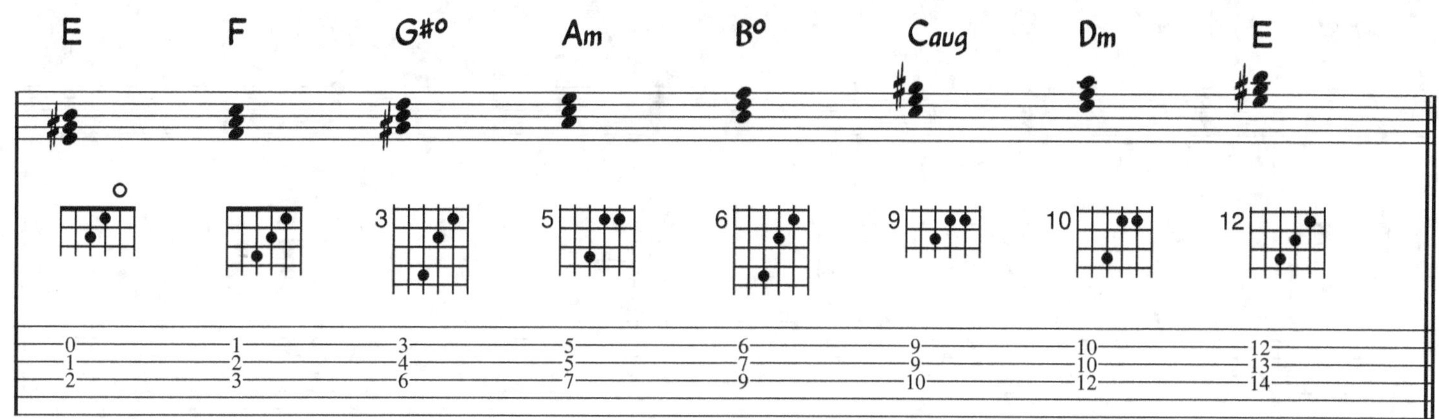

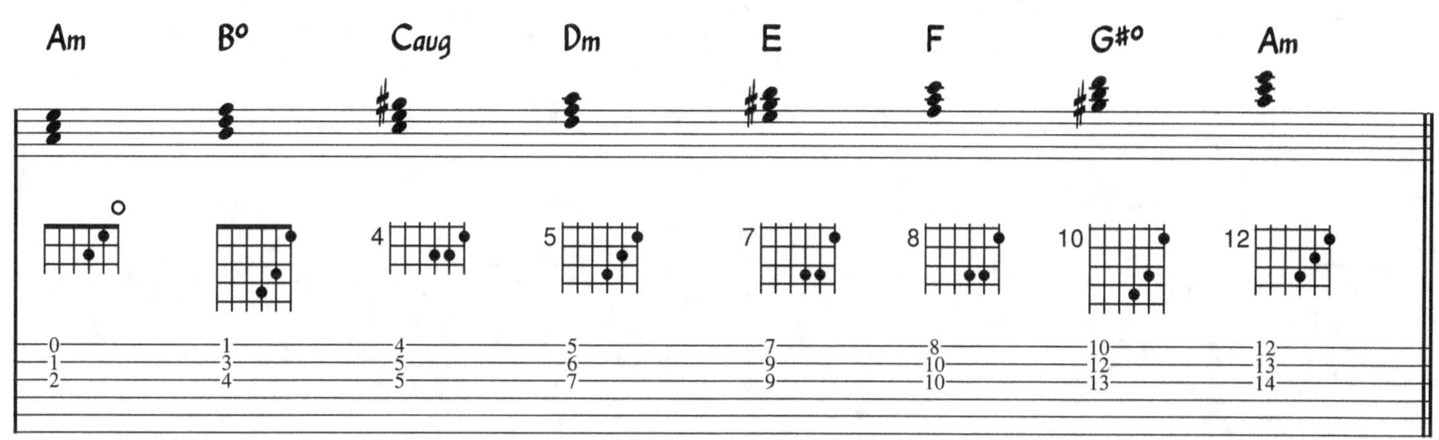

1st inv.

Dm/F   E/G#   F/A   G#o/B   Am/C   Bo/D   Caug/E   Dm/F
G#o/B   Am/C   Bo/D   Caug/E   Dm/F   E/G#   F/A   G#o/B
Caug/E   Dm/F   E/G#   F/A   G#o/B   Am/C   Bo/D
E/G#   F/A   G#o/B   Am/C   Bo/D   Caug/E   Dm/F   E/G#

2nd inv.

Bº/F   Caug/G#   Dm/A   E/B   F/C   G#º/D   Am/E   Bº/F
E/B   F/C   G#º/D   Am/E   Bº/F   Caug/G#   Dm/A
G#º/D   Am/E   Bº/F   Caug/G#   Dm/A   E/B   F/C   G#º/D
Caug/G#   Dm/A   E/B   F/C   G#º/D   Am/E   Bº/F   Caug/G#

Root Position (open voiced)

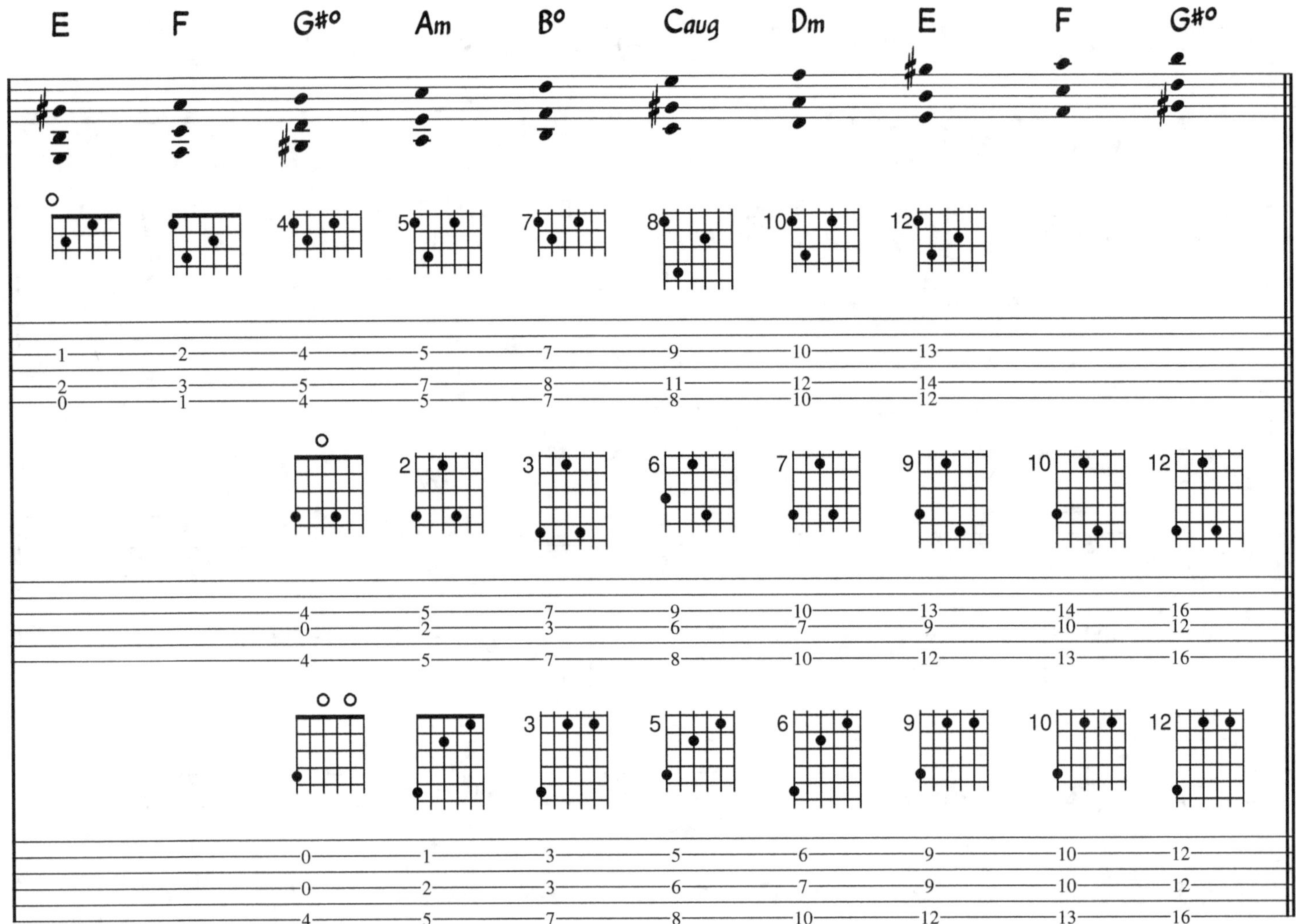
E
F
G#o
Am
Bo
Caug
Dm
E
F
G#o

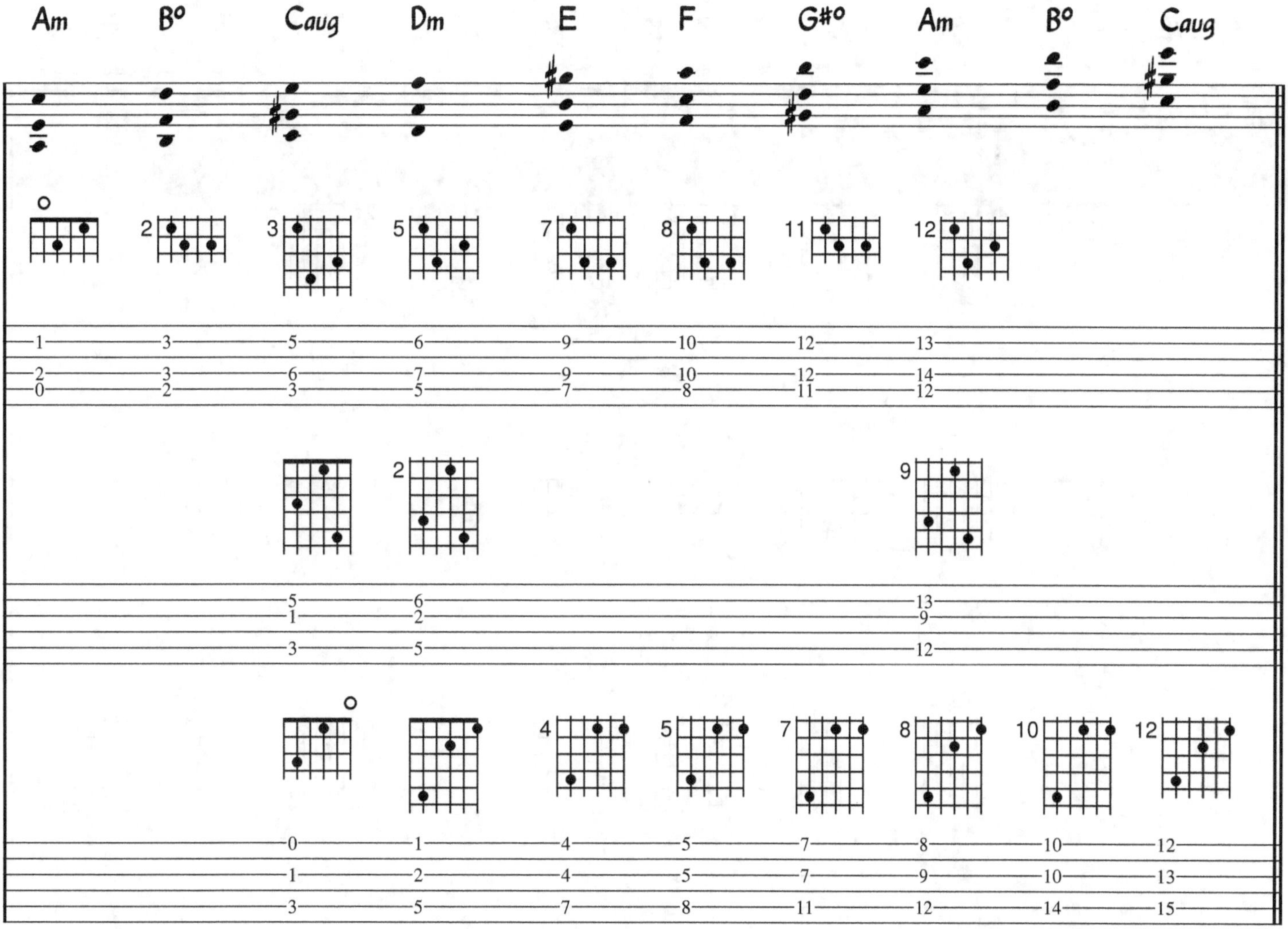

Am   B°   Caug   Dm   E   F   G#°   Am   B°   Caug
Dm   E   F   G#°   Am   B°   Caug   Dm   E

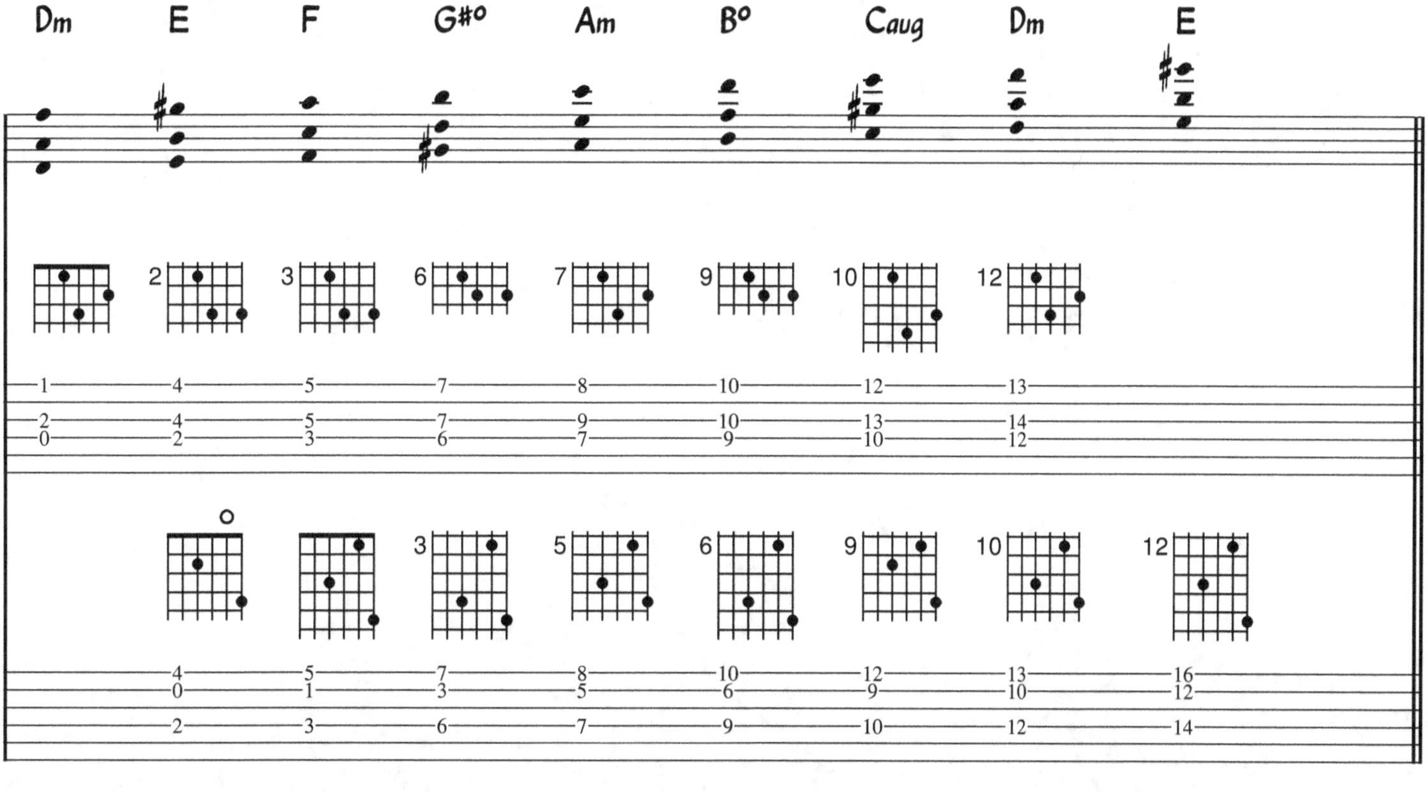

1st inv. (open voiced)

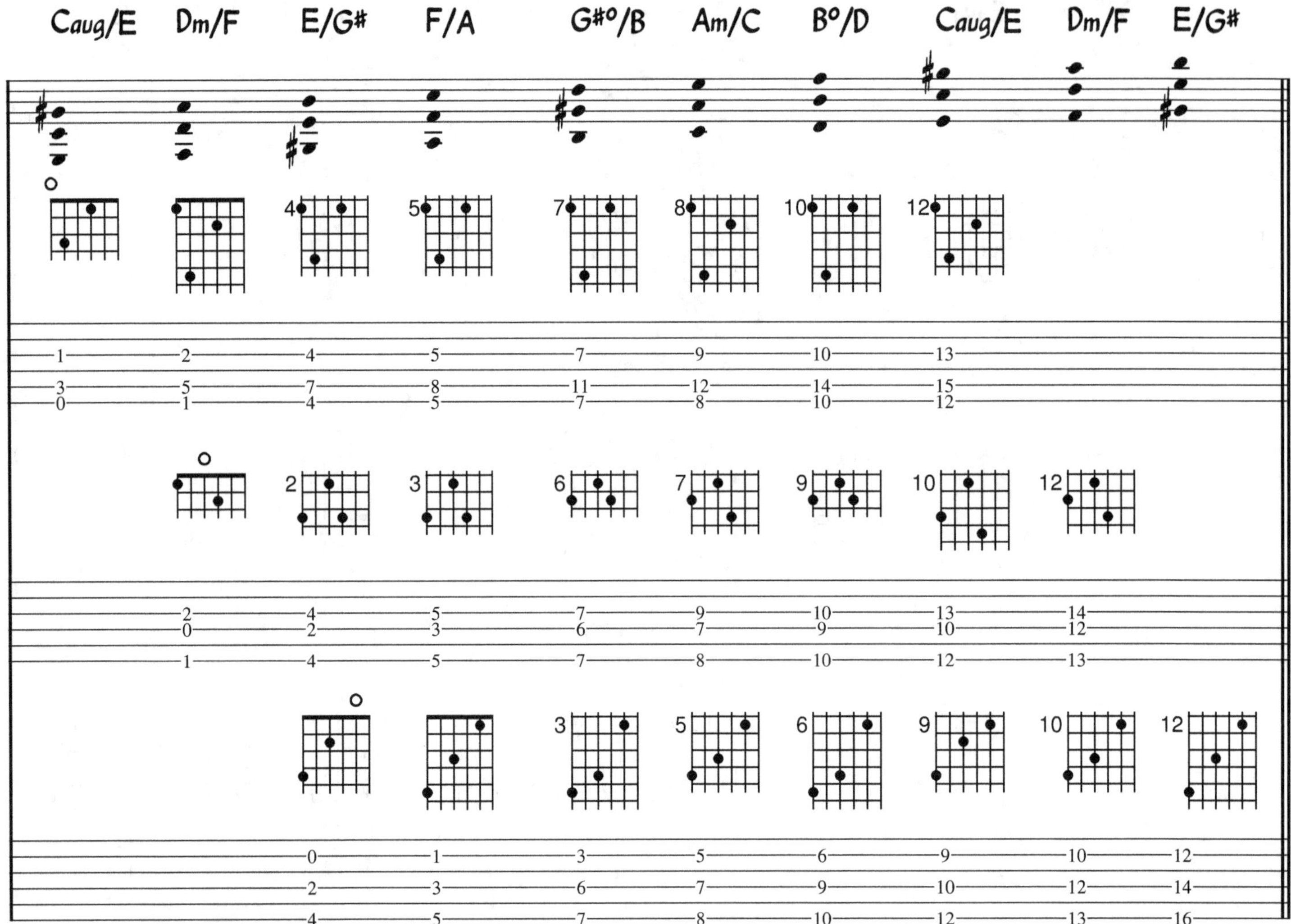
Caug/E   Dm/F   E/G#   F/A   G#o/B   Am/C   Bo/D   Caug/E   Dm/F   E/G#

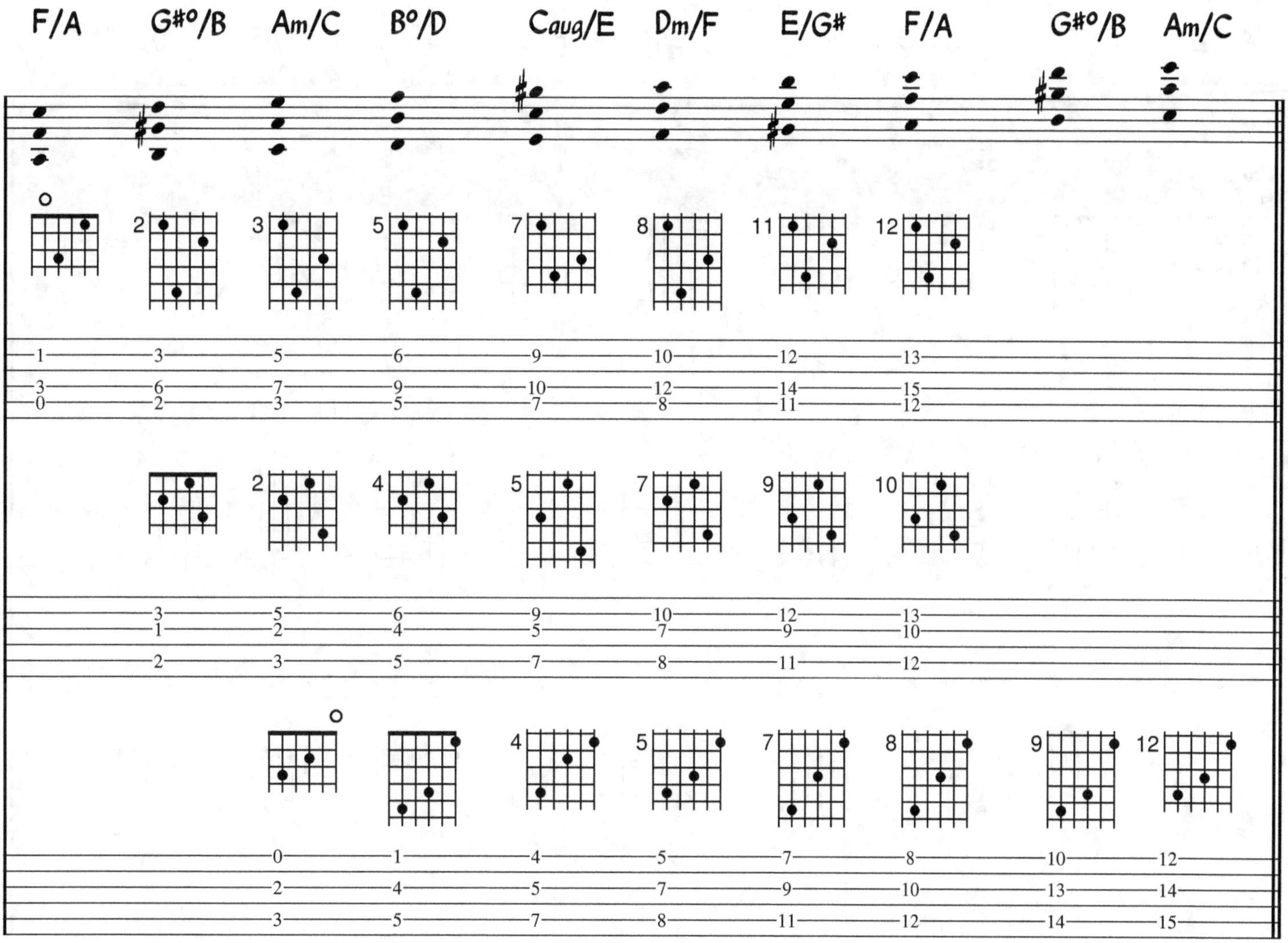

F/A   G#o/B   Am/C   Bo/D   Caug/E   Dm/F   E/G#   F/A   G#o/B   Am/C

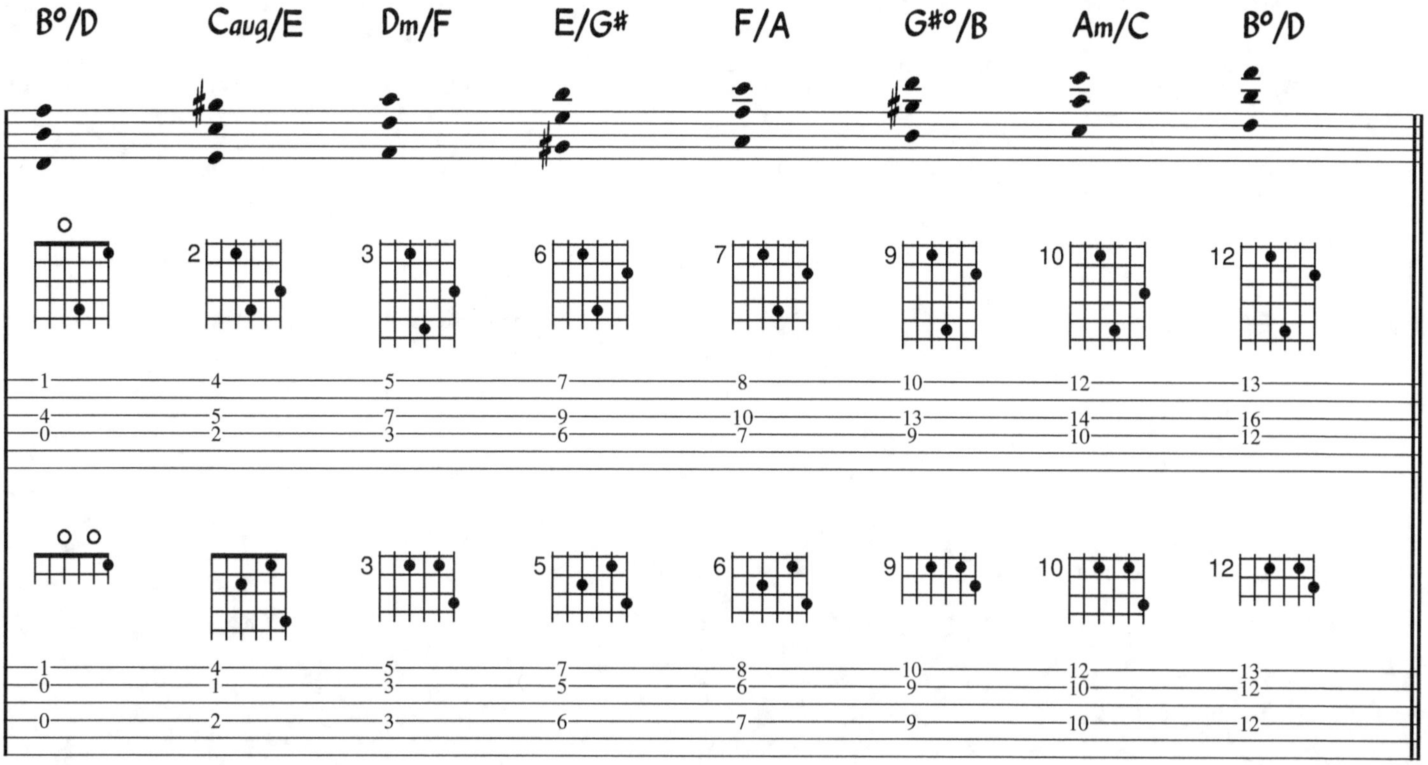

Bo/D   Caug/E   Dm/F   E/G#   F/A   G#o/B   Am/C   Bo/D

2nd inv. (open voiced)

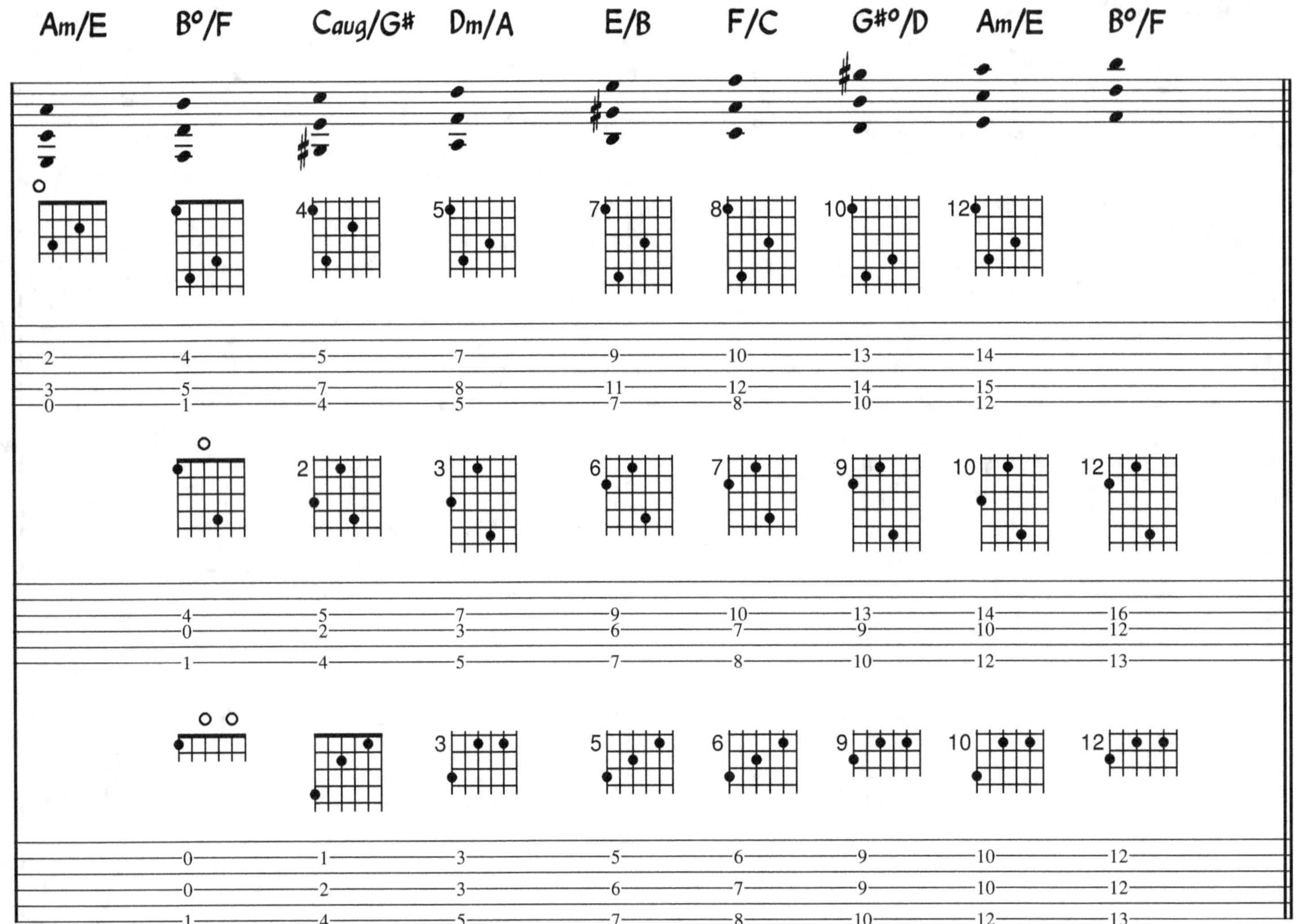
Am/E   B°/F   Caug/G#   Dm/A   E/B   F/C   G#°/D   Am/E   B°/F

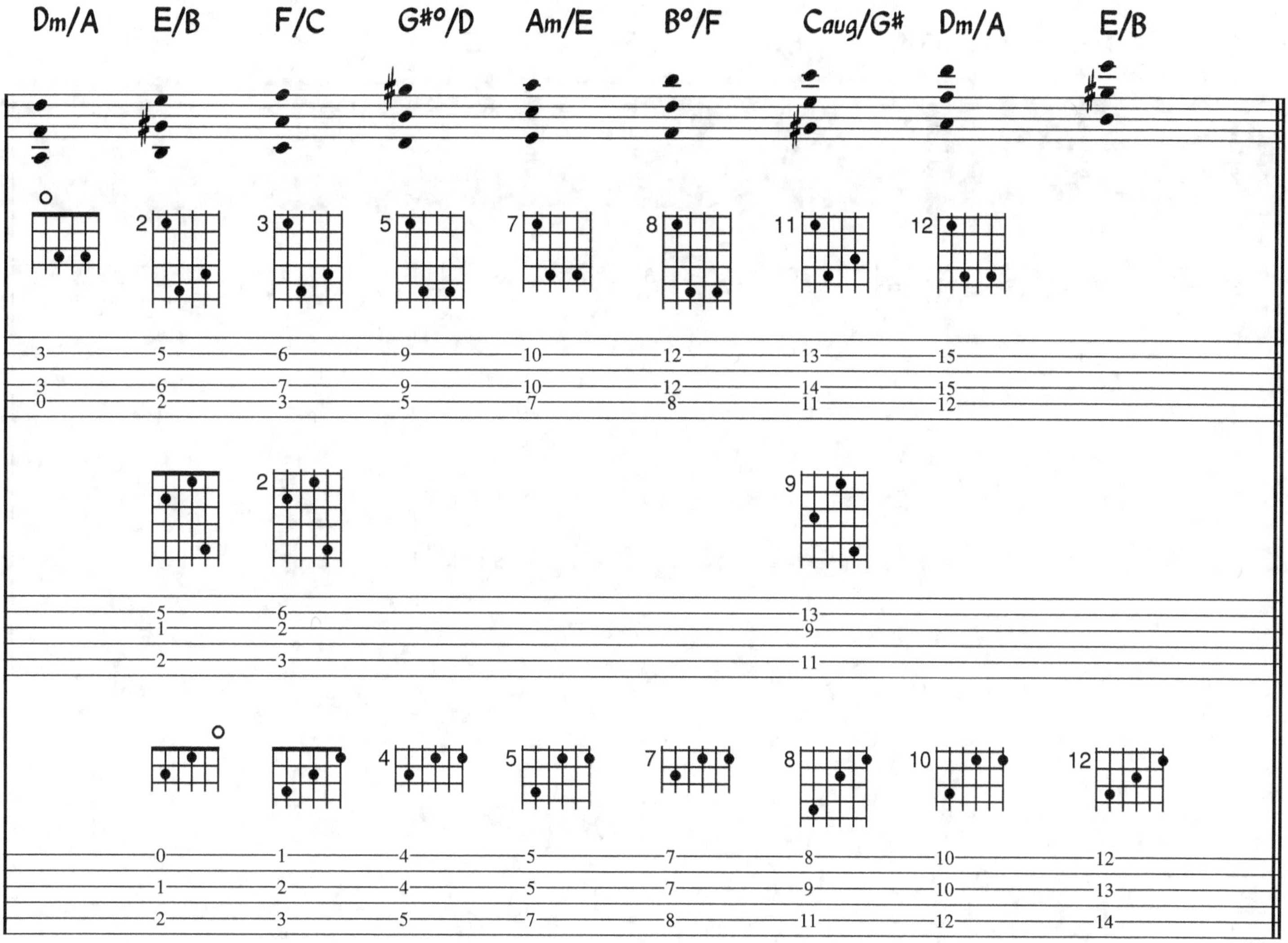

Dm/A   E/B   F/C   G#o/D   Am/E   Bo/F   Caug/G#   Dm/A   E/B

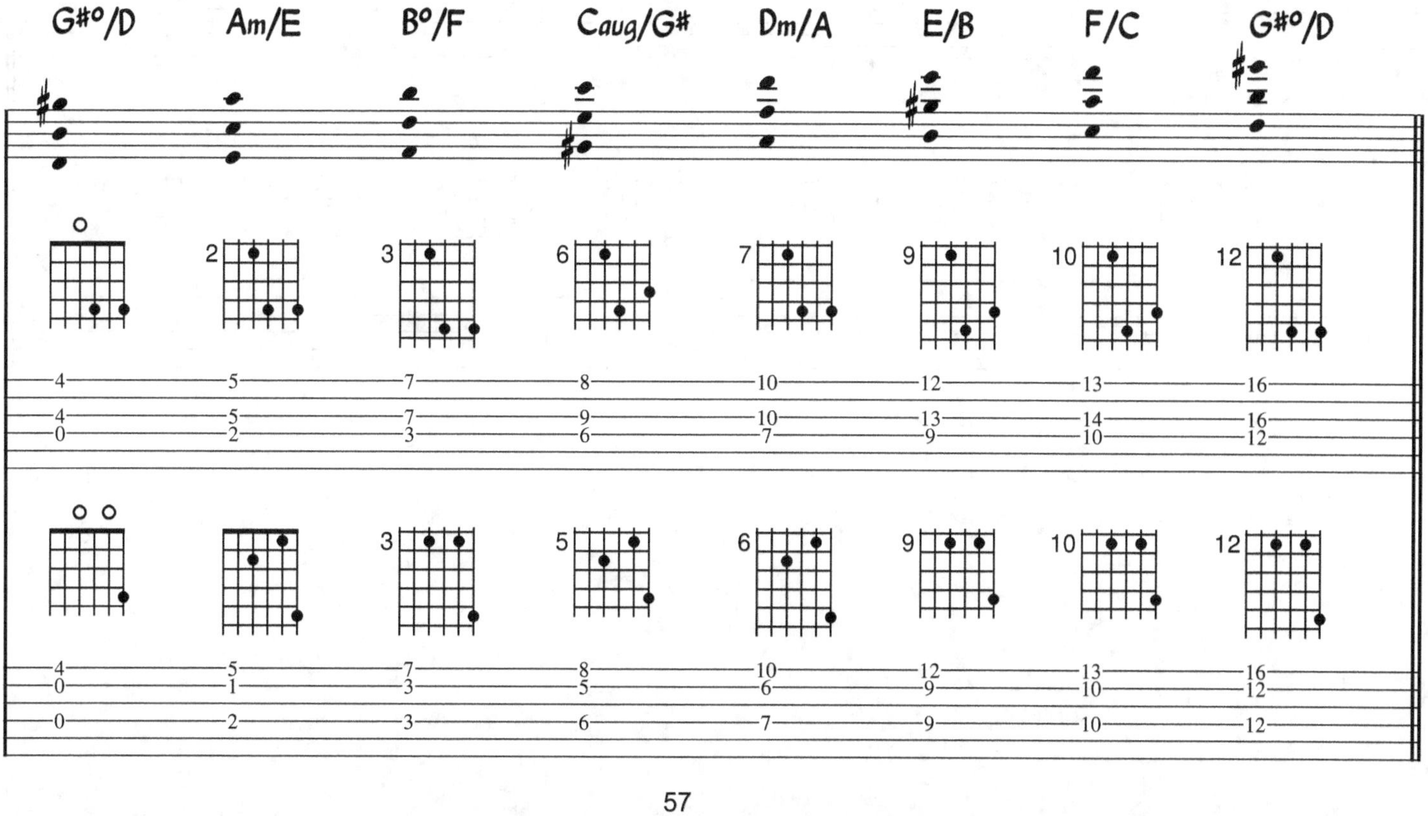

G#o/D   Am/E   Bo/F   Caug/G#   Dm/A   E/B   F/C   G#o/D

Root Position (open voiced, Version 2)

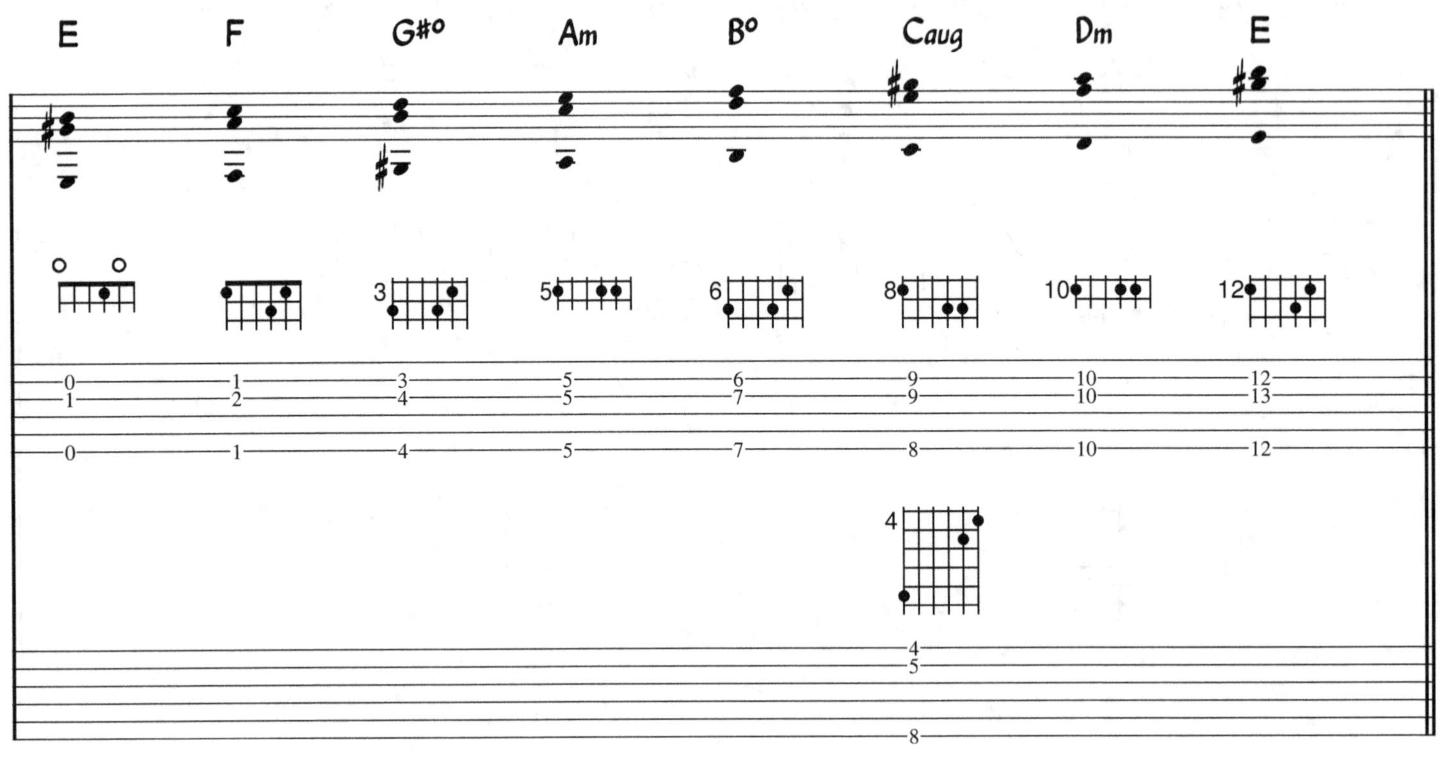

E   F   G#o   Am   Bo   Caug   Dm   E
0   1   3   5   6   9   10   12
1   2   4   5   7   9   10   13
0   1   4   5   7   8   10   12
4
5
8

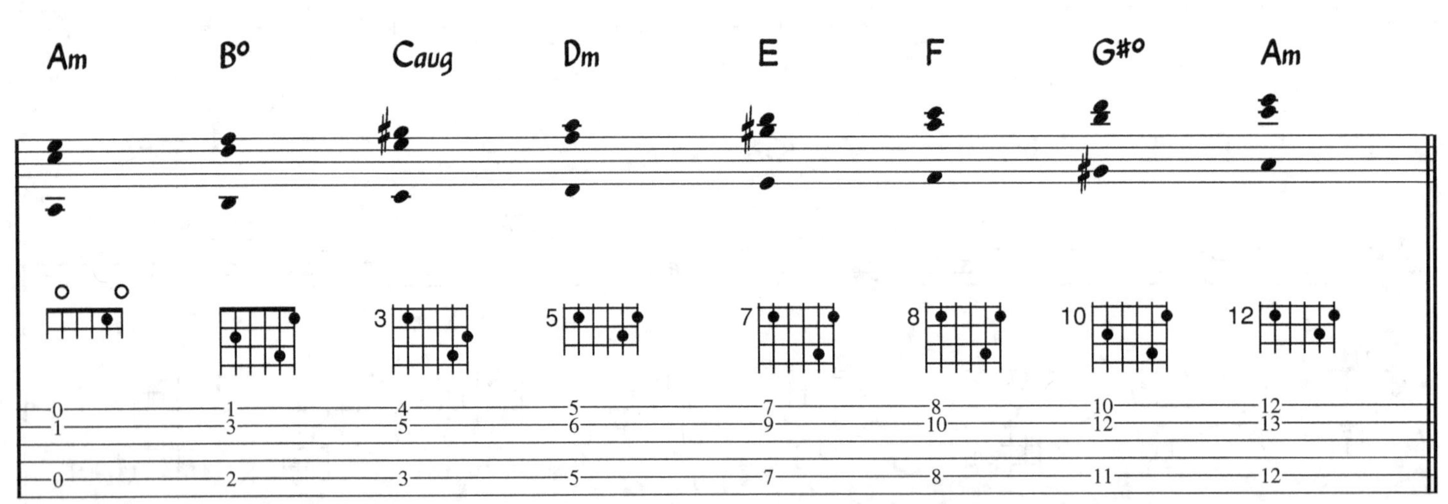

Am   Bo   Caug   Dm   E   F   G#o   Am
0   1   4   5   7   8   10   12
1   3   5   6   9   10   12   13
0   2   3   5   7   8   11   12

1st inv. (open voiced, Version 2)
Caug/E   Dm/F   E/G#   F/A   G#o/B   Am/C   Bo/D   Caug/E   Dm/F   E/G#
F/A   G#o/B   Am/C   Bo/D   Caug/E   Dm/F   E/G#   F/A

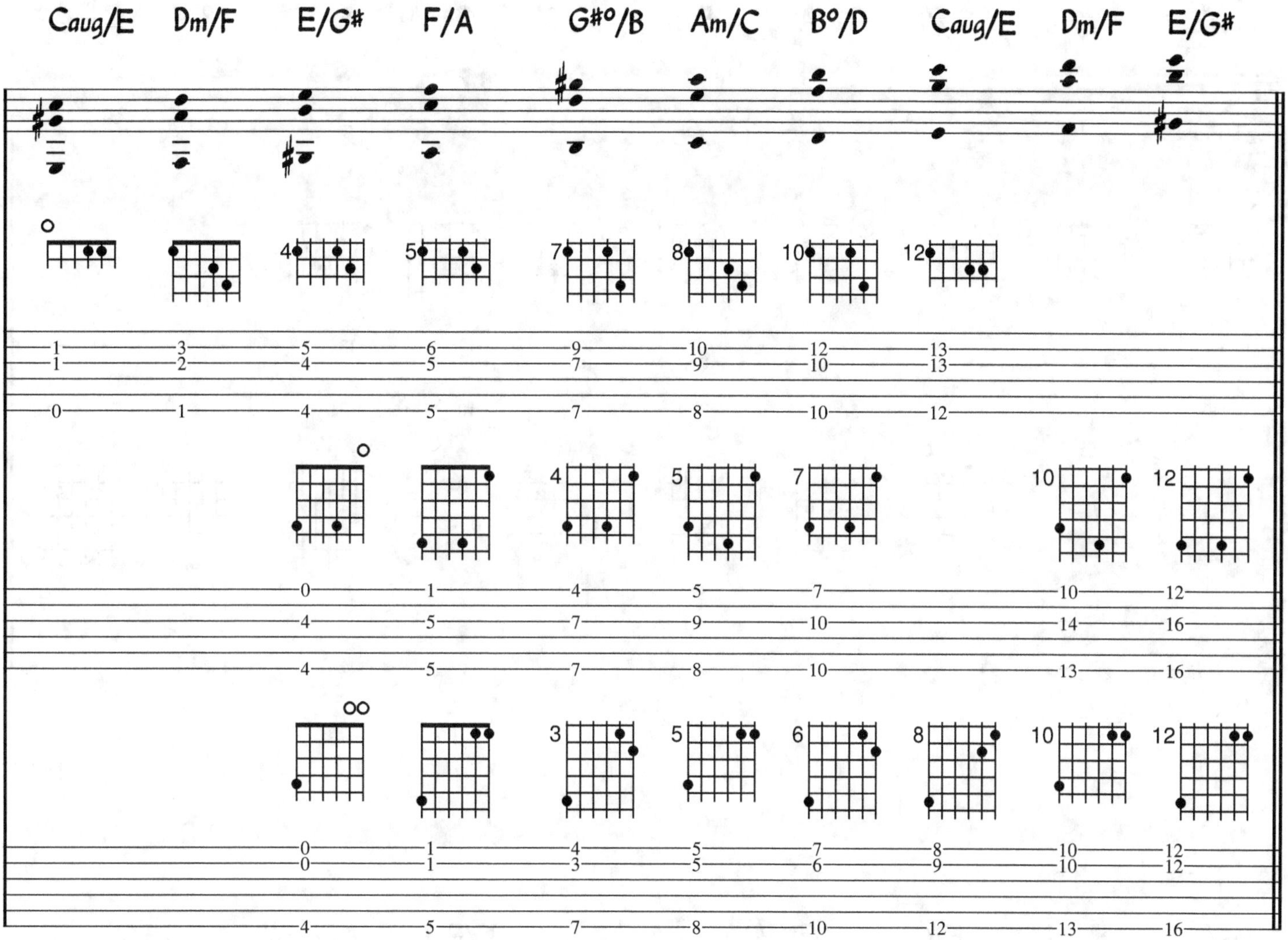

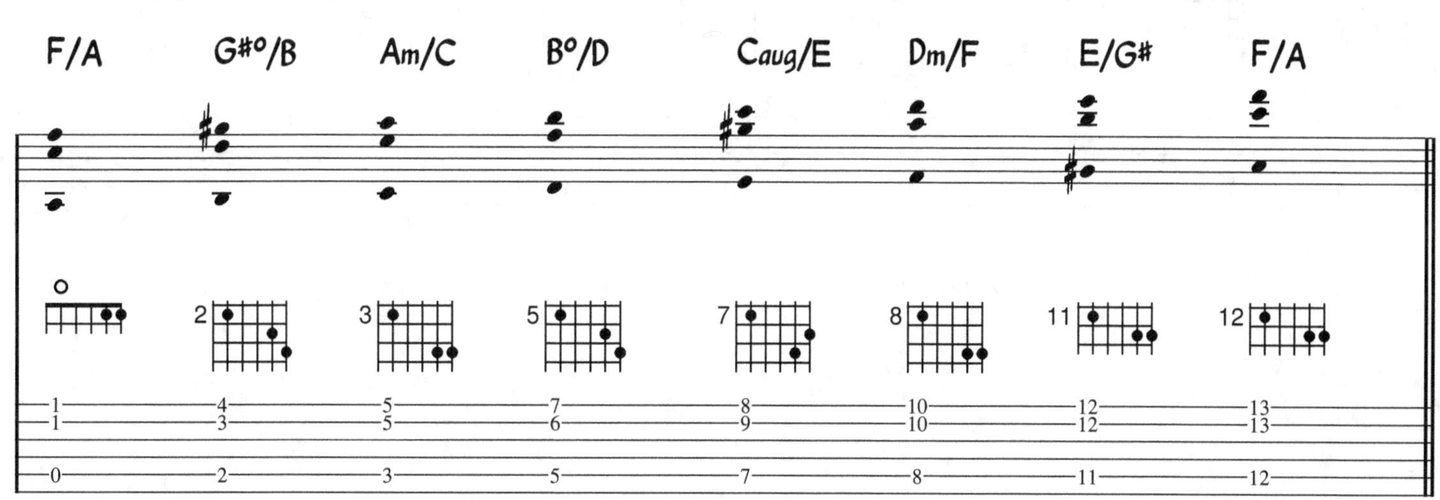

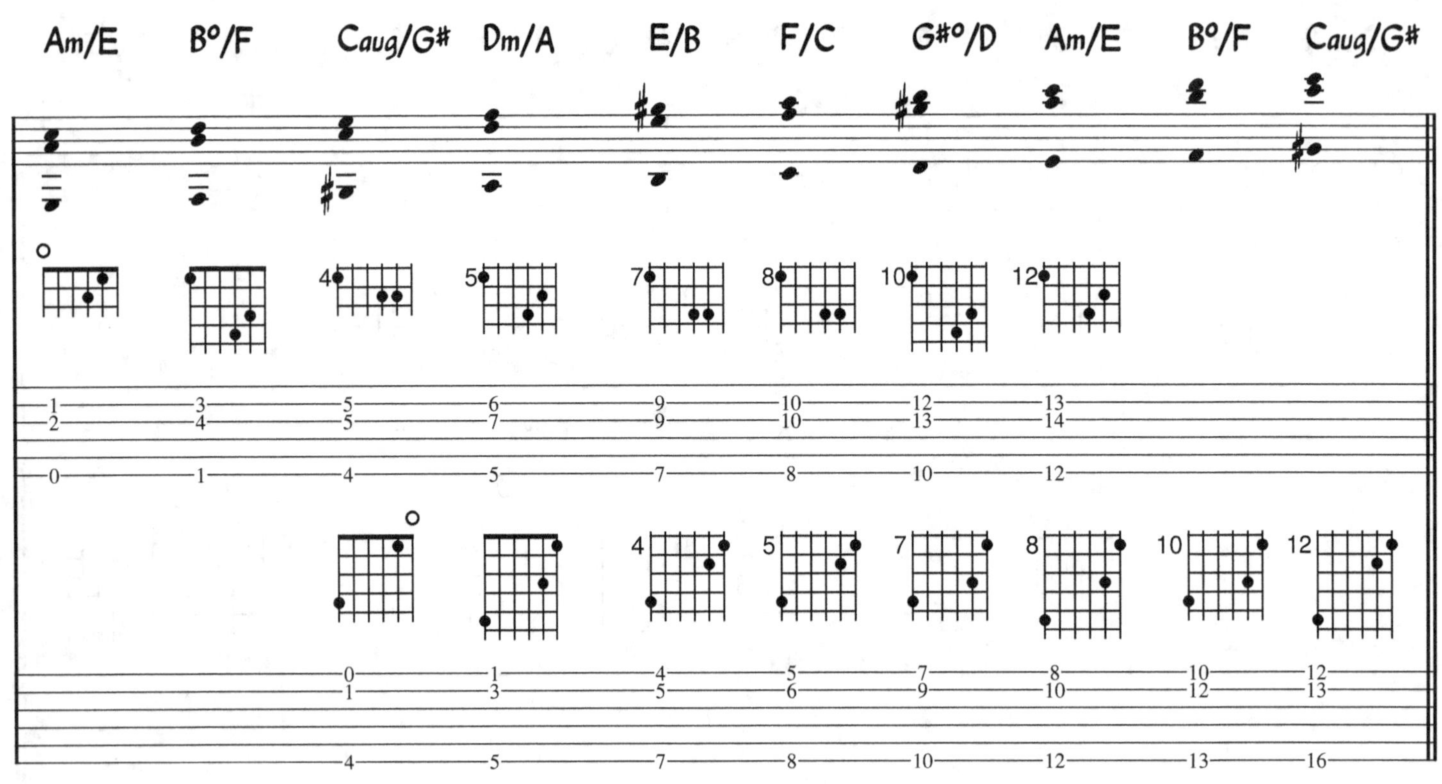

Am/E   Bº/F   Caug/G#   Dm/A   E/B   F/C   G#º/D   Am/E   Bº/F   Caug/G#

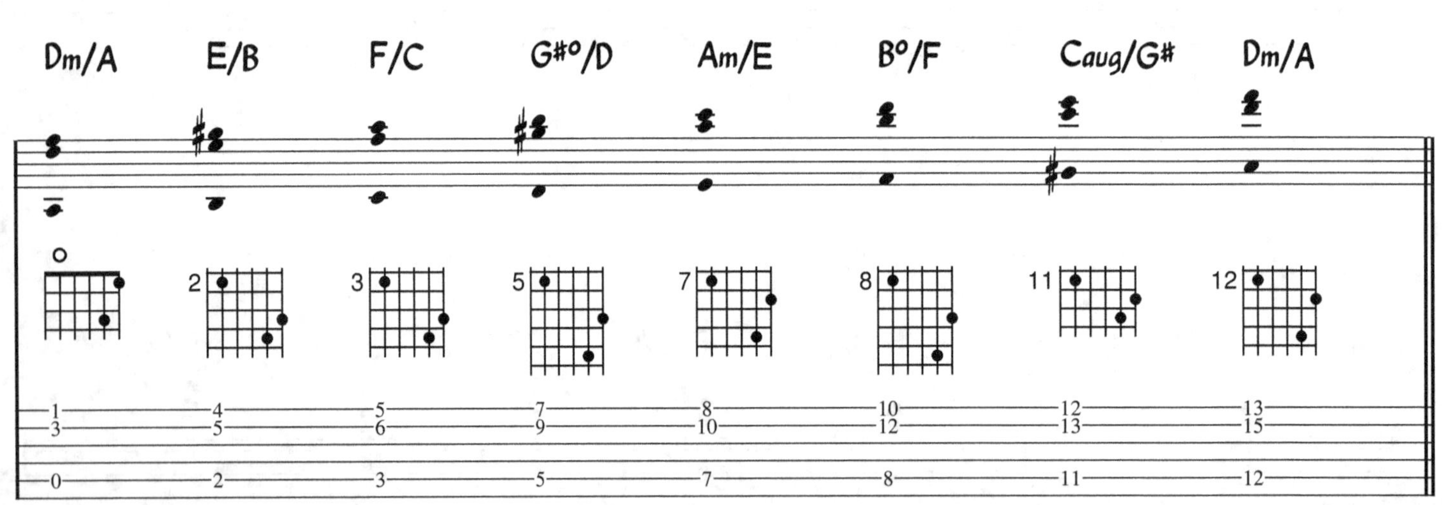

Dm/A   E/B   F/C   G#º/D   Am/E   Bº/F   Caug/G#   Dm/A

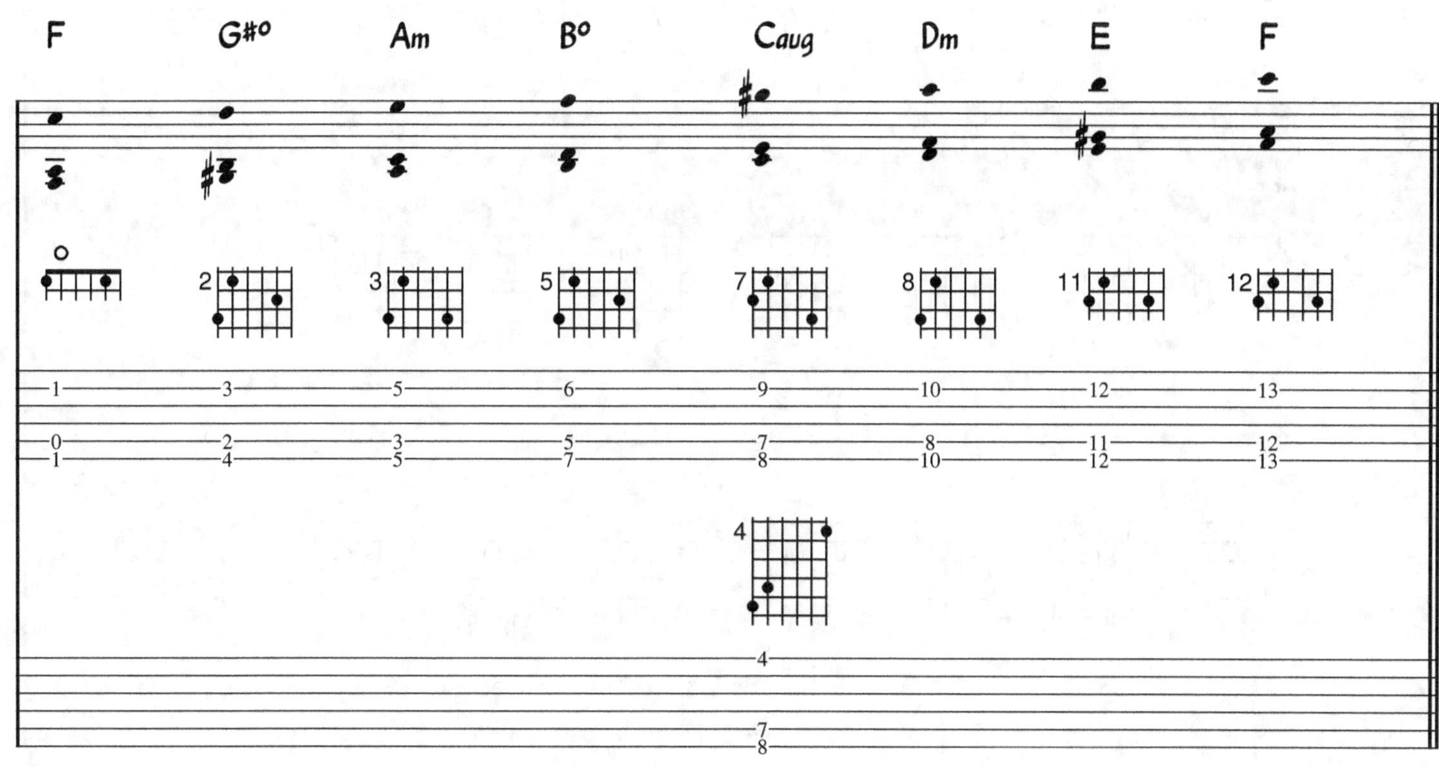
F
G#o
Am
Bo
Caug
Dm
E
F

Bo
Caug
Dm
E
F
G#o
Am
Bo

1st inv. (open voiced, Version 3)

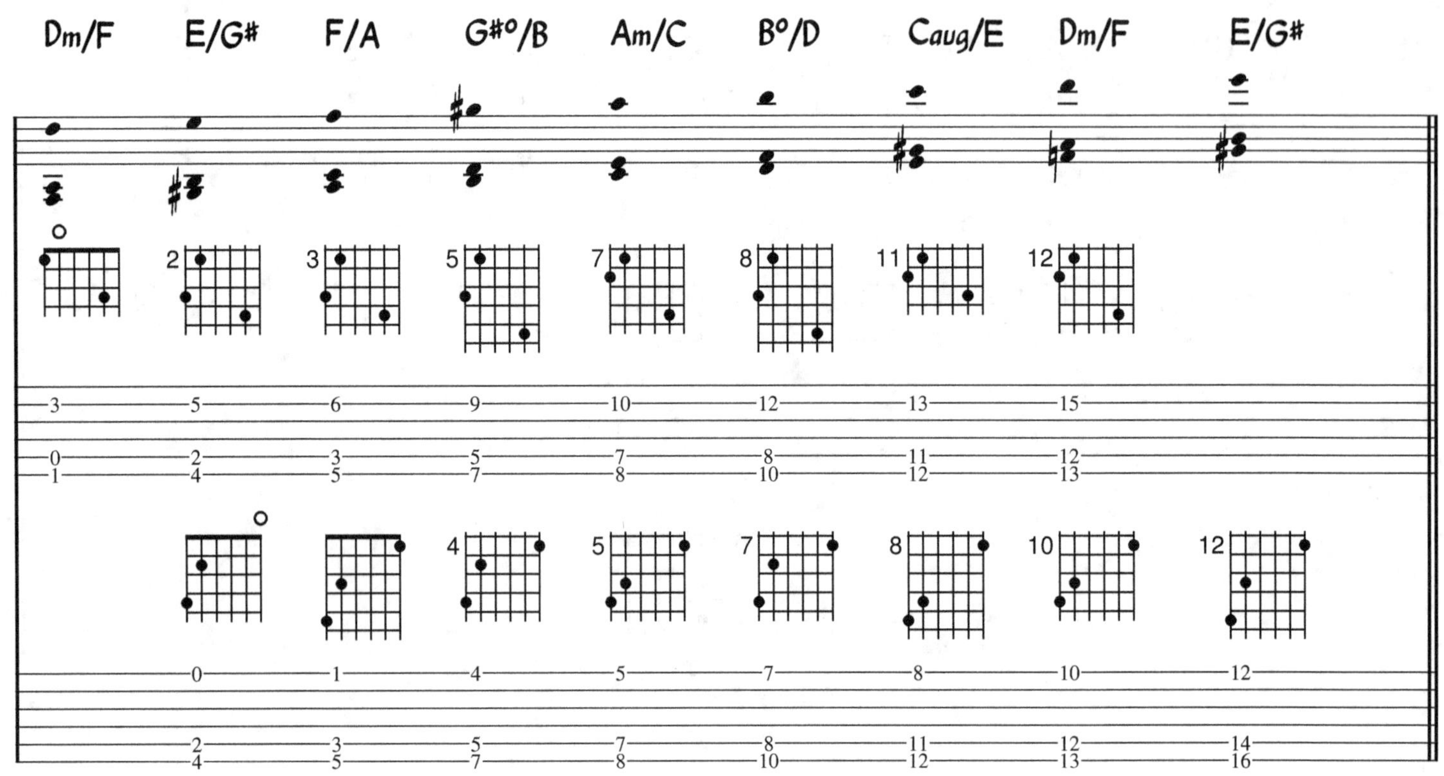
Dm/F
E/G#
F/A
G#o/B
Am/C
Bo/D
Caug/E
Dm/F
E/G#

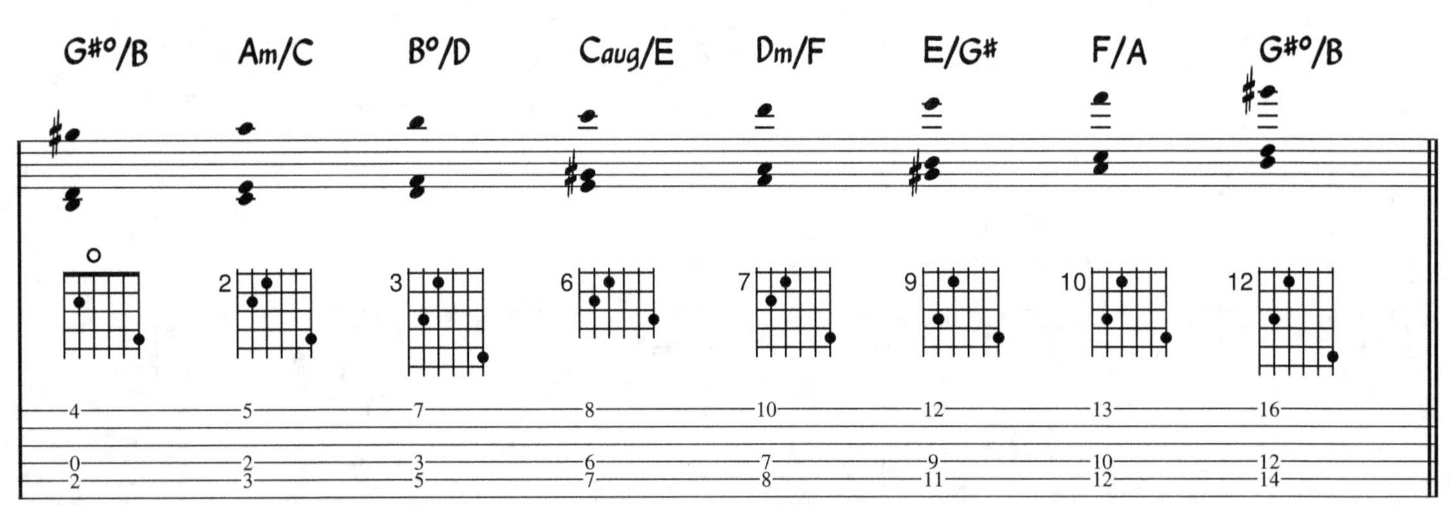
G#o/B
Am/C
Bo/D
Caug/E
Dm/F
E/G#
F/A
G#o/B

2nd inv. (open voiced, Version 3)

Am/E   B°/F   Caug/G#   Dm/A   E/B   F/C   G#°/D   Am/E   B°/F   Caug/G#

Dm/A   E/B   F/C   G#°/D   Am/E   B°/F   Caug/G#   Dm/A

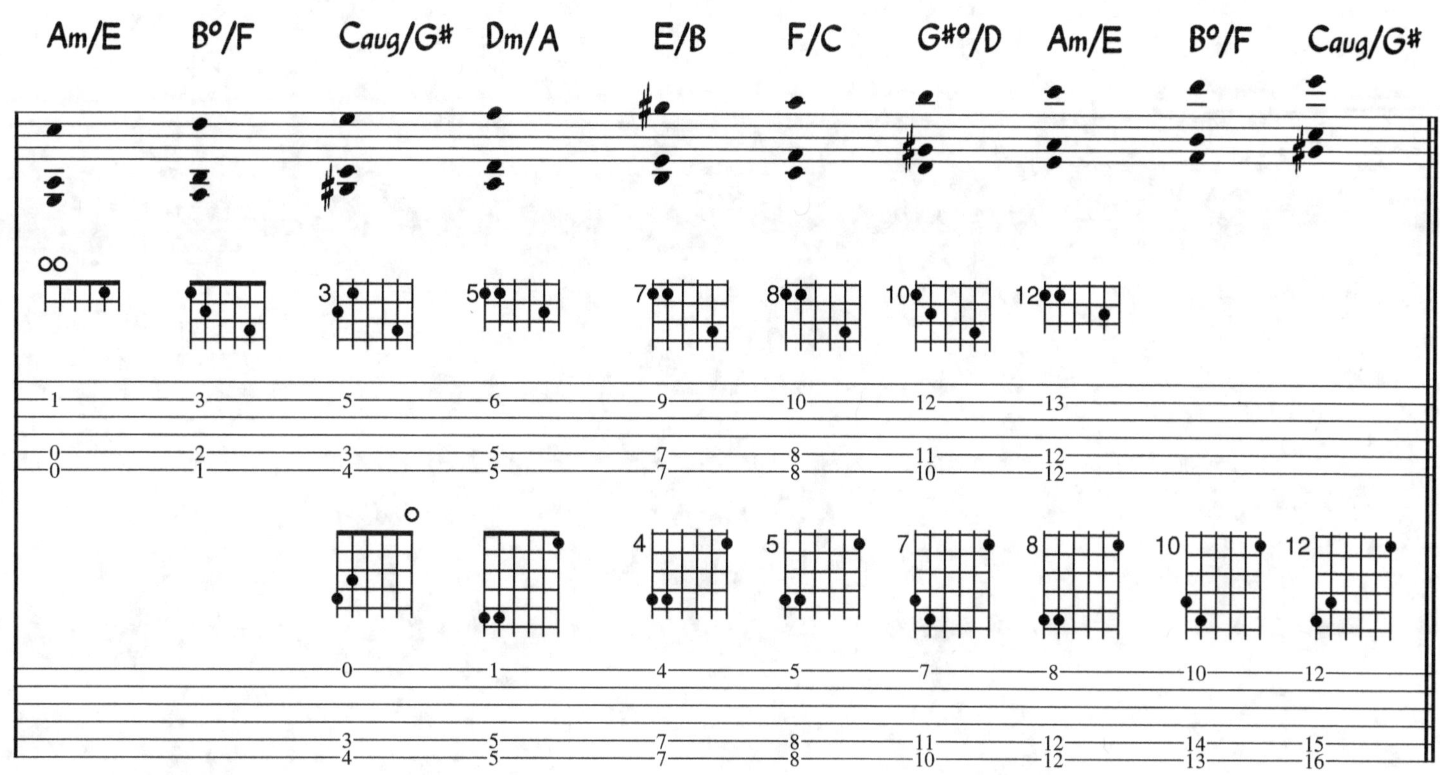

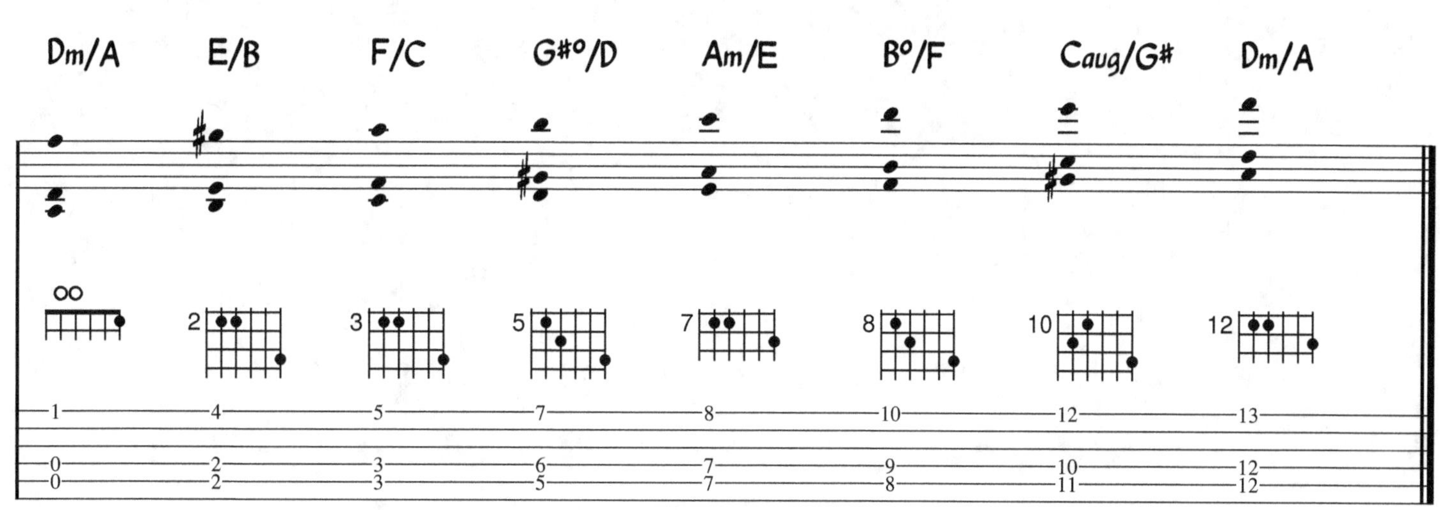

63

~ E harmonic minor ~

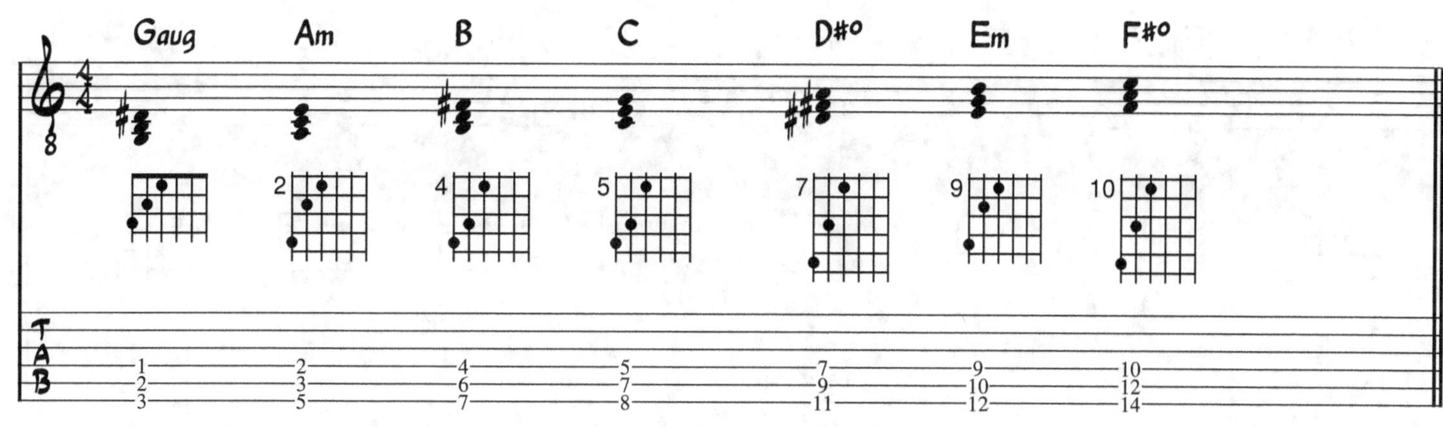

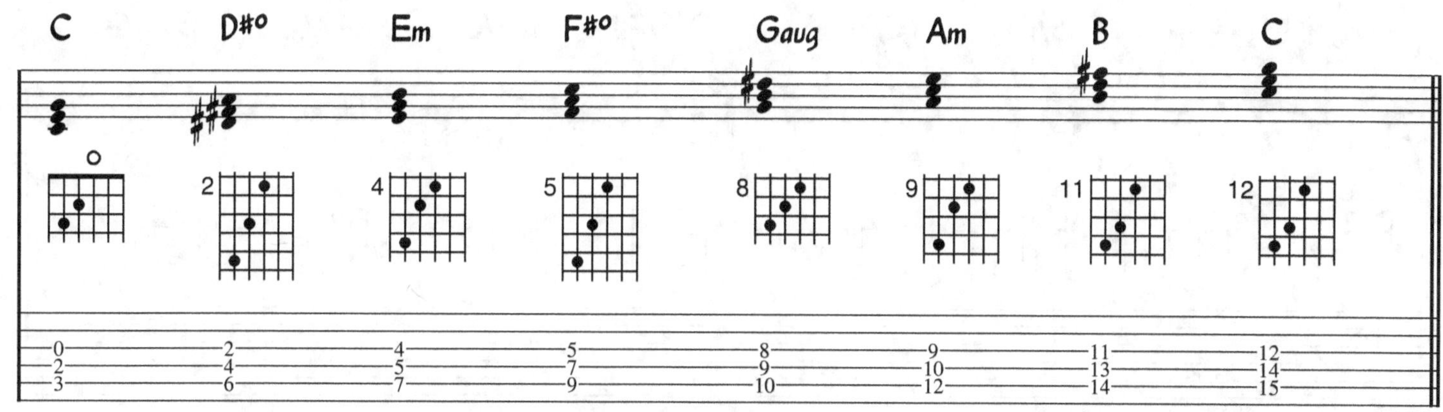

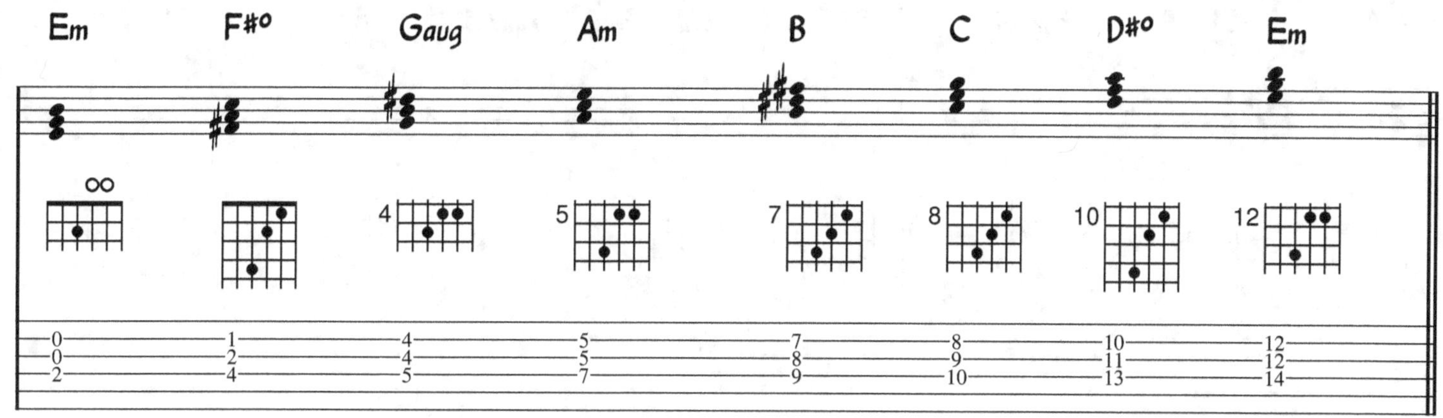

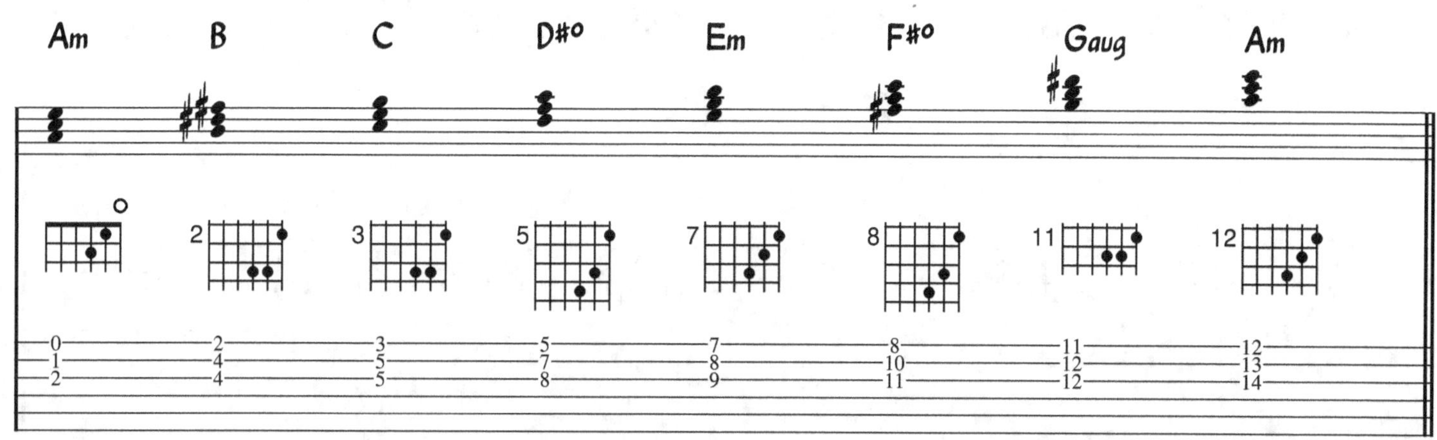

D#°/F#   Em/G   F#°/A   Gaug/B   Am/C   B/D#   C/E   D#°/F#
Gaug/B   Am/C   B/D#   C/E   D#°/F#   Em/G   F#°/A   Gaug/B
C/E   D#°/F#   Em/G   F#°/A   Gaug/B   Am/C   B/D#   C/E
Em/G   F#°/A   Gaug/B   Am/C   B/D#   C/E   D#°/F#   Em/G

B/F#
C/G
D#°/A
Em/B
F#°/C
Gaug/D#
Am/E
Em/B
F#°/C
Gaug/D#
Am/E
B/F#
C/G
D#°/A
Em/B
Gaug/D#
Am/E
B/F#
C/G
D#°/A
Em/B
F#°/C
Gaug/D#
C/G
D#°/A
Em/B
F#°/C
Gaug/D#
Am/E
B/F#
C/G

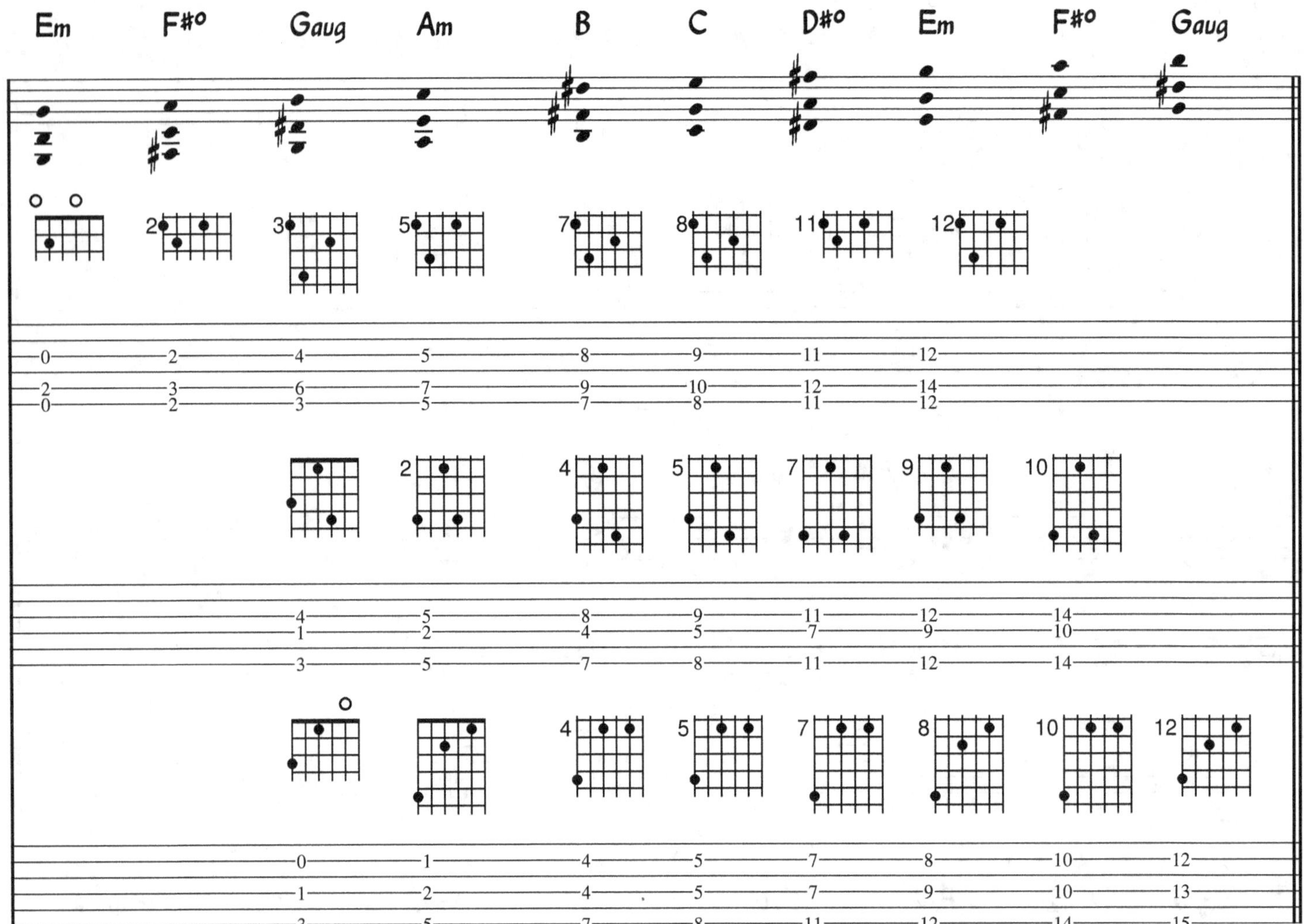
Em   F#o   Gaug   Am   B   C   D#o   Em   F#o   Gaug

Am B C D#o Em F#o Gaug Am B C
D#o Em F#o Gaug Am B C D#o Em

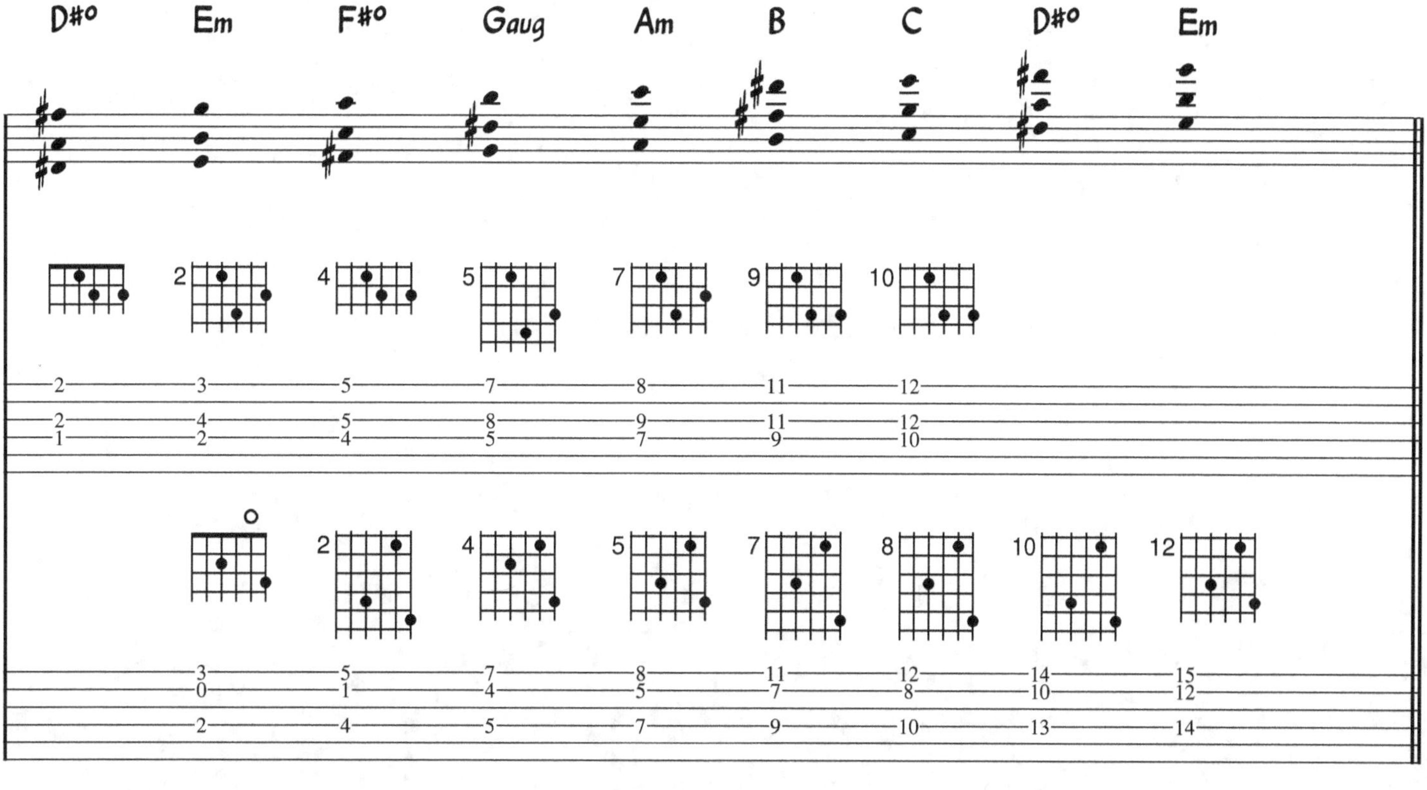

1st inv. (open voiced)

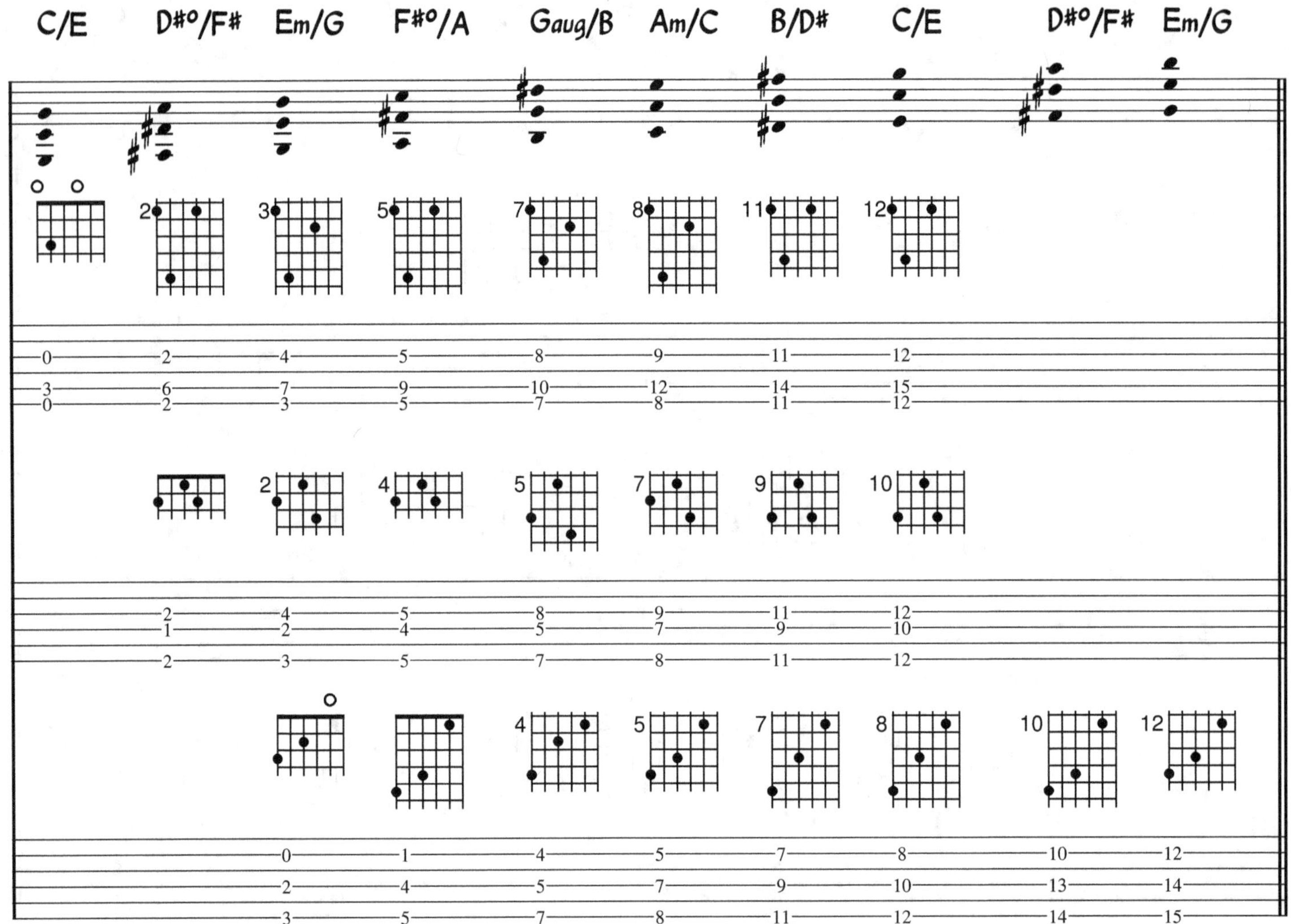
C/E
D#o/F#
Em/G
F#o/A
Gaug/B
Am/C
B/D#
C/E
D#o/F#
Em/G

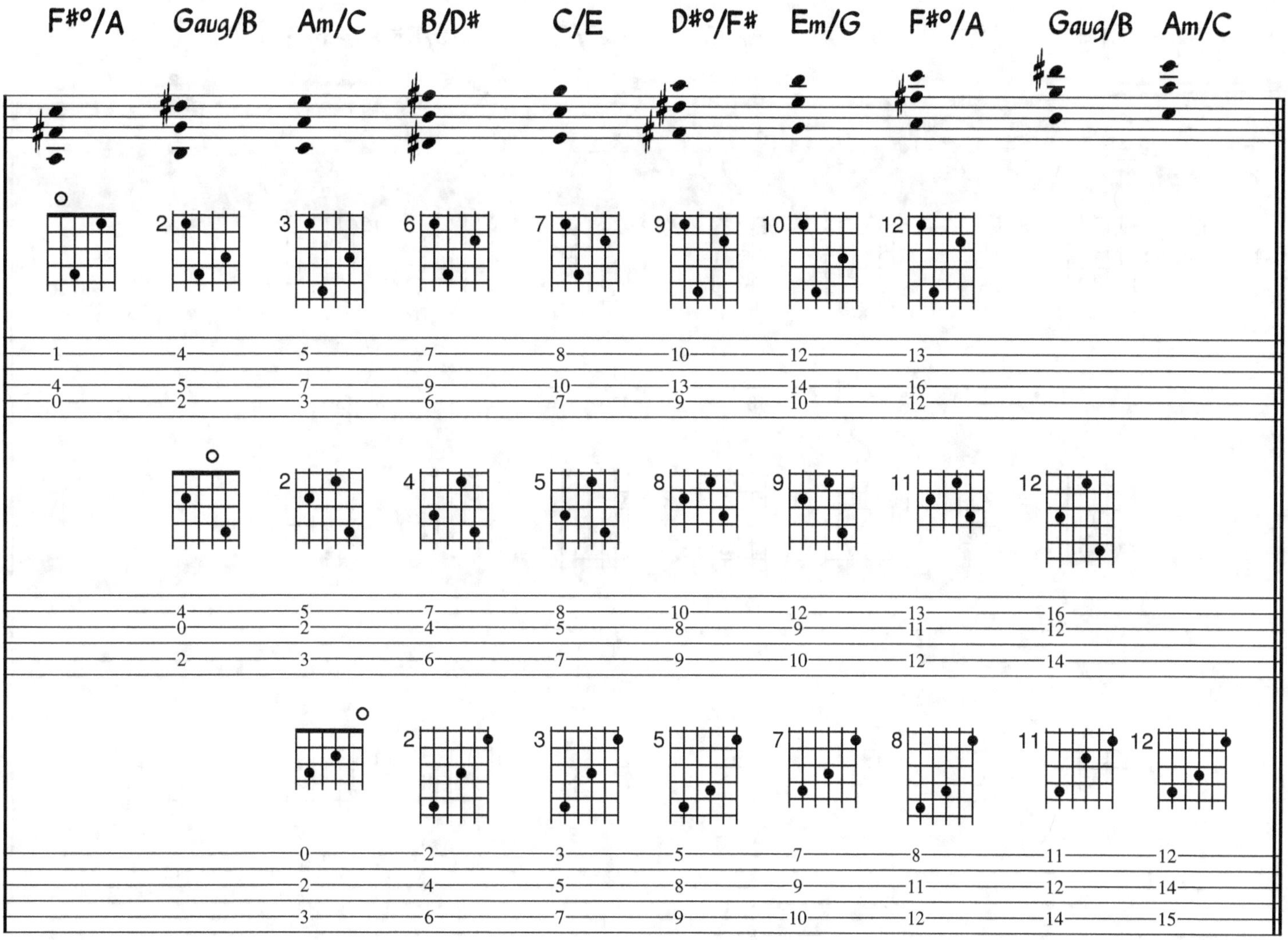

F#o/A   Gaug/B   Am/C   B/D#   C/E   D#o/F#   Em/G   F#o/A   Gaug/B   Am/C
B/D#   C/E   D#o/F#   Em/G   F#o/A   Gaug/B   Am/C   B/D#

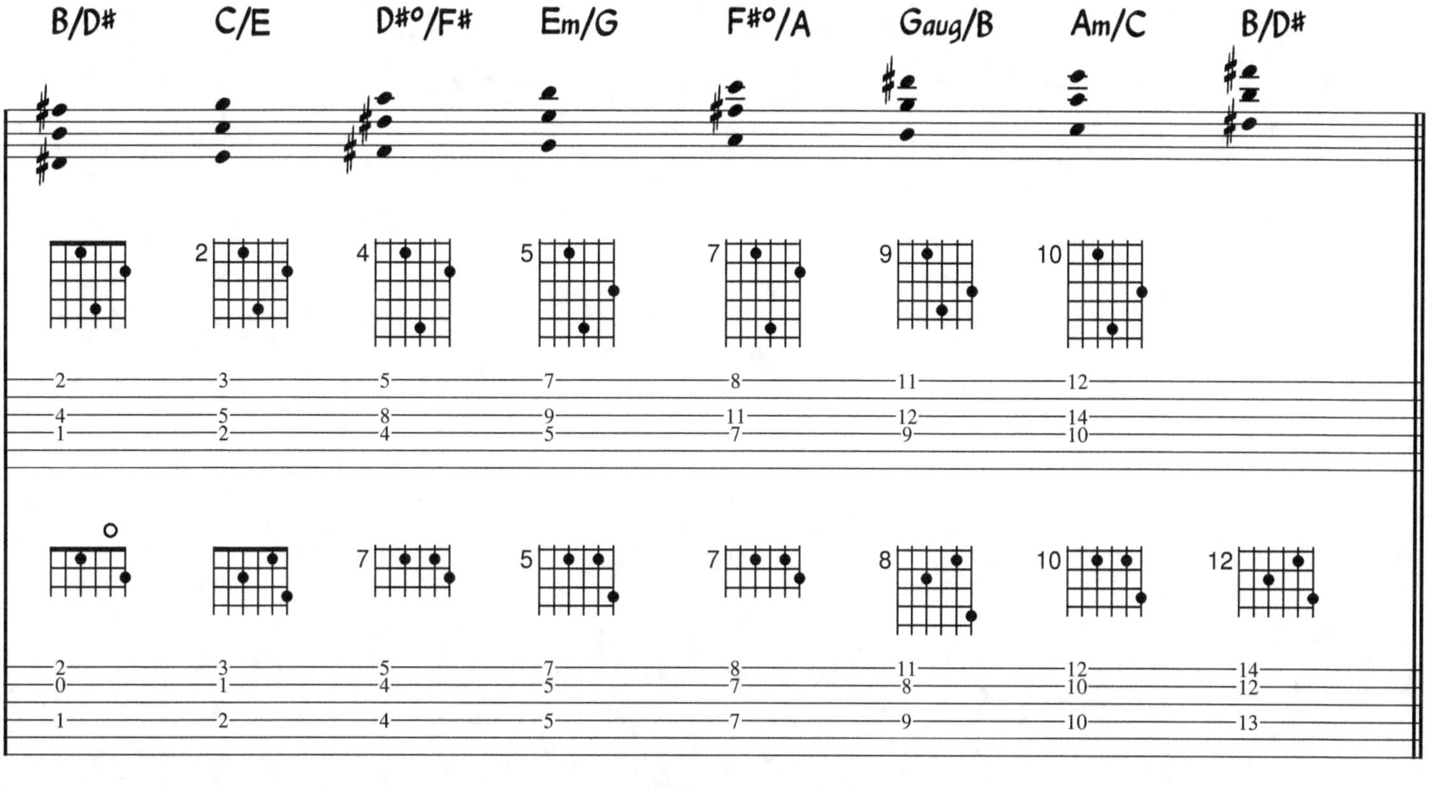

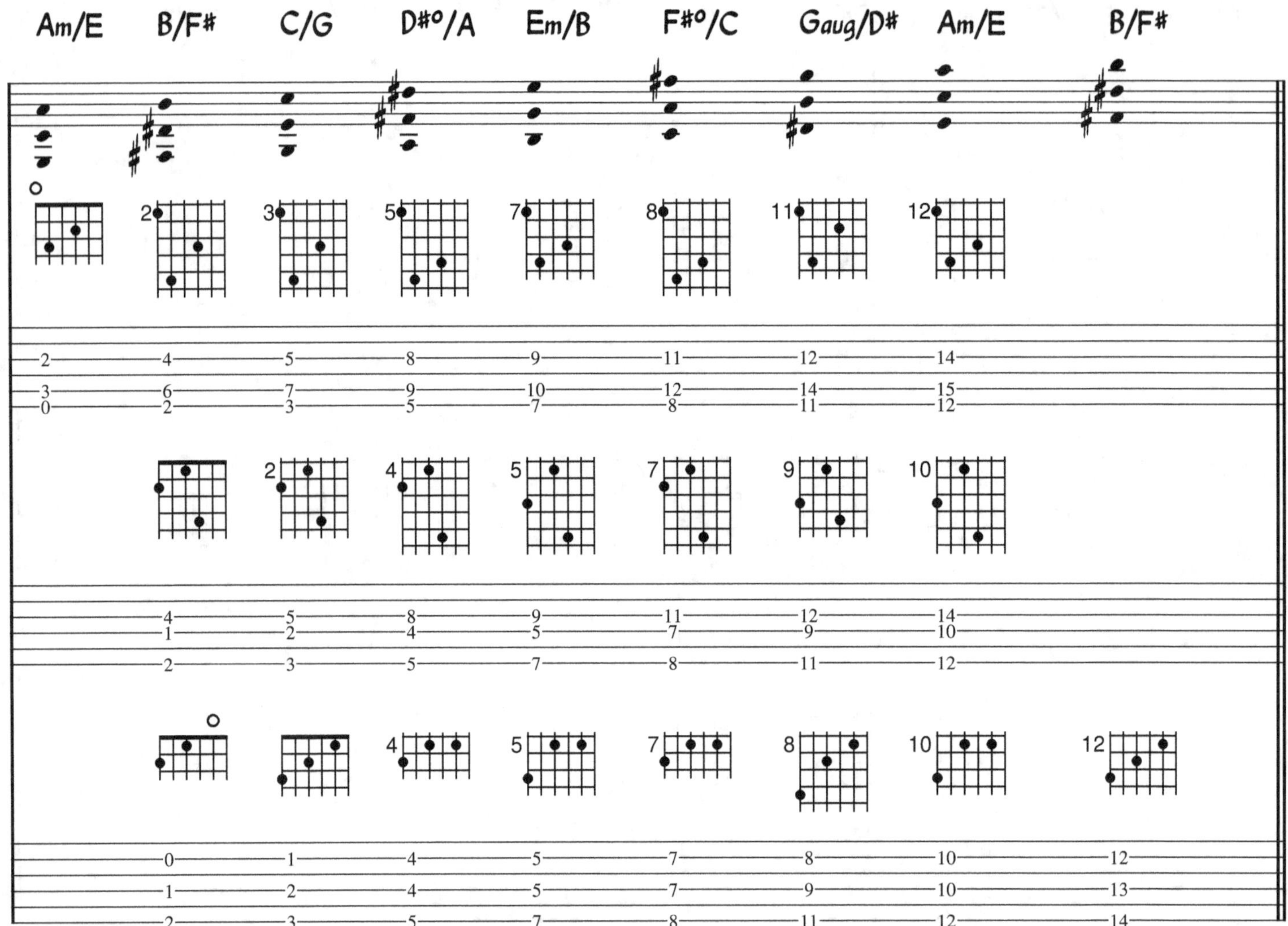

Am/E
B/F#
C/G
D#°/A
Em/B
F#°/C
Gaug/D#
Am/E
B/F#

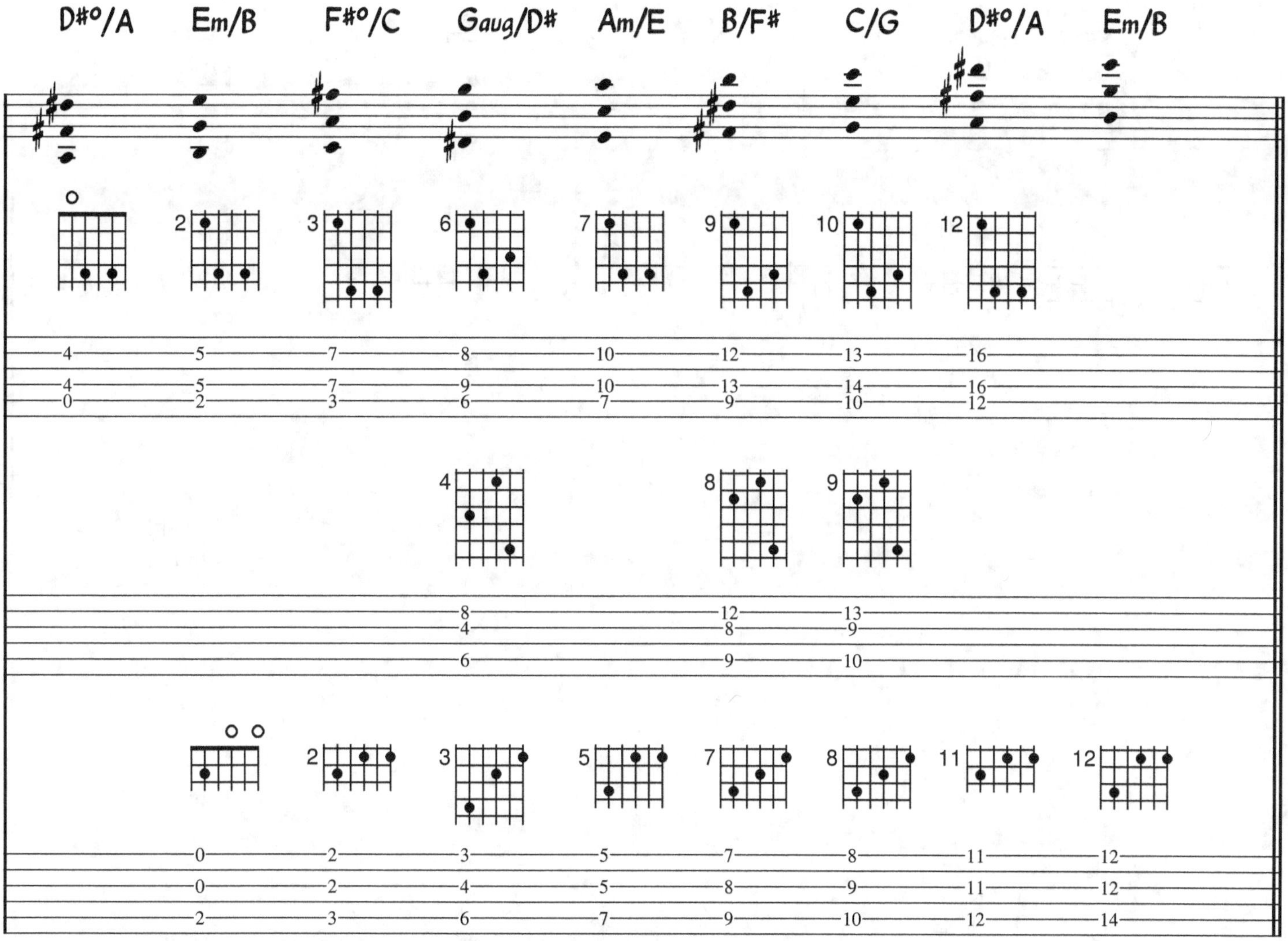

D#o/A   Em/B   F#o/C   Gaug/D#   Am/E   B/F#   C/G   D#o/A   Em/B

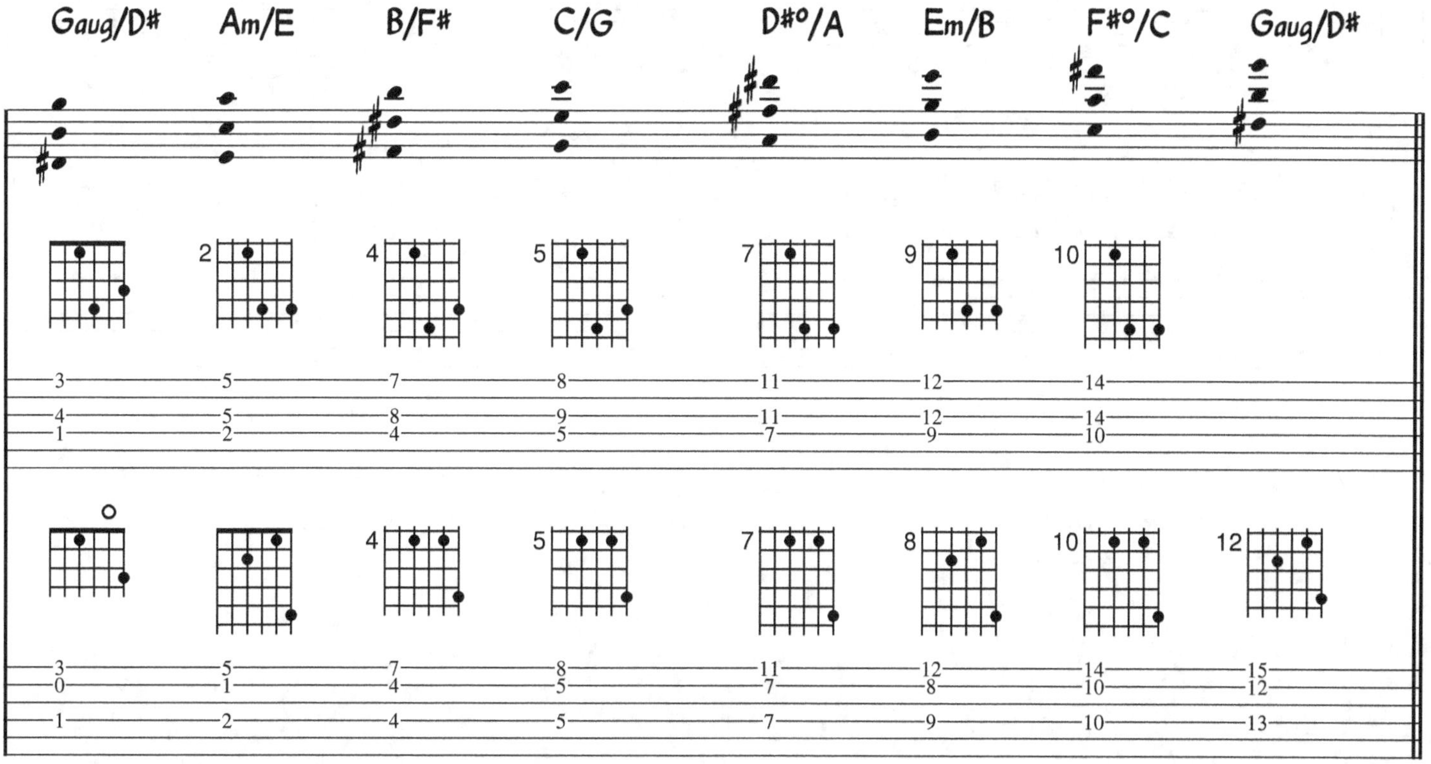

Gaug/D#   Am/E   B/F#   C/G   D#o/A   Em/B   F#o/C   Gaug/D#

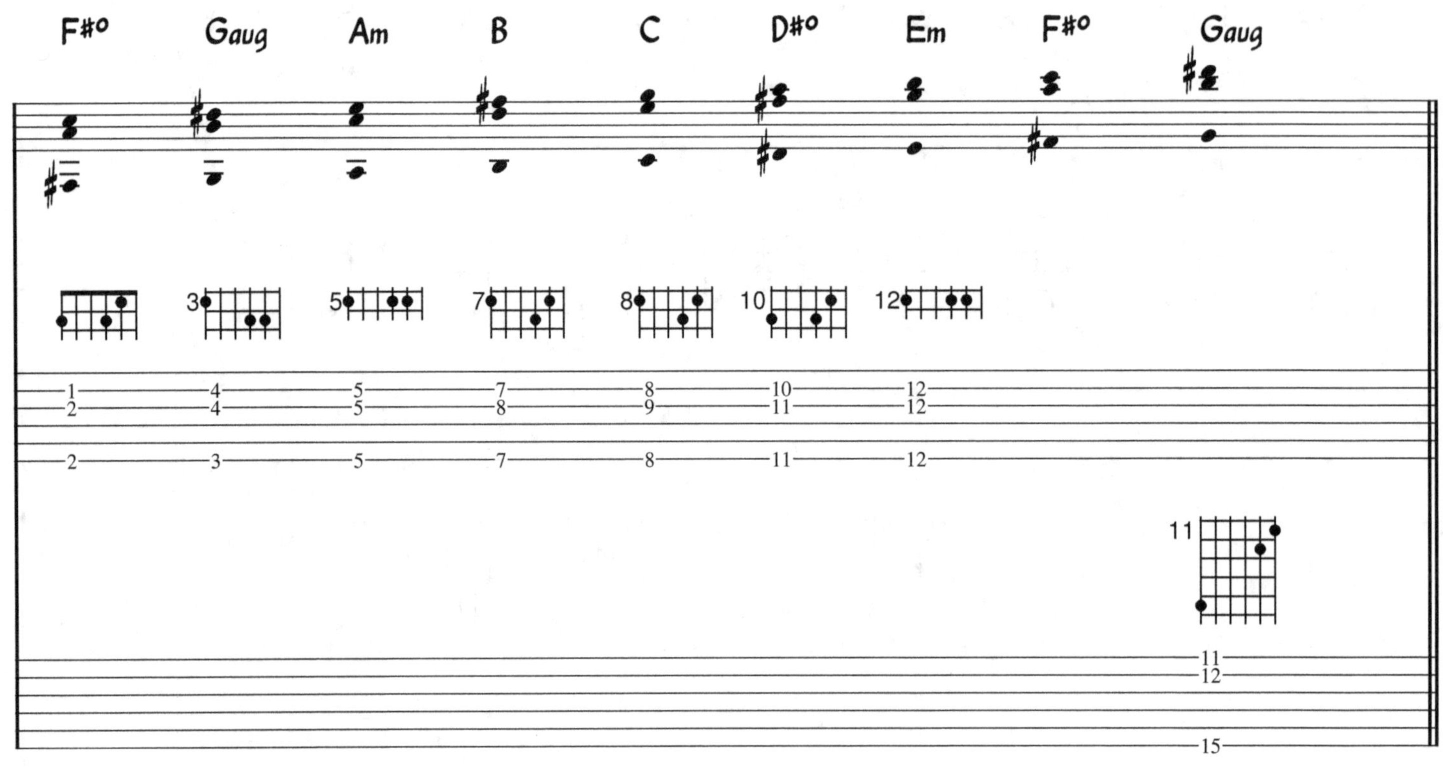
F#o   Gaug   Am   B   C   D#o   Em   F#o   Gaug

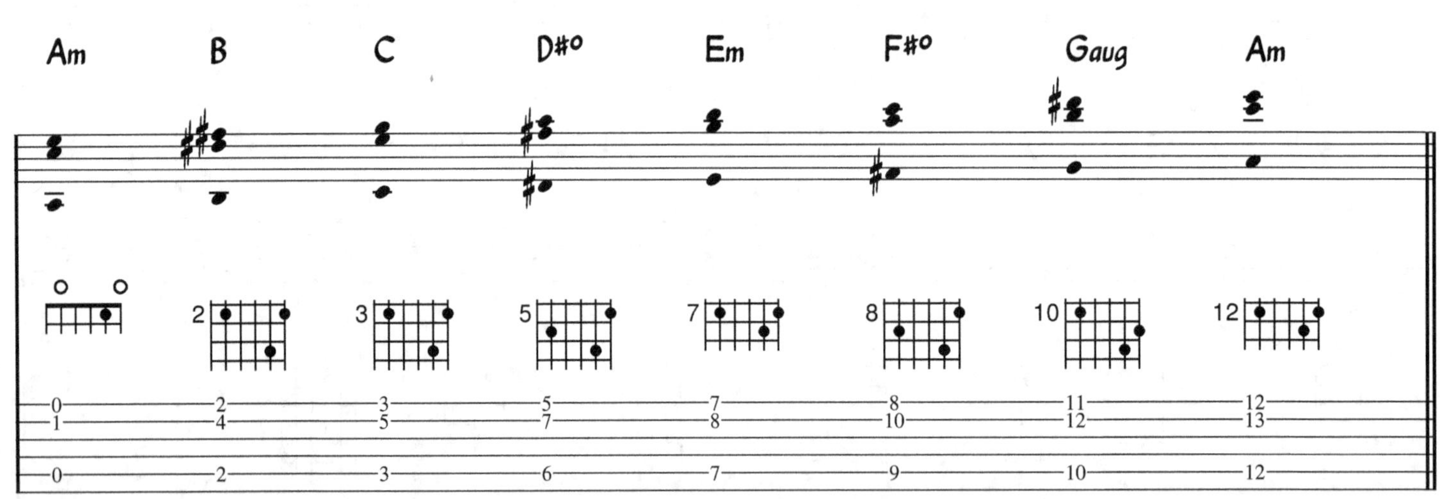
Am   B   C   D#o   Em   F#o   Gaug   Am

1st inv. (open voiced, Version 2)

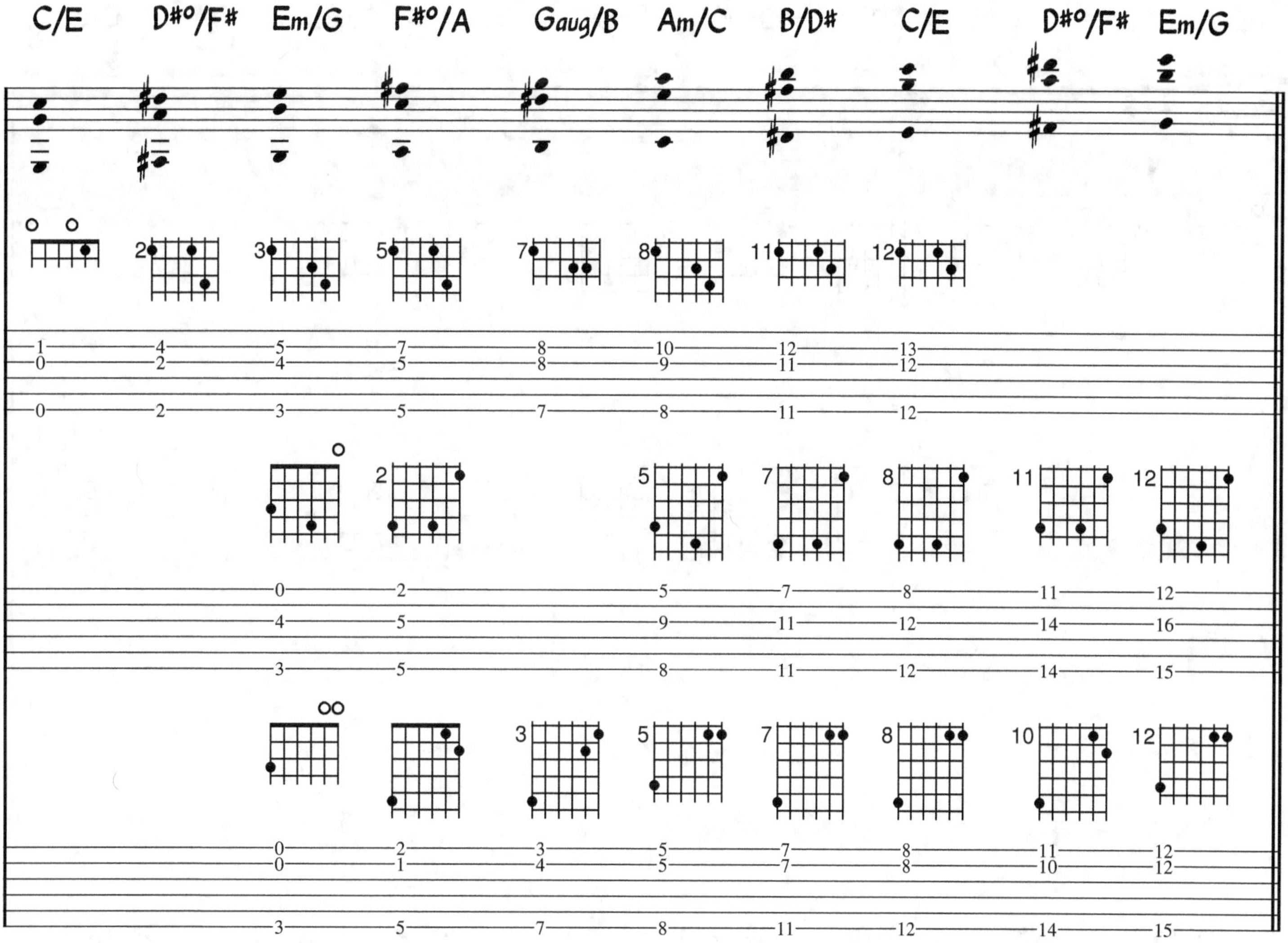

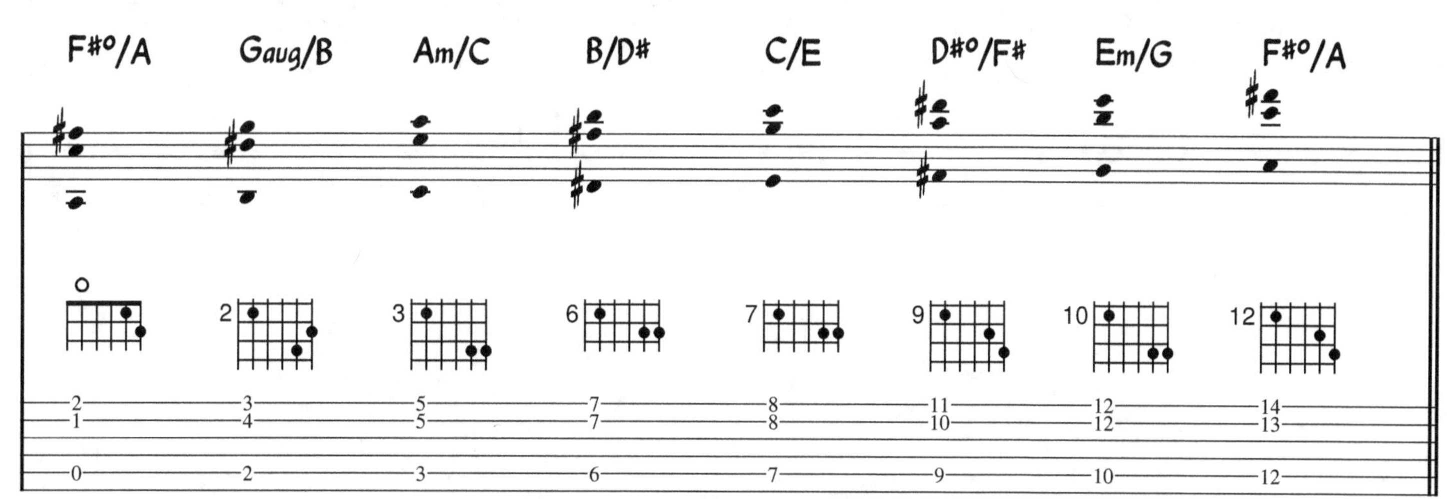
C/E   D#o/F#   Em/G   F#o/A   Gaug/B   Am/C   B/D#   C/E   D#o/F#   Em/G
F#o/A   Gaug/B   Am/C   B/D#   C/E   D#o/F#   Em/G   F#o/A

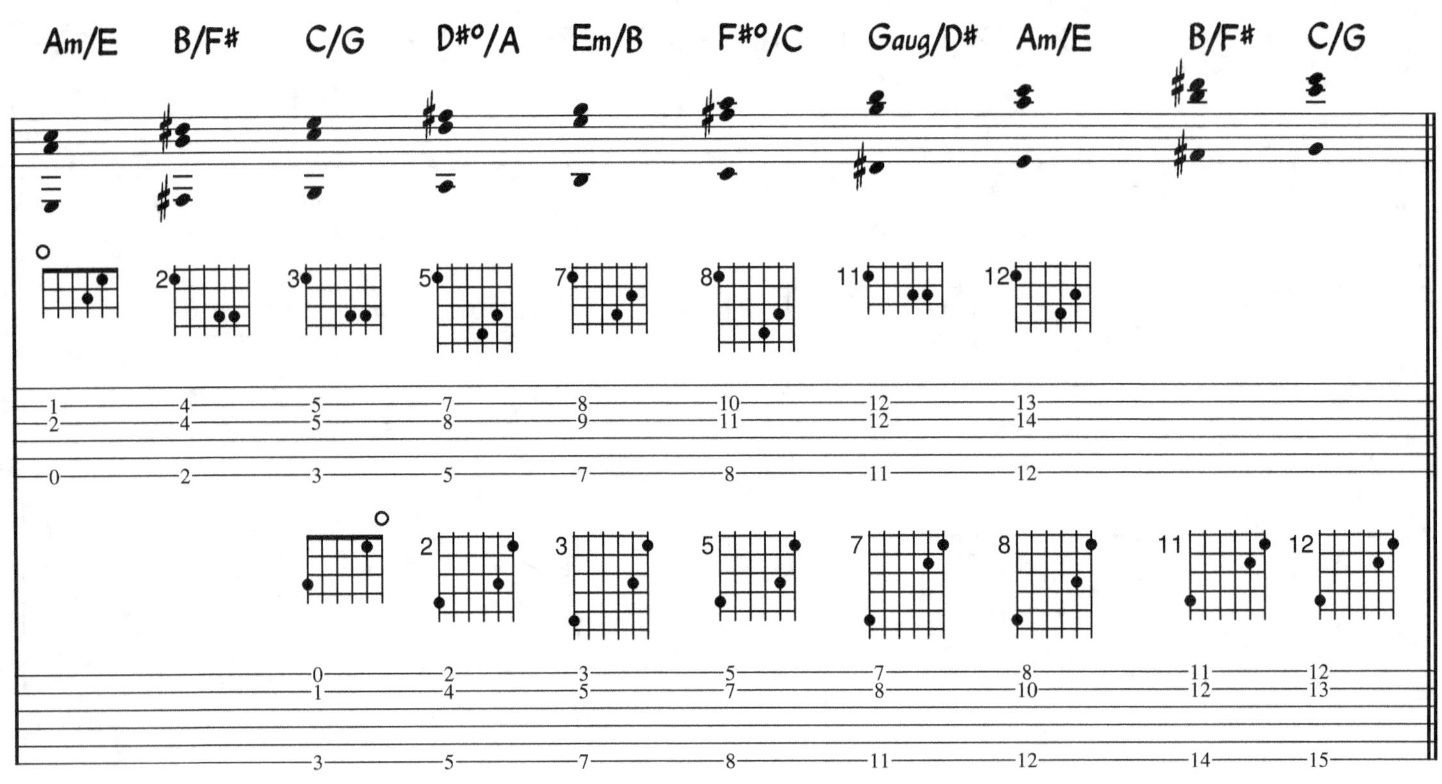

Am/E   B/F#   C/G   D#o/A   Em/B   F#o/C   Gaug/D#   Am/E   B/F#   C/G

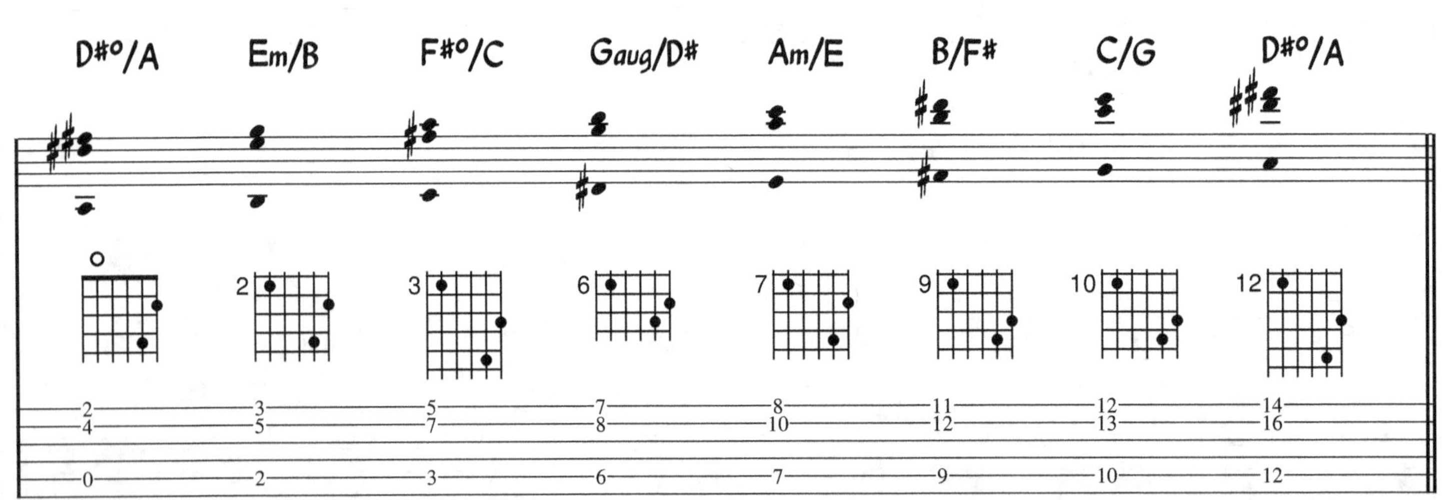

D#o/A   Em/B   F#o/C   Gaug/D#   Am/E   B/F#   C/G   D#o/A

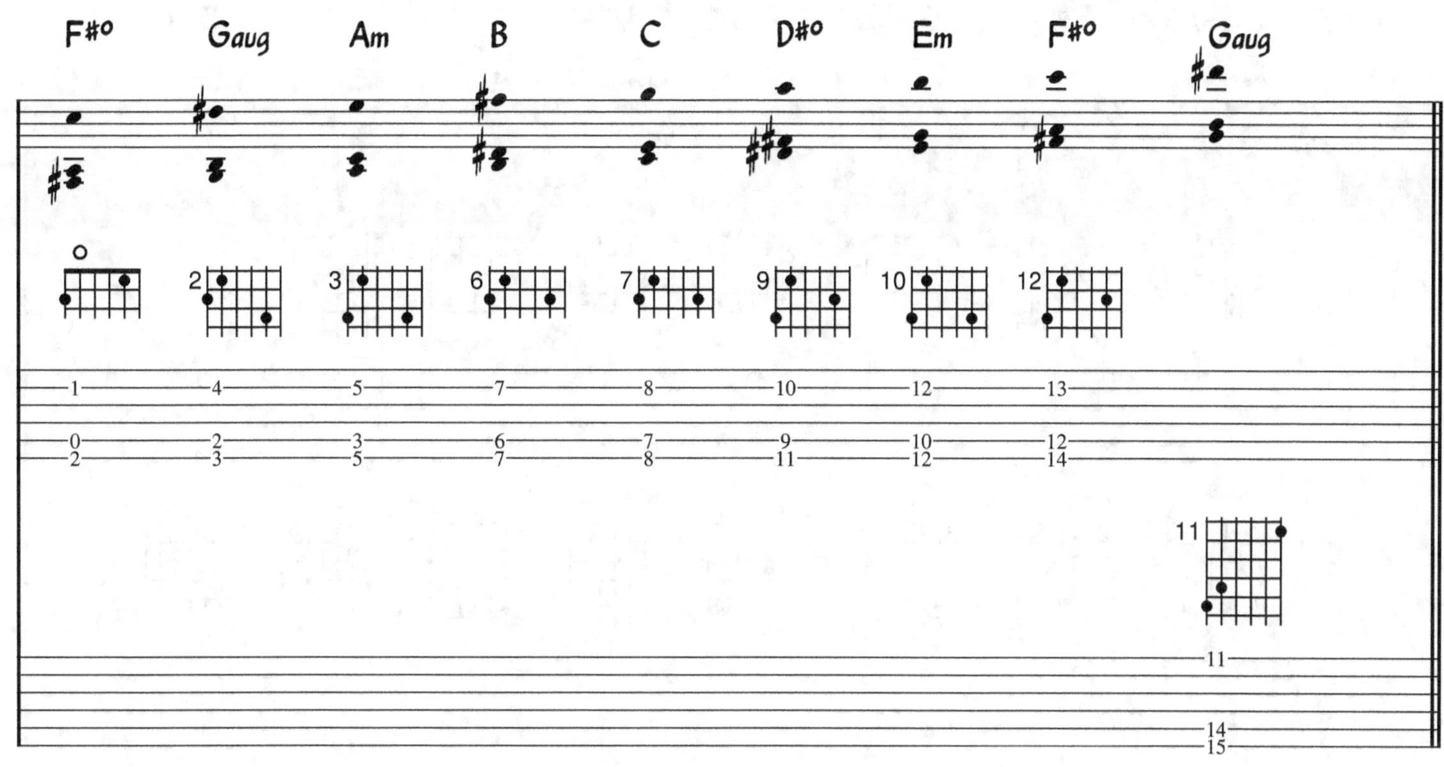

F#o
Gaug
Am
B
C
D#o
Em
F#o
Gaug

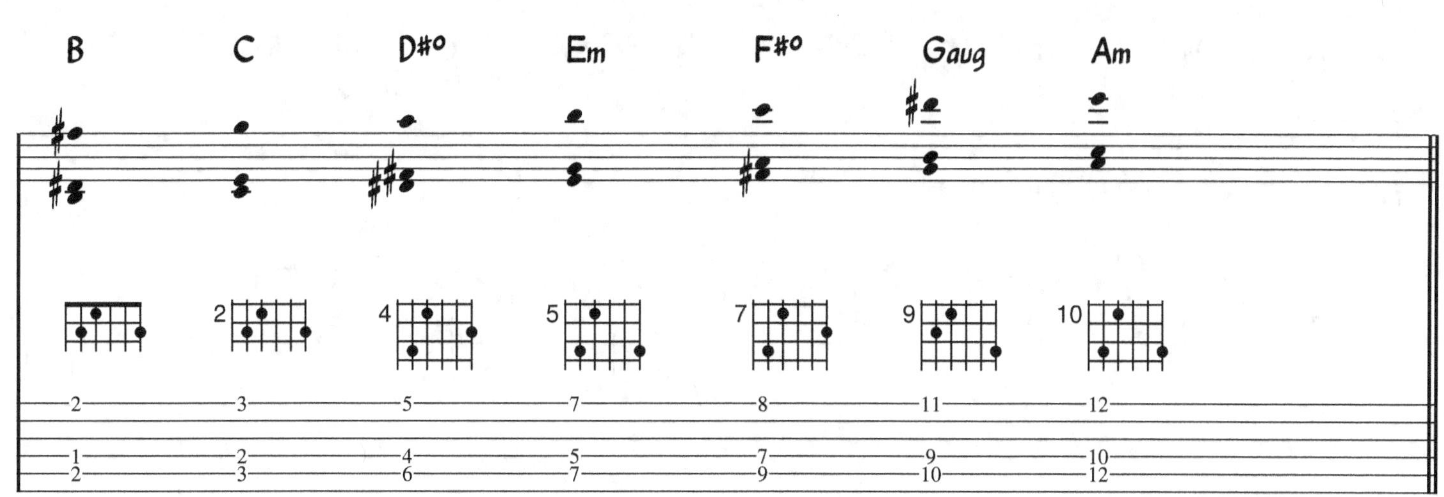

B
C
D#o
Em
F#o
Gaug
Am

1st inv. (open voiced, Version 3)

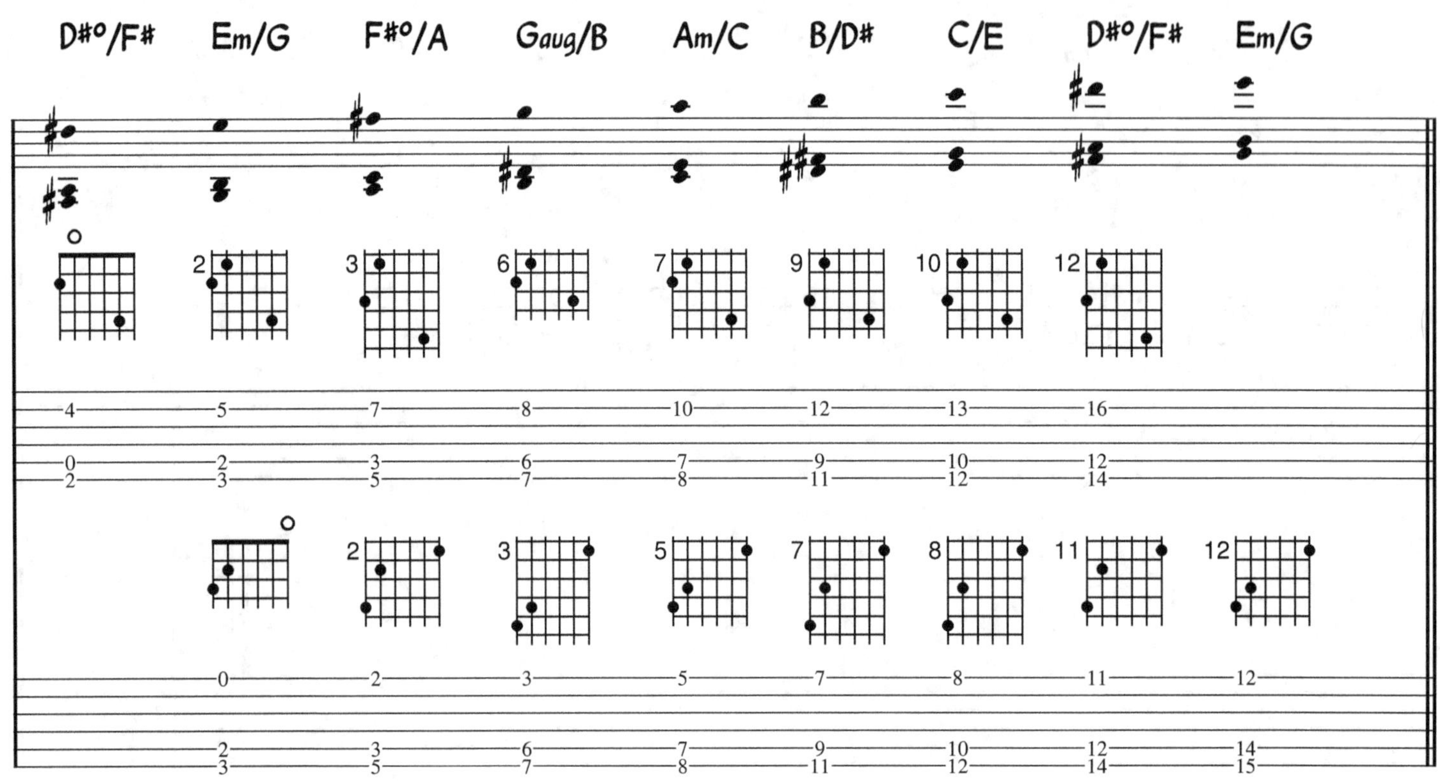
D#o/F#
Em/G
F#o/A
Gaug/B
Am/C
B/D#
C/E
D#o/F#
Em/G

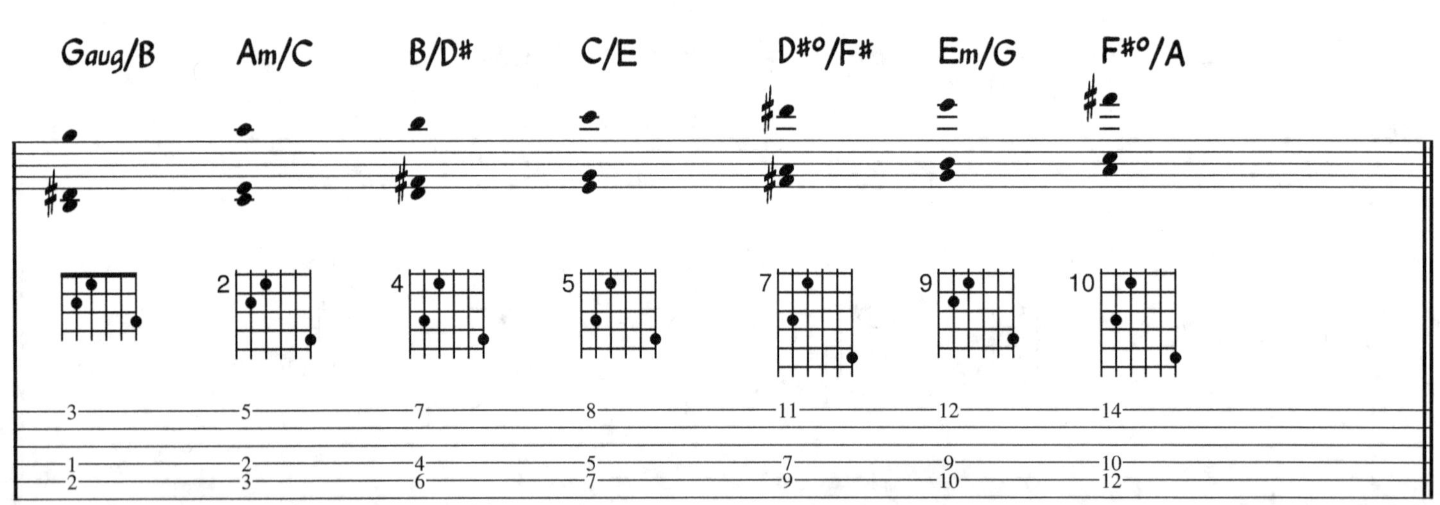
Gaug/B
Am/C
B/D#
C/E
D#o/F#
Em/G
F#o/A

2nd inv. (open voiced, Version 3)

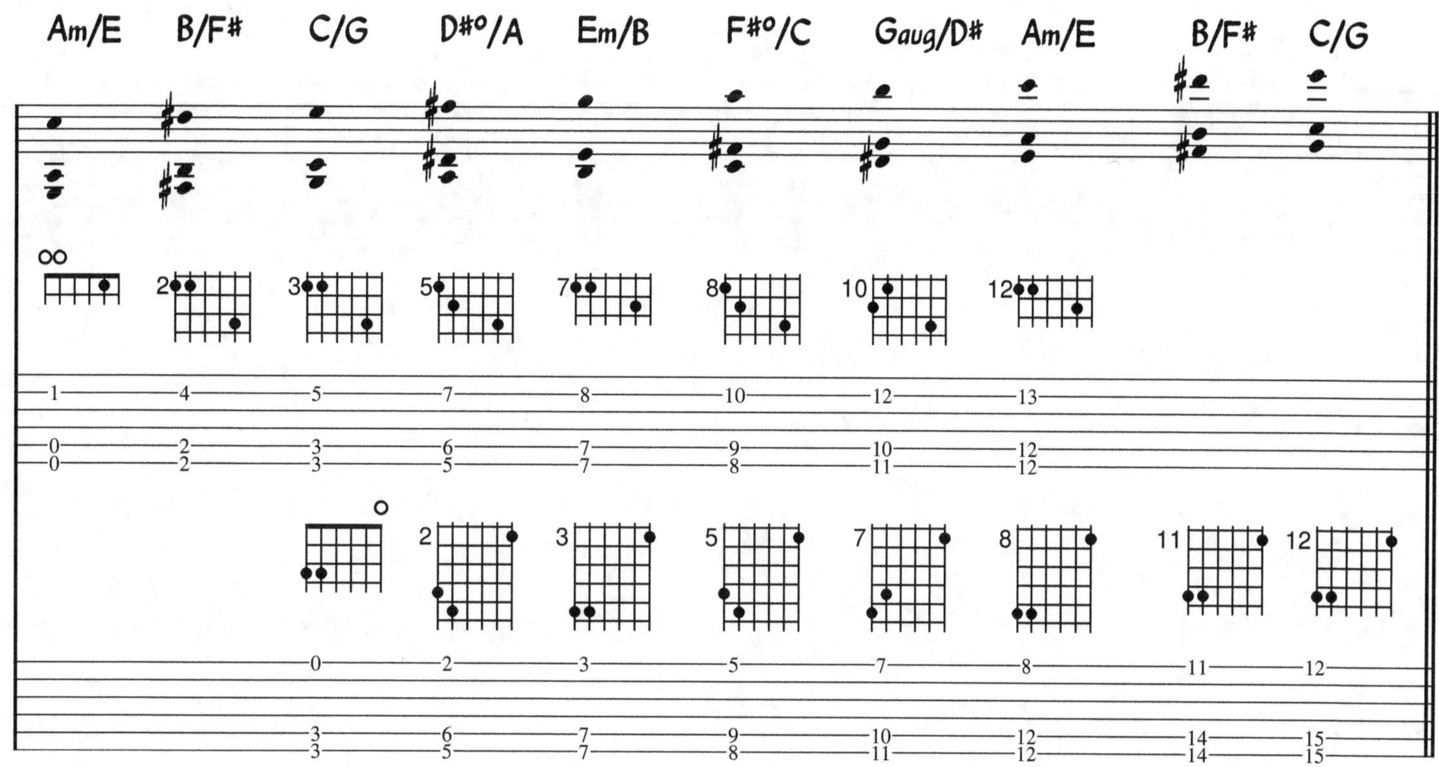

Am/E   B/F#   C/G   D#o/A   Em/B   F#o/C   Gaug/D#   Am/E   B/F#   C/G

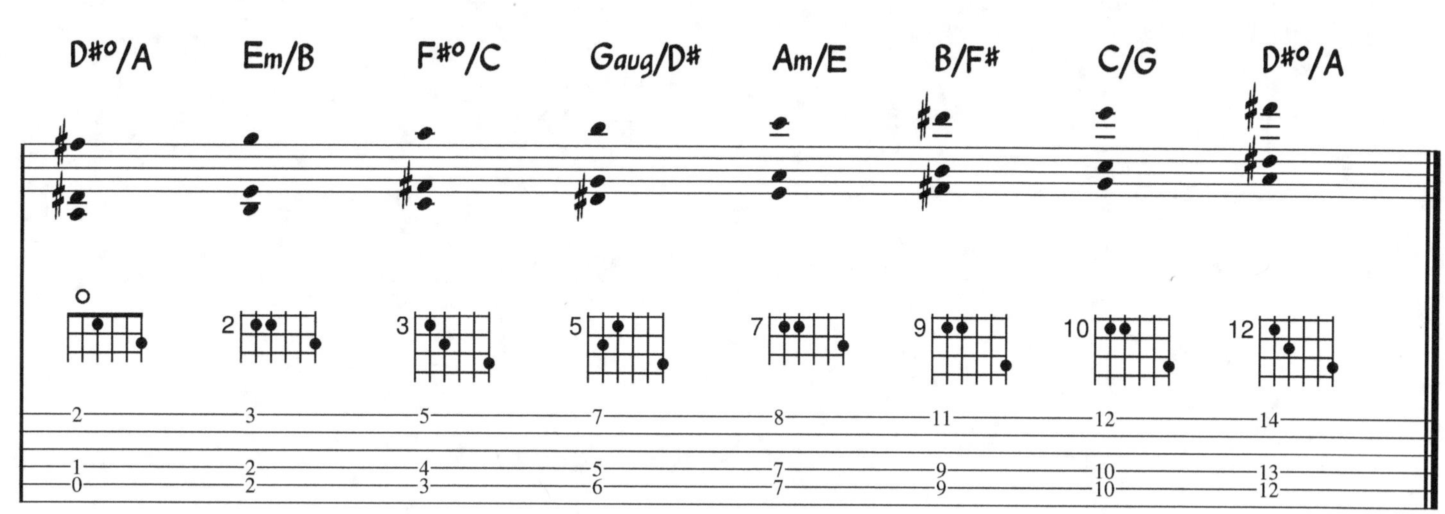

D#o/A   Em/B   F#o/C   Gaug/D#   Am/E   B/F#   C/G   D#o/A

~ B harmonic minor ~

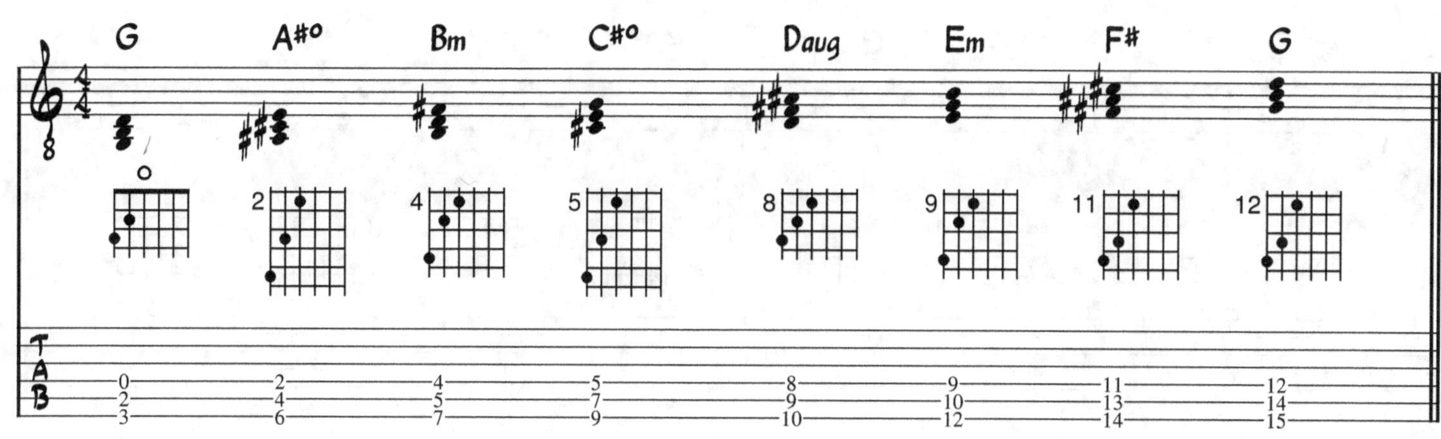

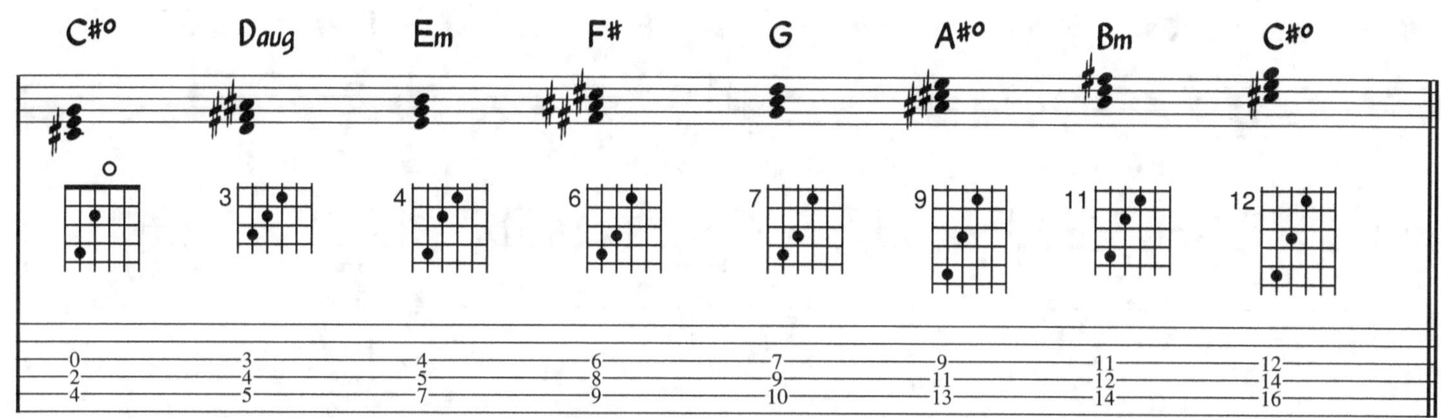

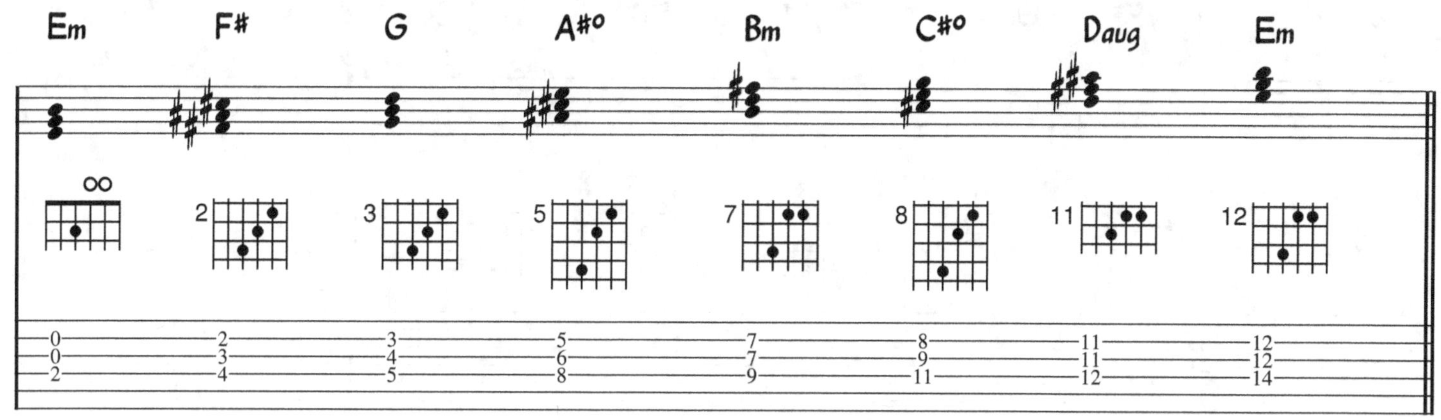

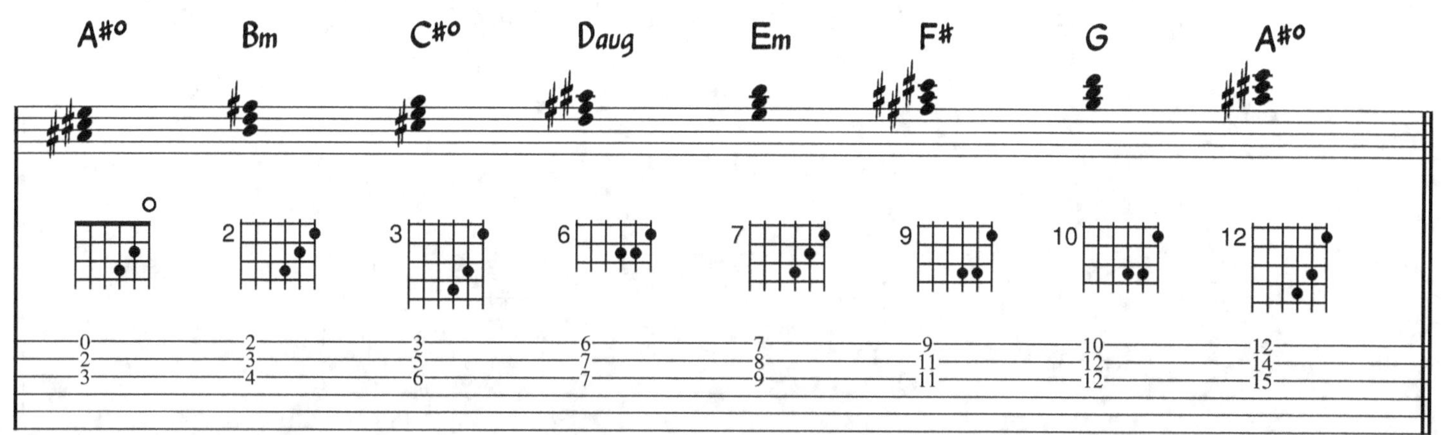

1st inv.

Daug/F#   Em/G   F#/A#   G/B   A#o/C#   Bm/D   C#o/E   Daug/F#
G/B   A#o/C#   Bm/D   C#o/E   Daug/F#   Em/G   F#/A#   G/B
C#o/E   Daug/F#   Em/G   F#/A#   G/B   A#o/C#   Bm/D   C#o/E
Em/G   F#/A#   G/B   A#o/C#   Bm/D   C#o/E   Daug/F#   Em/G

Bm/F#   C#°/G   Daug/A#   Em/B   F#/C#   G/D   A#°/E   Bm/F#
Em/B   F#/C#   G/D   A#°/E   Bm/F#   C#°/G   Daug/A#   Em/B
G/D   A#°/E   Bm/F#   C#°/G   Daug/A#   Em/B   F#/C#   G/D
C#°/G   Daug/A#   Em/B   F#/C#   G/D   A#°/E   Bm/F#   C#°/G

Root Position (open voiced)

Em
F#
G
A#o
Bm
C#o
Daug
Em
F#
G

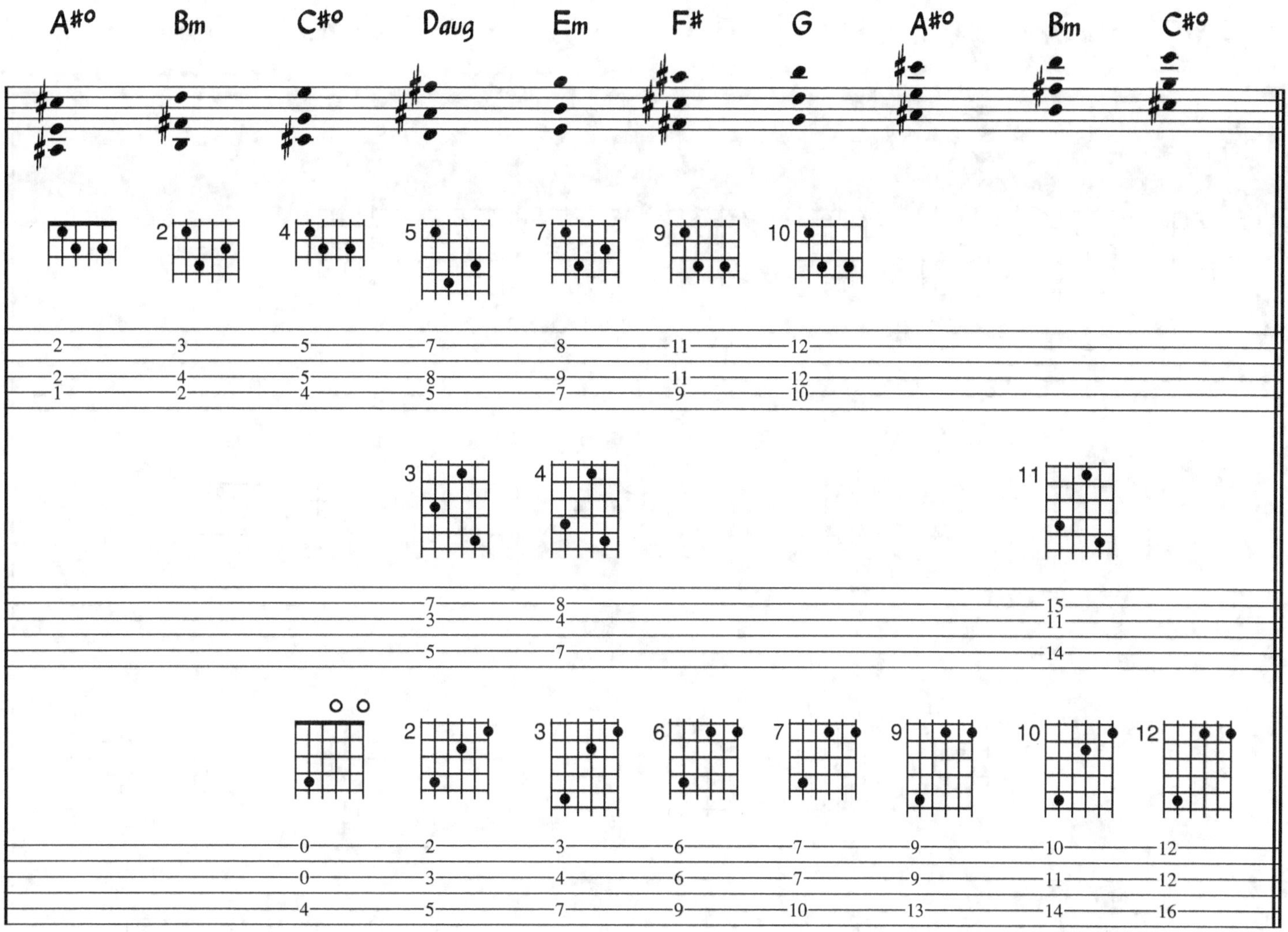
A#o Bm C#o Daug Em F# G A#o Bm C#o

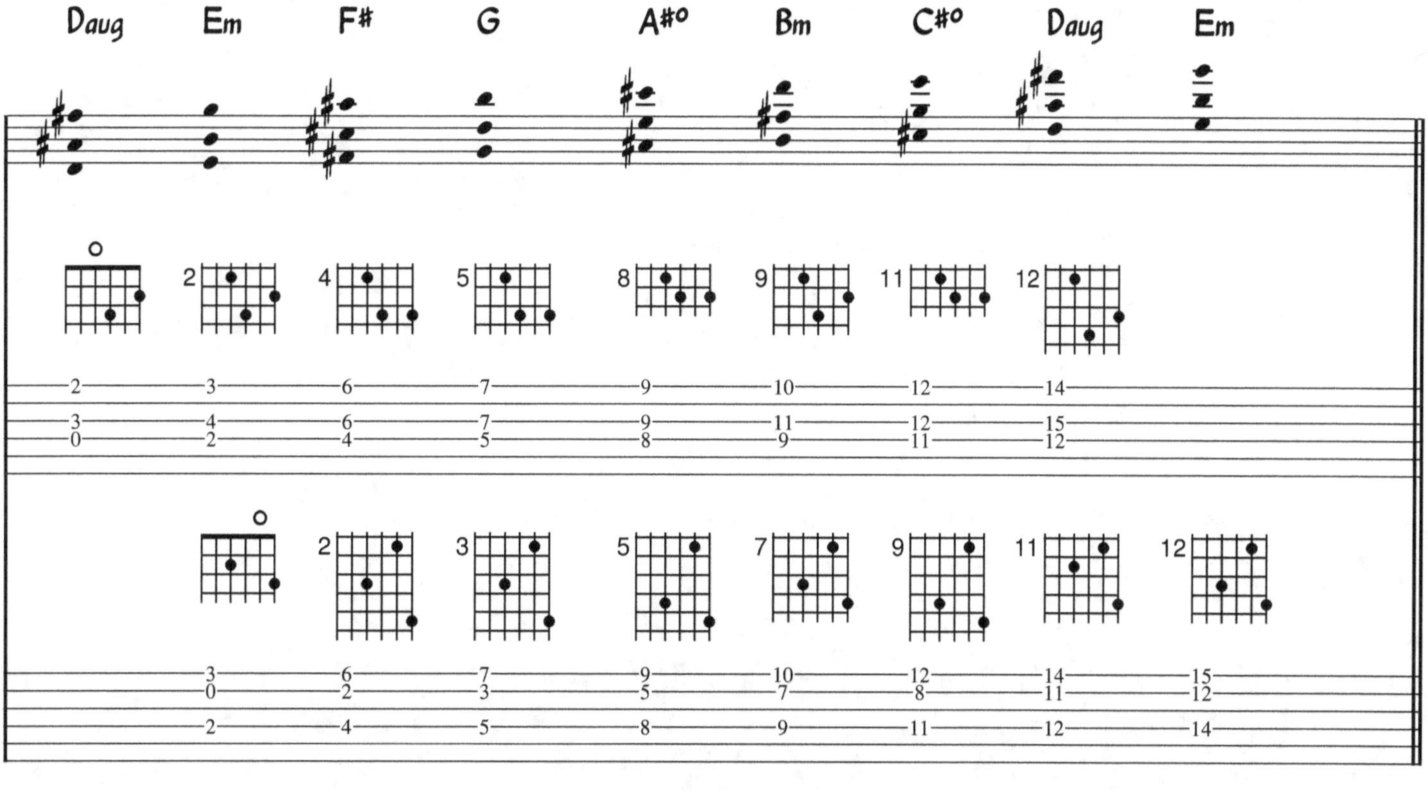
Daug Em F# G A#o Bm C#o Daug Em

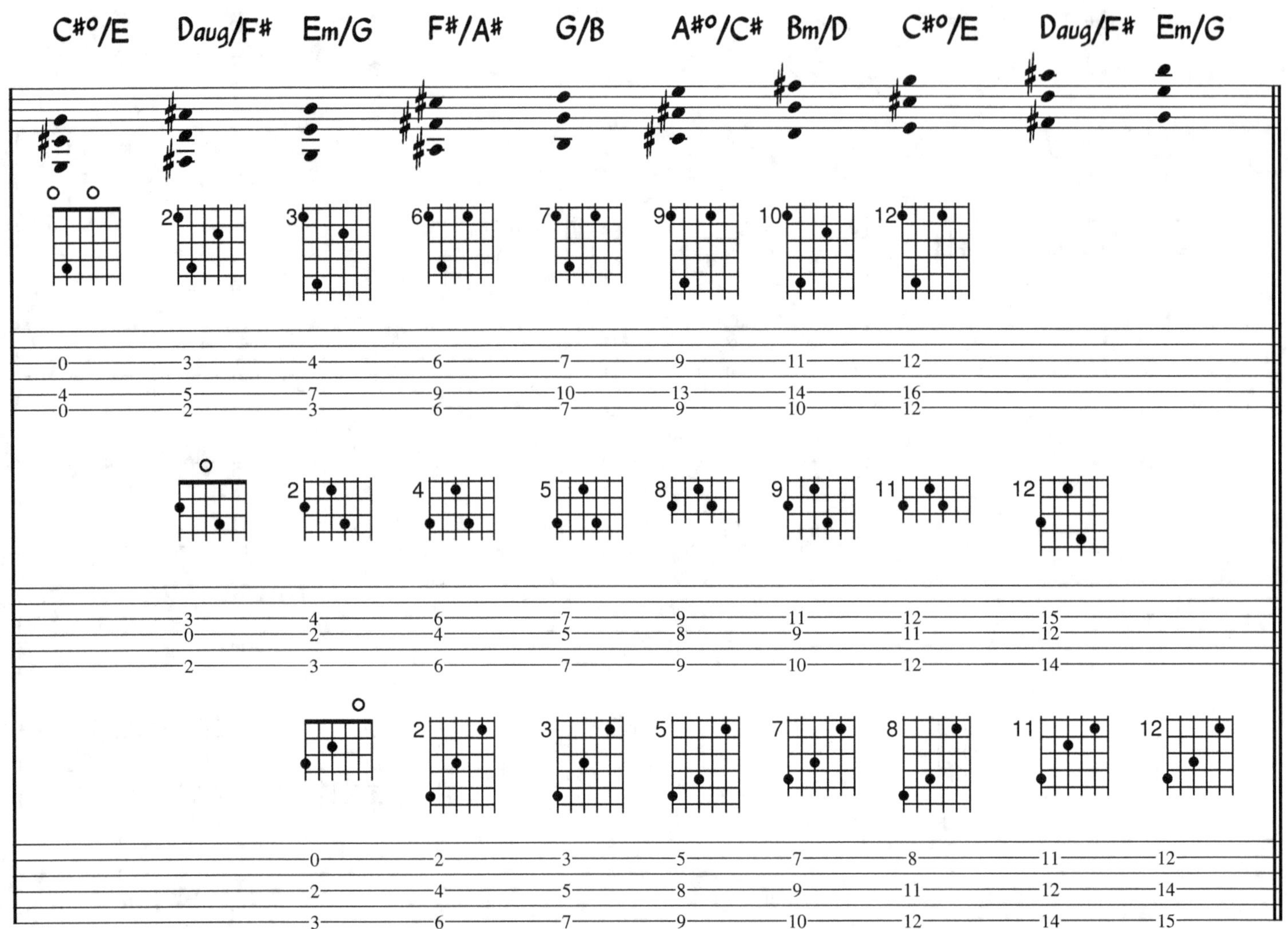
1st inv. (open voiced)
C#°/E   Daug/F#   Em/G   F#/A#   G/B   A#°/C#   Bm/D   C#°/E   Daug/F#   Em/G

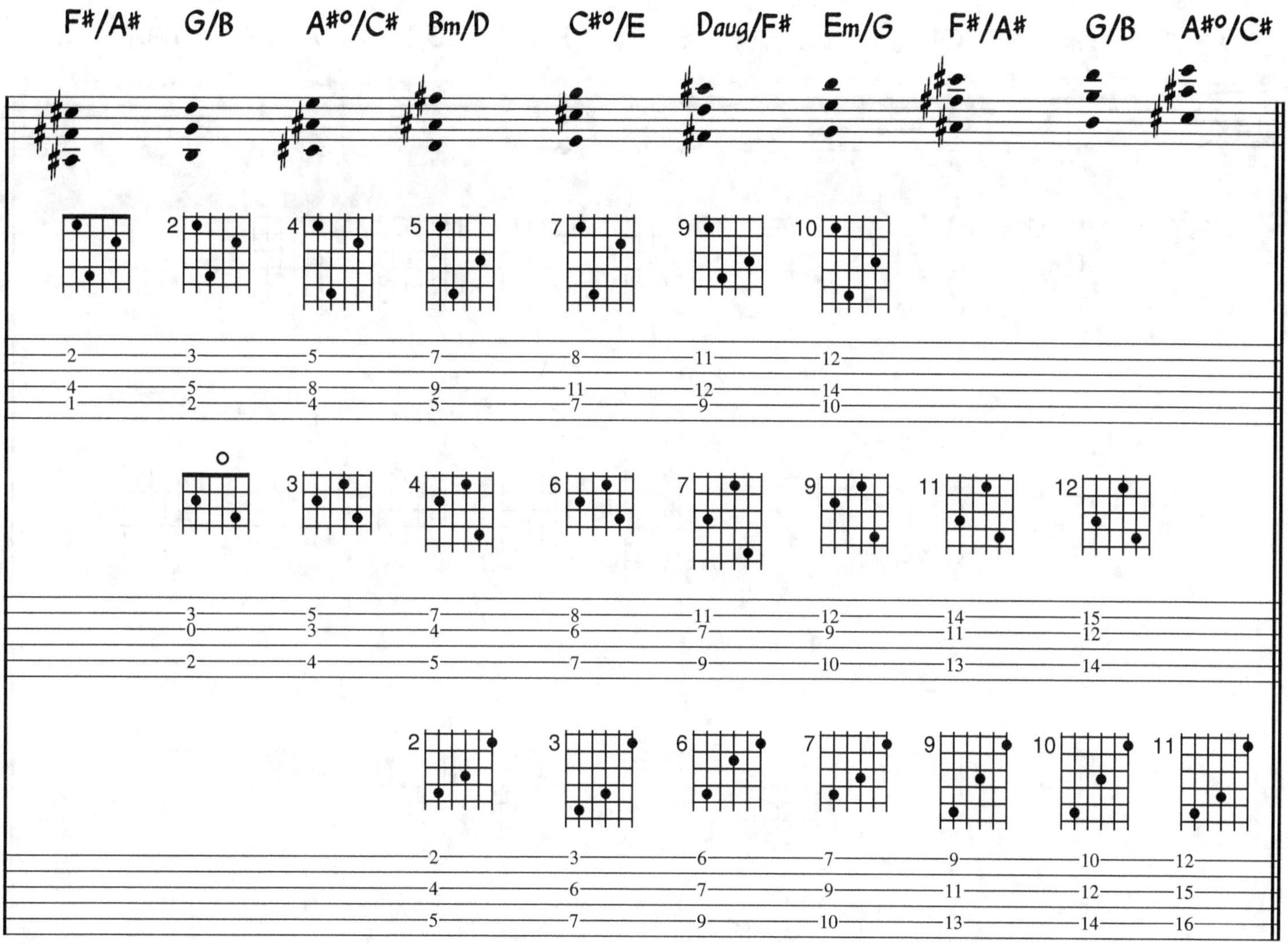

F#/A#   G/B   A#o/C#   Bm/D   C#o/E   Daug/F#   Em/G   F#/A#   G/B   A#o/C#
Bm/D   C#o/E   Daug/F#   Em/G   F#/A#   G/B   A#o/C#   Bm/D

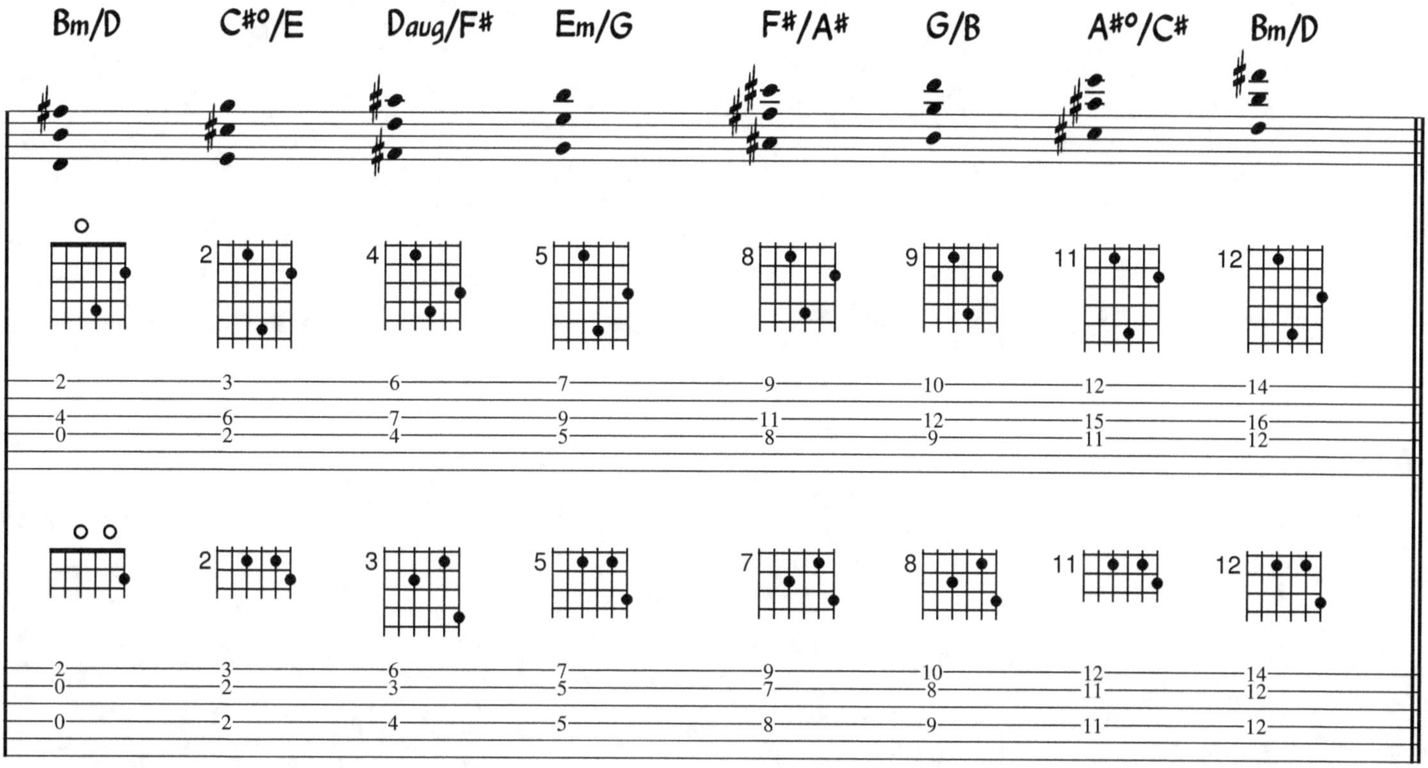

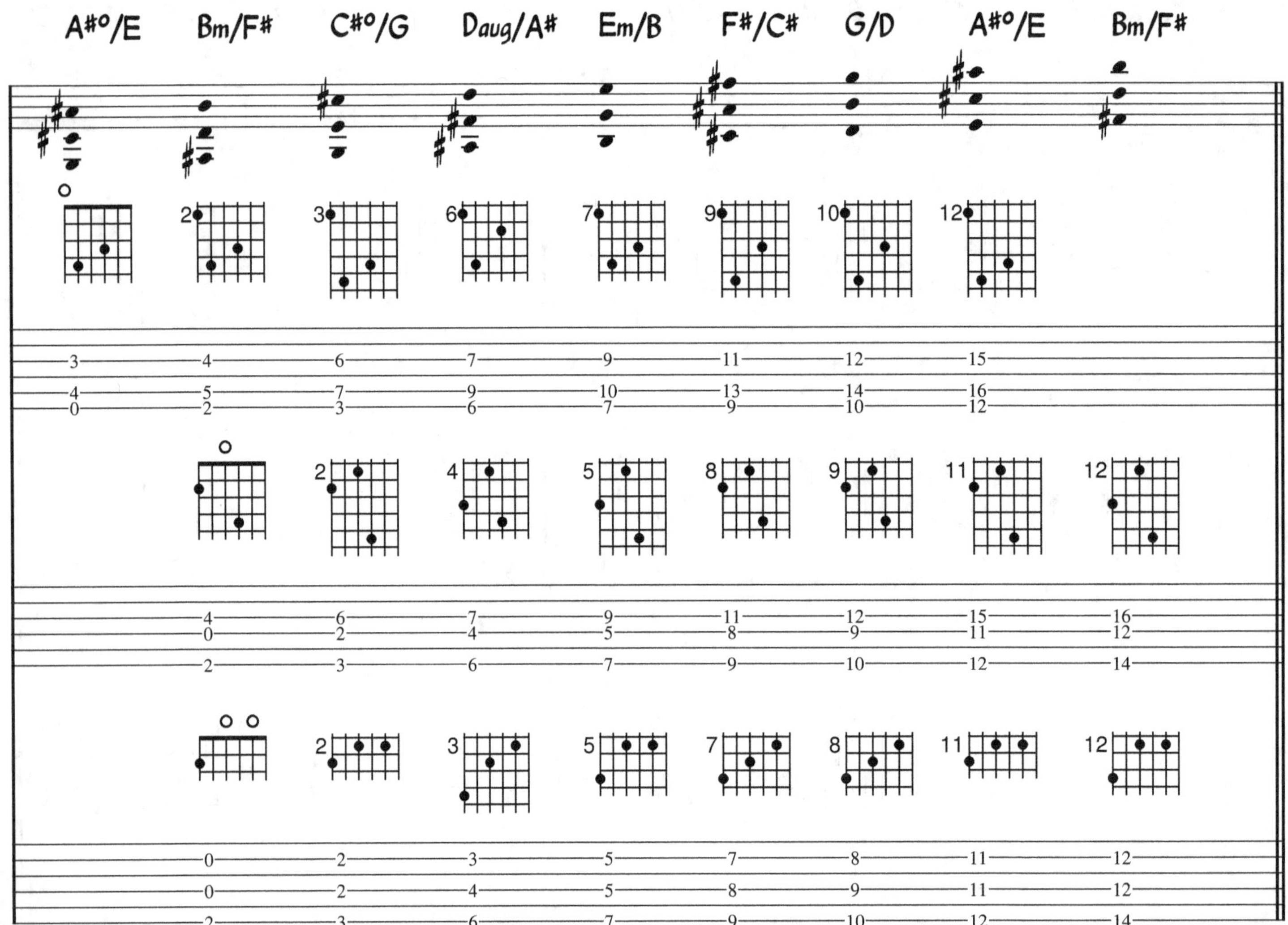

A#o/E   Bm/F#   C#o/G   Daug/A#   Em/B   F#/C#   G/D   A#o/E   Bm/F#

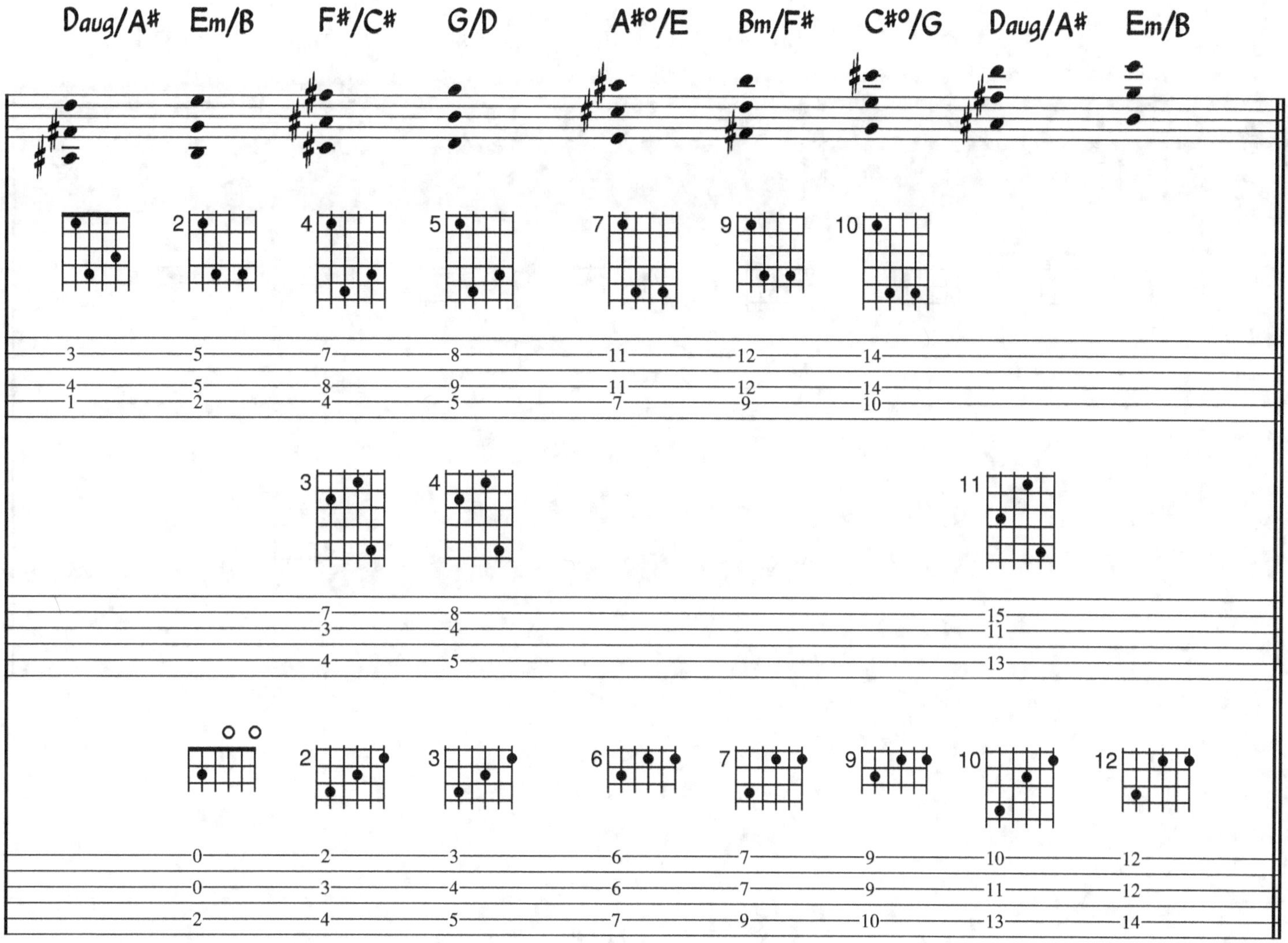

Daug/A# Em/B F#/C# G/D A#o/E Bm/F# C#o/G Daug/A# Em/B
G/D A#o/E Bm/F# C#o/G Daug/A# Em/B F#/C# G/D

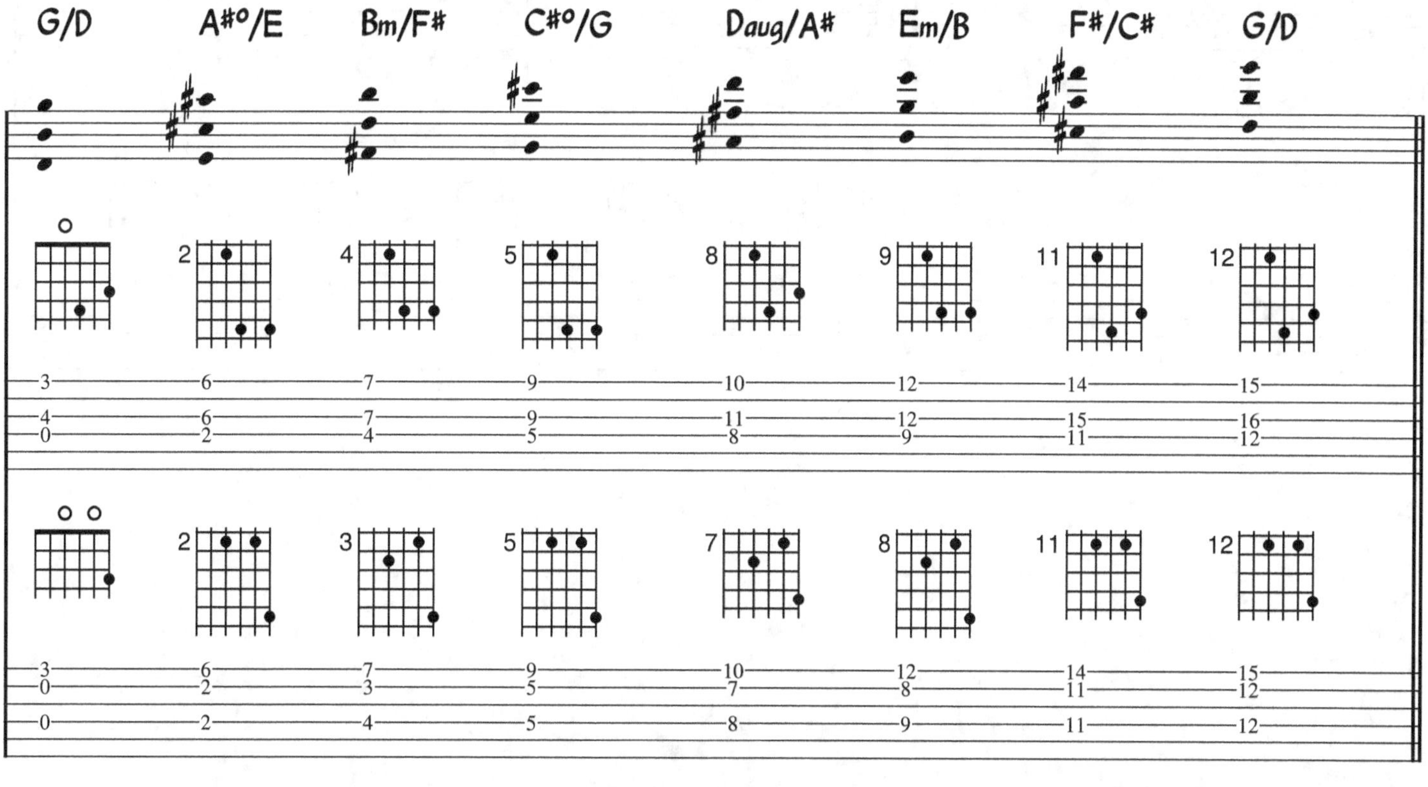

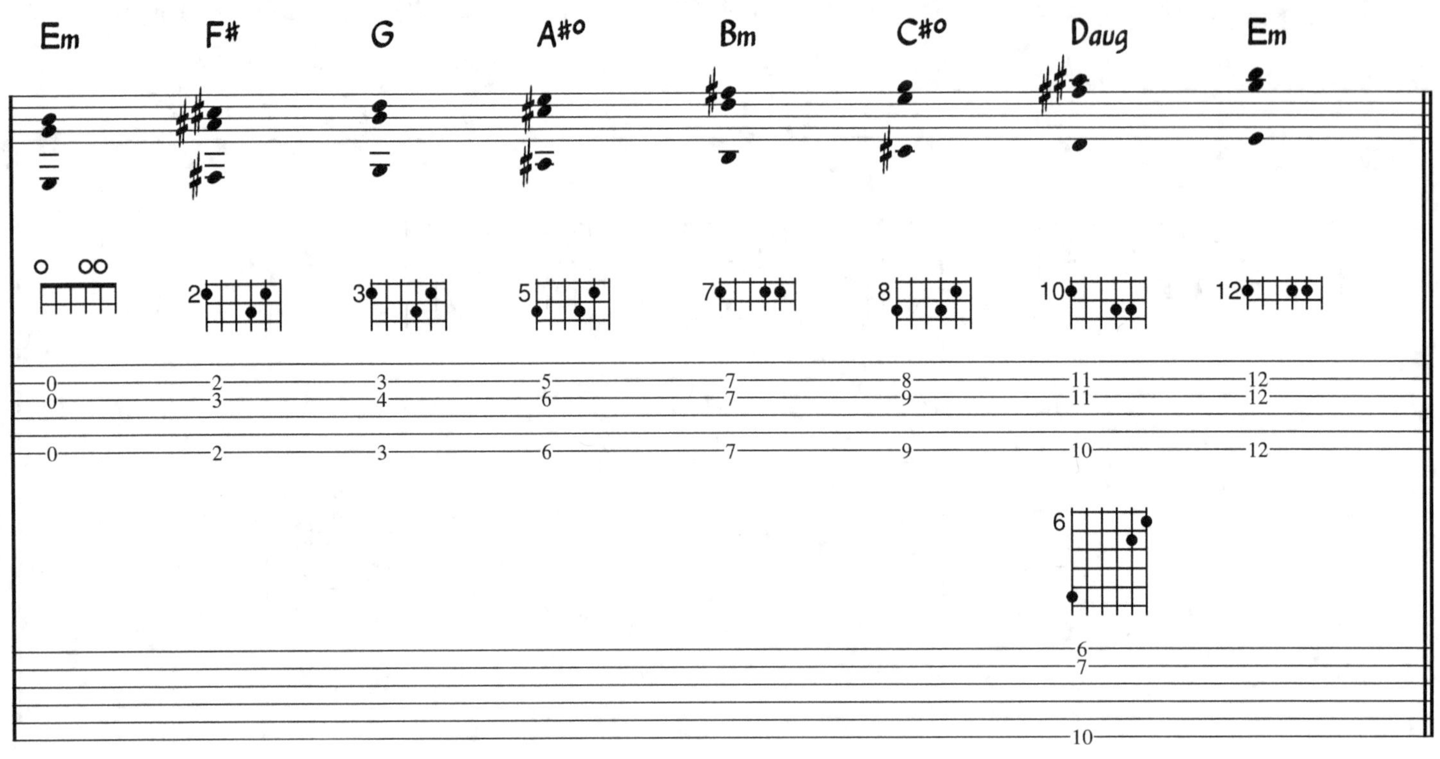

Em
F#
G
A#o
Bm
C#o
Daug
Em

A#o
Bm
C#o
Daug
Em
F#
G
A#o

1st inv. (open voiced, Version 2)

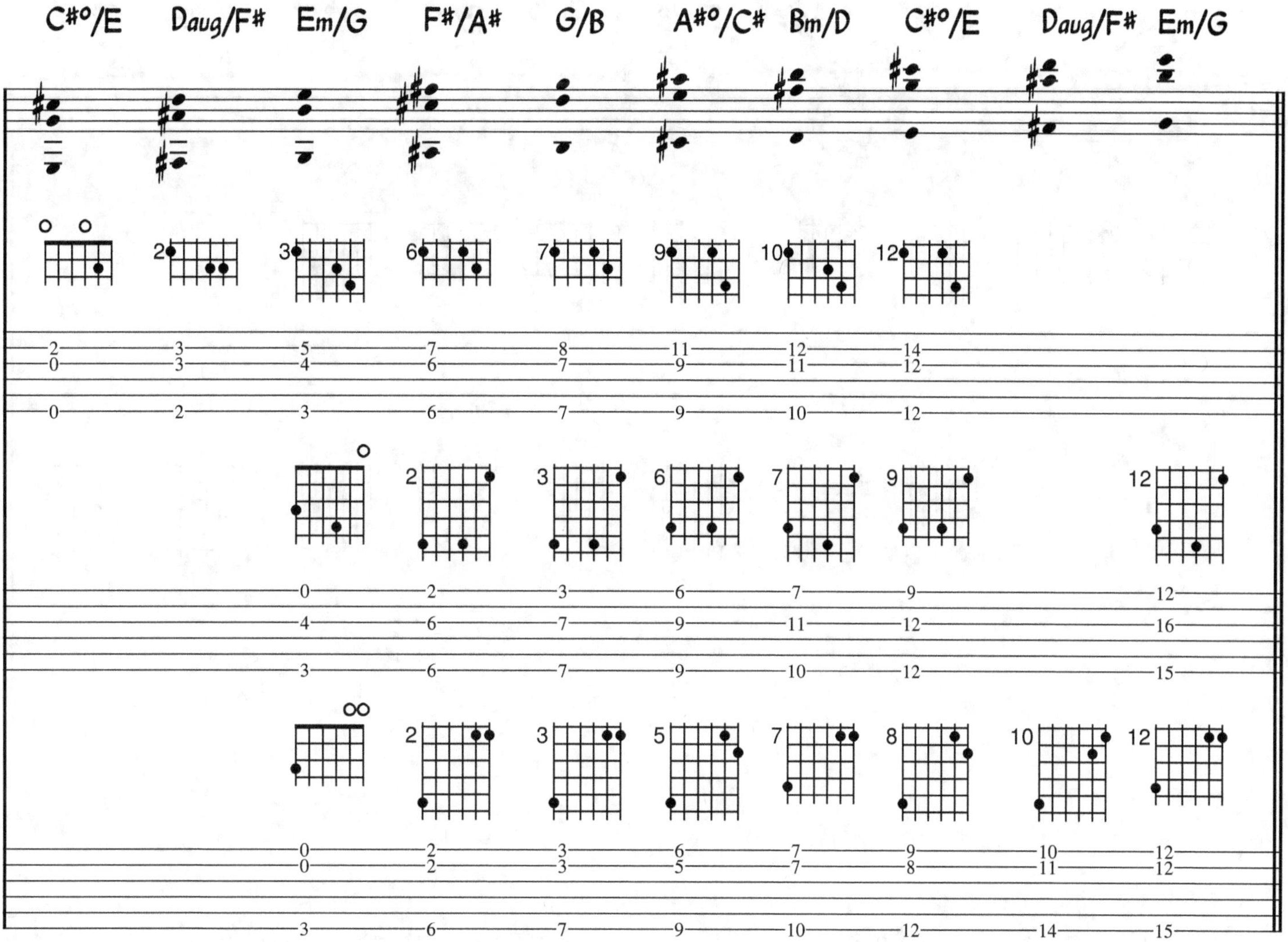

C#°/E   Daug/F#   Em/G   F#/A#   G/B   A#°/C#   Bm/D   C#°/E   Daug/F#   Em/G

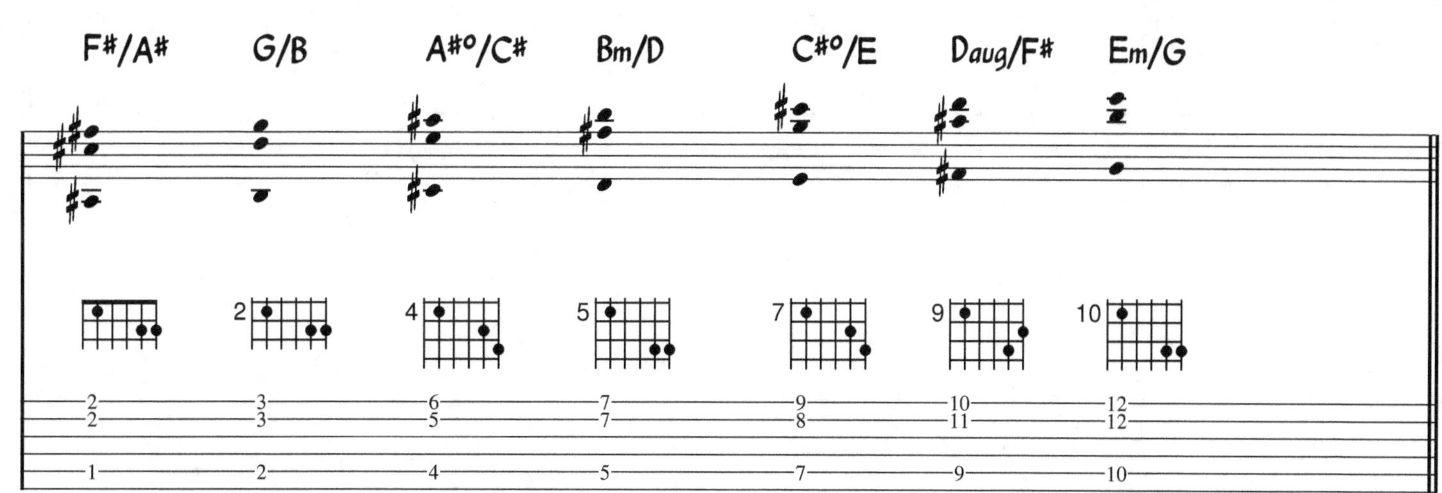
F#/A#   G/B   A#°/C#   Bm/D   C#°/E   Daug/F#   Em/G

2nd inv. (open voiced, Version 2)

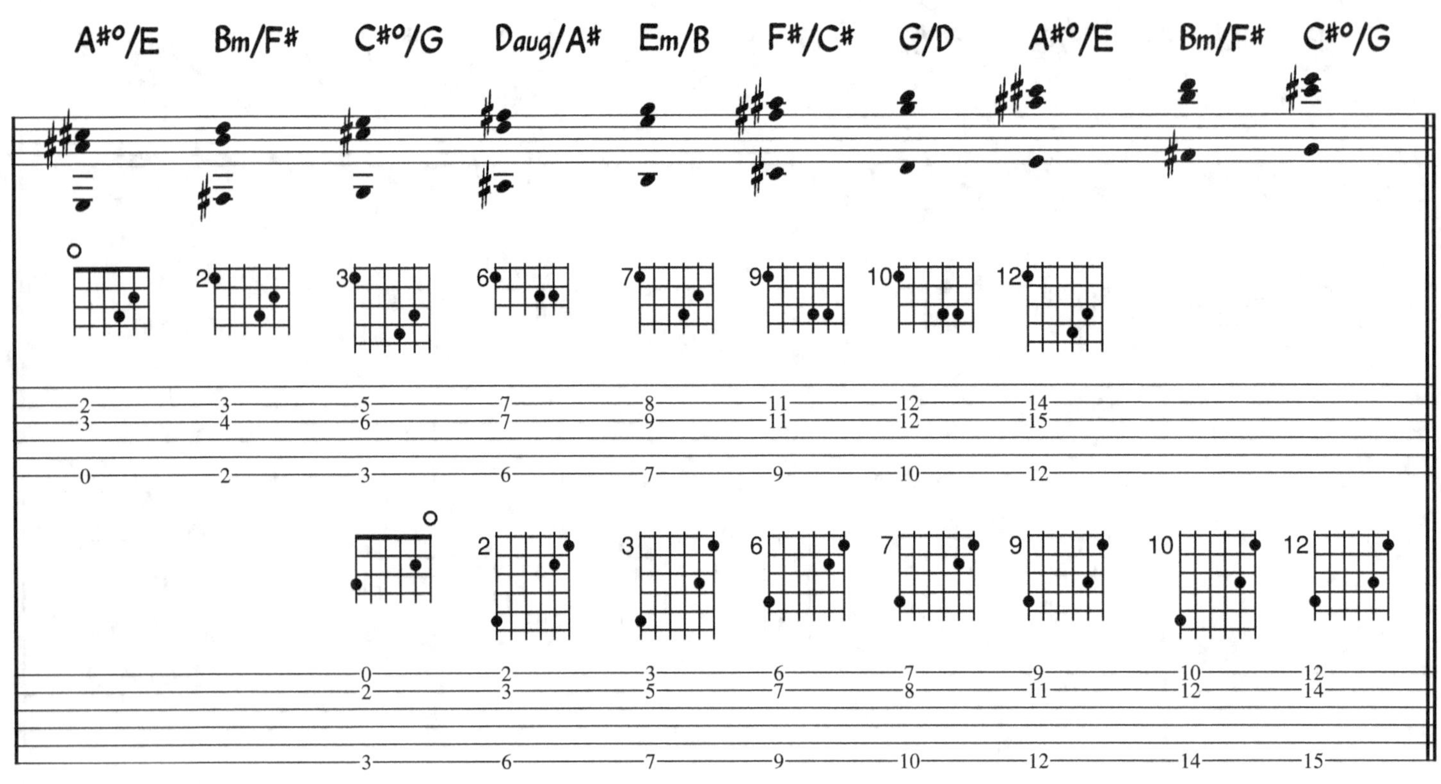
A#o/E   Bm/F#   C#o/G   Daug/A#   Em/B   F#/C#   G/D   A#o/E   Bm/F#   C#o/G

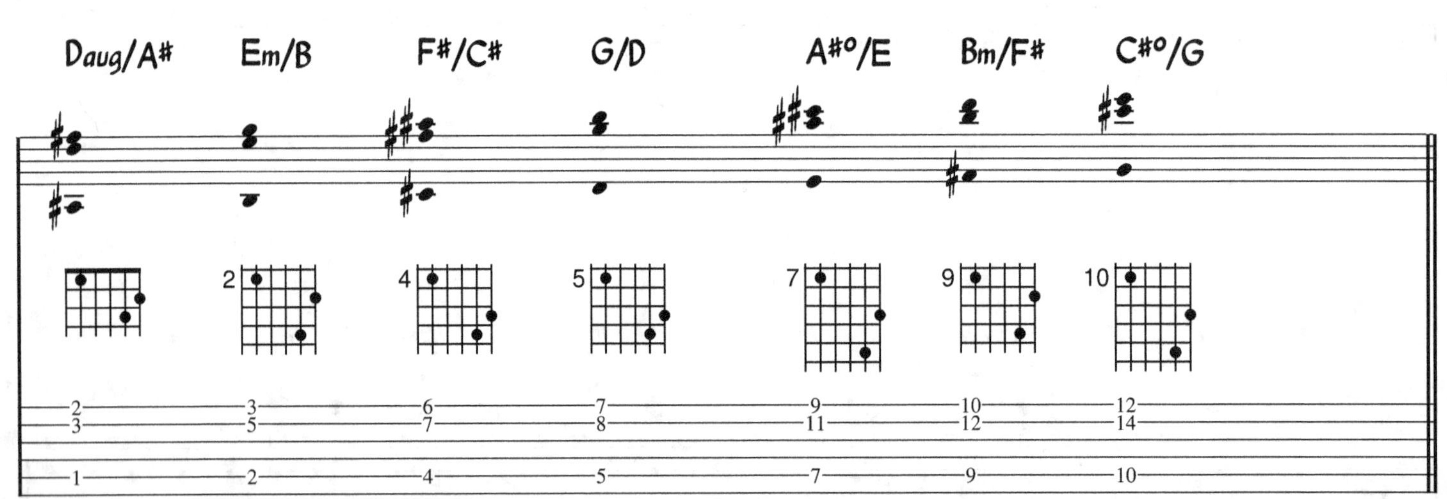
Daug/A#   Em/B   F#/C#   G/D   A#o/E   Bm/F#   C#o/G

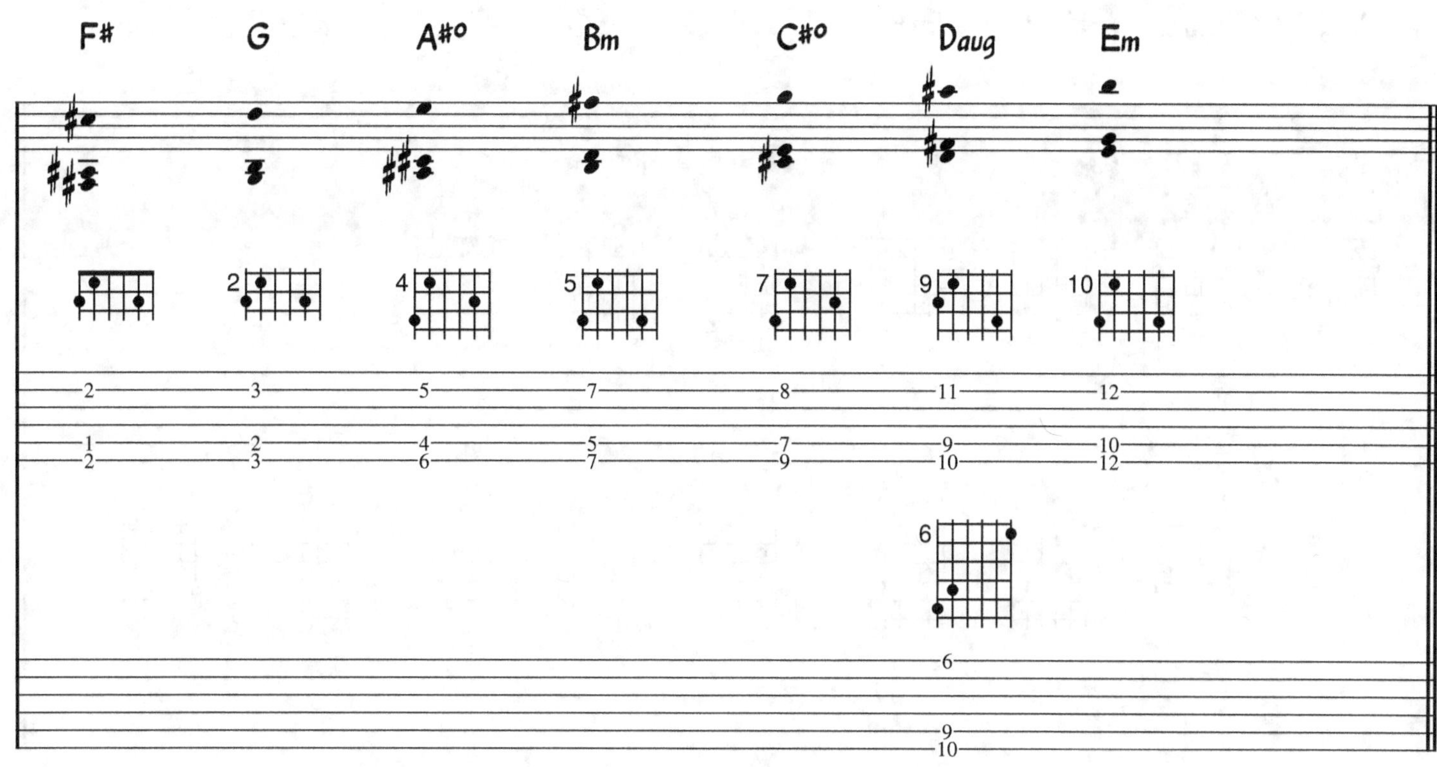

F#
G
A#o
Bm
C#o
Daug
Em

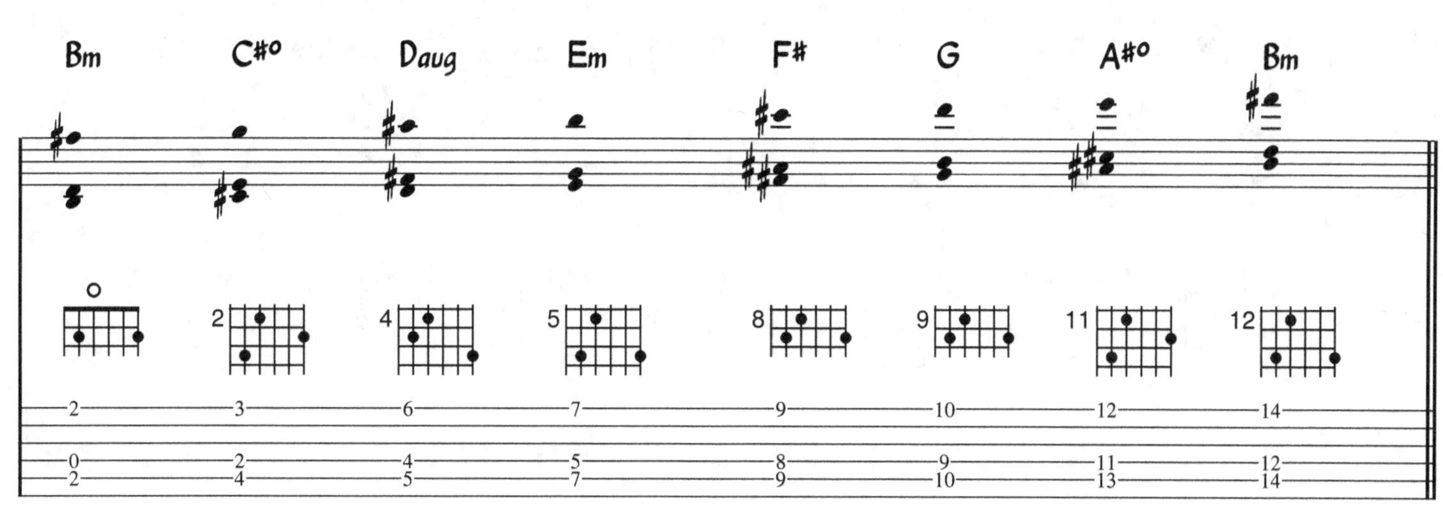

Bm
C#o
Daug
Em
F#
G
A#o
Bm

1st inv. (open voiced, Version 3)

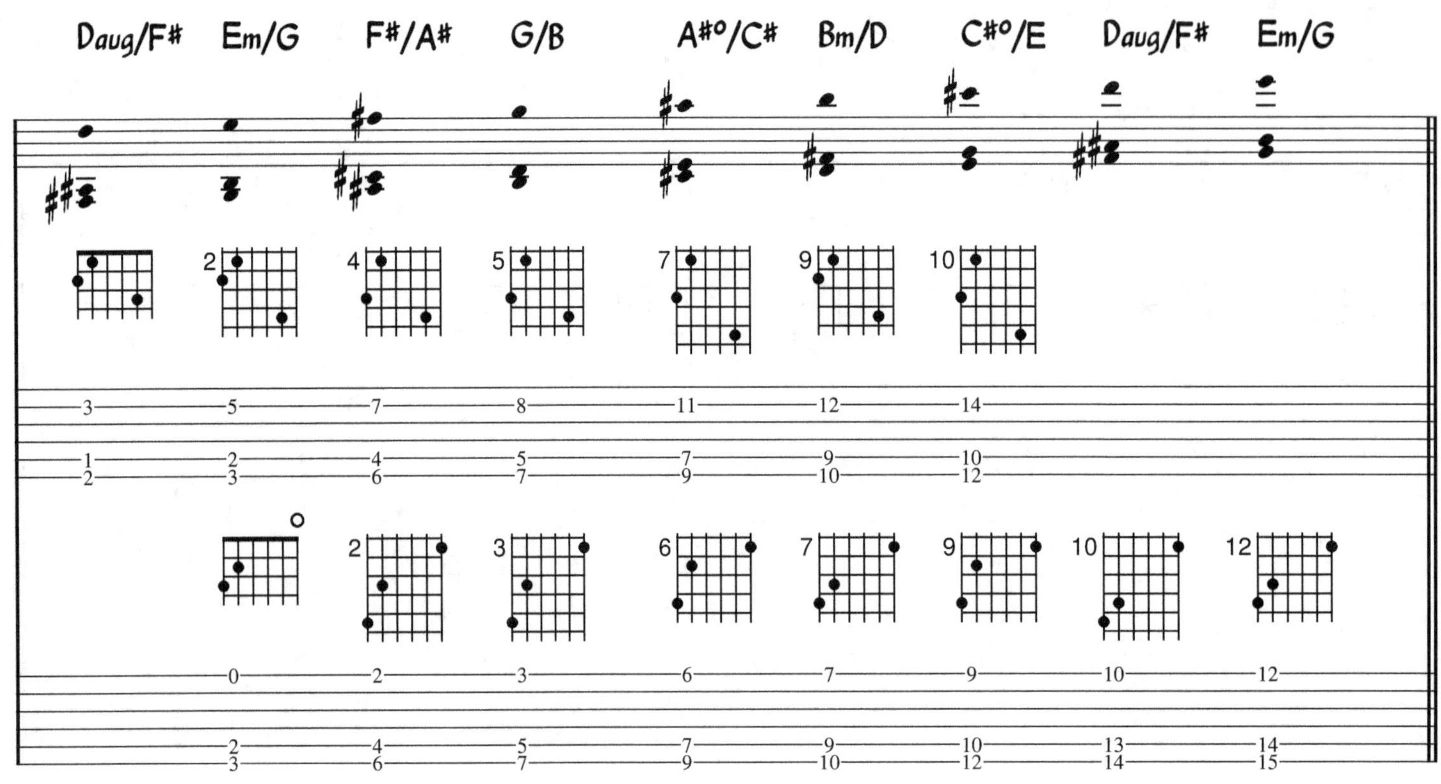
Daug/F#   Em/G   F#/A#   G/B   A#o/C#   Bm/D   C#o/E   Daug/F#   Em/G

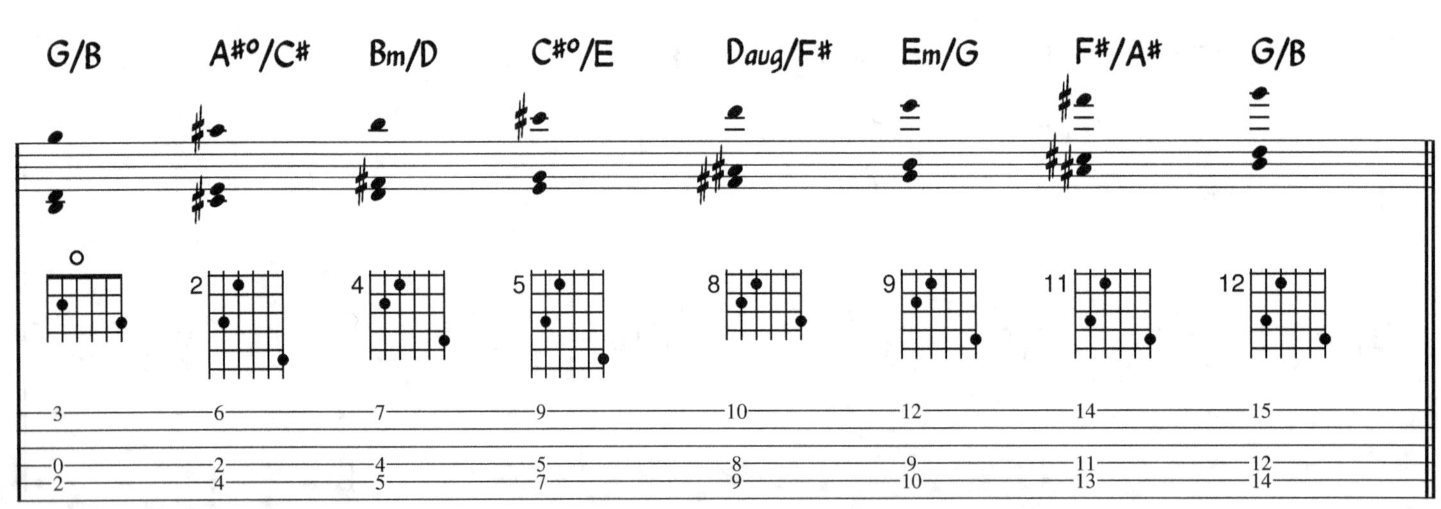
G/B   A#o/C#   Bm/D   C#o/E   Daug/F#   Em/G   F#/A#   G/B

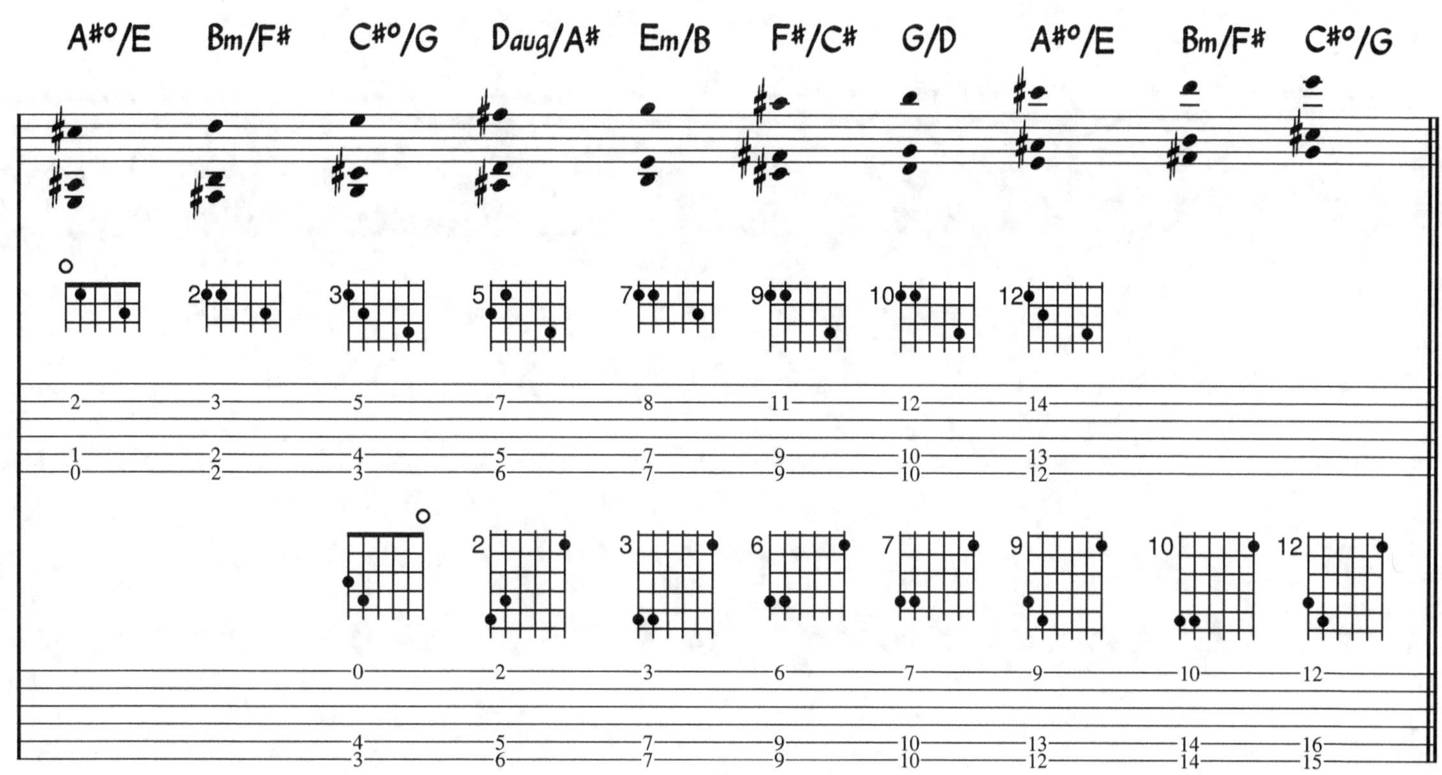

A#°/E   Bm/F#   C#°/G   Daug/A#   Em/B   F#/C#   G/D   A#°/E   Bm/F#   C#°/G

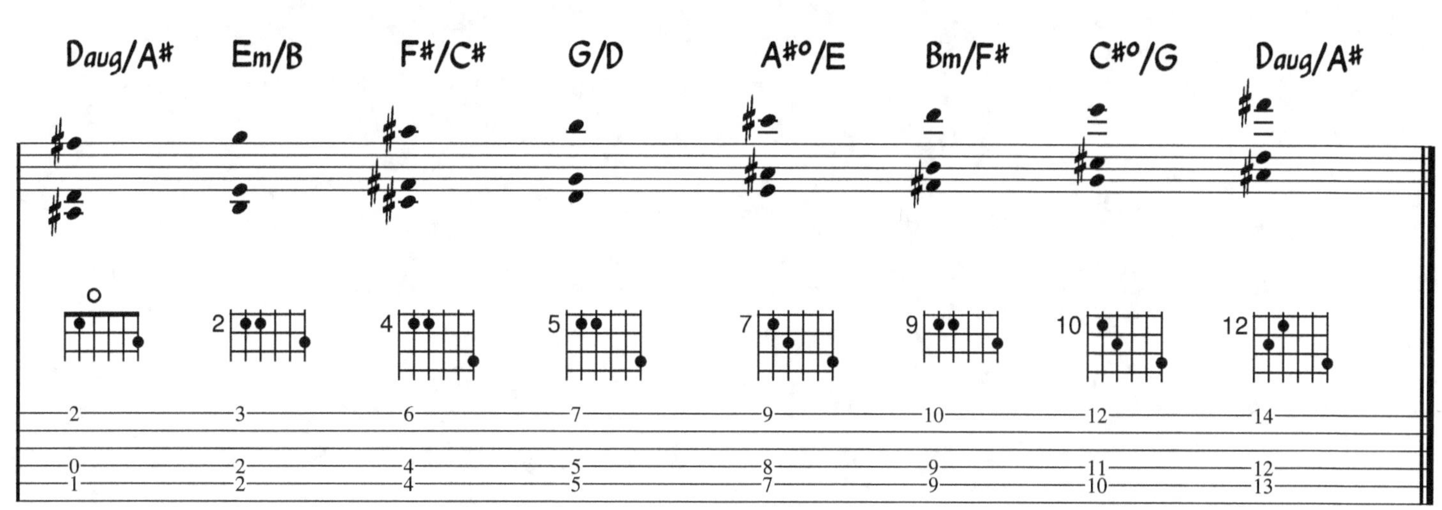

Daug/A#   Em/B   F#/C#   G/D   A#°/E   Bm/F#   C#°/G   Daug/A#

~ G♭ harmonic minor ~

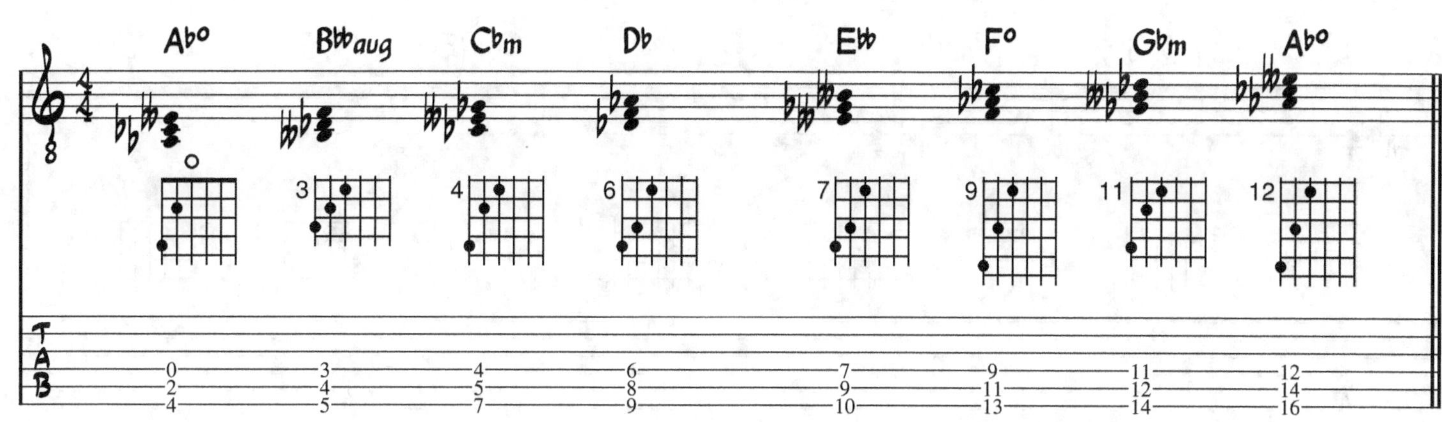

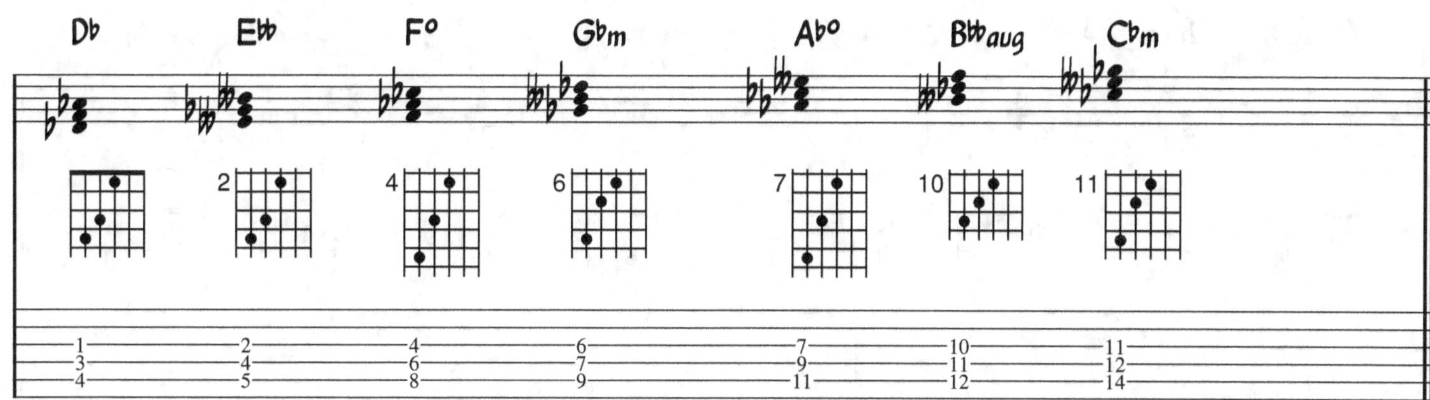

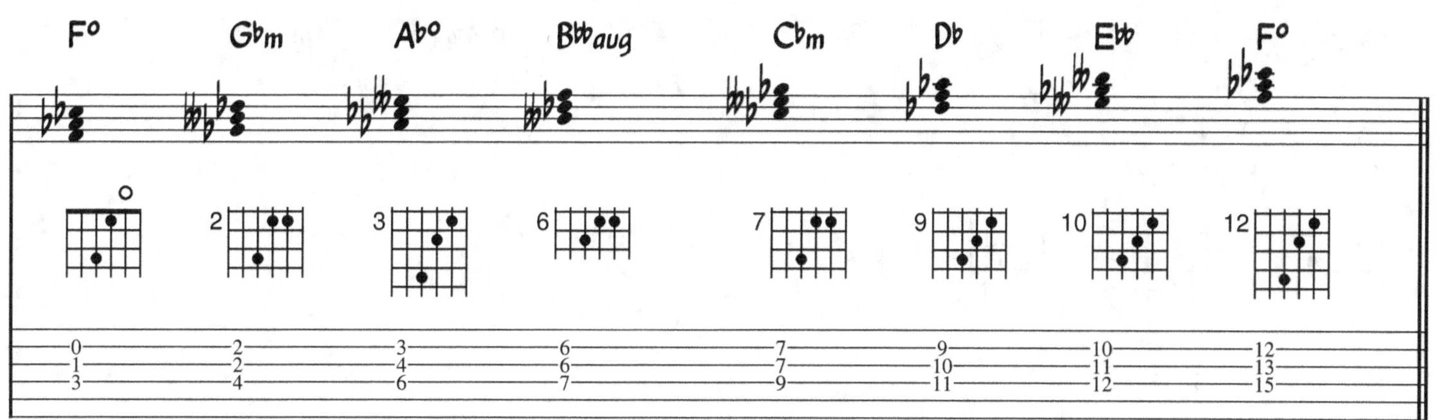

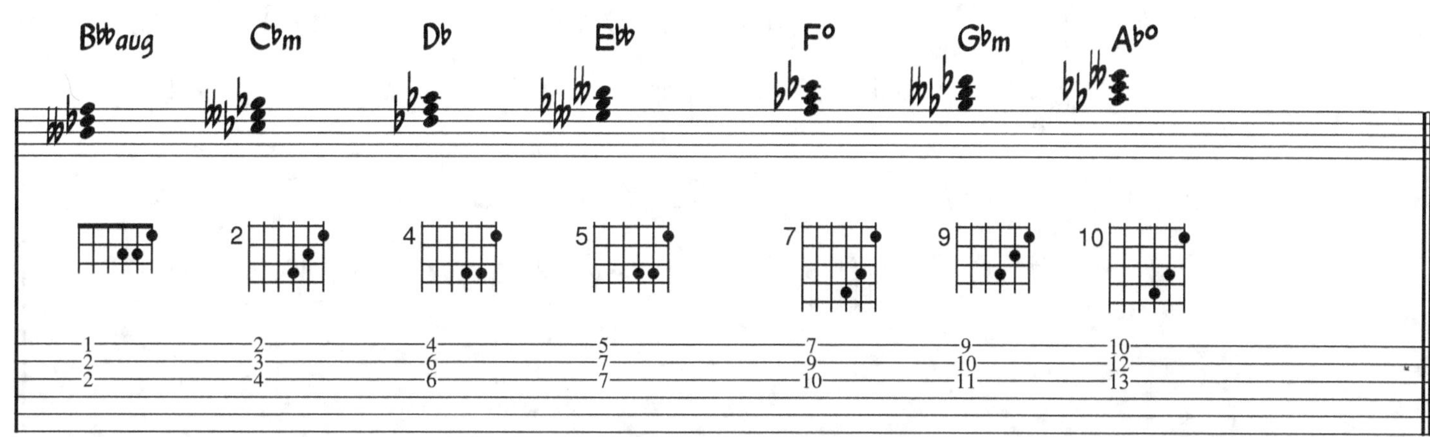

1st inv.

Ebb/Gb   Fo/Ab   Gbm/Bbb   Abo/Cb   Bbbaug/Db   Cbm/Ebb   Db/F   Ebb/Gb
Abo/Cb   Bbbaug/Db   Cbm/Ebb   Db/F   Ebb/Gb   Fo/Ab   Gbm/Bbb   Abo/Cb
Db/F   Ebb/Gb   Fo/Ab   Gbm/Bbb   Abo/Cb   Bbbaug/Db   Cbm/Ebb
Fo/Ab   Gbm/Bbb   Abo/Cb   Bbbaug/Db   Cbm/Ebb   Db/F   Ebb/Gb   Fo/Ab

2nd inv.

Cbm/Gb   Db/Ab   Ebb/Bbb   Fo/Cb   Gbm/Db   Abo/Ebb   Bbbaug/F   Cbm/Gb
Fo/Cb   Gbm/Db   Abo/Ebb   Bbbaug/F   Cbm/Gb   Db/Ab   Ebb/Bbb
Abo/Ebb   Bbbaug/F   Cbm/Gb   Db/Ab   Ebb/Bbb   Fo/Cb   Gbm/Db   Abo/Ebb
Db/Ab   Ebb/Bbb   Fo/Cb   Gbm/Db   Abo/Ebb   Bbbaug/F   Cbm/Gb

Root Position (open voiced)

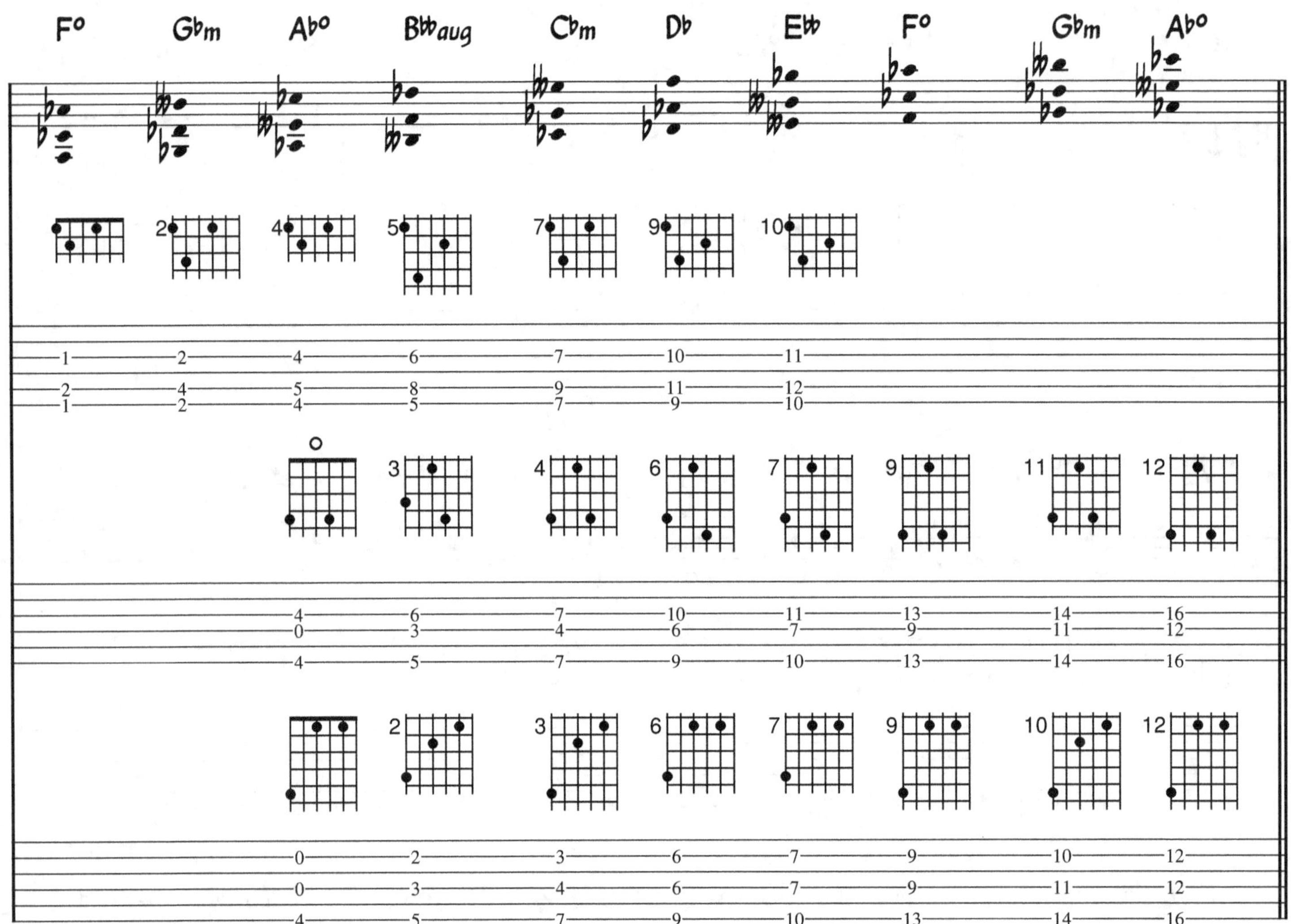
F°
G♭m
A♭°
B♭♭aug
C♭m
D♭
E♭♭
F°
G♭m
A♭°

Bbbaug   Cbm   Db   Ebb   Fo   Gbm   Abo   Bbbaug   Cbm
Ebb   Fo   Gbm   Abo   Bbbaug   Cbm   Db   Ebb   Fo

1st inv. (open voiced)

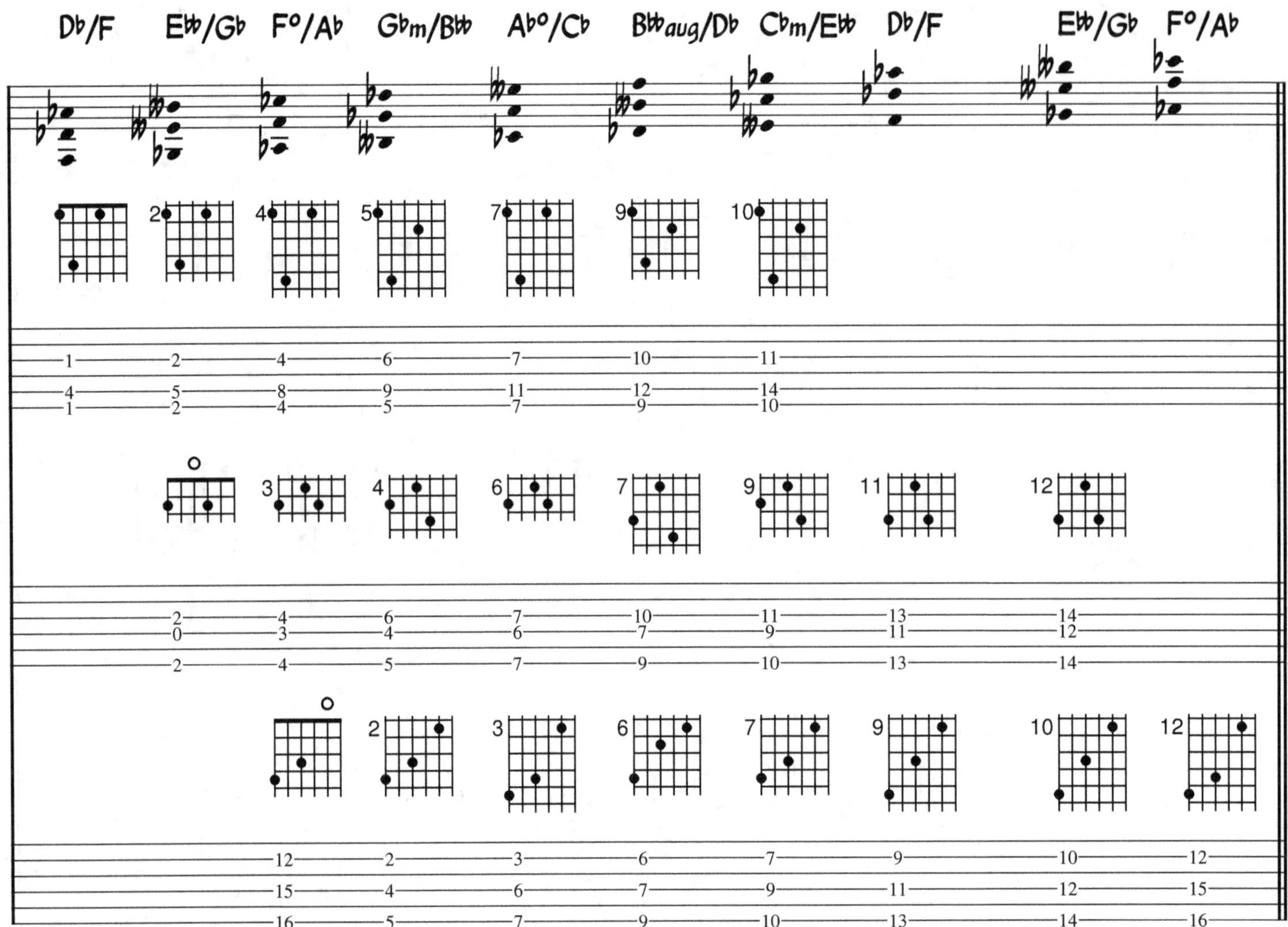
Db/F
Ebb/Gb
Fo/Ab
Gbm/Bbb
Abo/Cb
Bbbaug/Db
Cbm/Ebb
Db/F
Ebb/Gb
Fo/Ab

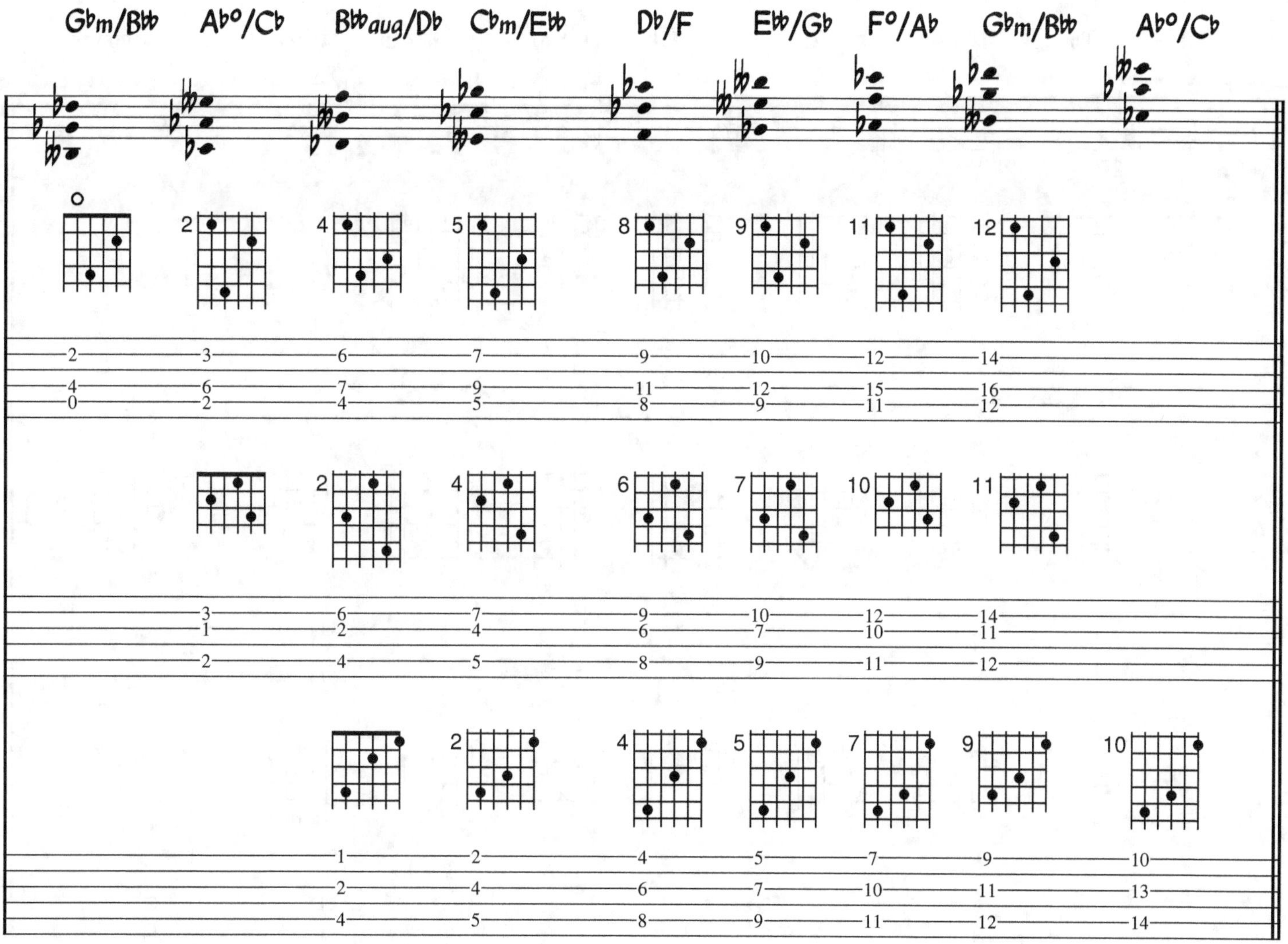
G♭m/B♭♭
A♭°/C♭
B♭♭aug/D♭
C♭m/E♭♭
D♭/F
E♭♭/G♭
F°/A♭
G♭m/B♭♭
A♭°/C♭

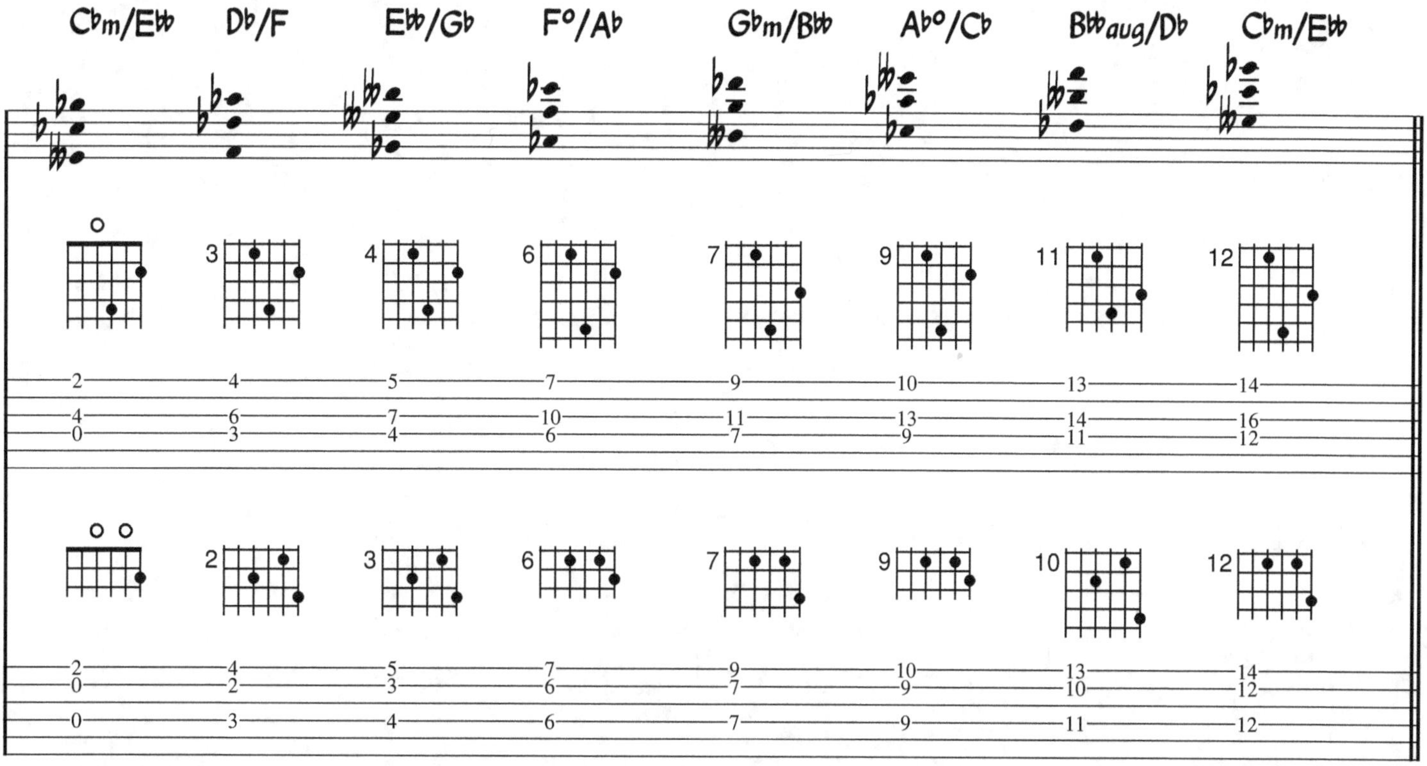
C♭m/E♭♭
D♭/F
E♭♭/G♭
F°/A♭
G♭m/B♭♭
A♭°/C♭
B♭♭aug/D♭
C♭m/E♭♭

2nd inv. (open voiced)

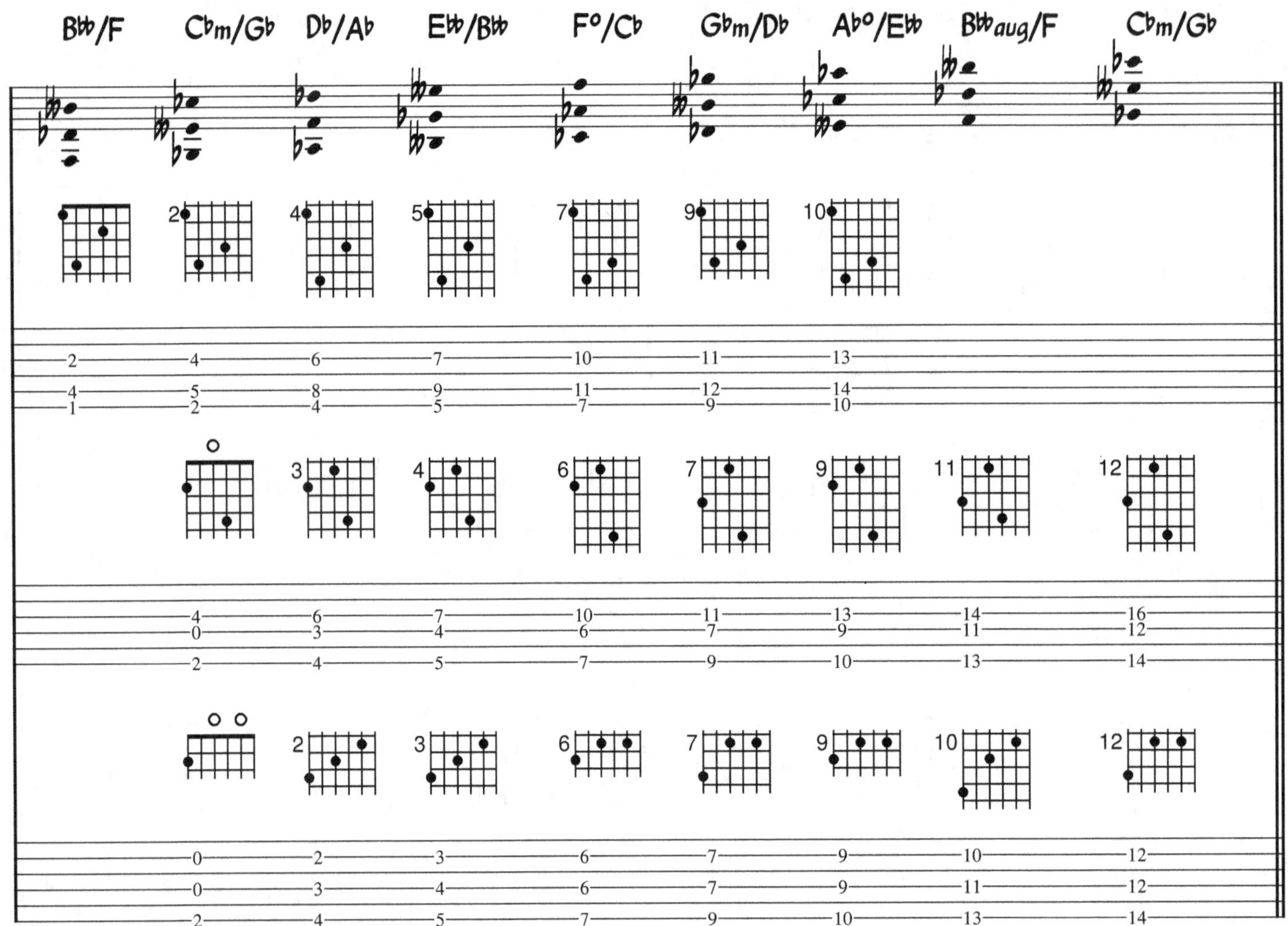

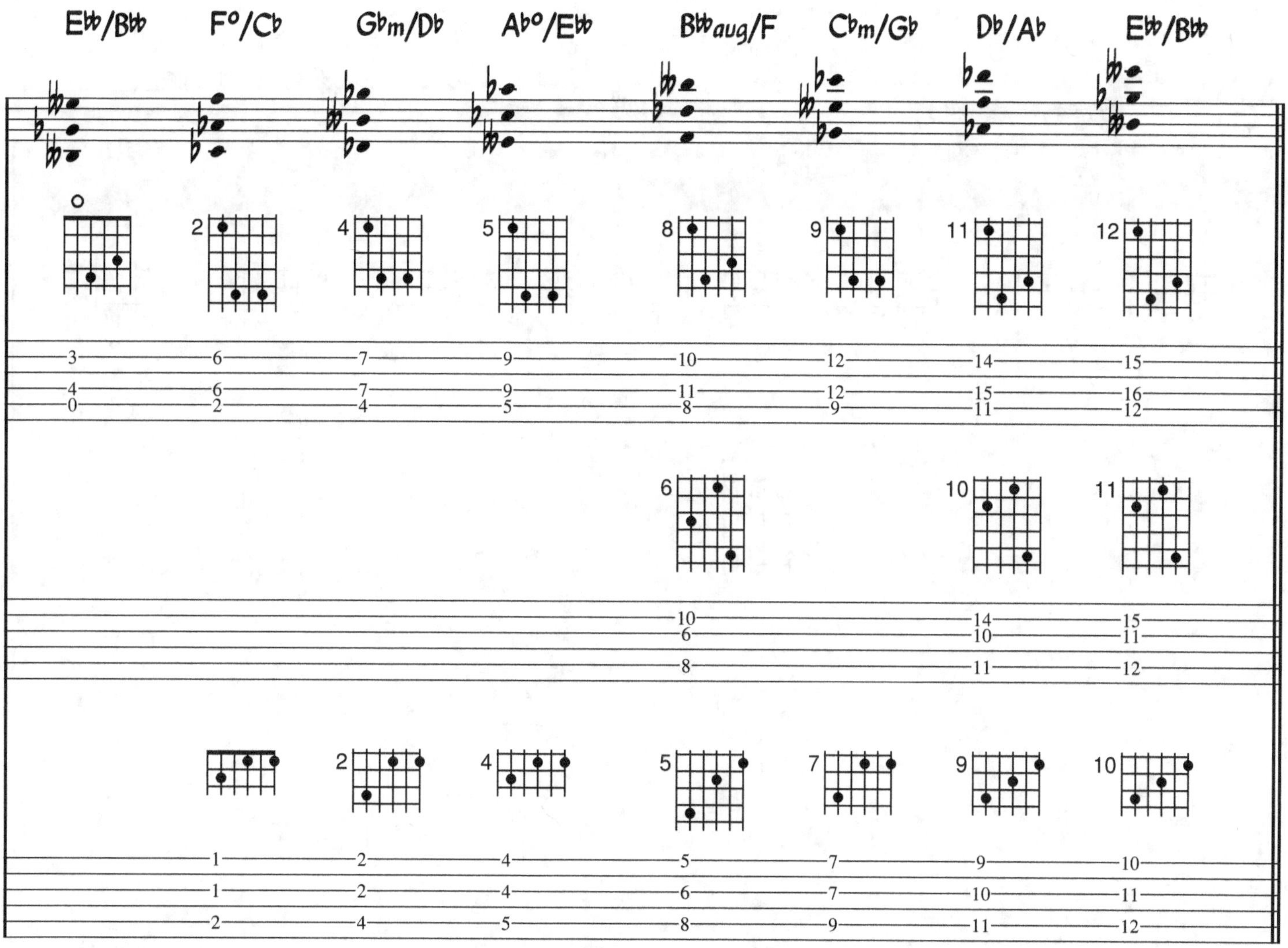

Ebb/Bbb   Fo/Cb   Gbm/Db   Abo/Ebb   Bbbaug/F   Cbm/Gb   Db/Ab   Ebb/Bbb
Abo/Ebb   Bbbaug/F   Cbm/Gb   Db/Ab   Ebb/Bbb   Fo/Cb   Gbm/Db   Abo/Ebb

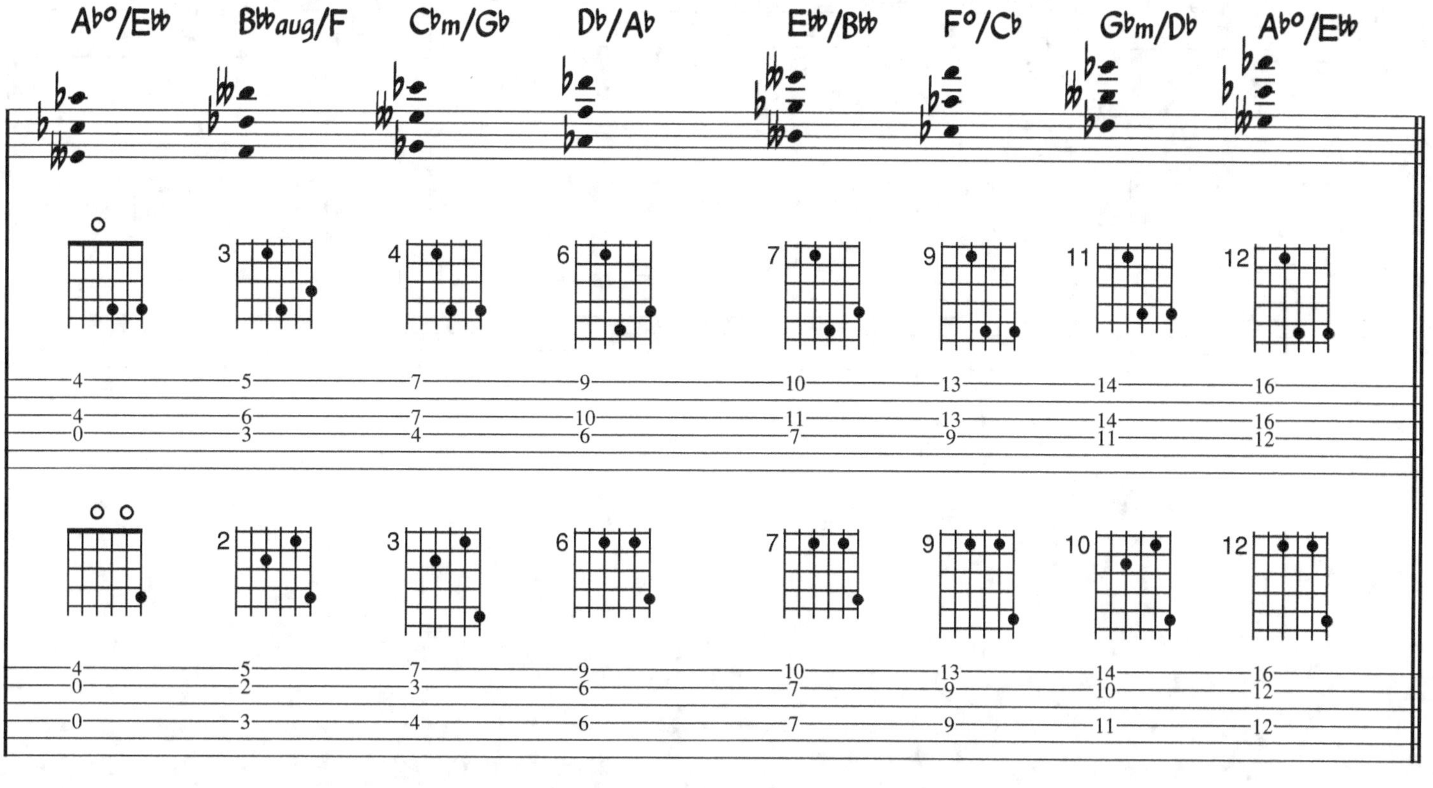

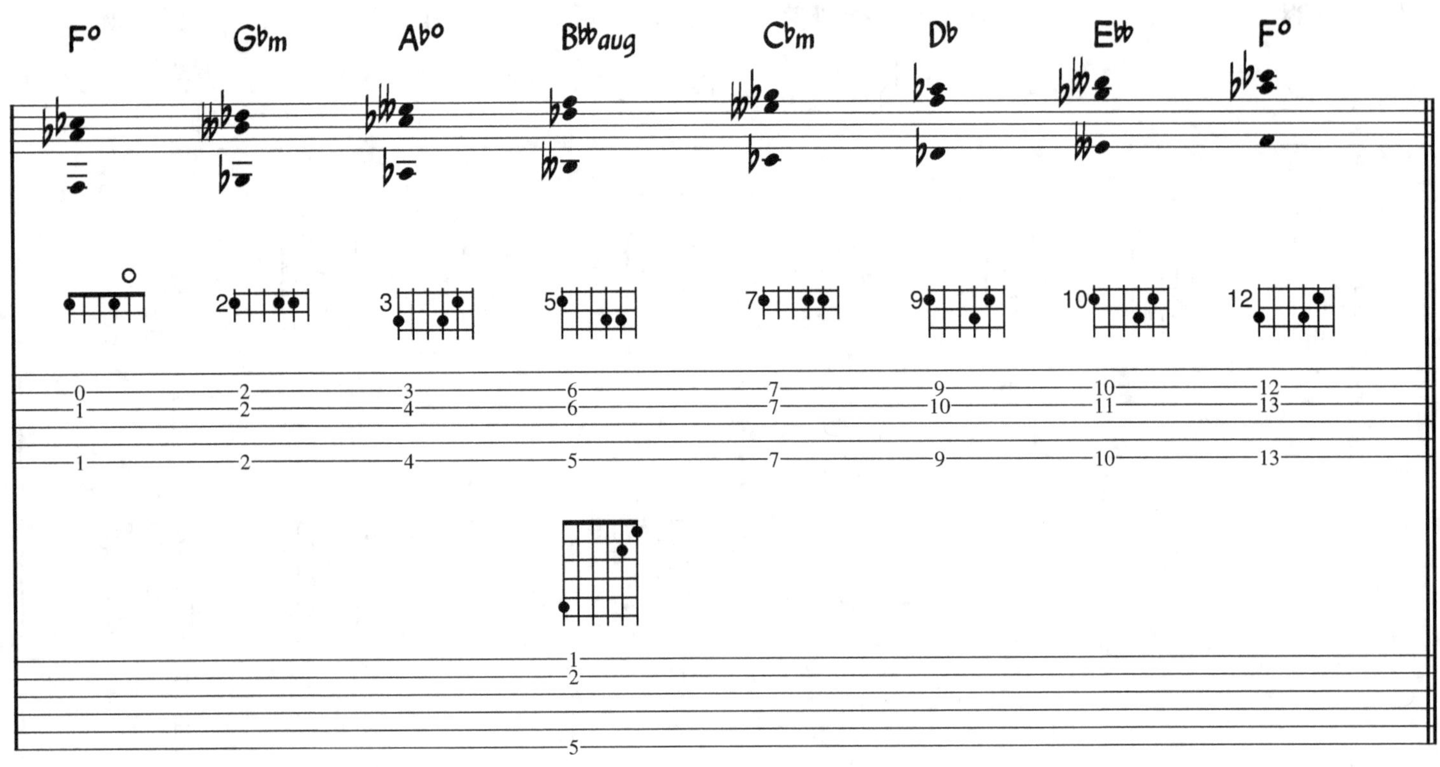

F°
G♭m
A♭°
B♭♭aug
C♭m
D♭
E♭♭
F°
2
3
5
7
9
10
12
0
1
2
2
3
4
6
6
7
7
9
10
10
11
12
13
1
2
4
5
7
9
10
13
1
2
5

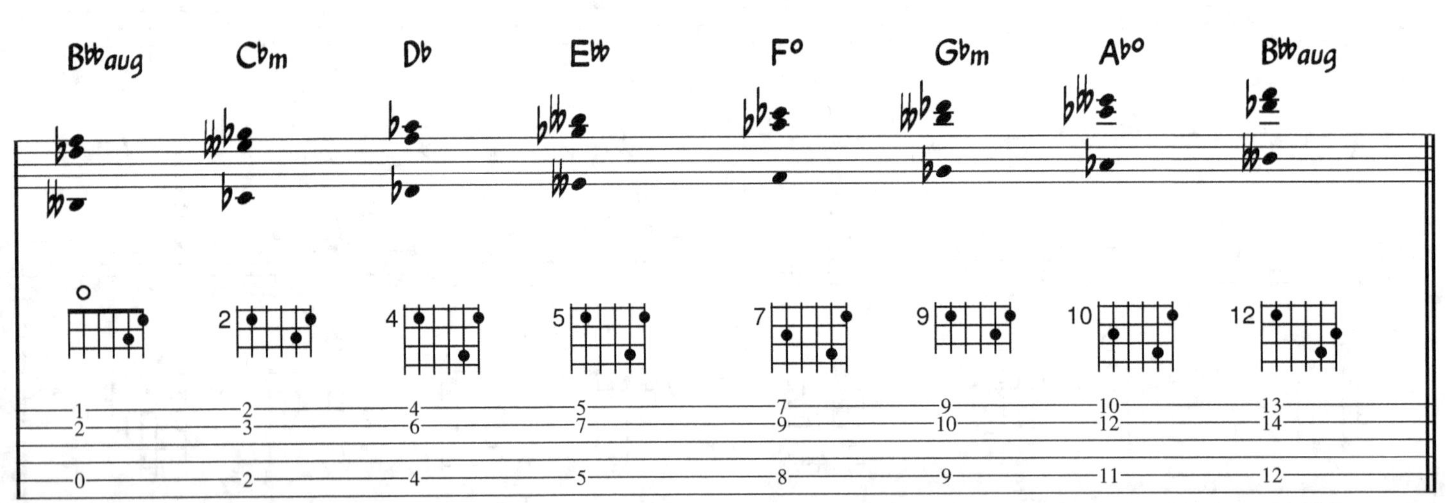

B♭♭aug
C♭m
D♭
E♭♭
F°
G♭m
A♭°
B♭♭aug
2
4
5
7
9
10
12
1
2
2
3
4
6
5
7
7
9
9
10
10
12
13
14
0
2
4
5
8
9
11
12

1st inv. (open voiced, Version 2)

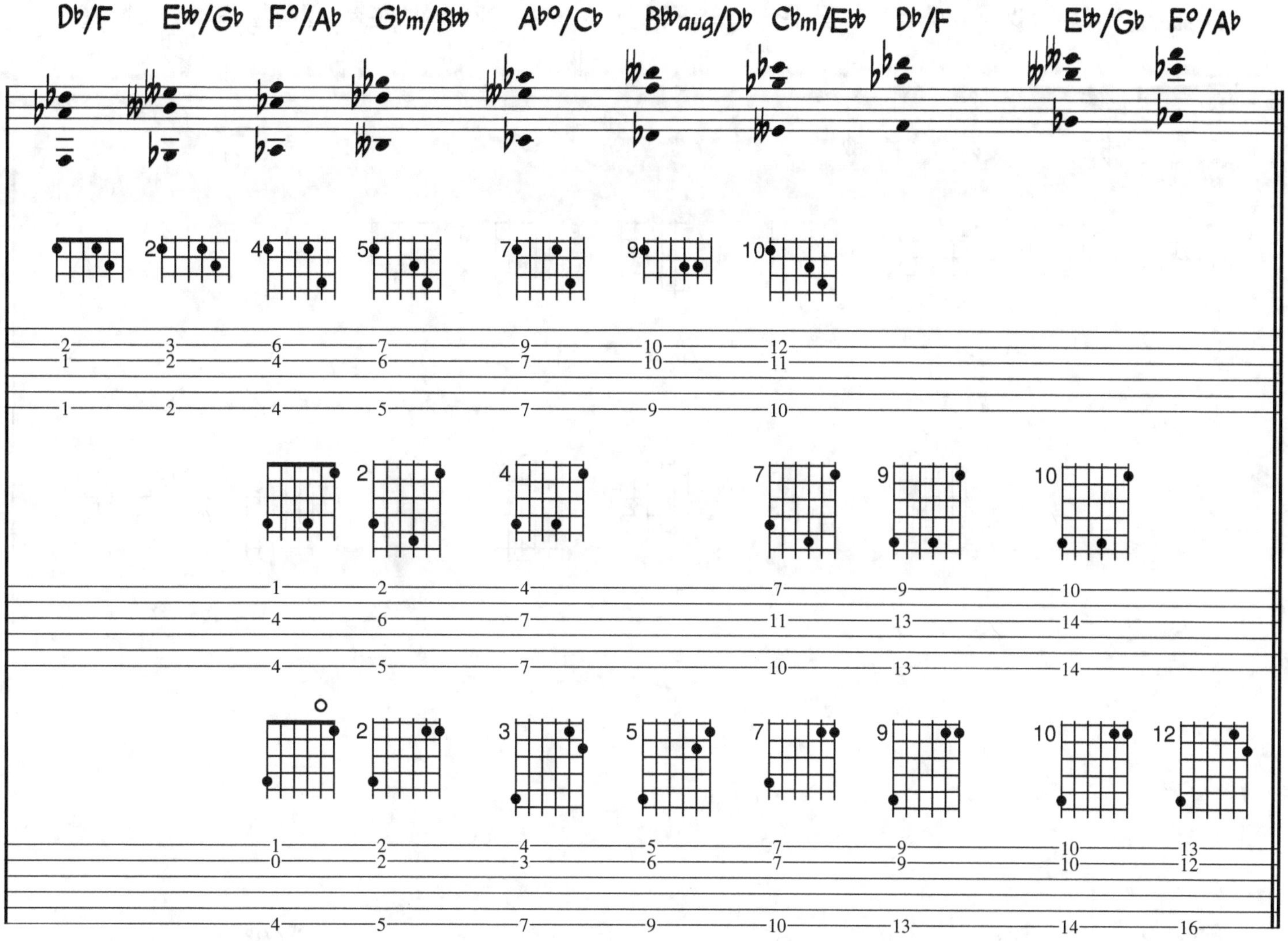

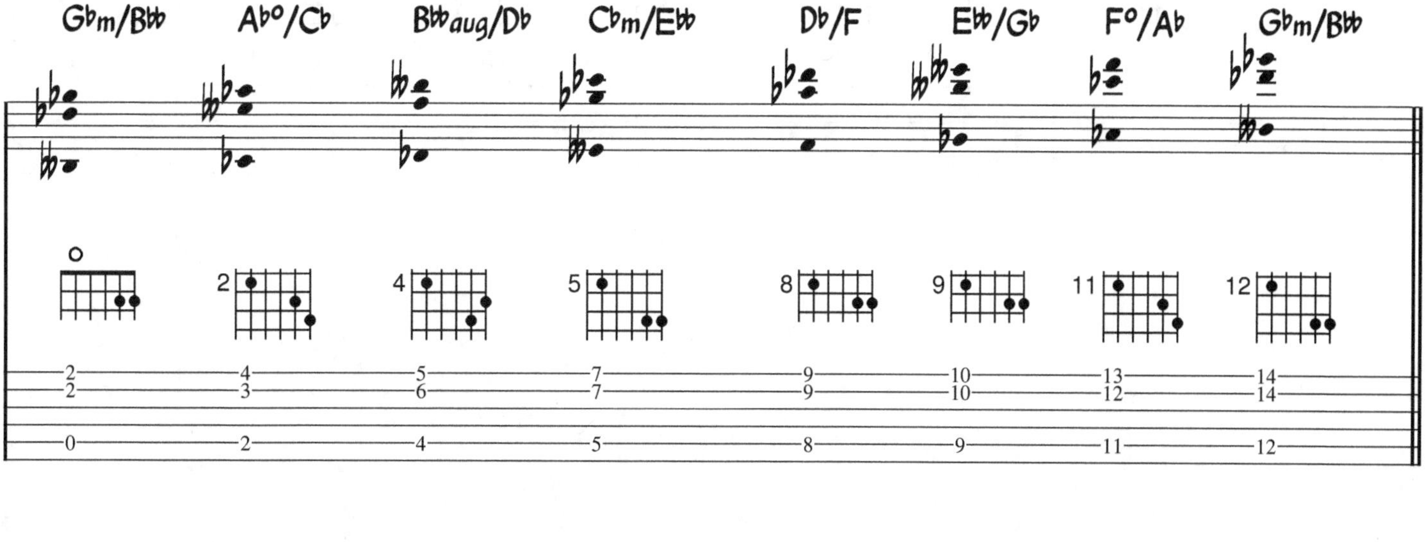

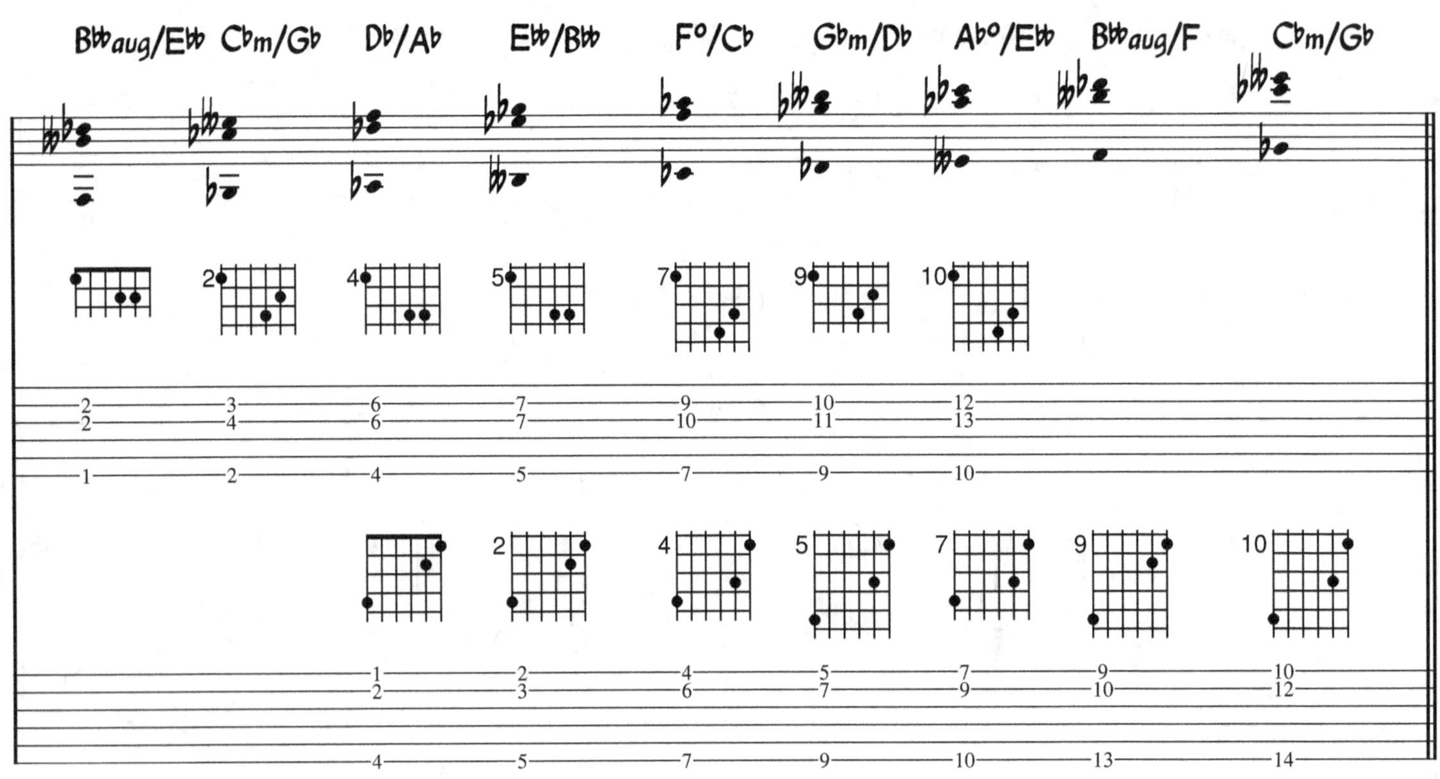

B♭♭aug/E♭♭ C♭m/G♭   D♭/A♭   E♭♭/B♭♭   F°/C♭   G♭m/D♭   A♭°/E♭♭   B♭♭aug/F   C♭m/G♭

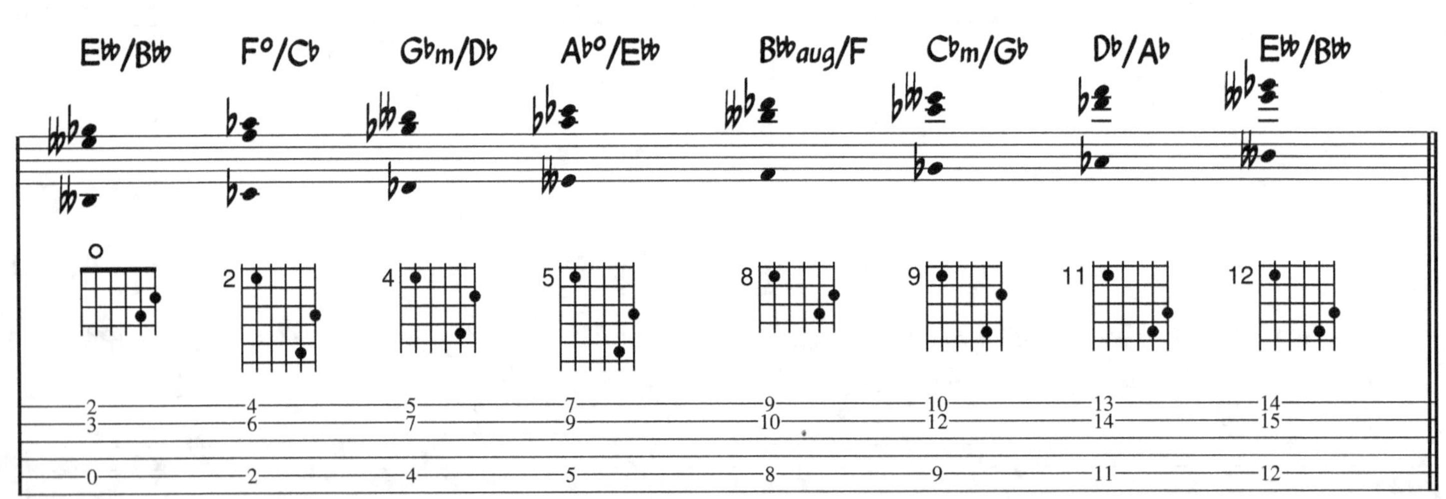

E♭♭/B♭♭   F°/C♭   G♭m/D♭   A♭°/E♭♭   B♭♭aug/F   C♭m/G♭   D♭/A♭   E♭♭/B♭♭

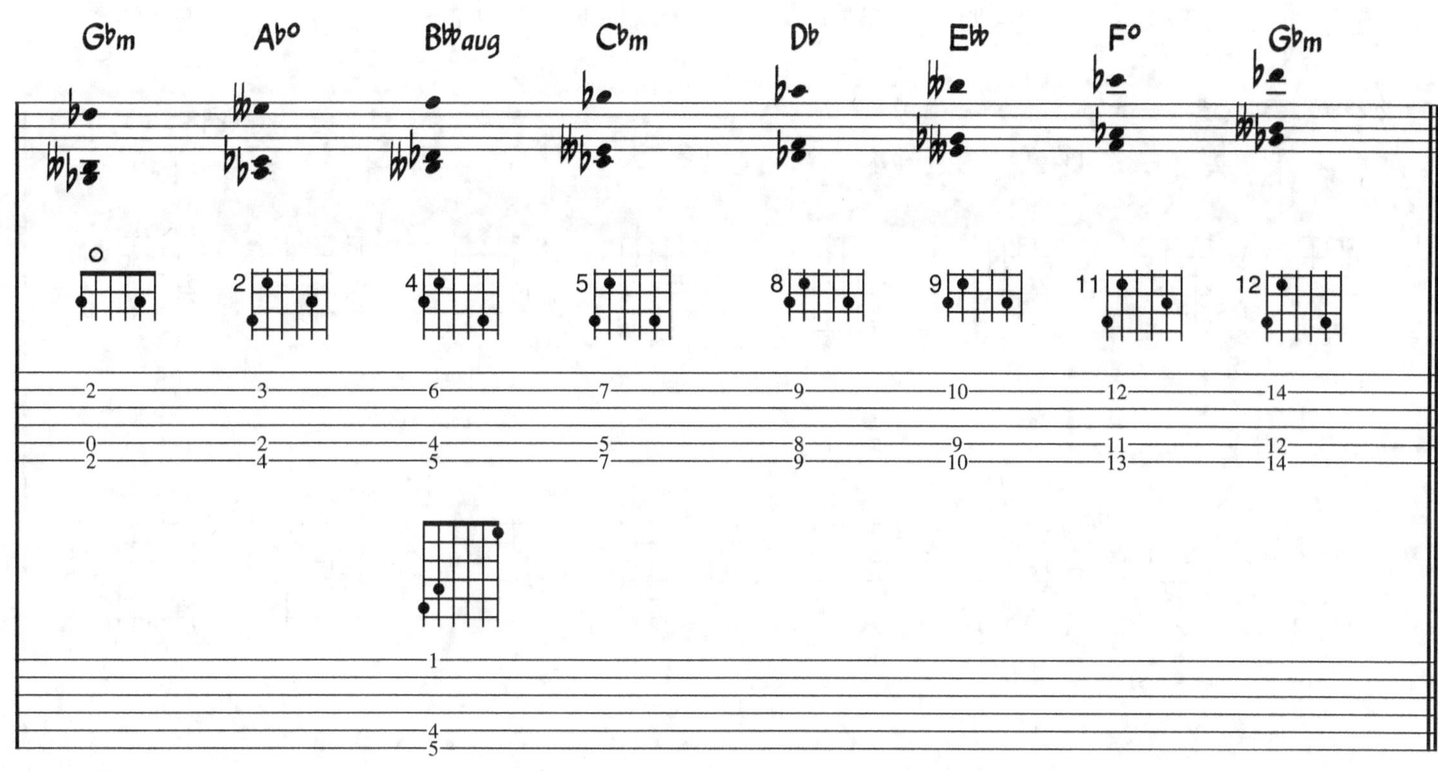
G♭m
A♭o
B♭♭aug
C♭m
D♭
E♭♭
Fo
G♭m

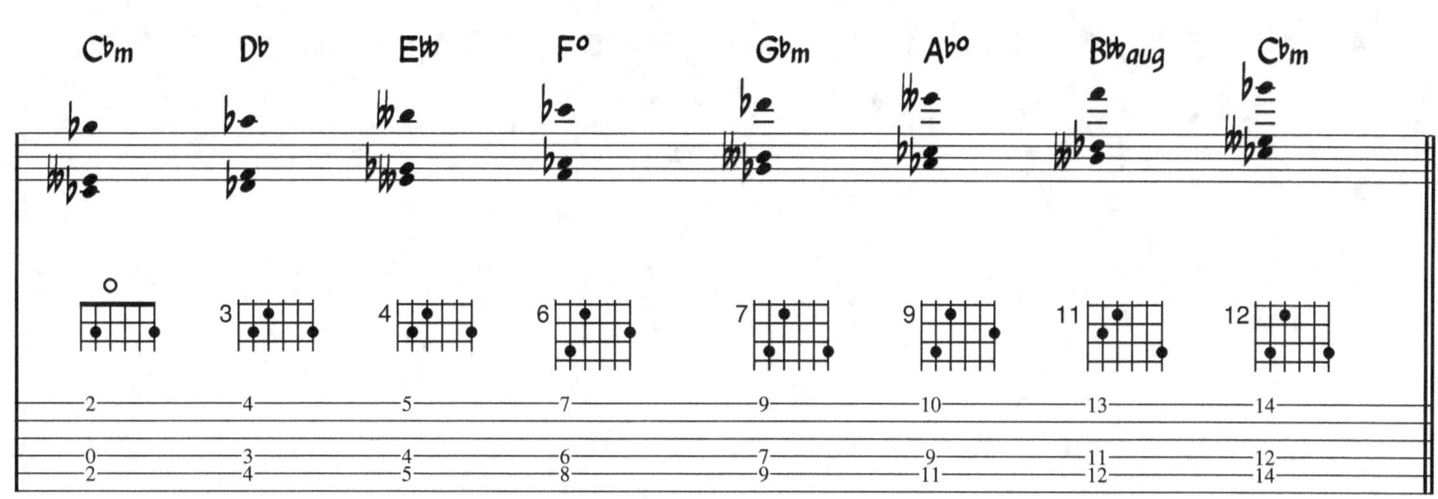
C♭m
D♭
E♭♭
Fo
G♭m
A♭o
B♭♭aug
C♭m

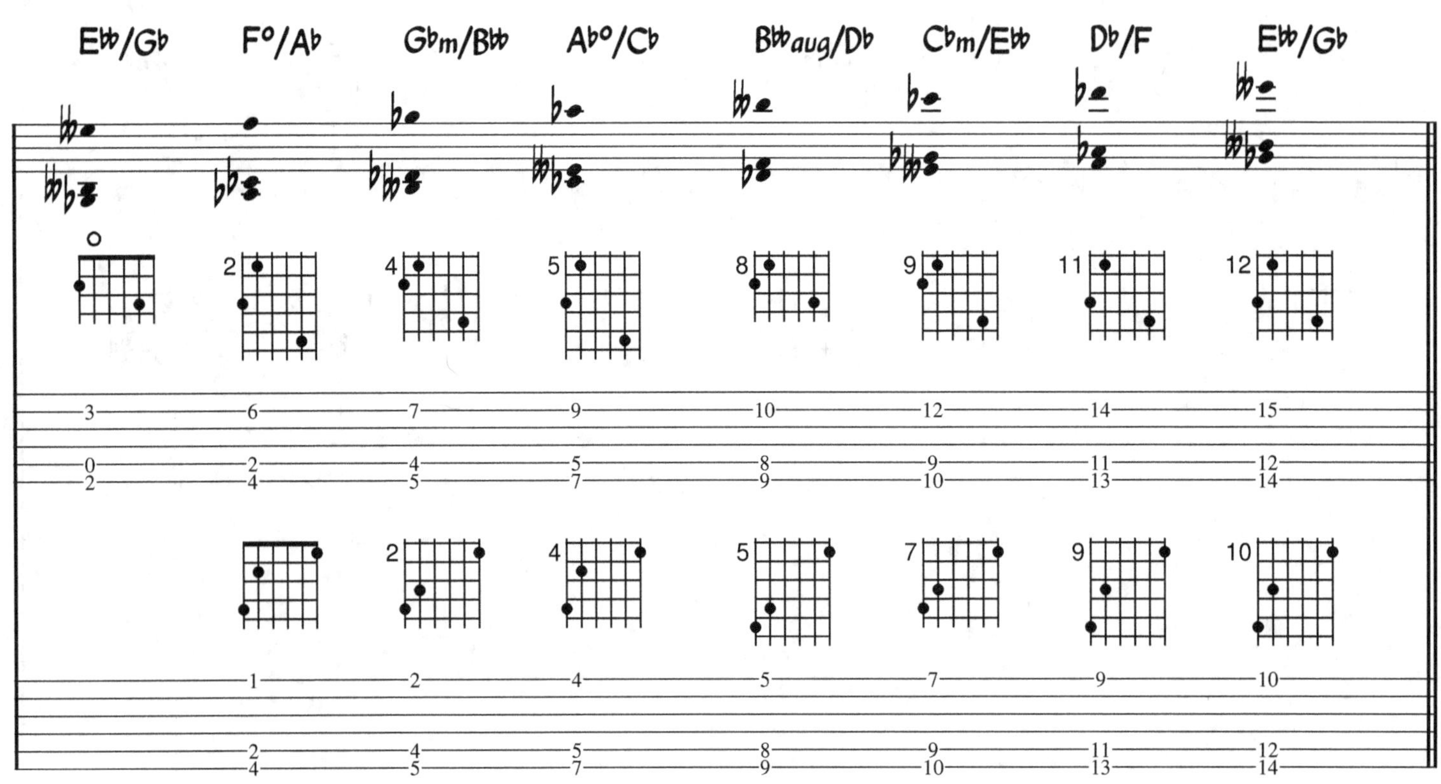
Ebb/Gb
Fo/Ab
Gbm/Bbb
Abo/Cb
Bbbaug/Db
Cbm/Ebb
Db/F
Ebb/Gb

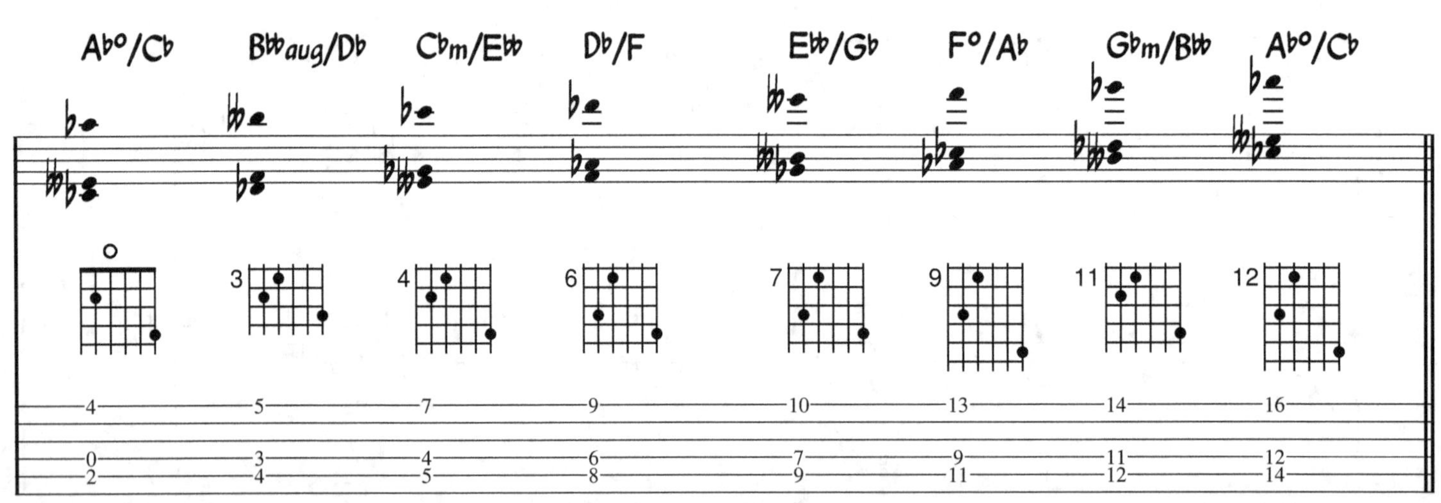
Abo/Cb
Bbbaug/Db
Cbm/Ebb
Db/F
Ebb/Gb
Fo/Ab
Gbm/Bbb
Abo/Cb

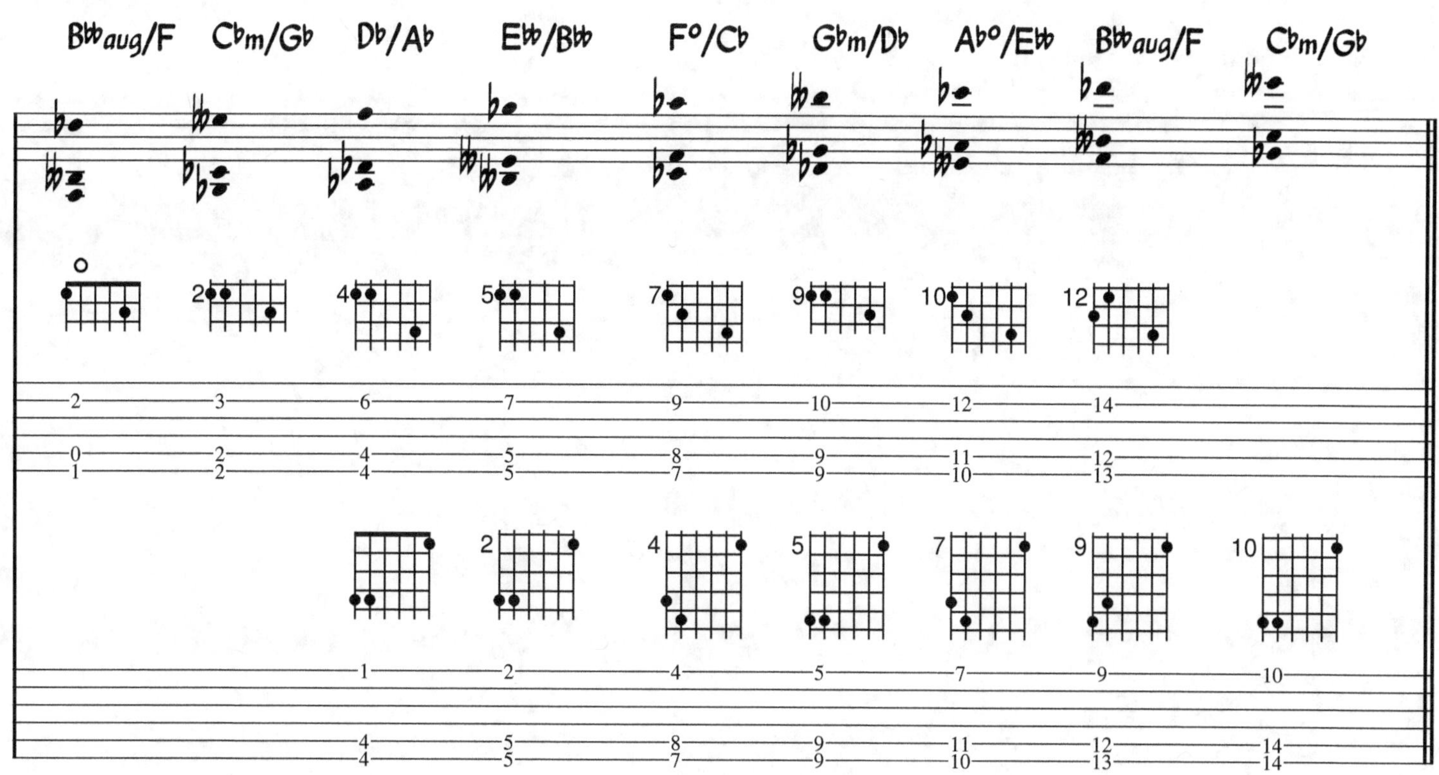

B♭♭aug/F   C♭m/G♭   D♭/A♭   E♭♭/B♭♭   F°/C♭   G♭m/D♭   A♭°/E♭♭   B♭♭aug/F   C♭m/G♭

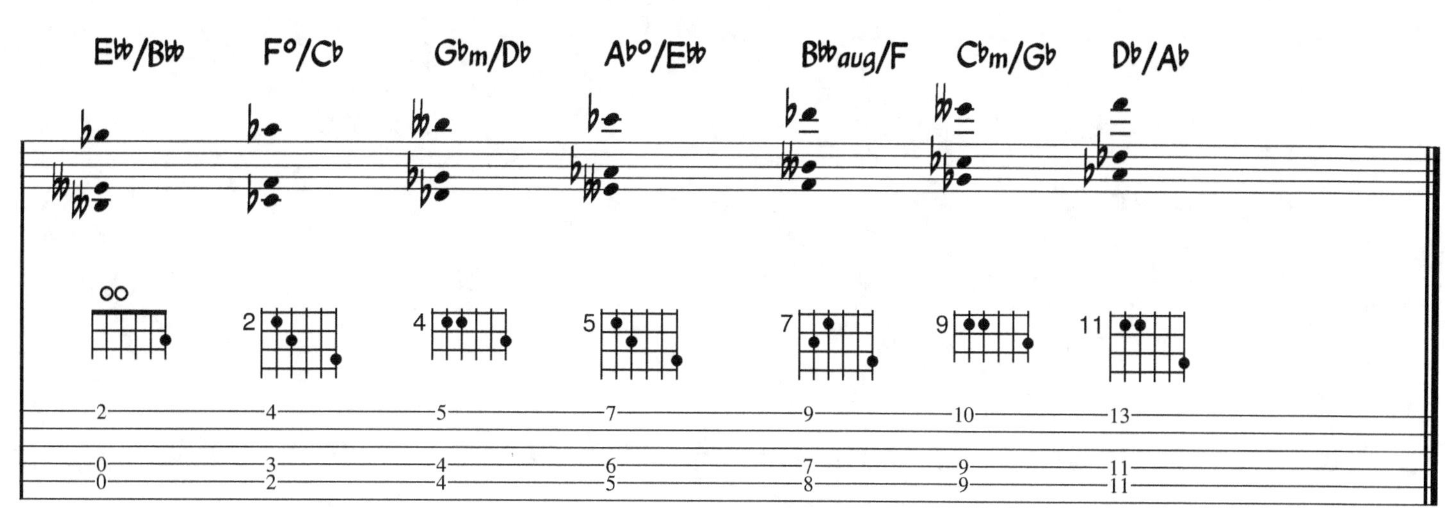

E♭♭/B♭♭   F°/C♭   G♭m/D♭   A♭°/E♭♭   B♭♭aug/F   C♭m/G♭   D♭/A♭

~ D♭ harmonic minor ~

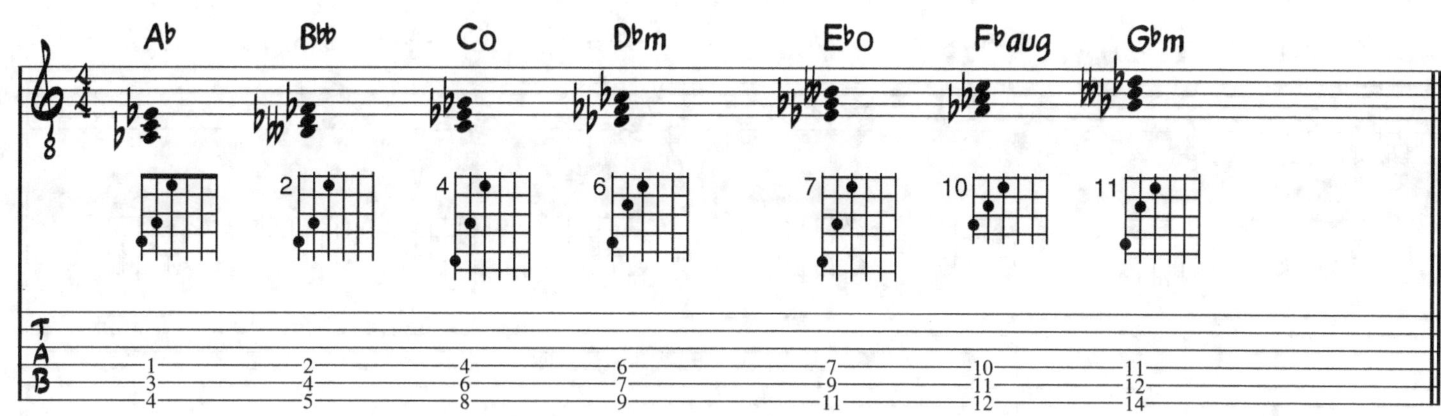

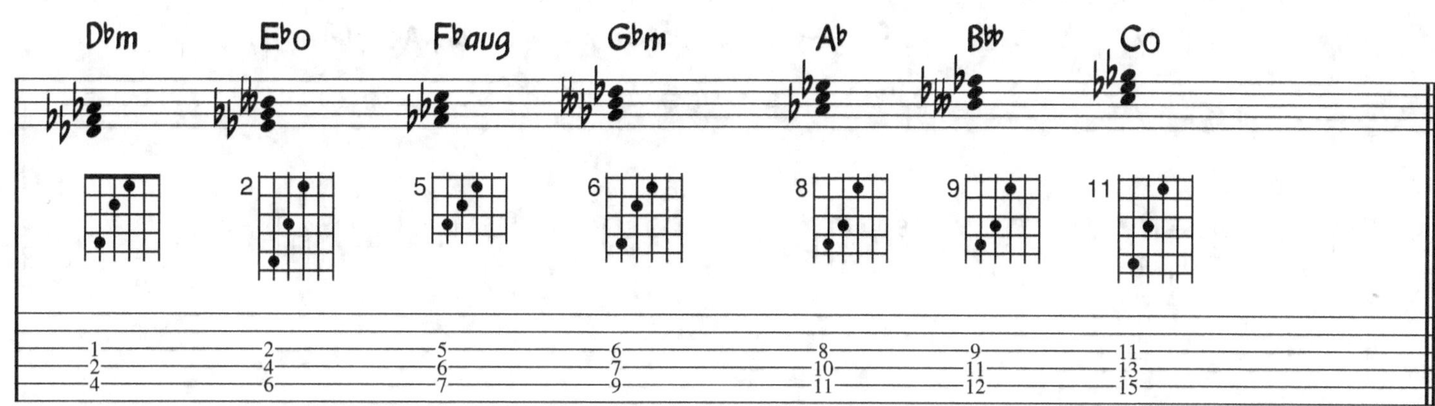

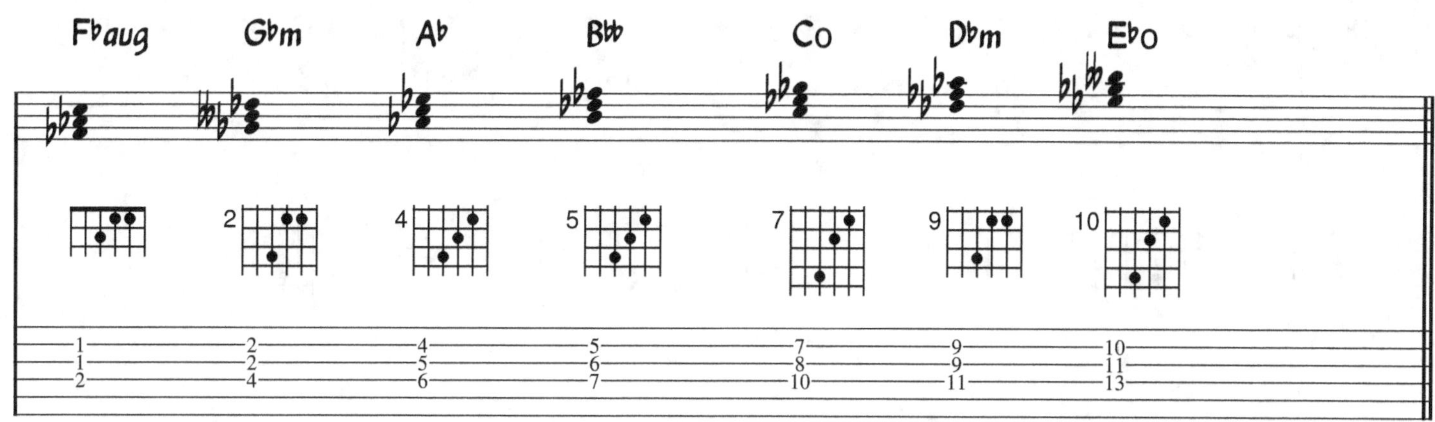

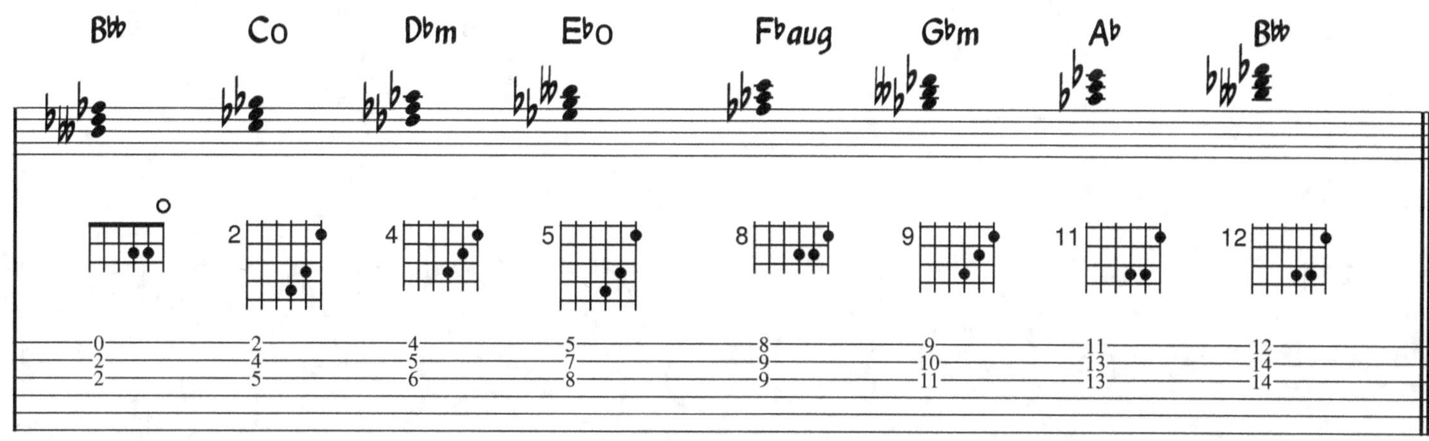

1st inv.

E♭o/G♭   F♭aug/A♭   G♭m/B♭♭   A♭/C   B♭♭/D♭   Co/E♭   D♭m/F♭   E♭o/G♭
A♭/C   B♭♭/D♭   Co/E♭   D♭m/F♭   E♭o/G♭   F♭aug/A♭   G♭m/B♭♭
D♭m/F♭   E♭o/G♭   F♭aug/A♭   G♭m/B♭♭   A♭/C   B♭♭/D♭   Co/E♭
F♭aug/A♭   G♭m/B♭♭   A♭/C   B♭♭/D♭   Co/E♭   D♭m/F♭   E♭o/G♭   F♭aug/A♭

Co/Gb Dbm/Ab Ebo/Bbb Fbaug/C Gbm/Db Ab/Eb Bbb/Fb
Fbaug/C Gbm/Db Ab/Eb Bbb/Fb Co/Gb Dbm/Ab Ebo/Bbb
Ab/Eb Bbb/Fb Co/Gb Dbm/Ab Ebo/Bbb Fbaug/C Gbm/Db
Dbm/Ab Ebo/Bbb Fbaug/C Gbm/Db Ab/Eb Bbb/Fb Co/Gb Dbm/Ab

Root Position (open voiced)

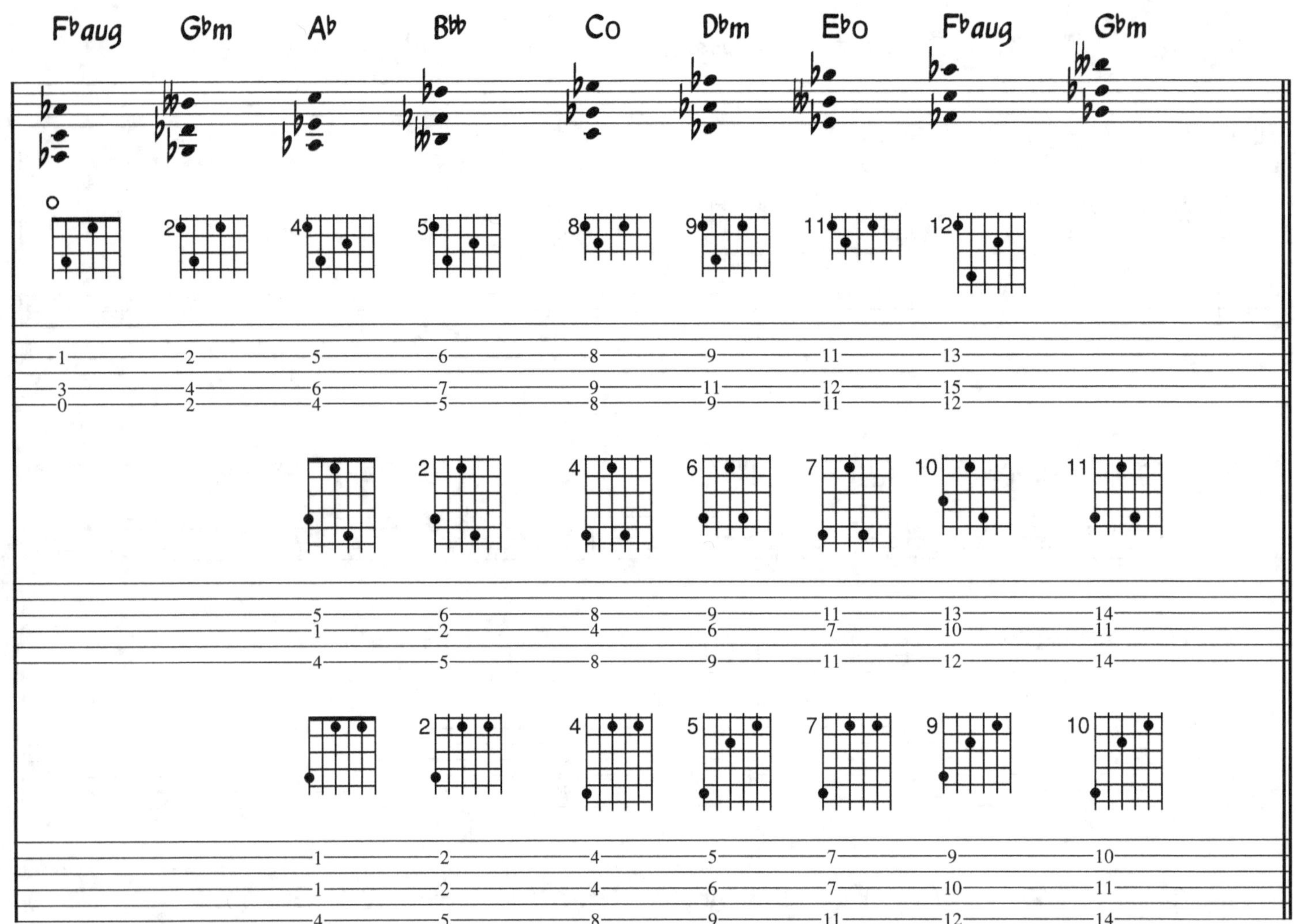

Fbaug
Gbm
Ab
Bbb
Co
Dbm
Ebo
Fbaug
Gbm

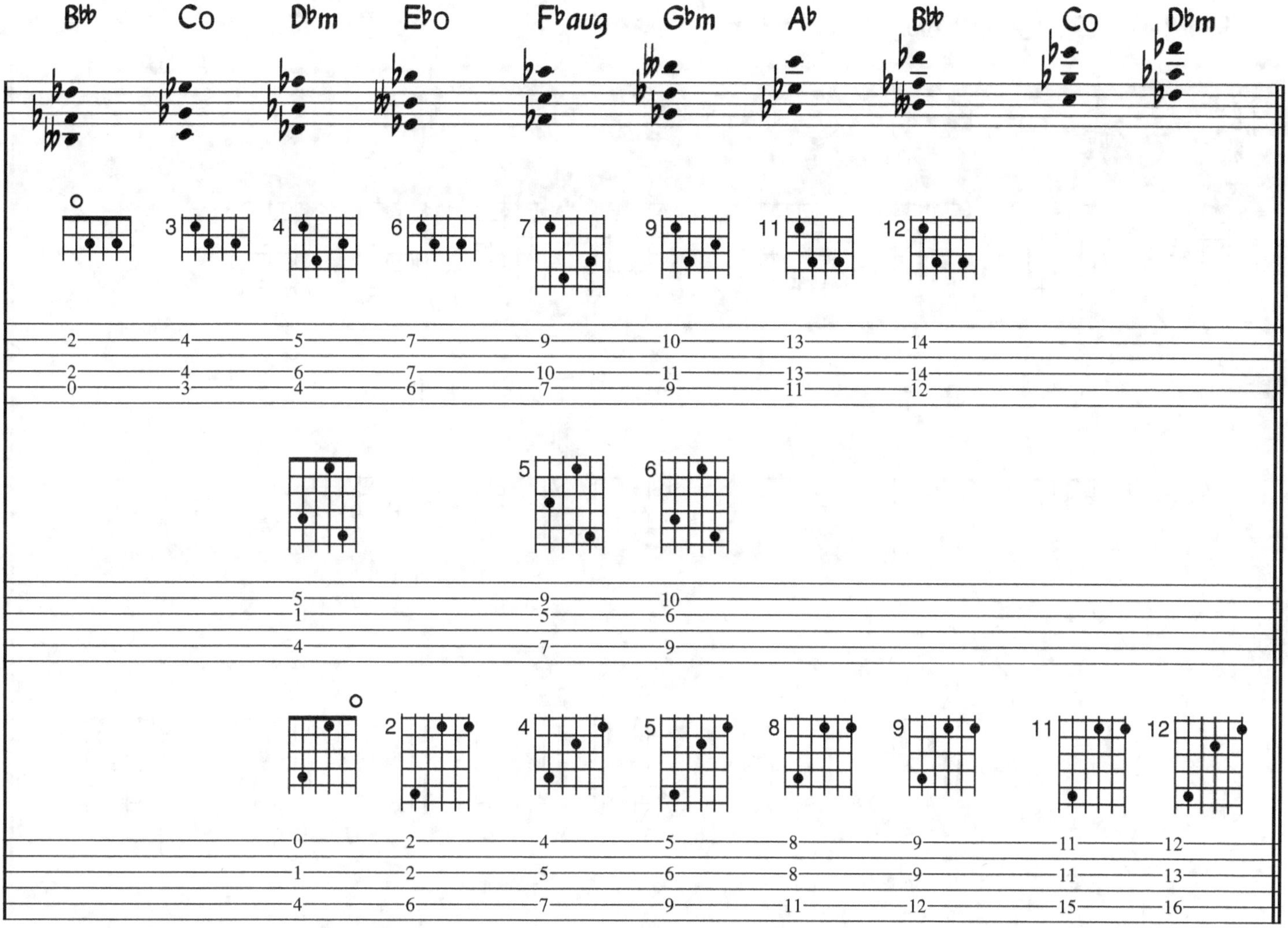

B♭♭ Co D♭m E♭o F♭aug G♭m A♭ B♭♭ Co D♭m 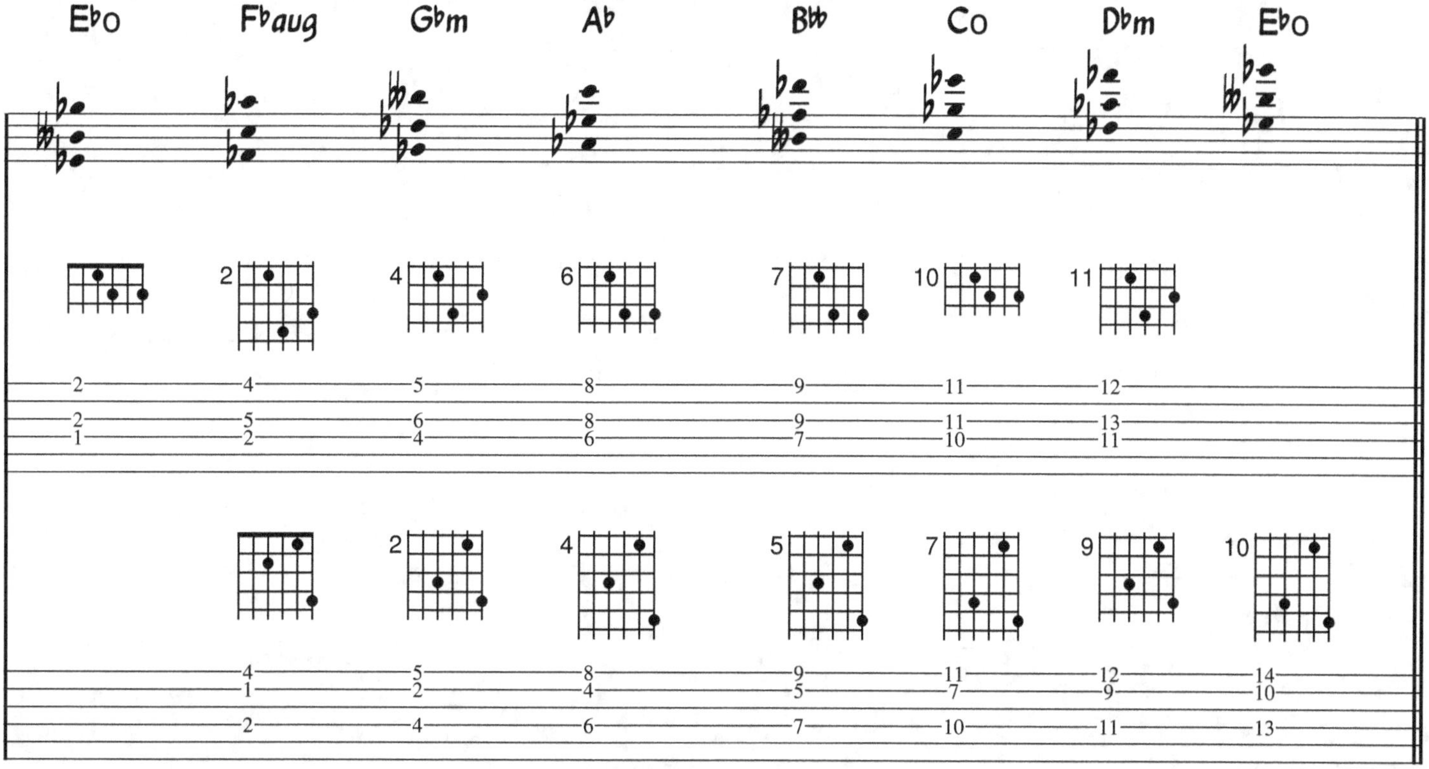
3 4 6 7 9 11 12
E♭o F♭aug G♭m A♭ B♭♭ Co D♭m E♭o

1st inv. (open voiced)

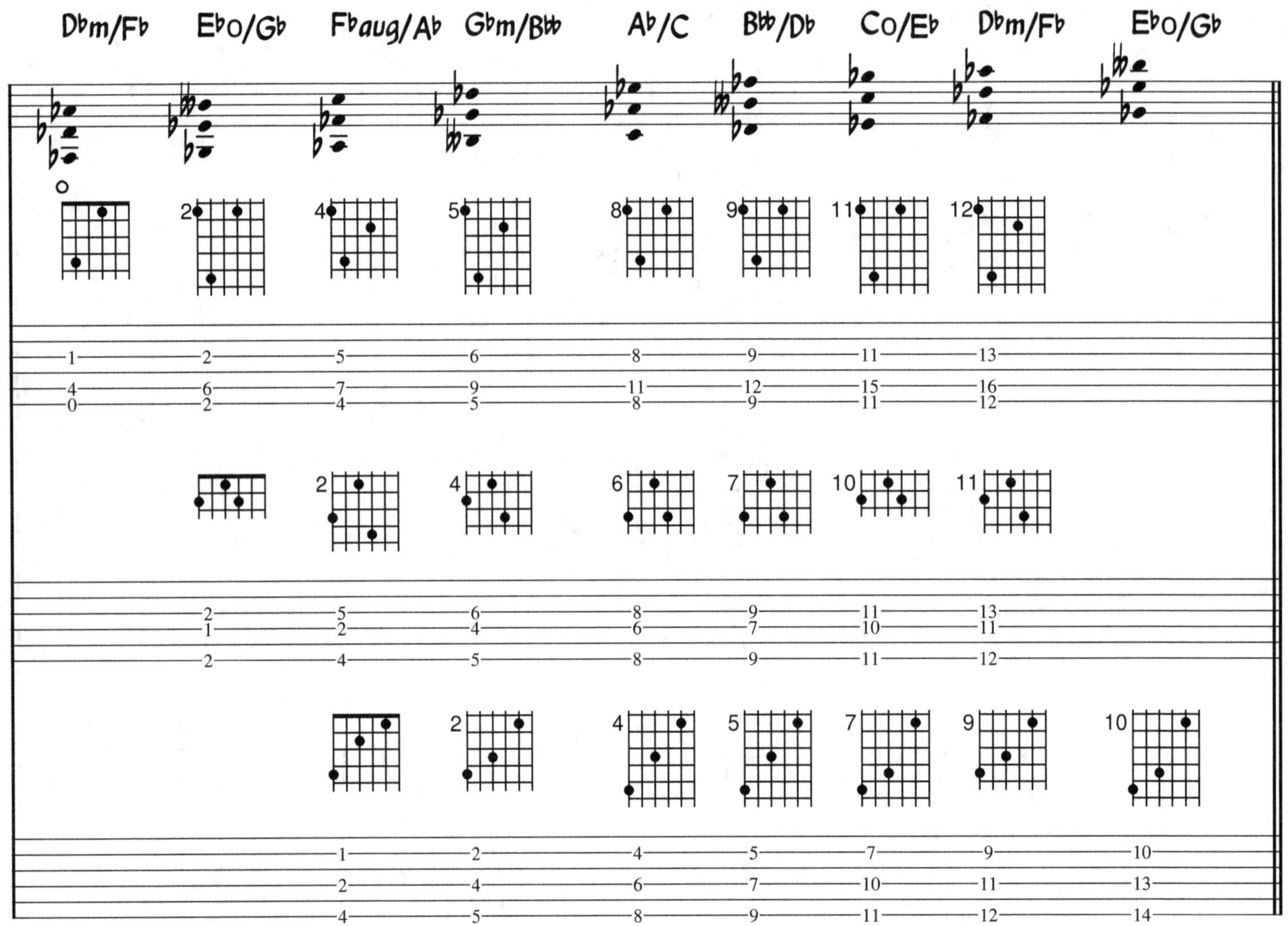
Dbm/Fb
Ebo/Gb
Fbaug/Ab
Gbm/Bbb
Ab/C
Bbb/Db
Co/Eb
Dbm/Fb
Ebo/Gb

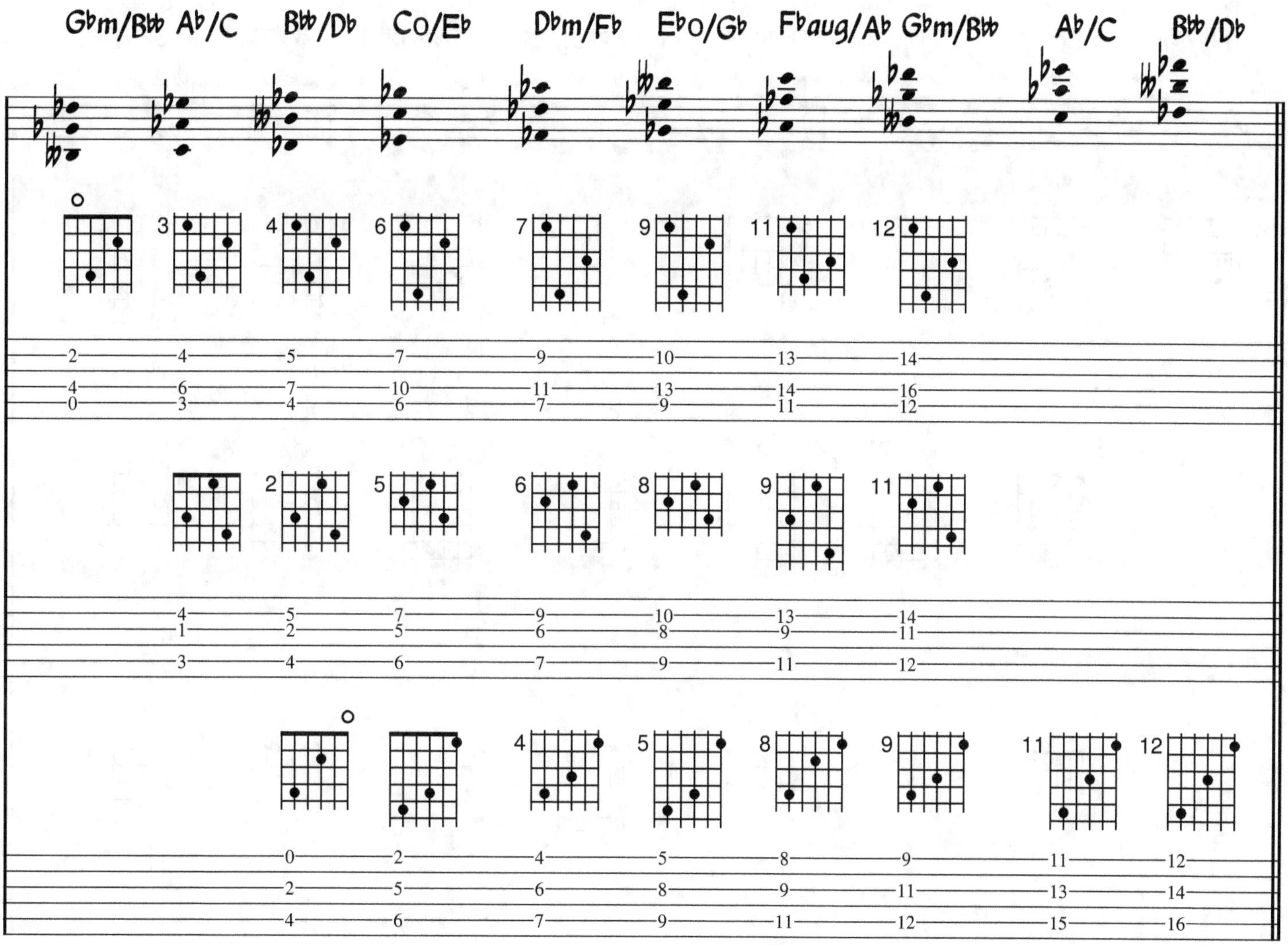

G♭m/B♭♭ A♭/C   B♭♭/D♭   Co/E♭   D♭m/F♭   E♭o/G♭   F♭aug/A♭ G♭m/B♭♭   A♭/C   B♭♭/D♭

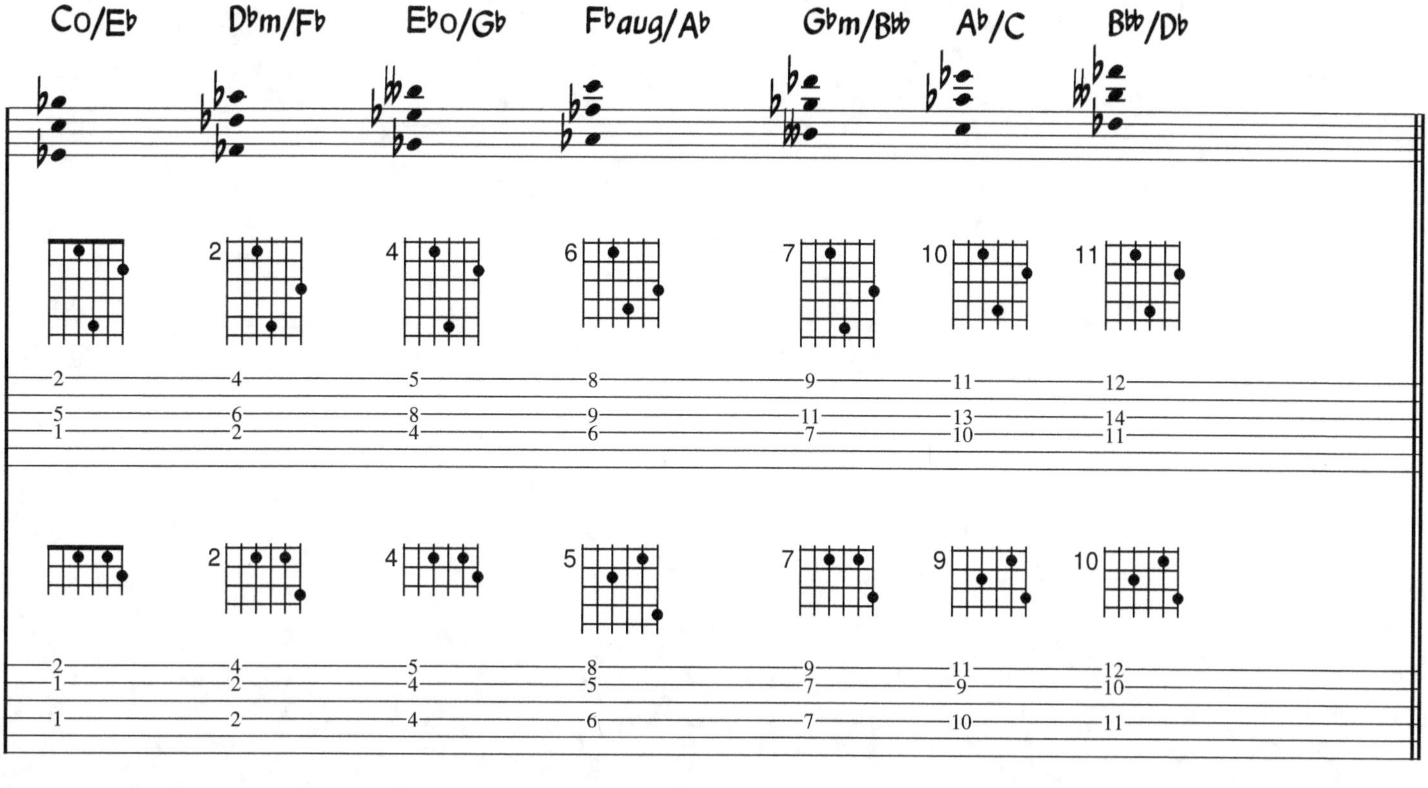

Co/E♭   D♭m/F♭   E♭o/G♭   F♭aug/A♭   G♭m/B♭♭   A♭/C   B♭♭/D♭

2nd inv. (open voiced)
Bbb/Fb   Co/Gb   Dbm/Ab   Ebo/Bbb   Fbaug/C   Gbm/Db   Ab/Eb   Bbb/Fb

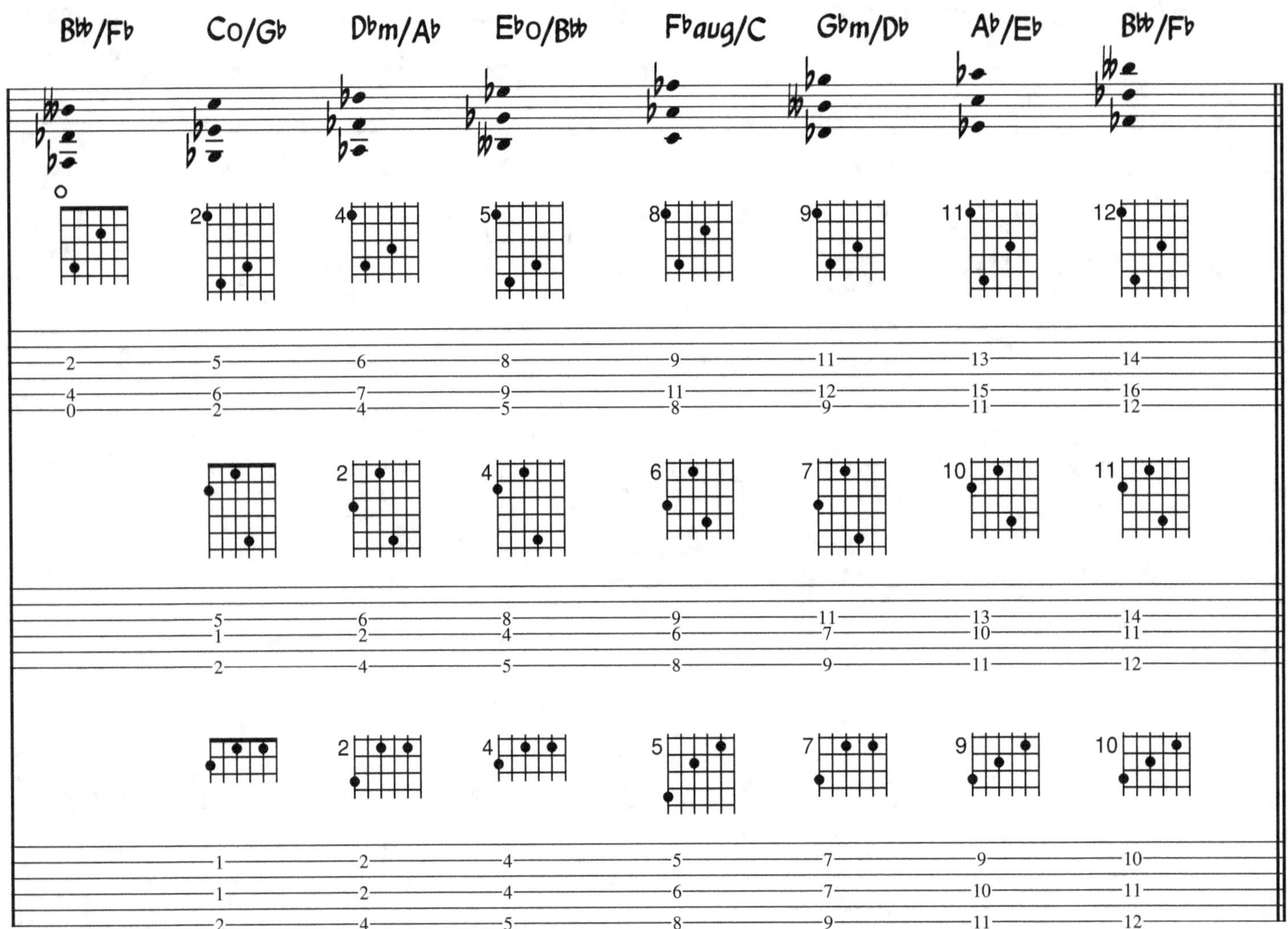

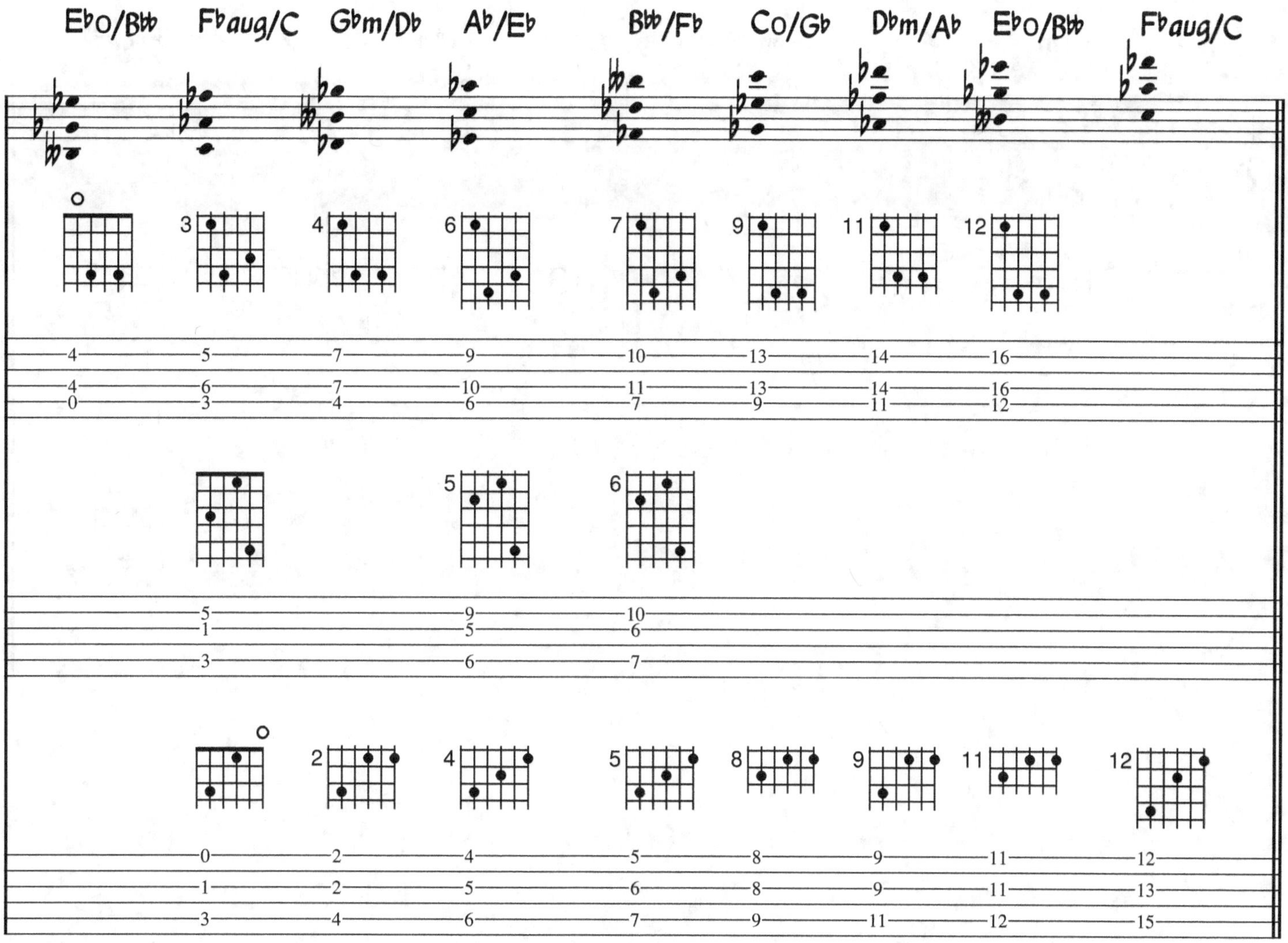

E♭O/B♭♭   F♭aug/C   G♭m/D♭   A♭/E♭   B♭♭/F♭   Co/G♭   D♭m/A♭   E♭O/B♭♭   F♭aug/C
A♭/E♭   B♭♭/F♭   Co/G♭   D♭m/A♭   E♭O/B♭♭   F♭aug/C   G♭m/D♭ 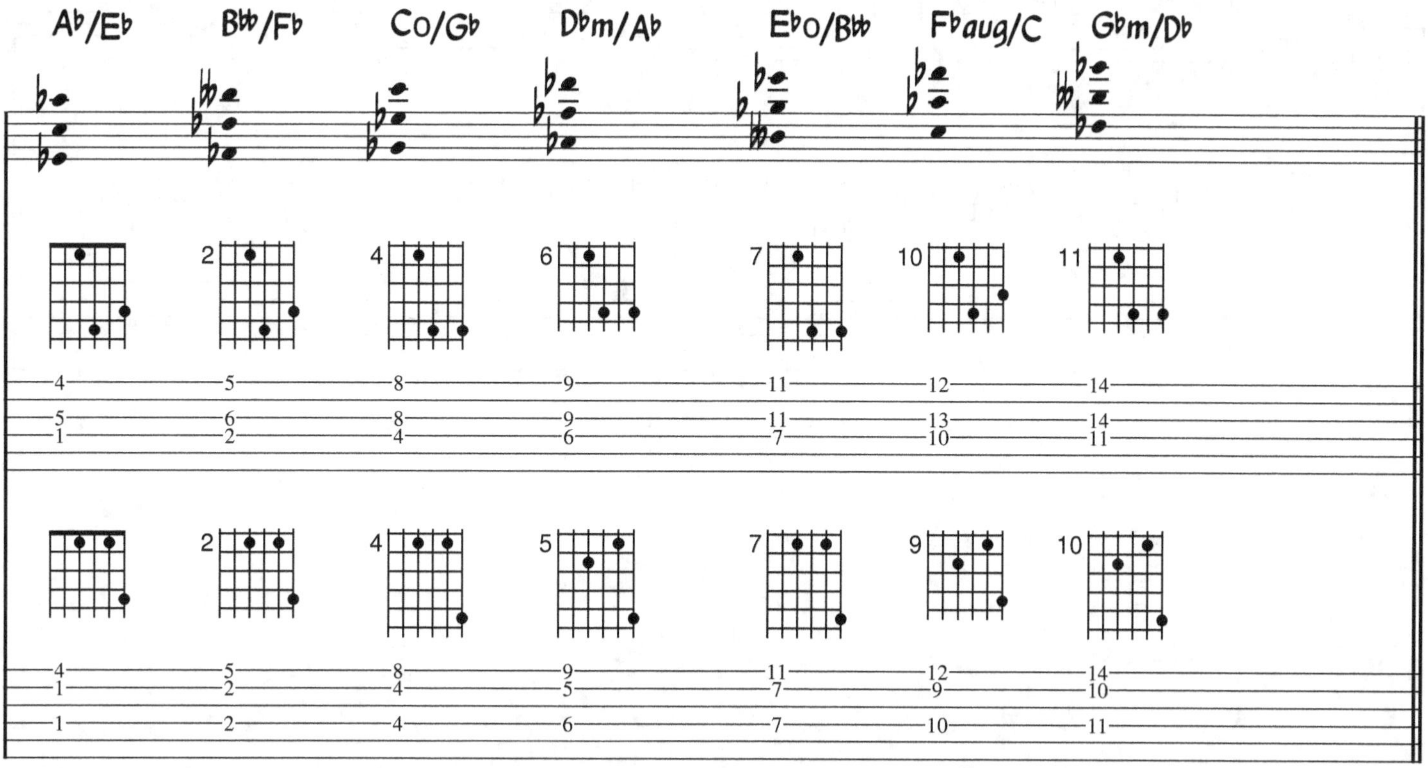
121

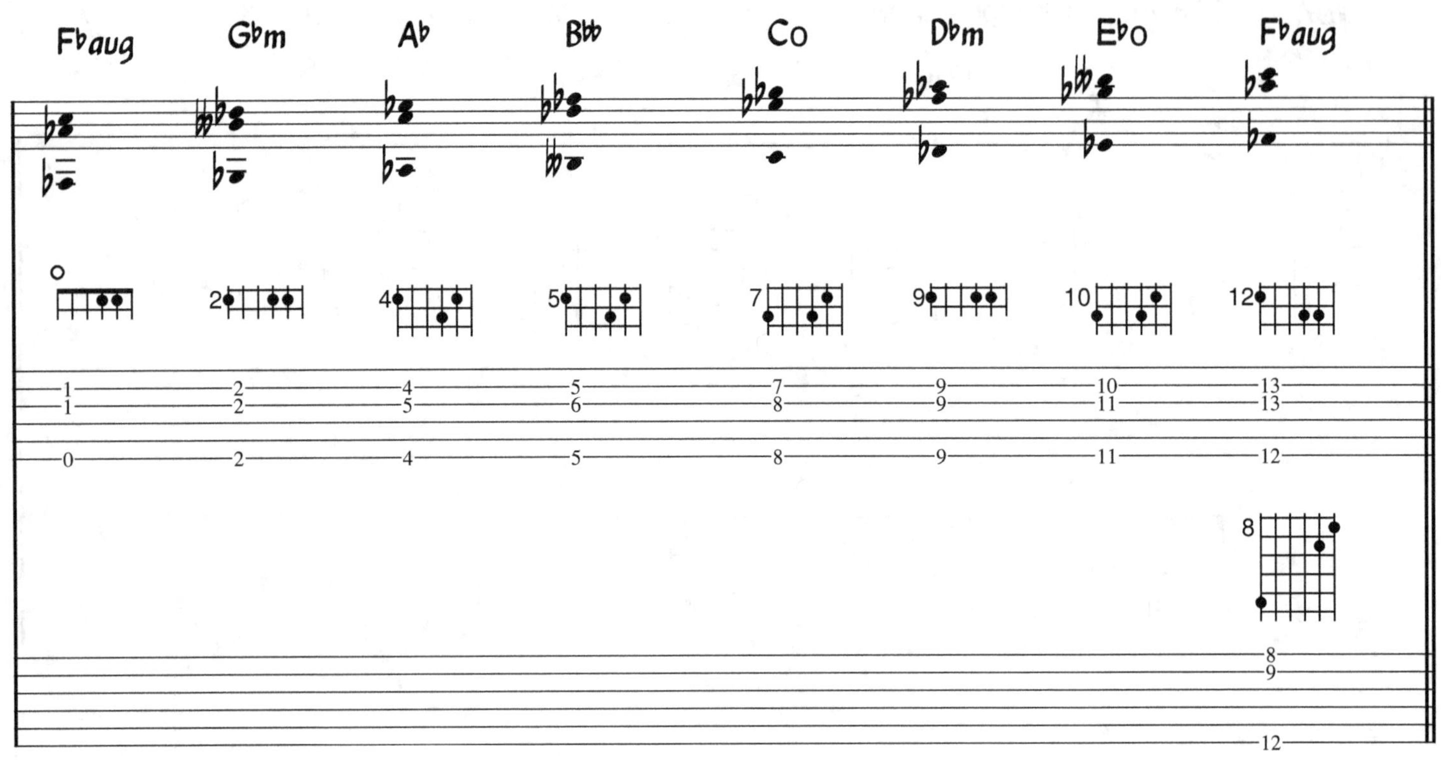
Fbaug
Gbm
Ab
Bbb
Co
Dbm
Ebo
Fbaug

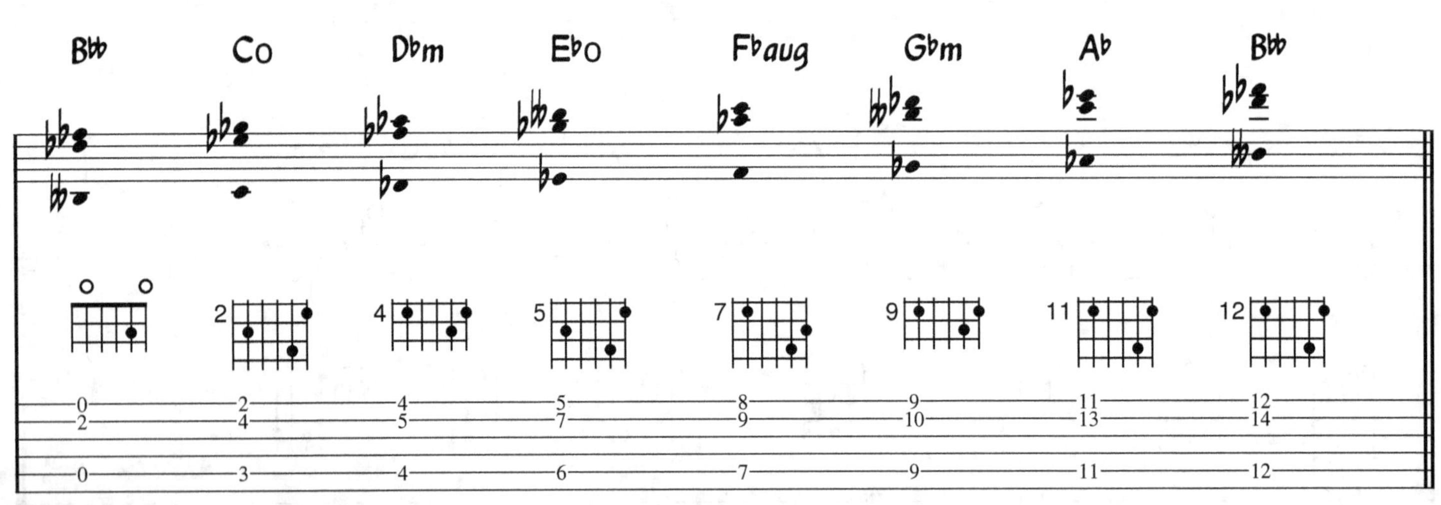
Bbb
Co
Dbm
Ebo
Fbaug
Gbm
Ab
Bbb

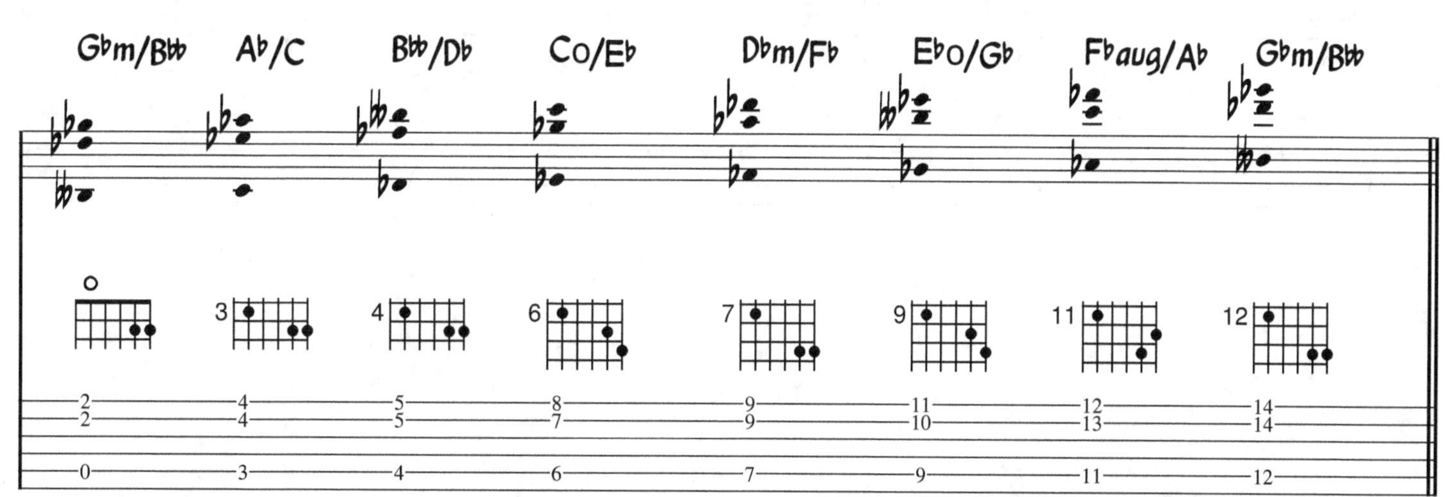

Dbm/Fb   Ebo/Gb   Fbaug/Ab   Gbm/Bbb   Ab/C   Bbb/Db   Co/Eb   Dbm/Fb   Ebo/Gb   Fbaug/Ab
Gbm/Bbb   Ab/C   Bbb/Db   Co/Eb   Dbm/Fb   Ebo/Gb   Fbaug/Ab   Gbm/Bbb

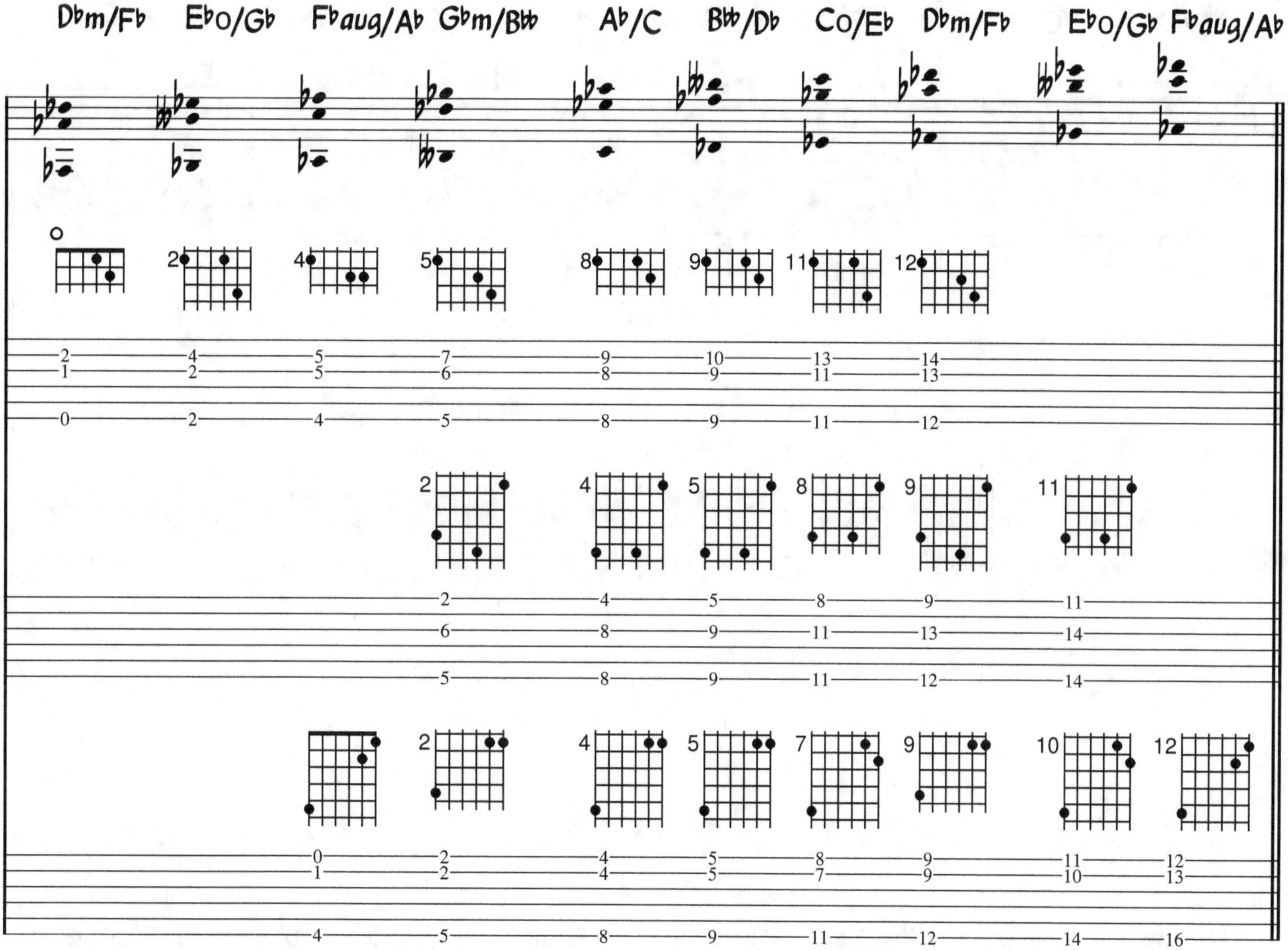

2nd inv. (open voiced, Version 2)

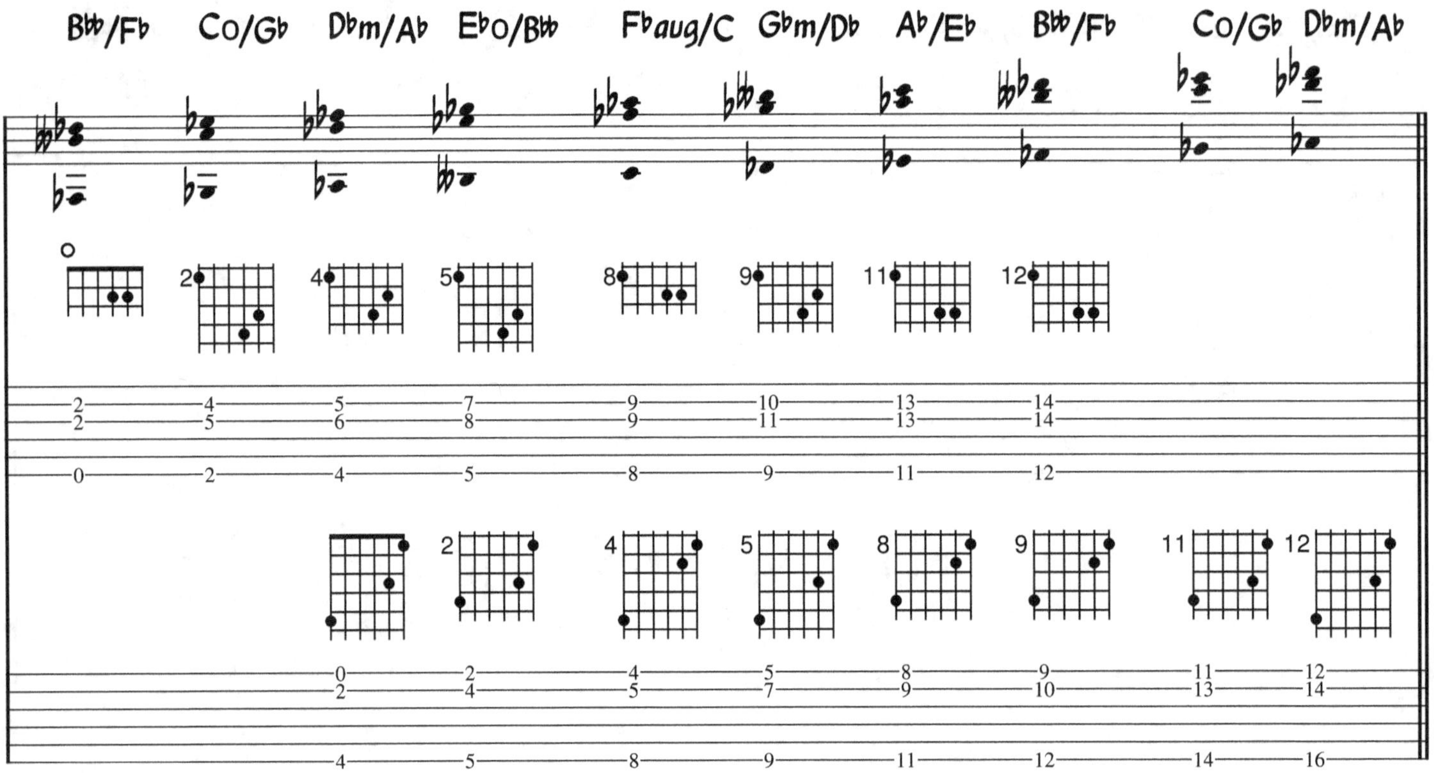

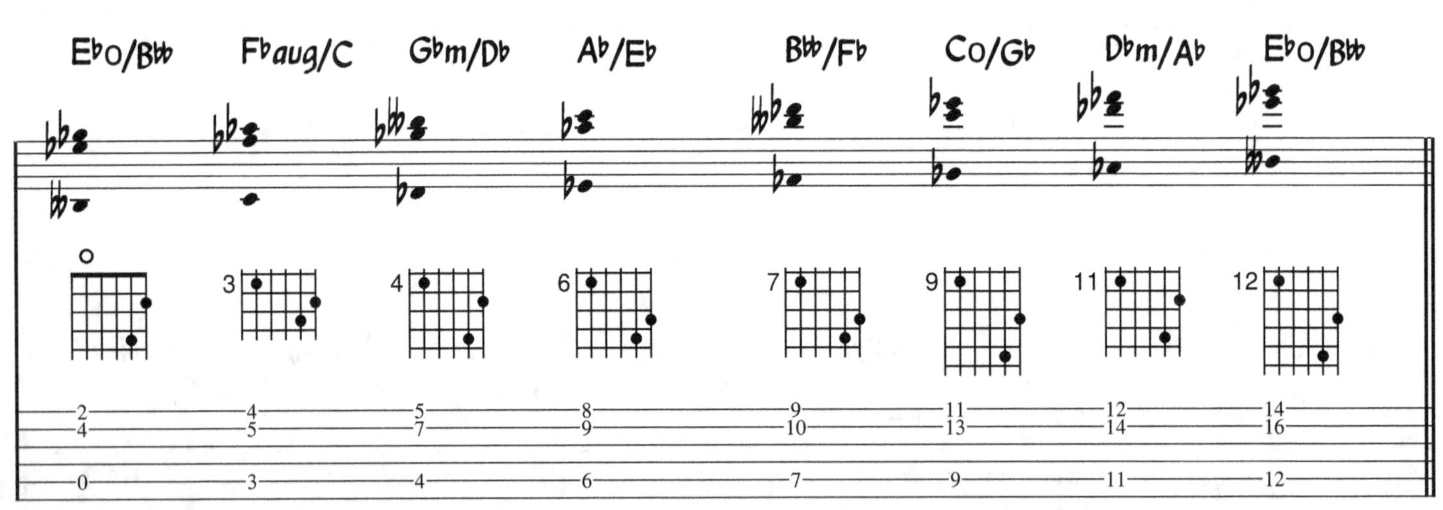
B♭♭/F♭   C○/G♭   D♭m/A♭   E♭○/B♭♭   F♭aug/C   G♭m/D♭   A♭/E♭   B♭♭/F♭   C○/G♭   D♭m/A♭
E♭○/B♭♭   F♭aug/C   G♭m/D♭   A♭/E♭   B♭♭/F♭   C○/G♭   D♭m/A♭   E♭○/B♭♭

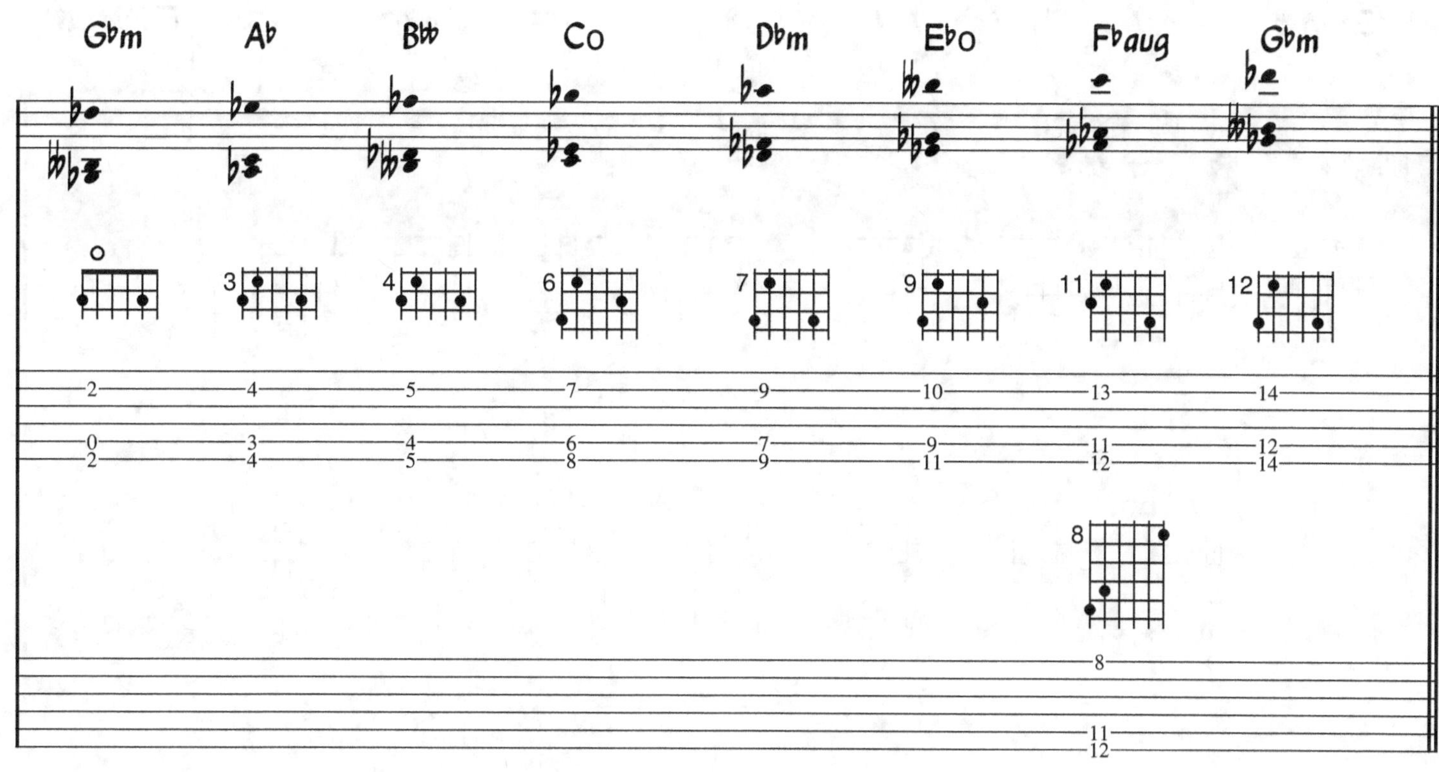

Gbm Ab Bbb Co Dbm Ebo Fbaug Gbm

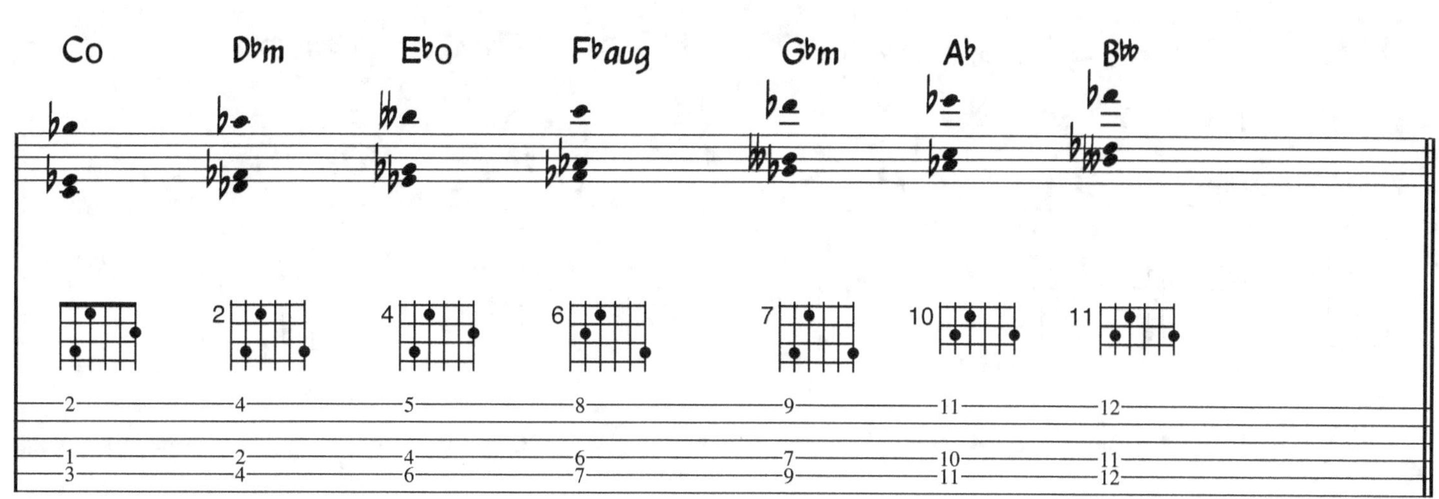

Co Dbm Ebo Fbaug Gbm Ab Bbb

1st inv. (open voiced, Version 3)

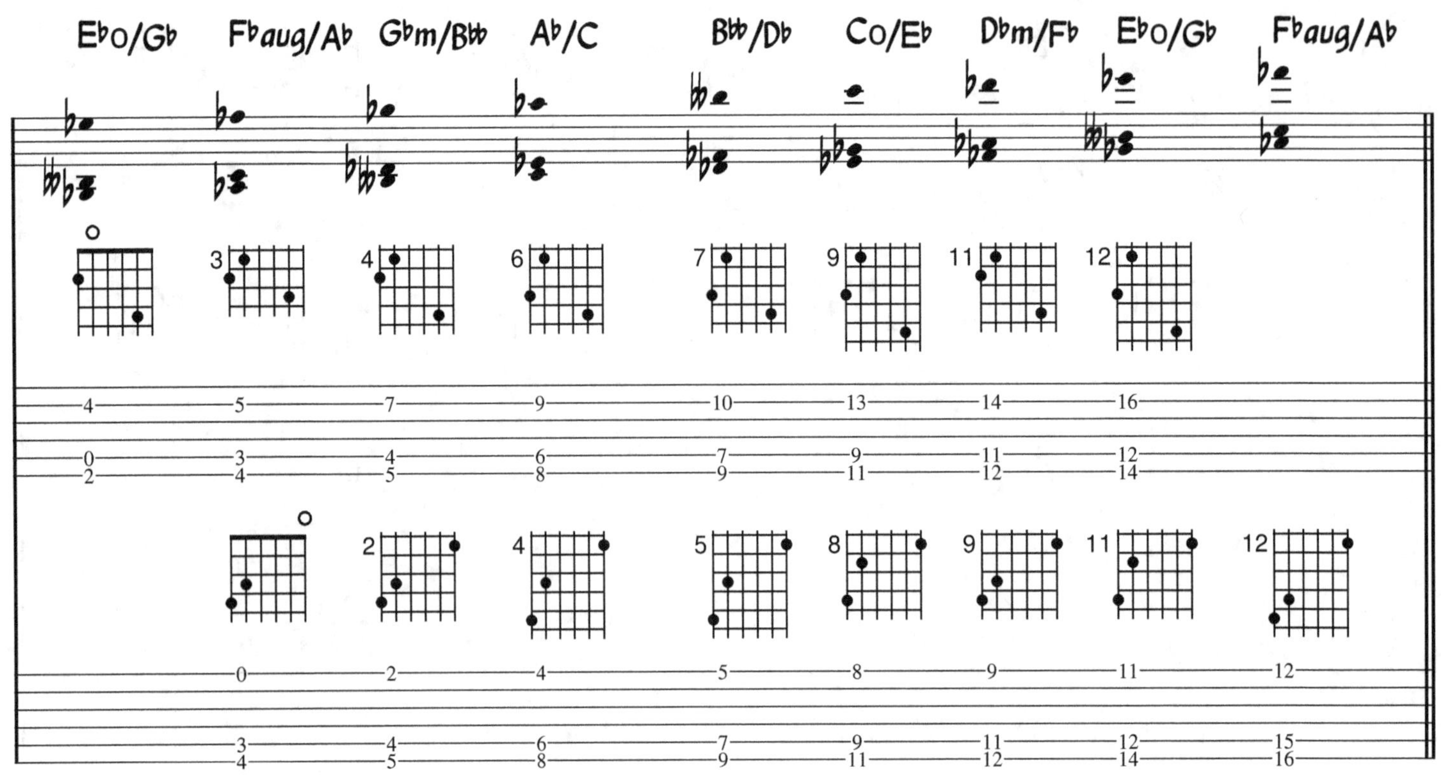
E♭o/G♭   F♭aug/A♭   G♭m/B♭♭   A♭/C   B♭♭/D♭   Co/E♭   D♭m/F♭   E♭o/G♭   F♭aug/A♭
A♭/C   B♭♭/D♭   Co/E♭   D♭m/F♭   E♭o/G♭   F♭aug/A♭   G♭m/B♭♭

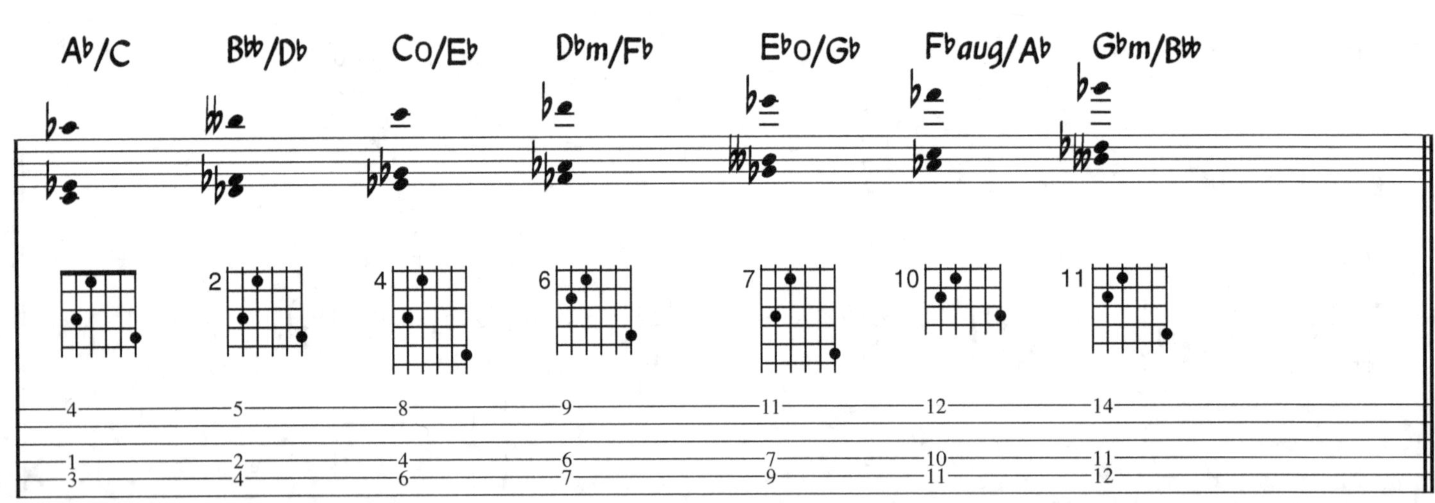

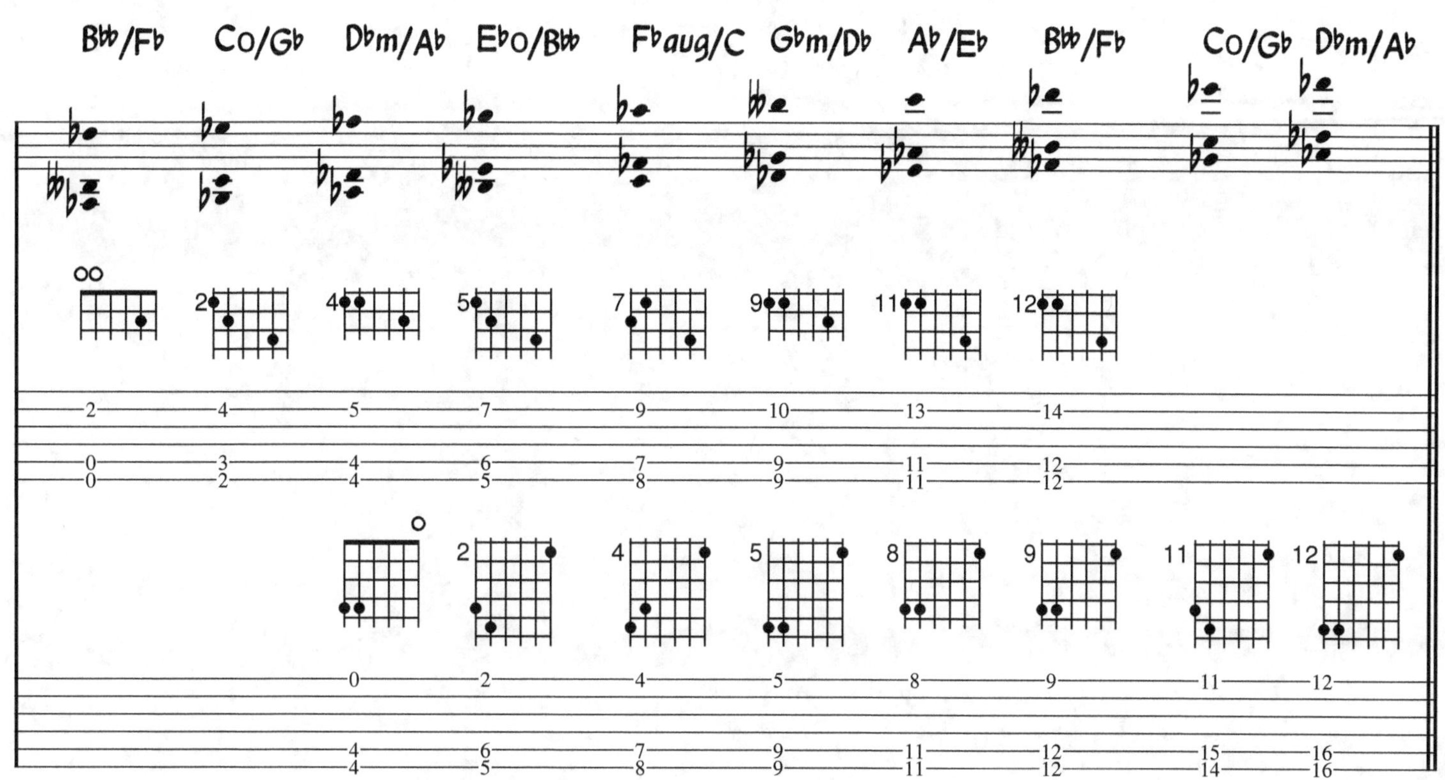

B𝄫/F♭ C○/G♭ D♭m/A♭ E♭○/B𝄫 F♭aug/C G♭m/D♭ A♭/E♭ B𝄫/F♭ C○/G♭ D♭m/A♭

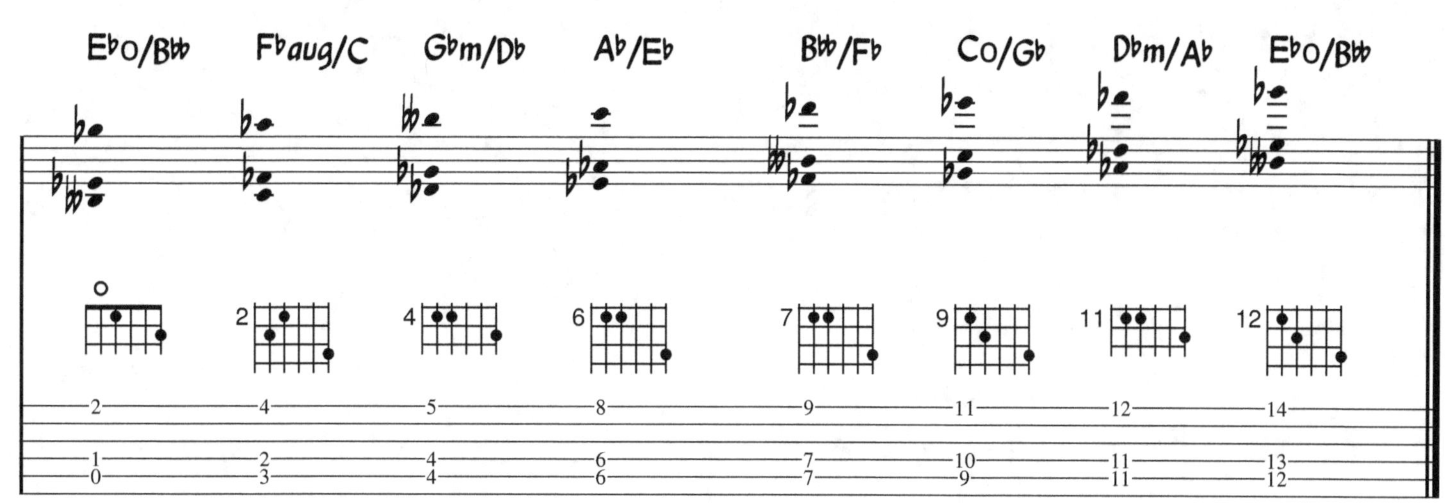

E♭○/B𝄫 F♭aug/C G♭m/D♭ A♭/E♭ B𝄫/F♭ C○/G♭ D♭m/A♭ E♭○/B𝄫

~ A♭ harmonic minor ~

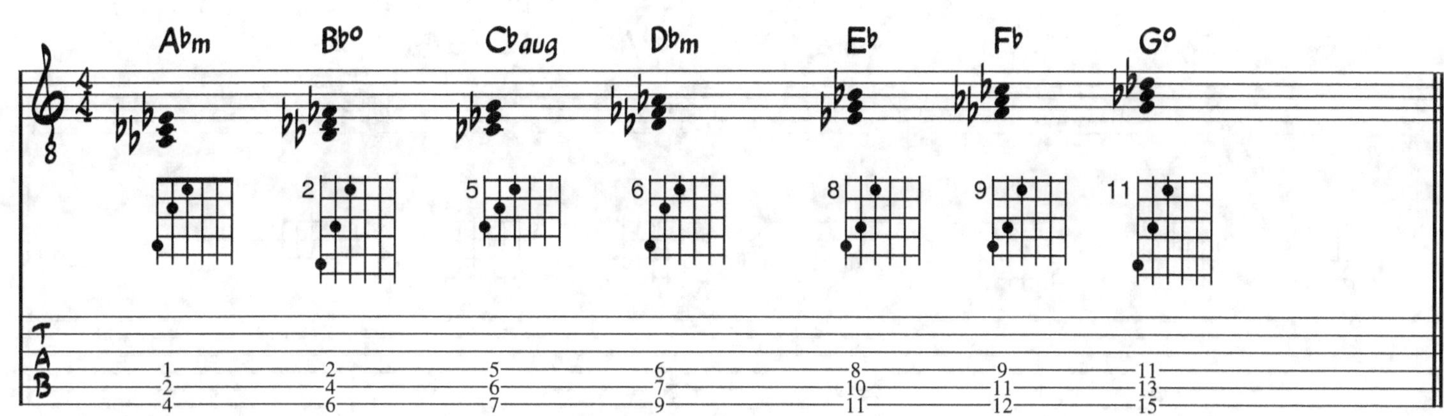

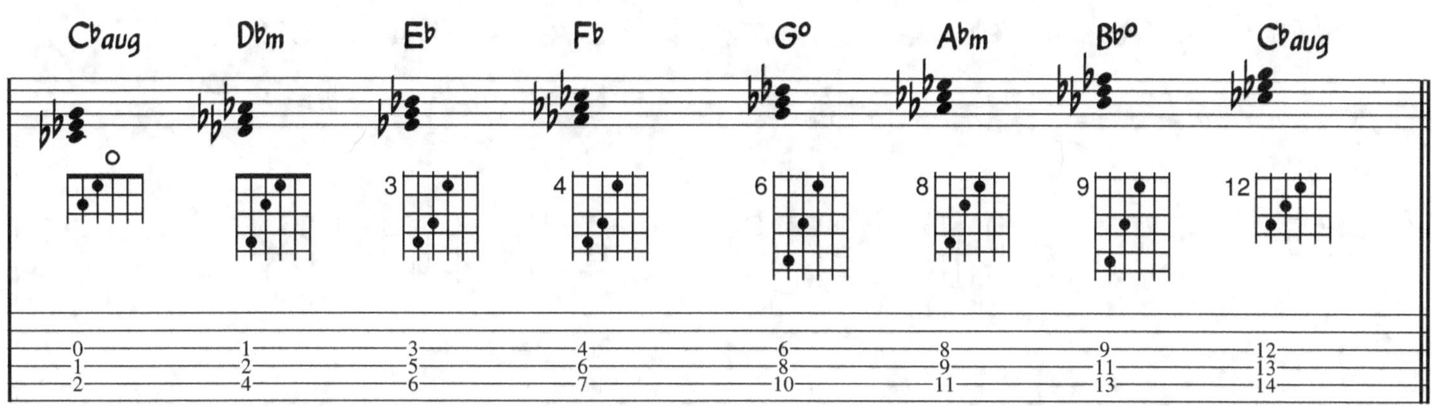

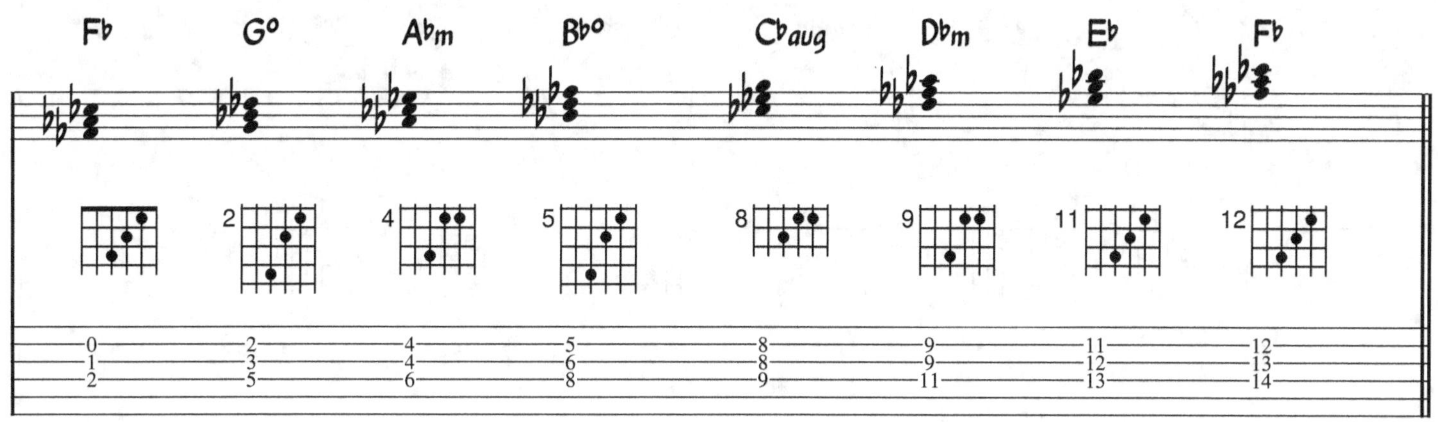

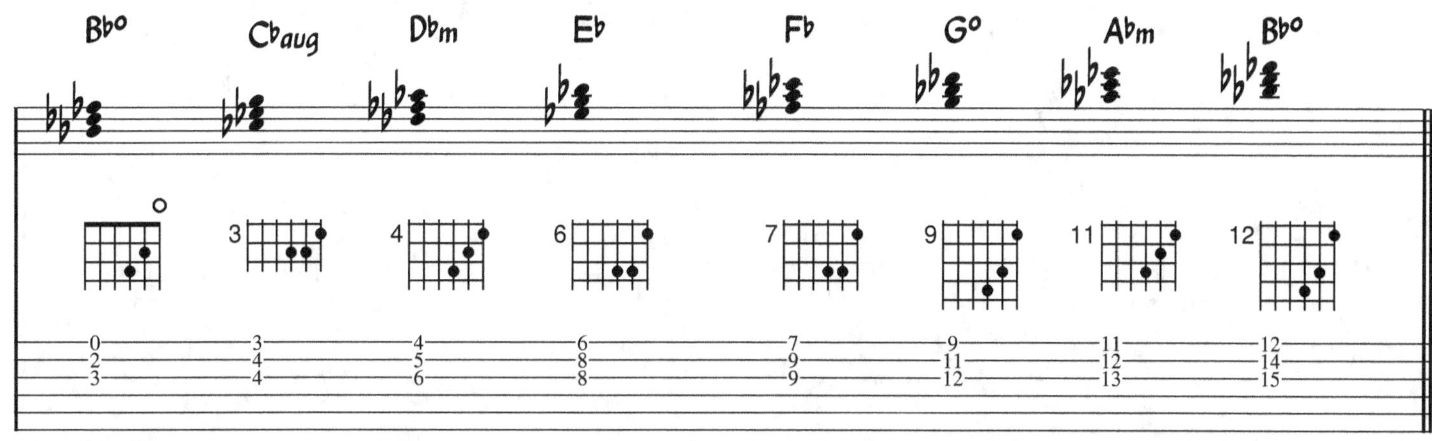

1st inv.

Eb/G   Fb/Ab   Gº/Bb   Abm/Cb   Bbº/Db   Cbaug/Eb   Dbm/Fb
Abm/Cb   Bbº/Db   Cbaug/Eb   Dbm/Fb   Eb/G   Fb/Ab   Gº/Bb
Cbaug/Eb   Dbm/Fb   Eb/G   Fb/Ab   Gº/Bb   Abm/Cb   Bbº/Db   Cbaug/Eb
Fb/Ab   Gº/Bb   Abm/Cb   Bbº/Db   Cbaug/Eb   Dbm/Fb   Eb/G   Fb/Ab

130

Cᵇaug/G   Dᵇm/Aᵇ   Eᵇ/Bᵇ   Fᵇ/Cᵇ   G°/Dᵇ   Aᵇm/Eᵇ   Bᵇ°/Fᵇ
Eᵇ/Bᵇ   Fᵇ/Cᵇ   G°/Dᵇ   Aᵇm/Eᵇ   Bᵇ°/Fᵇ   Cᵇaug/G   Dᵇm/Aᵇ   Eᵇ/Bᵇ
Aᵇm/Eᵇ   Bᵇ°/Fᵇ   Cᵇaug/G   Dᵇm/Aᵇ   Eᵇ/Bᵇ   Fᵇ/Cᵇ   G°/Dᵇ   Aᵇm/Eᵇ
Dᵇm/Aᵇ   Eᵇ/Bᵇ   Fᵇ/Cᵇ   G°/Dᵇ   Aᵇm/Eᵇ   Bᵇ°/Fᵇ   Cᵇaug/G   Dᵇm/Aᵇ

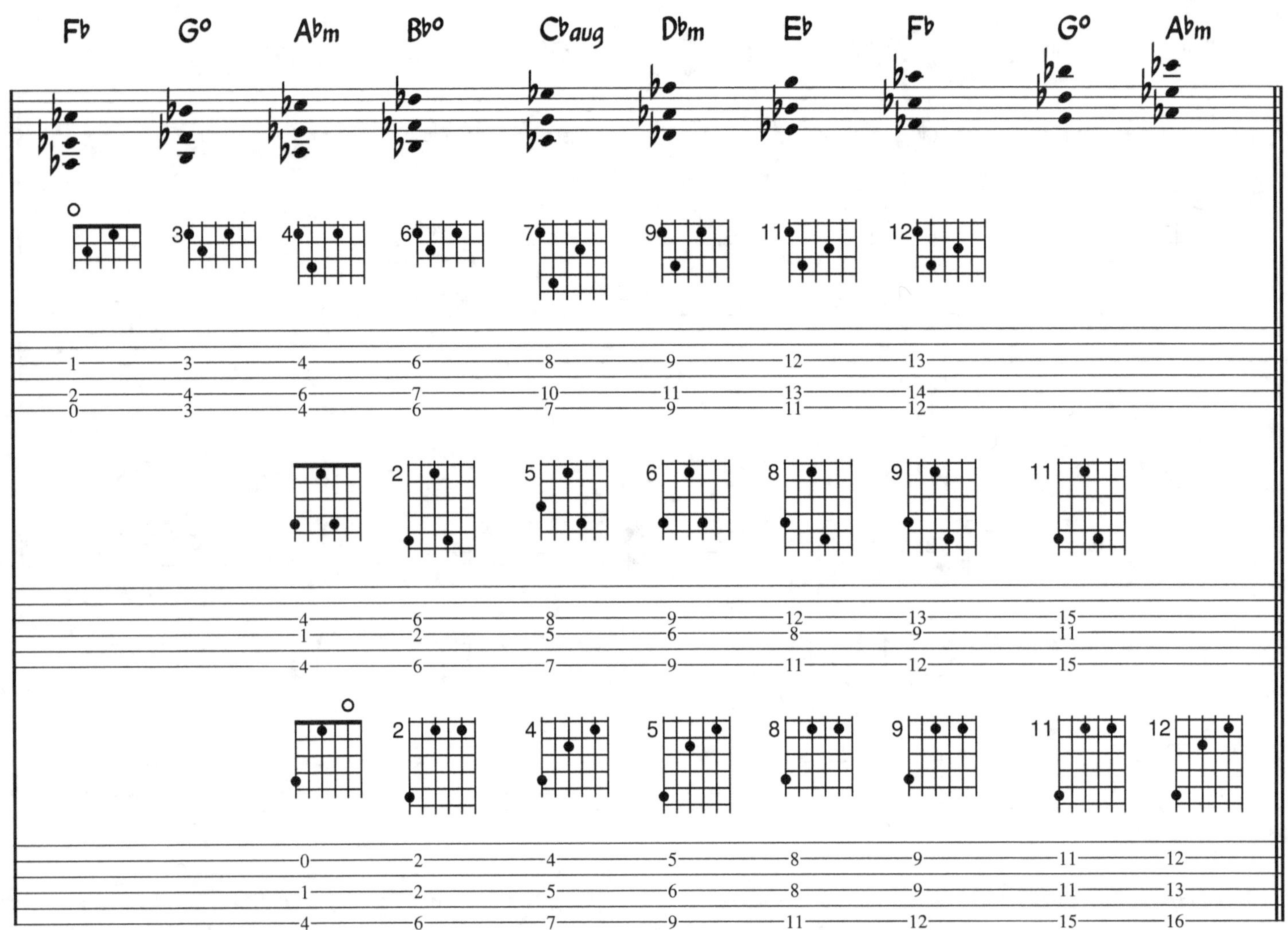
F♭ G° A♭m B♭° C♭aug D♭m E♭ F♭ G° A♭m

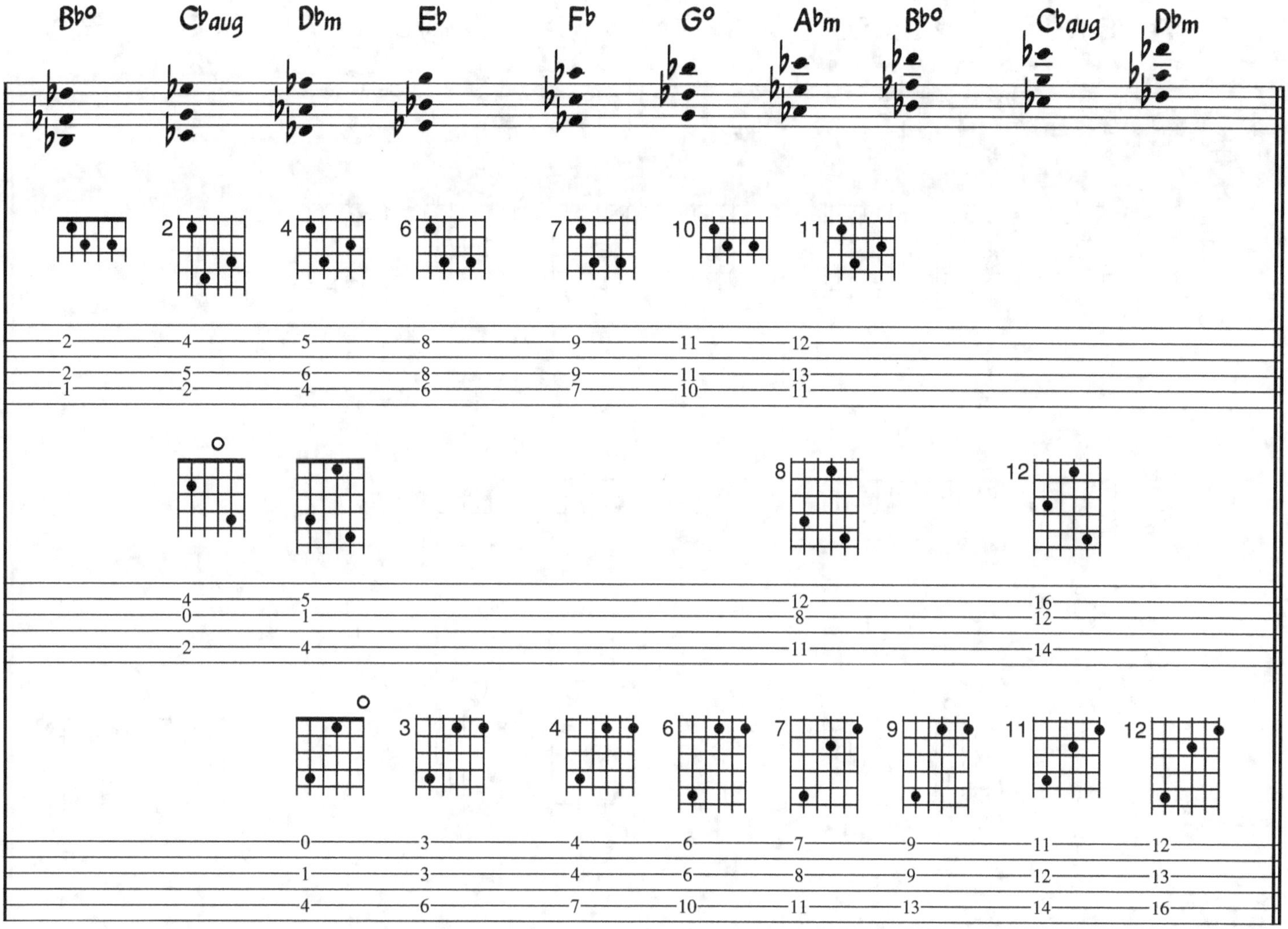

B♭° C♭aug D♭m E♭ F♭ G° A♭m B♭° C♭aug D♭m
E♭ F♭ G° A♭m B♭° C♭aug D♭m E♭ F♭

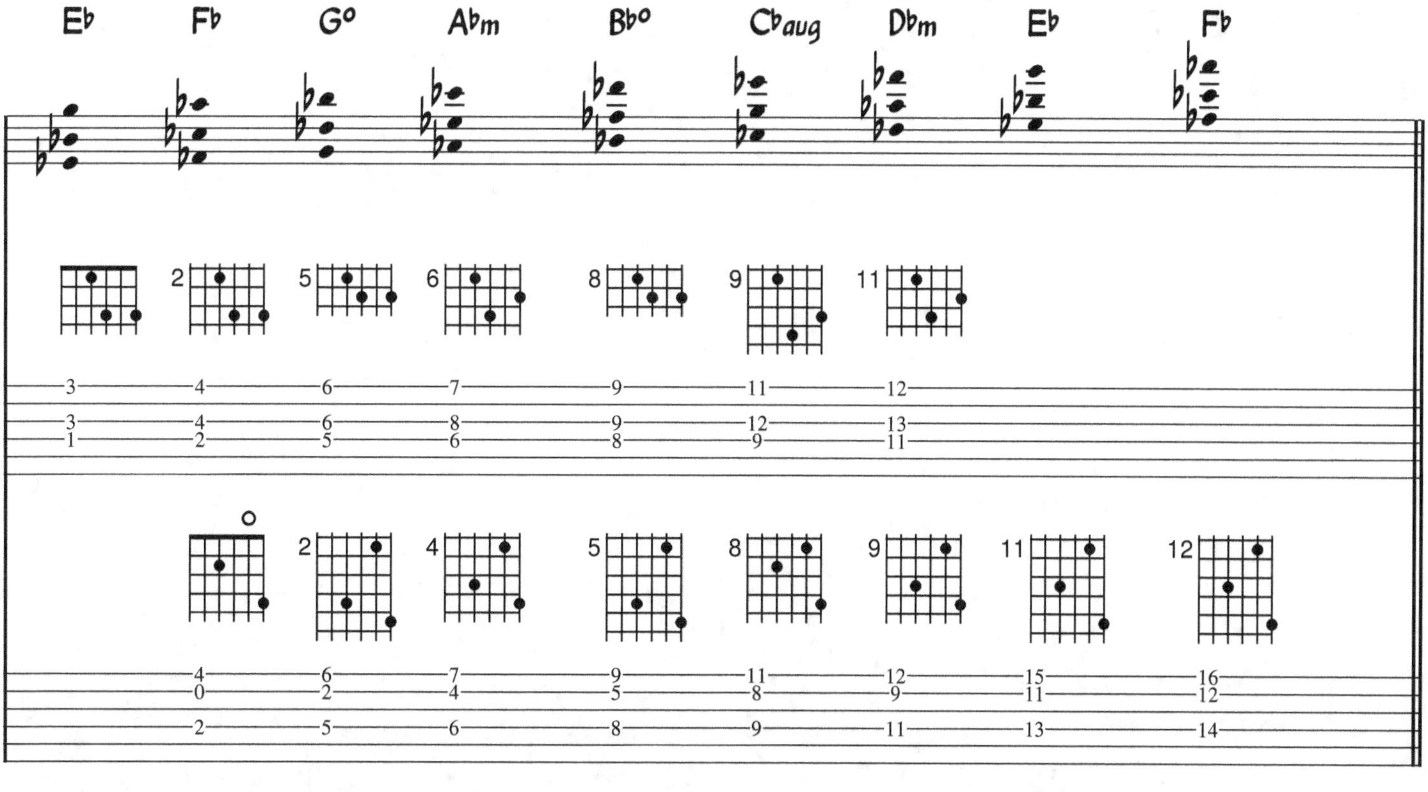

1st inv. (open voiced)

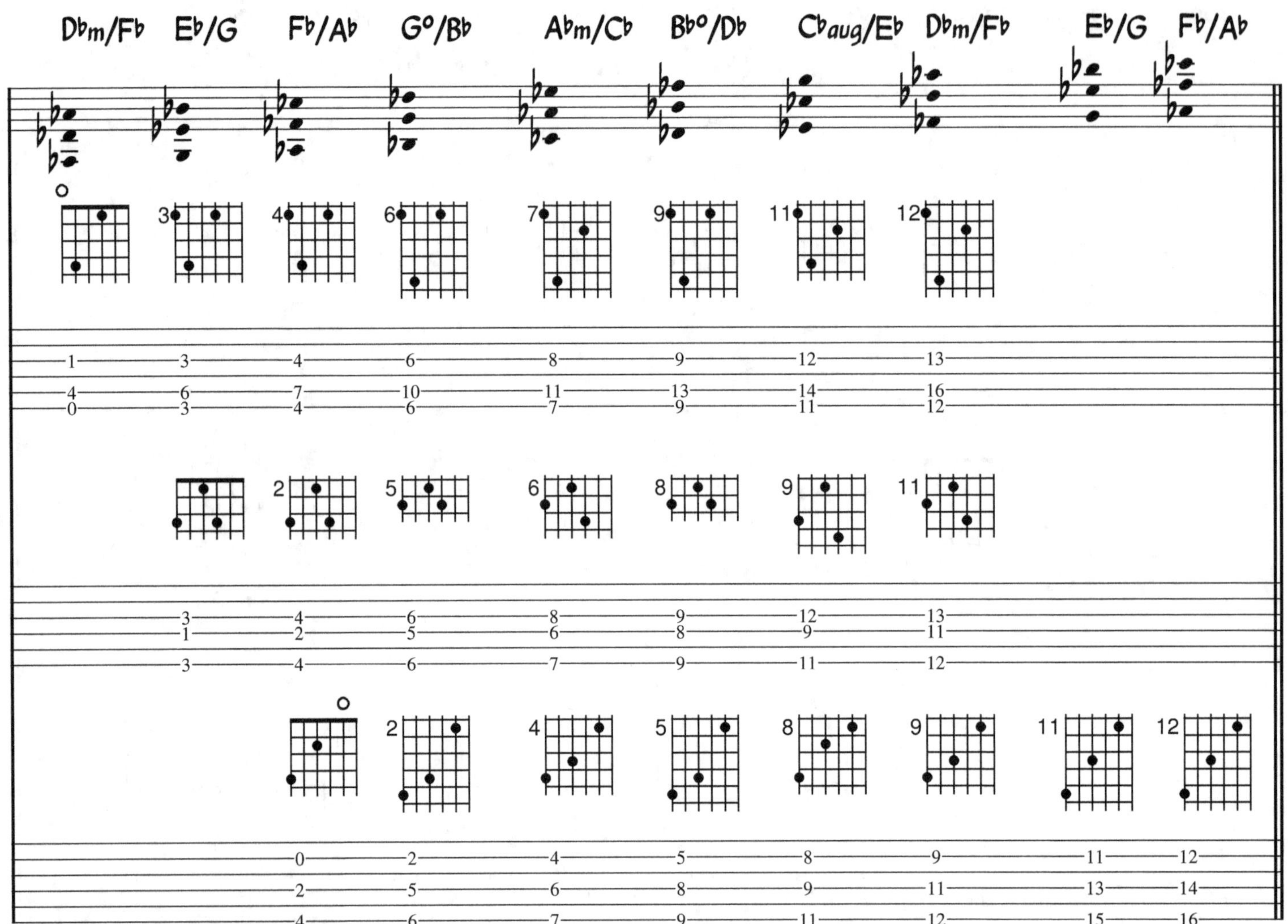
Dbm/Fb   Eb/G   Fb/Ab   Go/Bb   Abm/Cb   Bbo/Db   Cbaug/Eb   Dbm/Fb   Eb/G   Fb/Ab

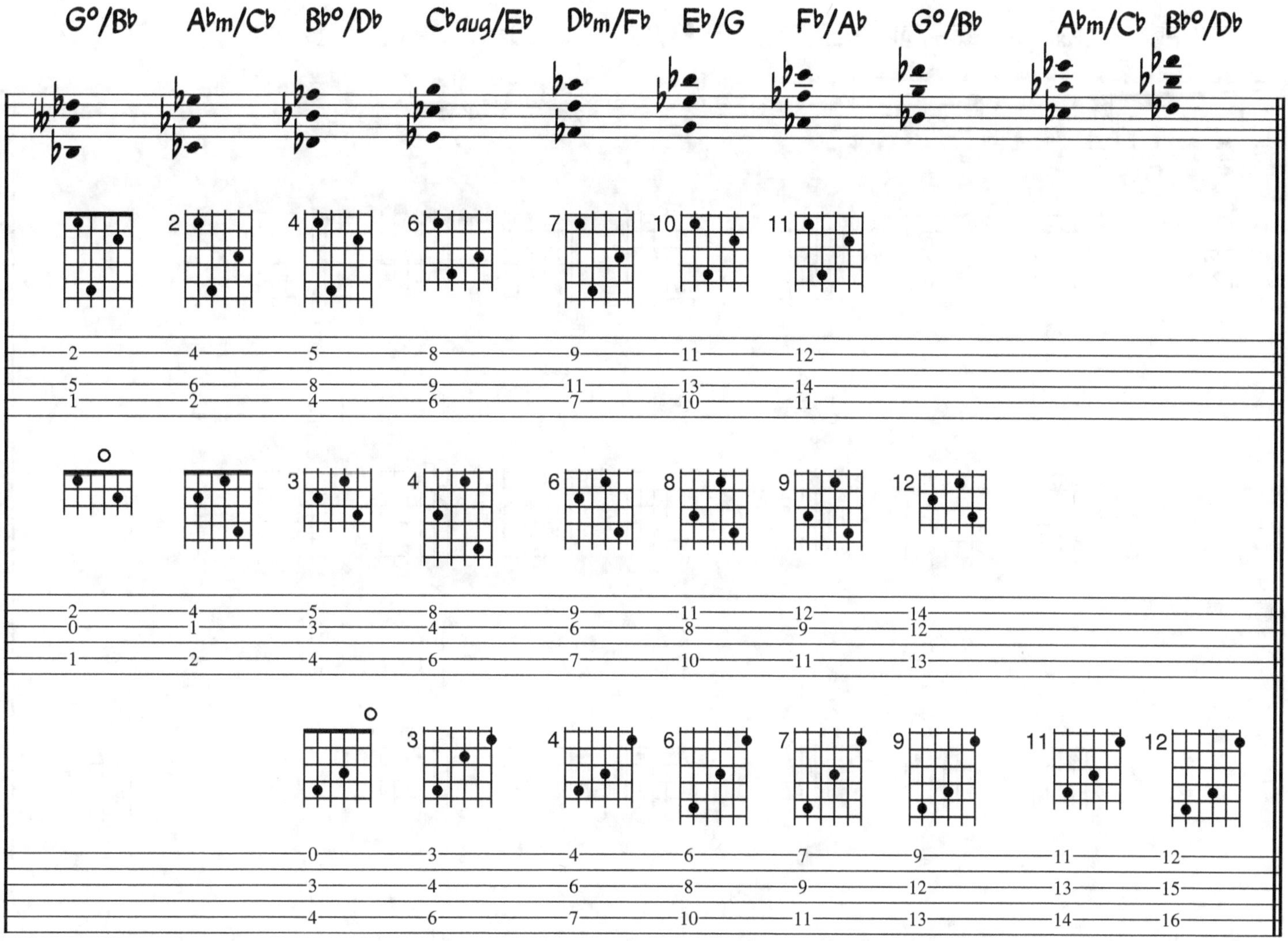
G°/B♭
A♭m/C♭
B♭°/D♭
C♭aug/E♭
D♭m/F♭
E♭/G
F♭/A♭
G°/B♭
A♭m/C♭
B♭°/D♭

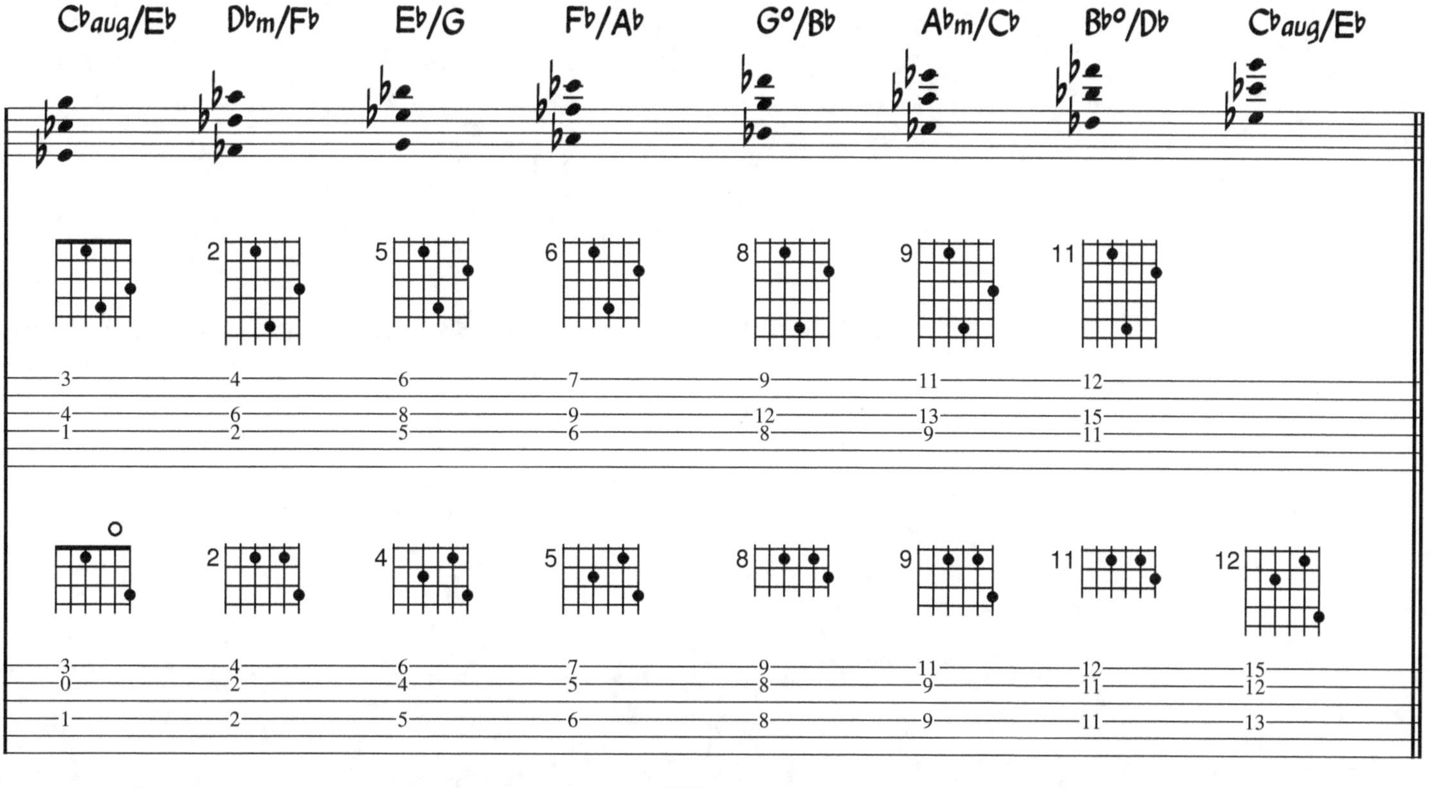
C♭aug/E♭
D♭m/F♭
E♭/G
F♭/A♭
G°/B♭
A♭m/C♭
B♭°/D♭
C♭aug/E♭

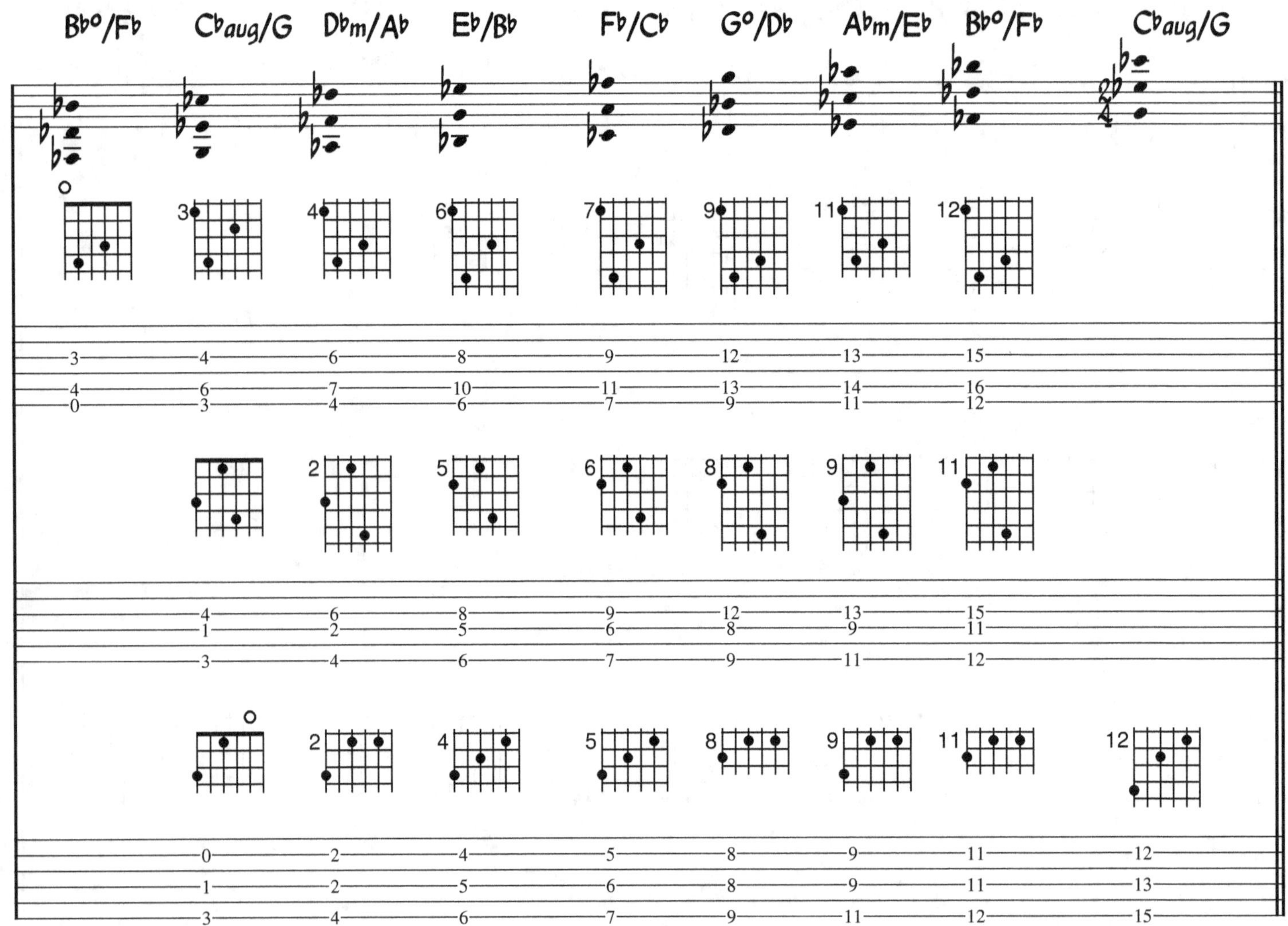

Bbo/Fb
Cbaug/G
Dbm/Ab
Eb/Bb
Fb/Cb
Go/Db
Abm/Eb
Bbo/Fb
Cbaug/G

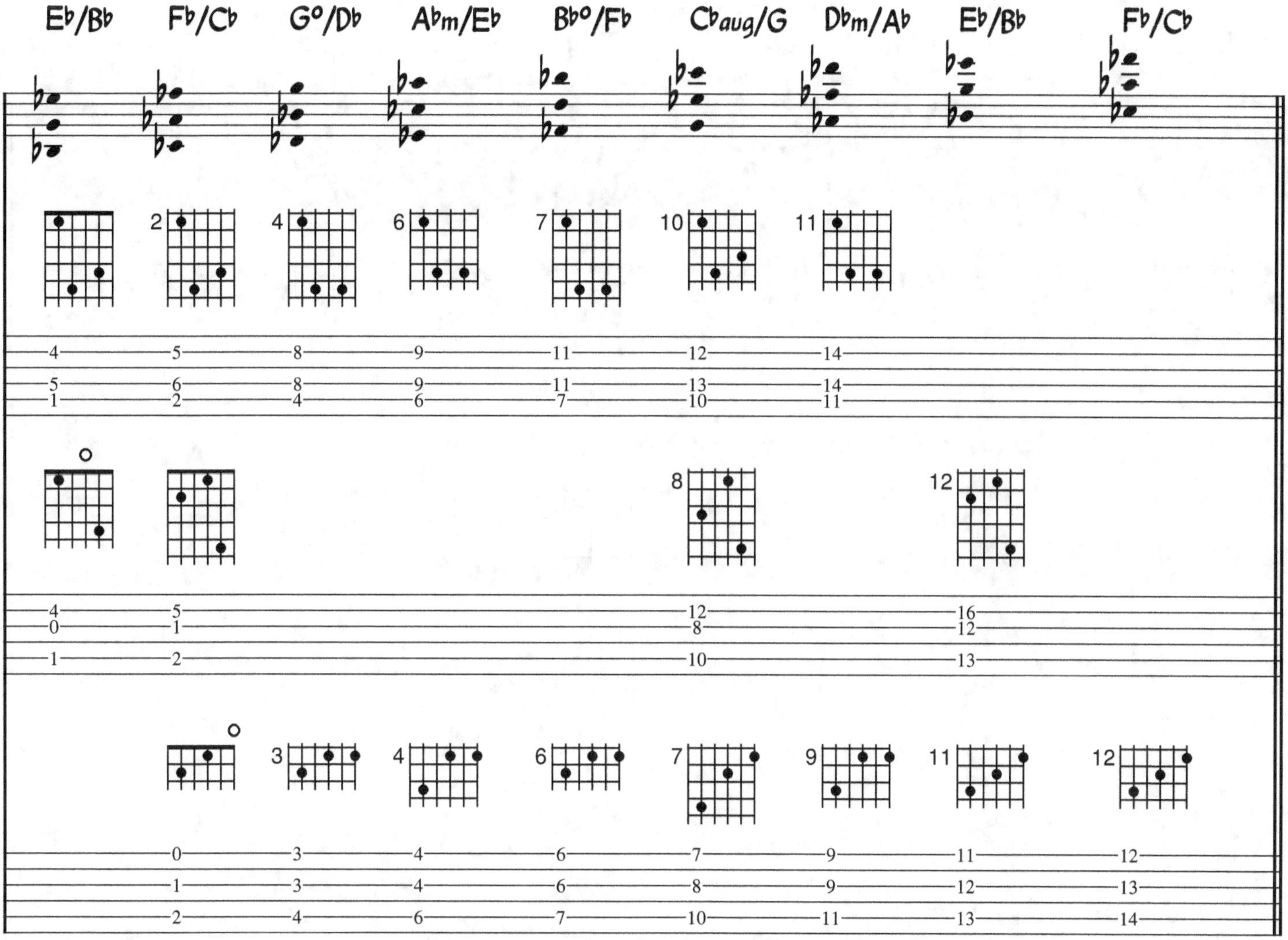

E♭/B♭
F♭/C♭
G°/D♭
A♭m/E♭
B♭°/F♭
C♭aug/G
D♭m/A♭
E♭/B♭
F♭/C♭
A♭m/E♭ 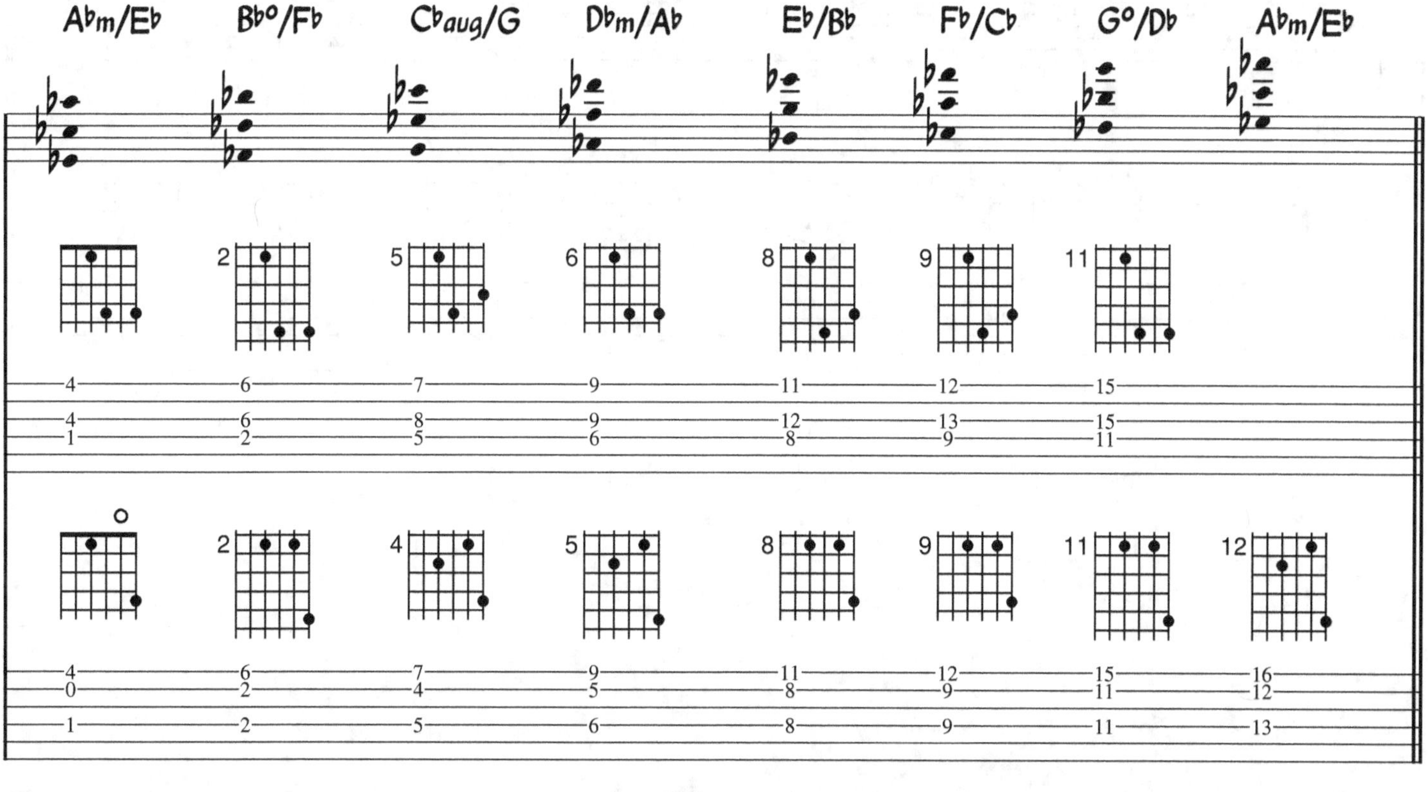
B♭°/F♭
C♭aug/G
D♭m/A♭
E♭/B♭
F♭/C♭
G°/D♭
A♭m/E♭

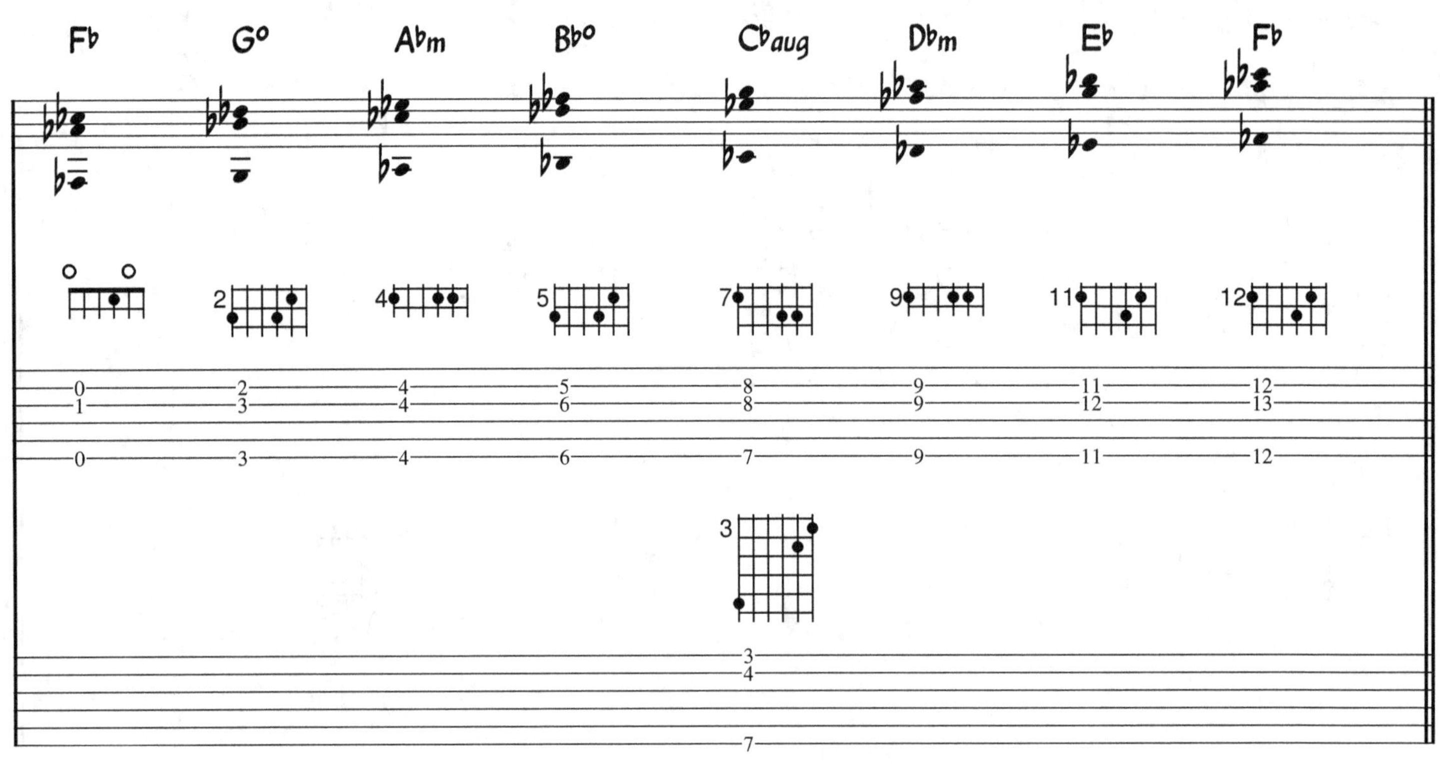

Fb
Go
Abm
Bbo
Cbaug
Dbm
Eb
Fb

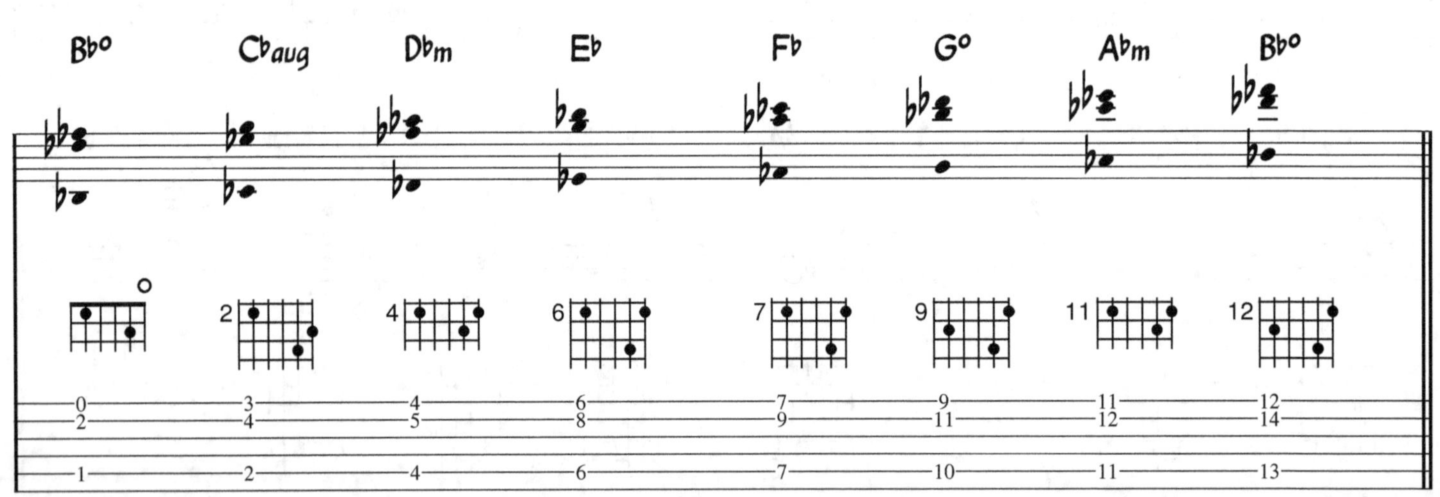

Bbo
Cbaug
Dbm
Eb
Fb
Go
Abm
Bbo

1st inv. (open voiced, Version 2)

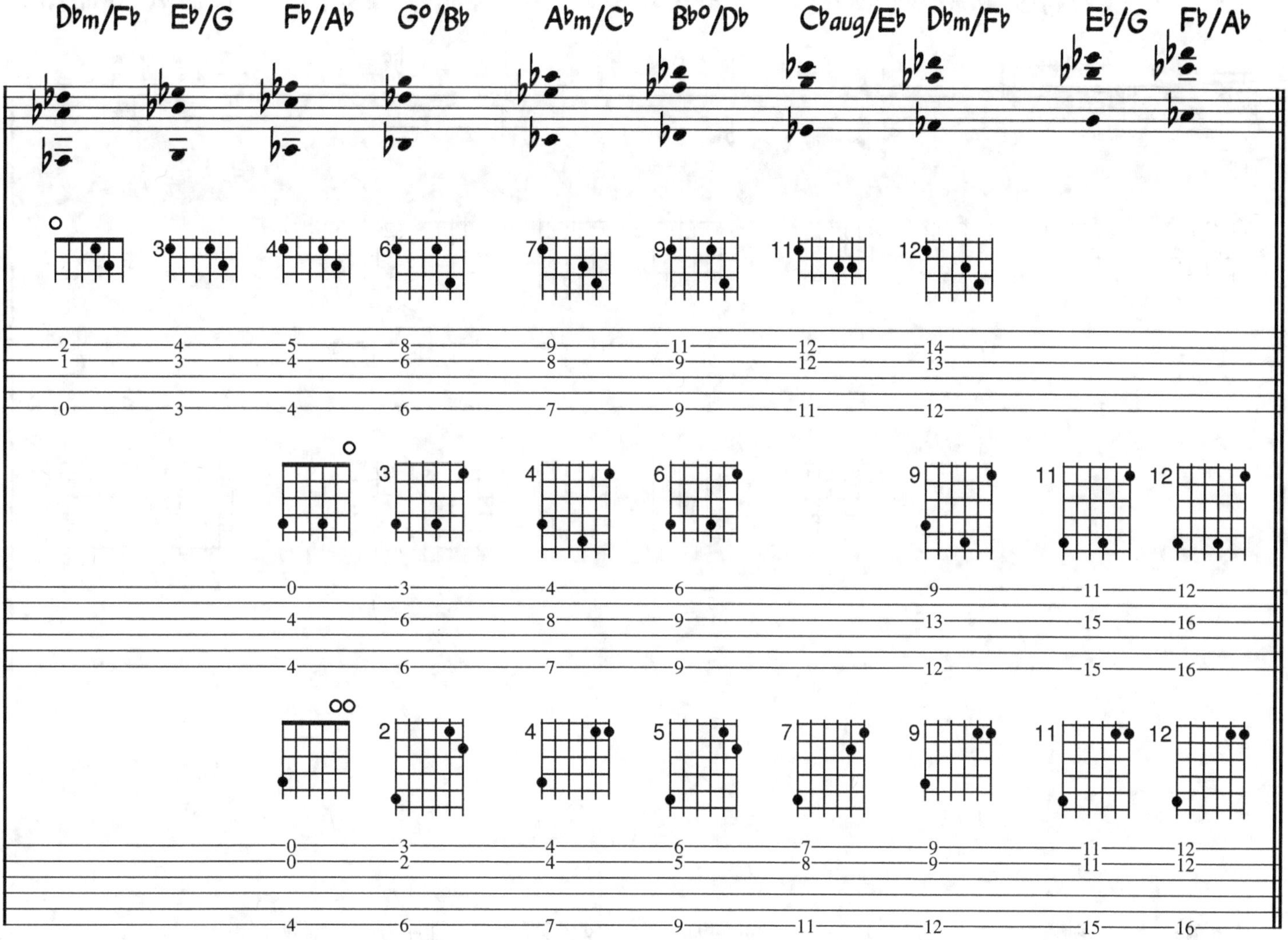

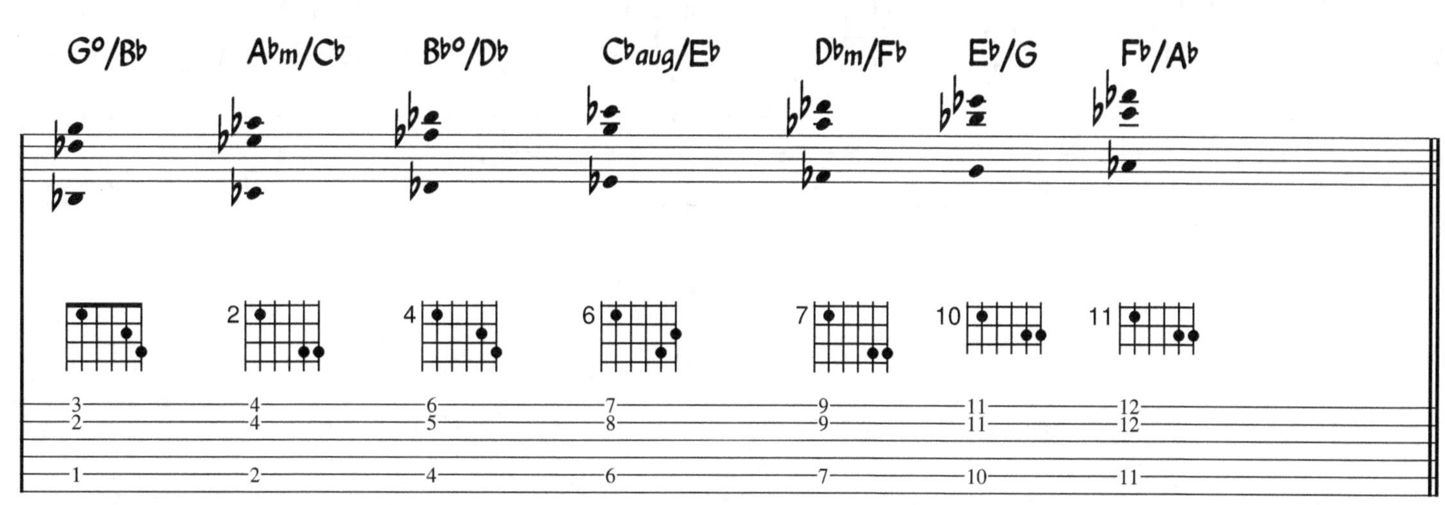

Dbm/Fb   Eb/G   Fb/Ab   Go/Bb   Abm/Cb   Bbo/Db   Cbaug/Eb   Dbm/Fb   Eb/G   Fb/Ab

Go/Bb   Abm/Cb   Bbo/Db   Cbaug/Eb   Dbm/Fb   Eb/G   Fb/Ab

2nd inv. (open voiced, Version 2)

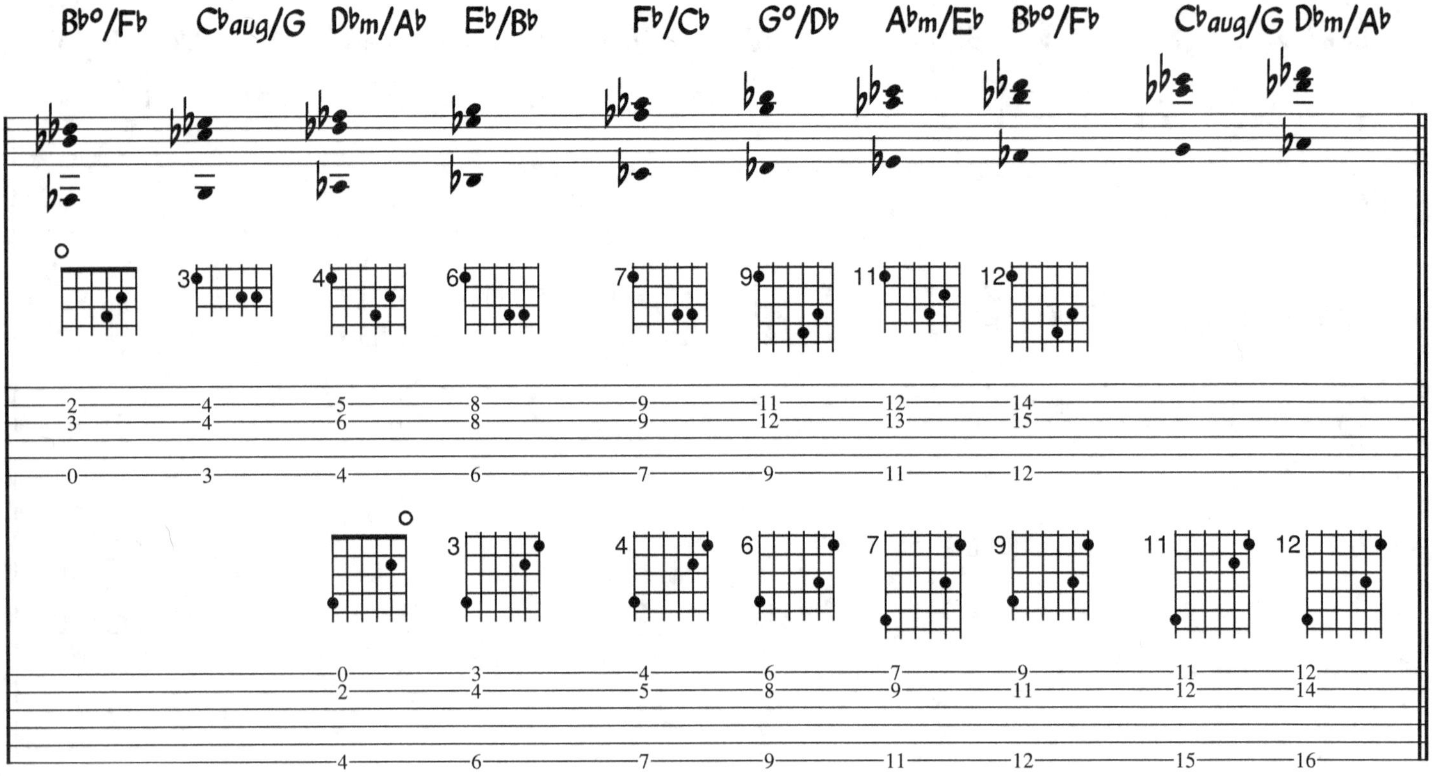

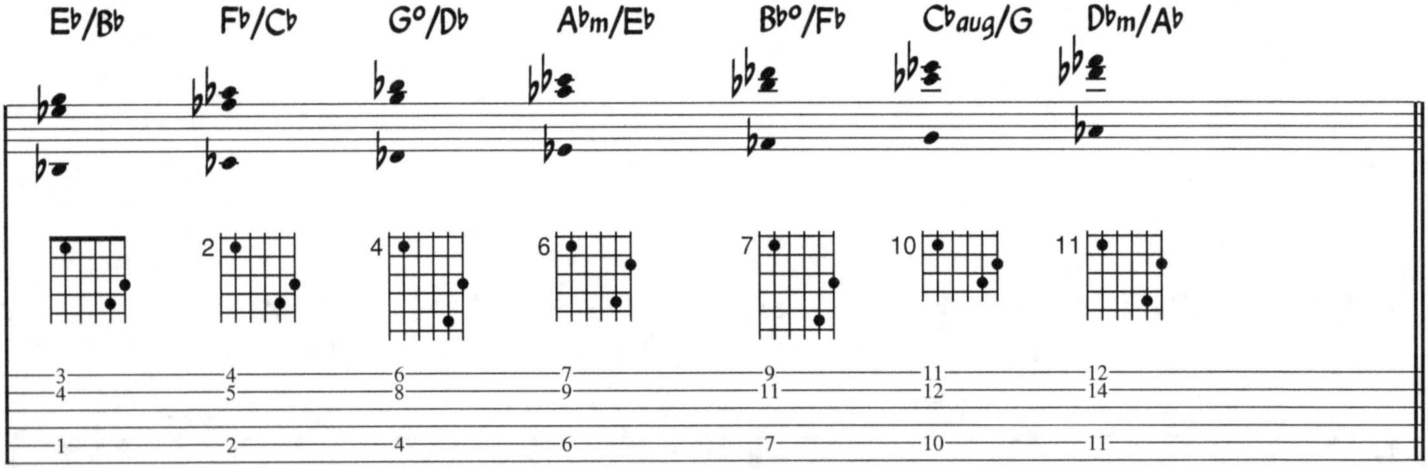

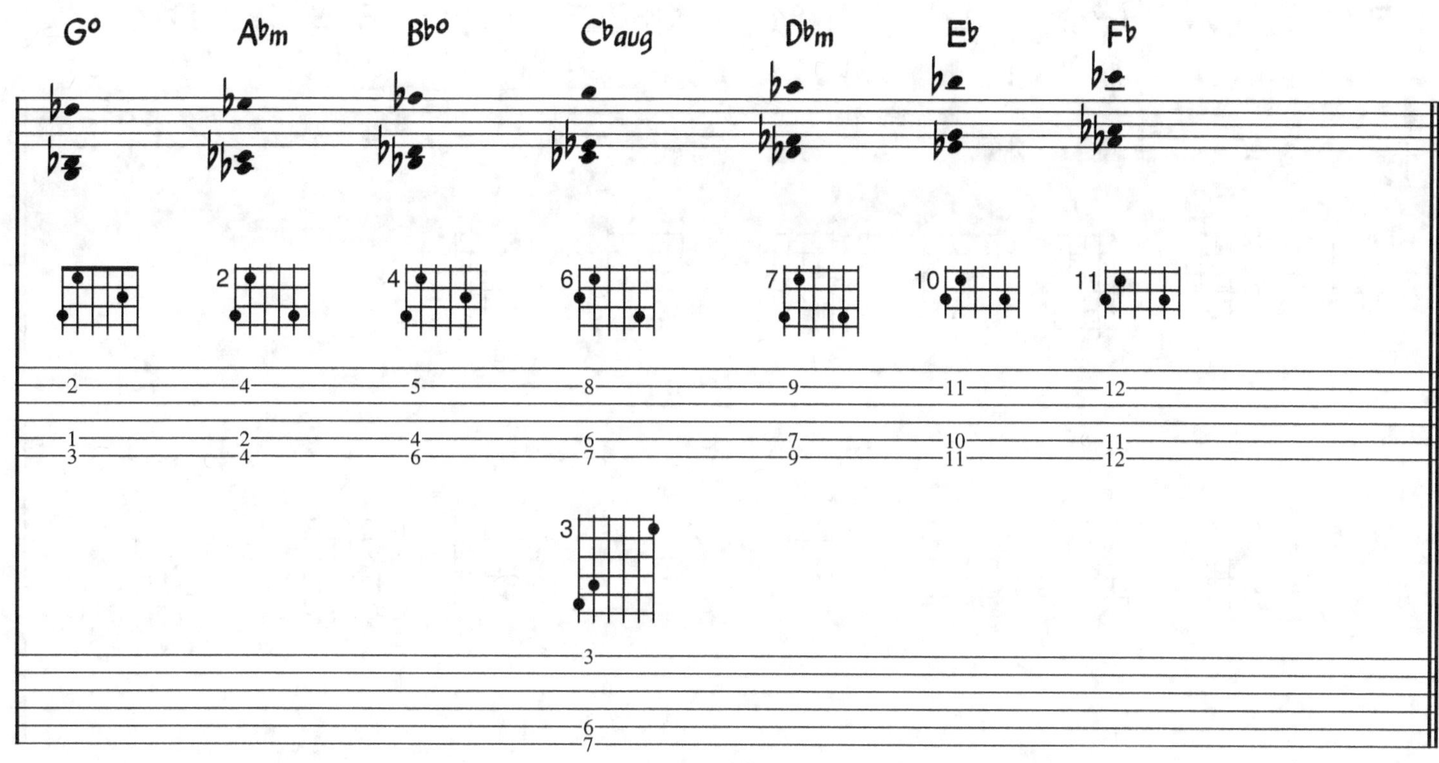

Root Position (open voiced, Version 3)
G° A♭m B♭° C♭aug D♭m E♭ F♭
2 4 6 7 10 11
3

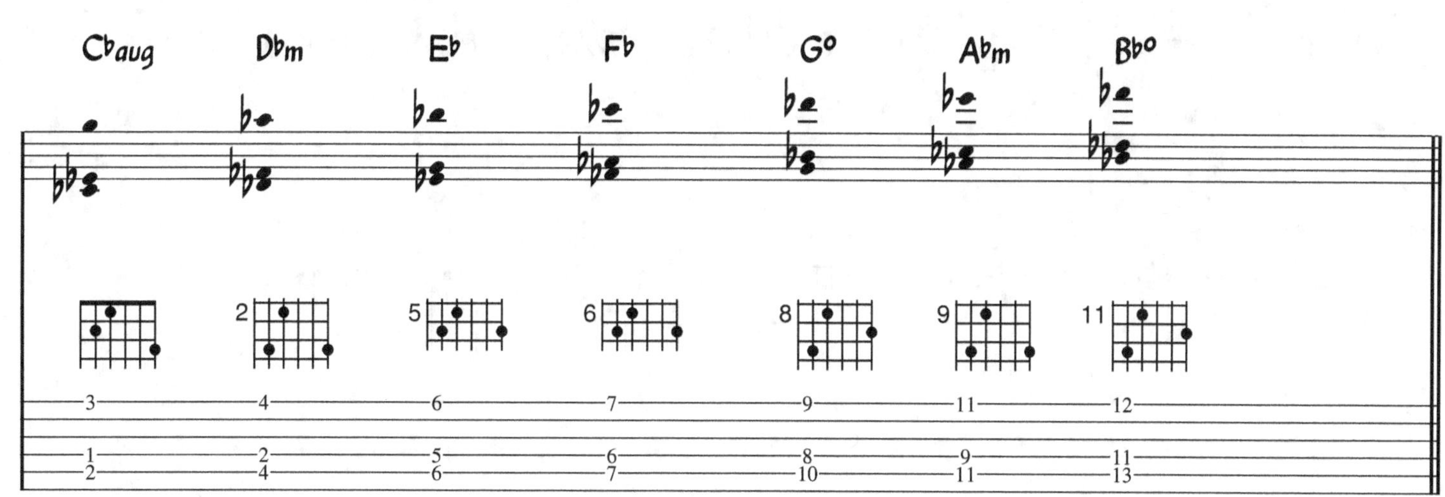

C♭aug D♭m E♭ F♭ G° A♭m B♭°
2 5 6 8 9 11

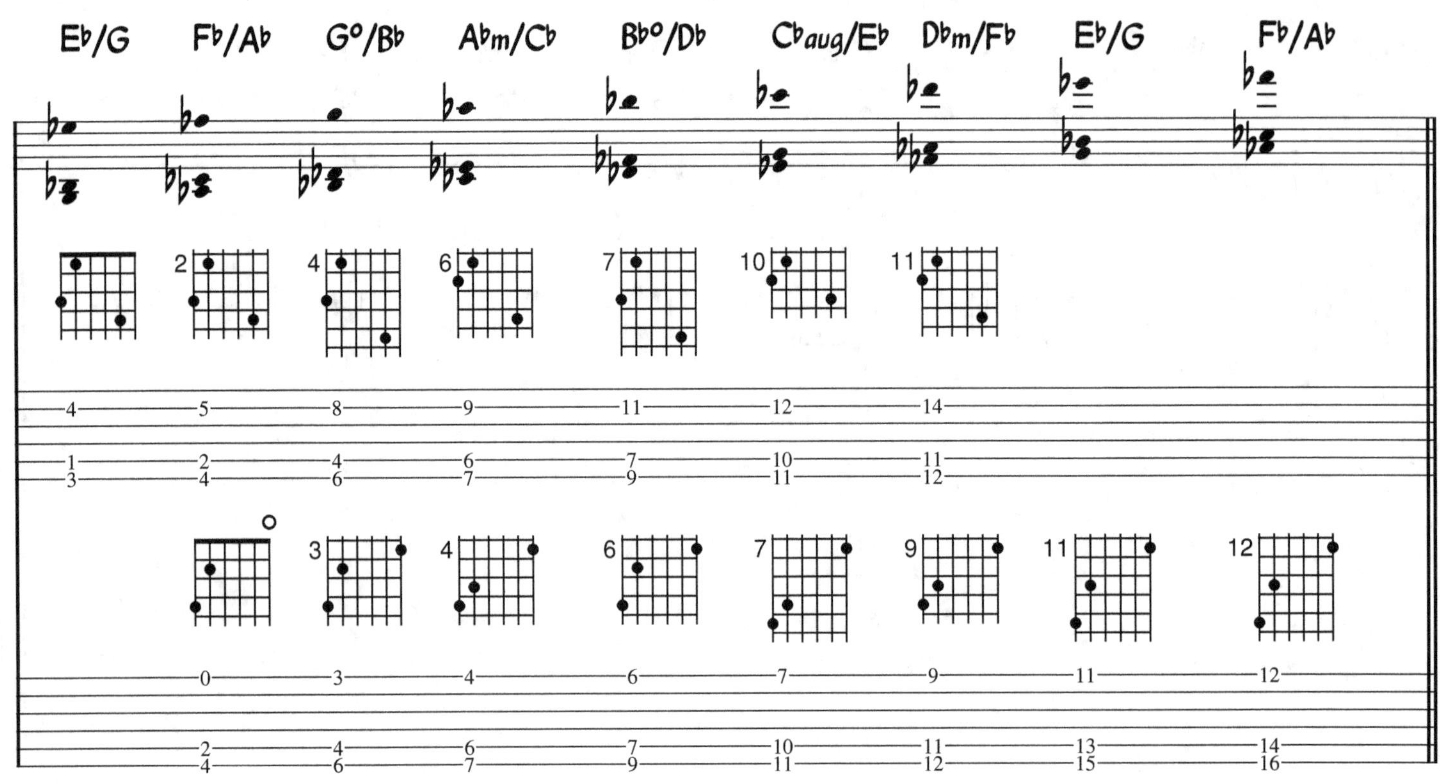

Eb/G   Fb/Ab   Go/Bb   Abm/Cb   Bbo/Db   Cbaug/Eb   Dbm/Fb   Eb/G   Fb/Ab

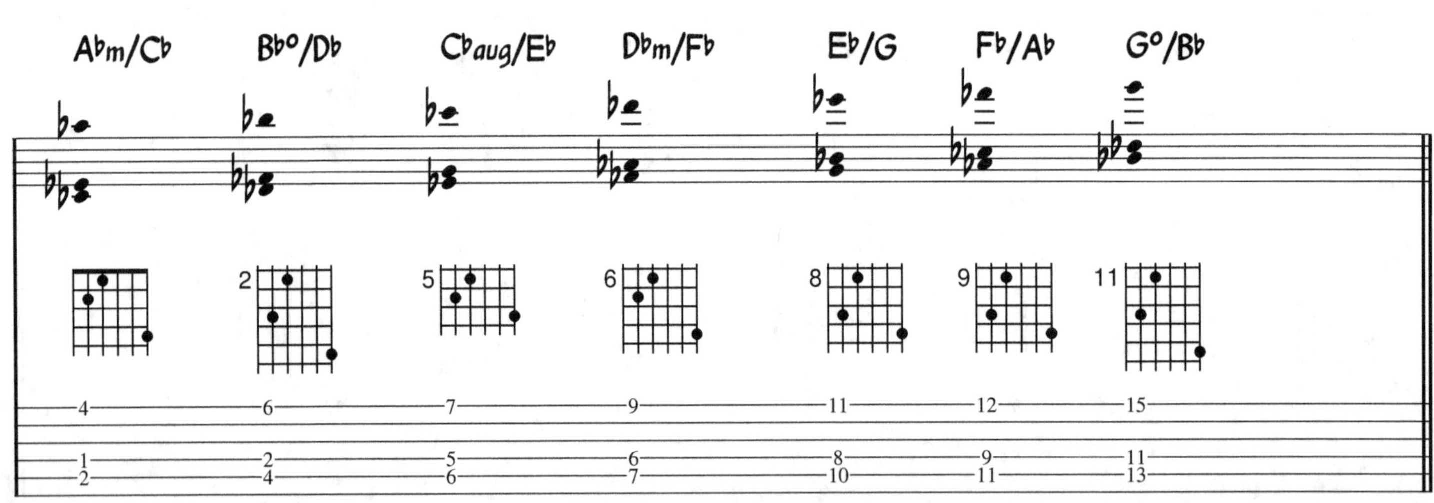

Abm/Cb   Bbo/Db   Cbaug/Eb   Dbm/Fb   Eb/G   Fb/Ab   Go/Bb

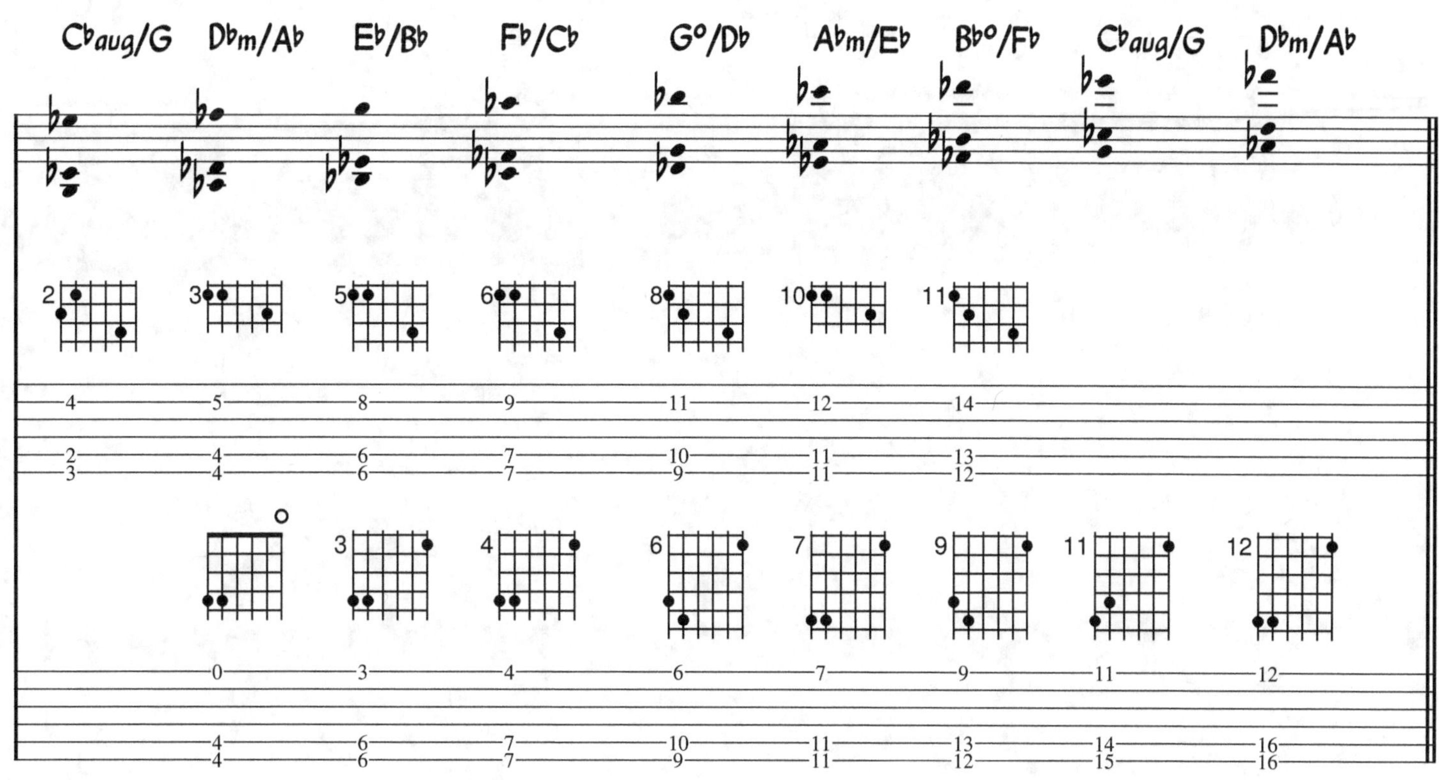

Cᵇaug/G   Dᵇm/Aᵇ   Eᵇ/Bᵇ   Fᵇ/Cᵇ   Gº/Dᵇ   Aᵇm/Eᵇ   Bᵇº/Fᵇ   Cᵇaug/G   Dᵇm/Aᵇ

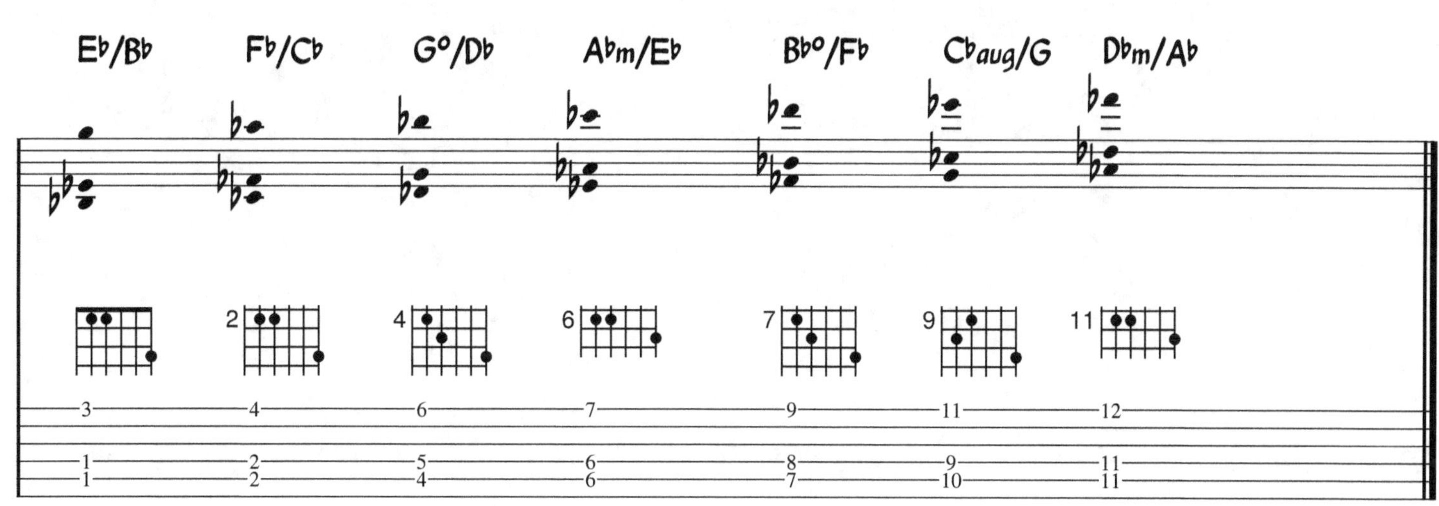

Eᵇ/Bᵇ   Fᵇ/Cᵇ   Gº/Dᵇ   Aᵇm/Eᵇ   Bᵇº/Fᵇ   Cᵇaug/G   Dᵇm/Aᵇ

~ E♭ harmonic minor ~

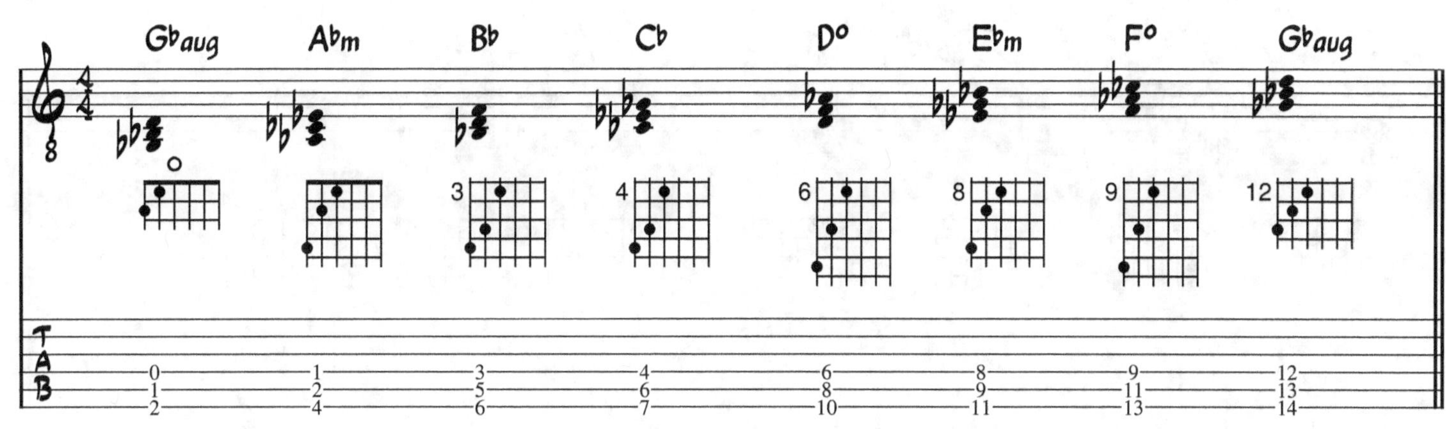

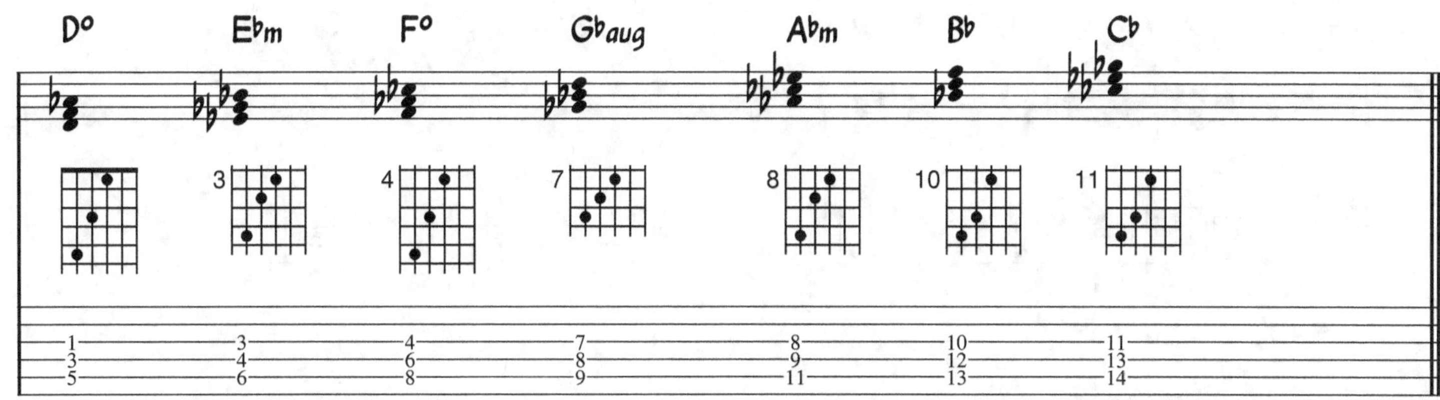

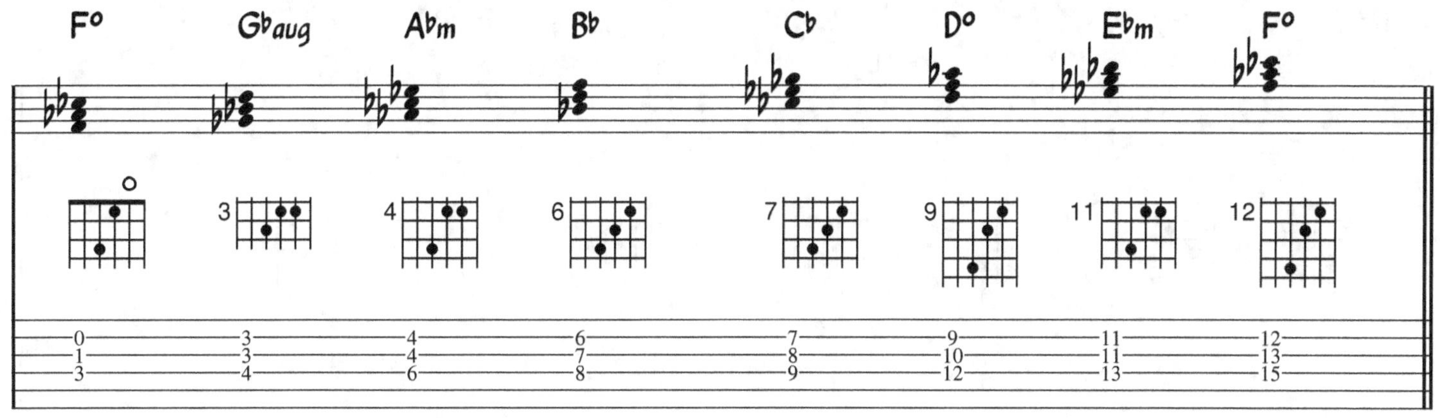

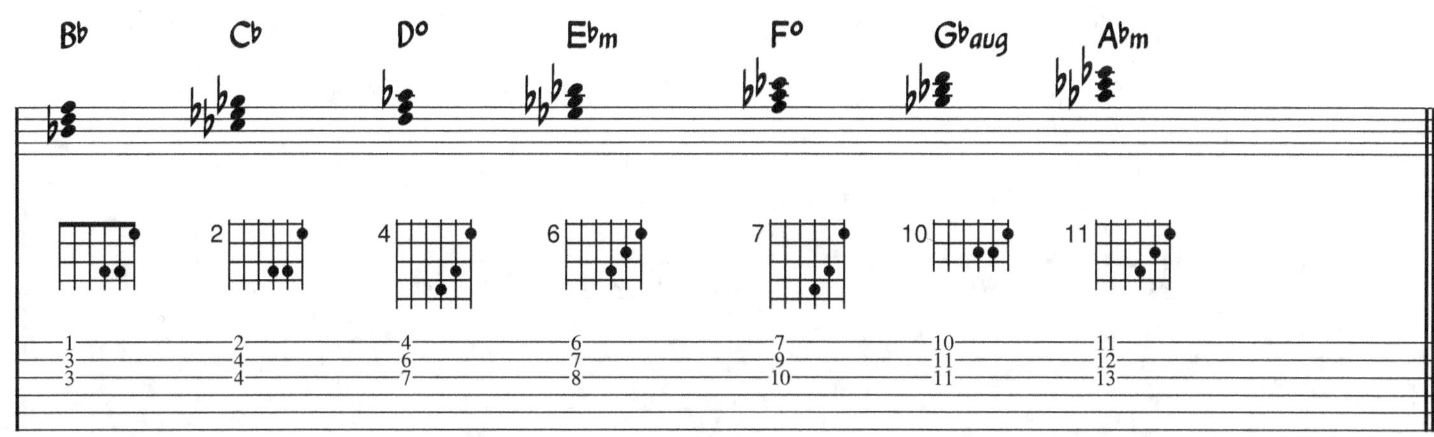

1st inv.
Ebm/Gb   Fo/Ab   Gbaug/Bb   Abm/Cb   Bb/D   Cb/Eb   Do/F
Abm/Cb   Bb/D   Cb/Eb   Do/F   Ebm/Gb   Fo/Ab   Gbaug/Bb
Do/F   Ebm/Gb   Fo/Ab   Gbaug/Bb   Abm/Cb   Bb/D   Cb/Eb
Fo/Ab   Gbaug/Bb   Abm/Cb   Bb/D   Cb/Eb   Do/F   Ebm/Gb   Fo/Ab

Bb/F   Cb/Gb   Do/Ab   Ebm/Bb   Fo/Cb   Gbaug/D   Abm/Eb   Bb/F
Fo/Cb   Gbaug/D   Abm/Eb   Bb/F   Cb/Gb   Do/Ab   Ebm/Bb
Abm/Eb   Bb/F   Cb/Gb   Do/Ab   Ebm/Bb   Fo/Cb   Gbaug/D
Do/Ab   Ebm/Bb   Fo/Cb   Gbaug/D   Abm/Eb   Bb/F   Cb/Gb

Root Position (open voiced)

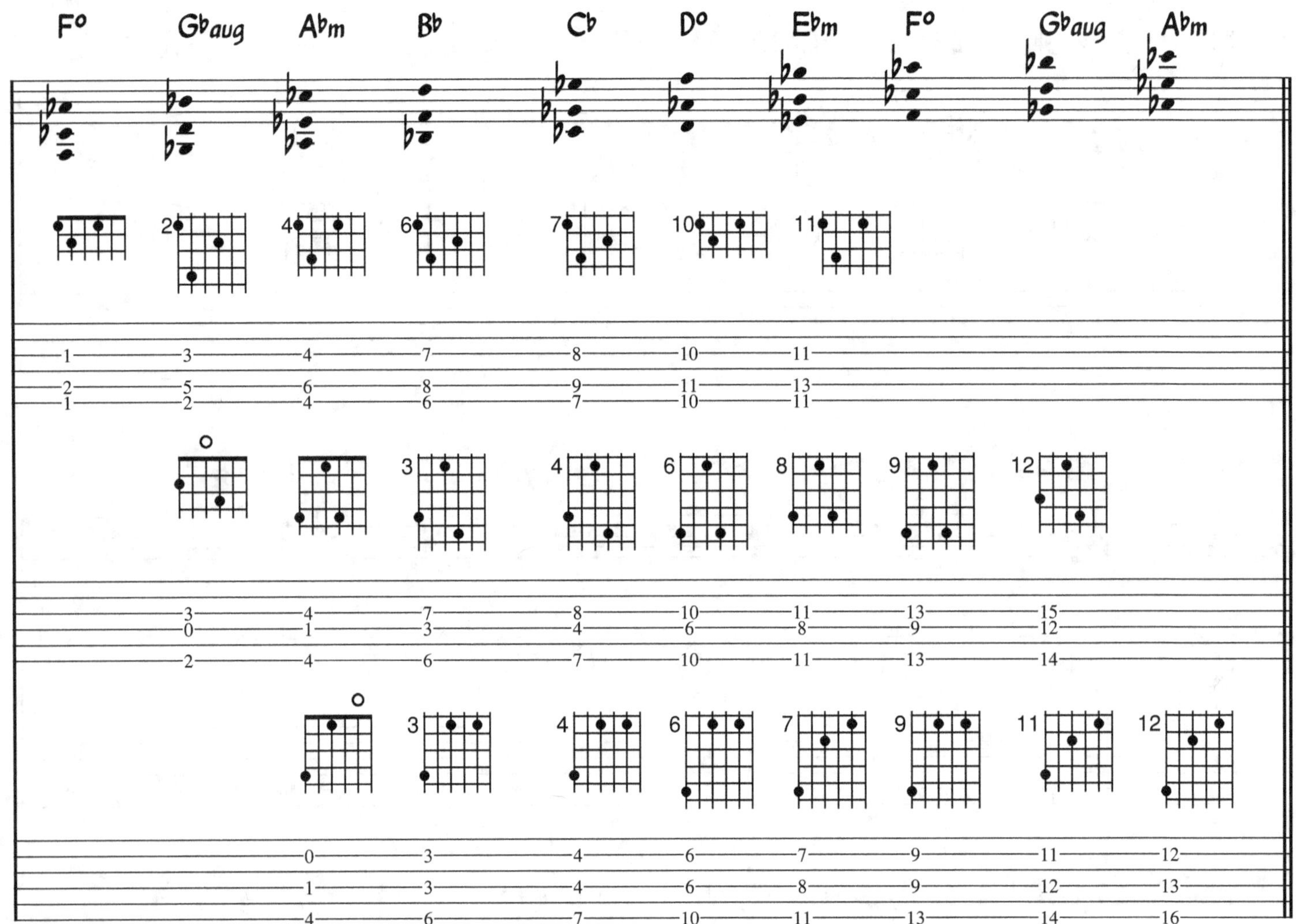

F° Gbaug Abm Bb Cb D° Ebm F° Gbaug Abm

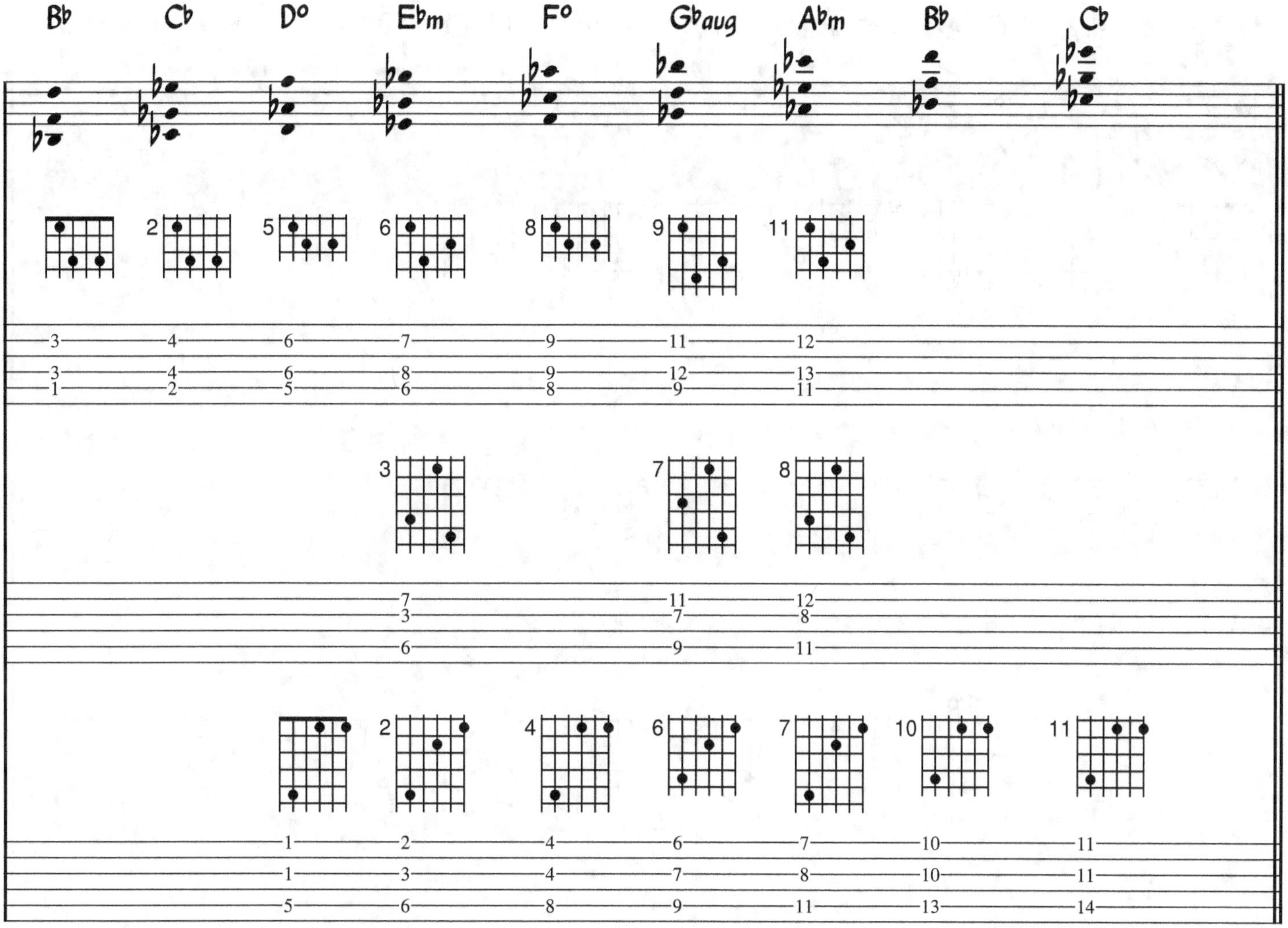
B♭ C♭ D° E♭m F° G♭aug A♭m B♭ C♭

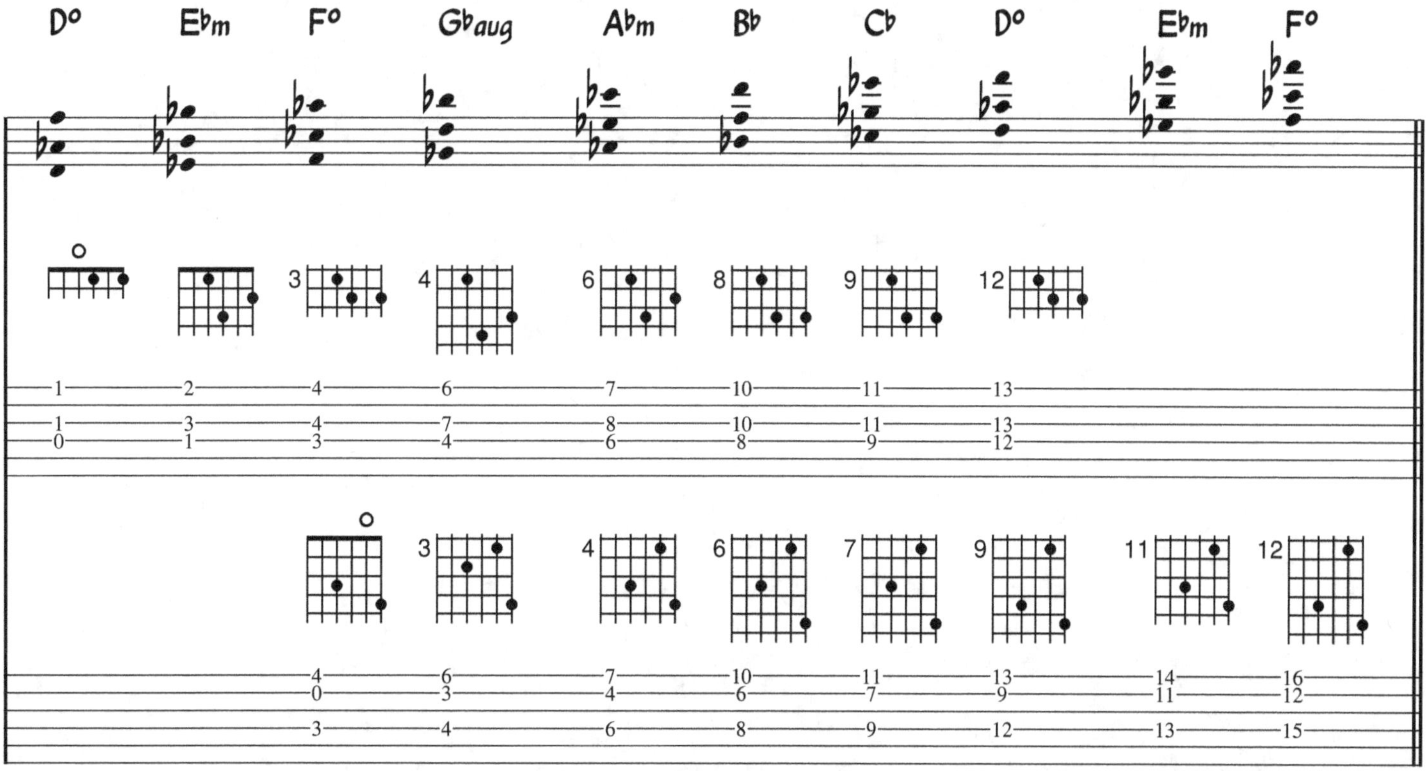
D° E♭m F° G♭aug A♭m B♭ C♭ D° E♭m F°

1st inv. (open voiced)

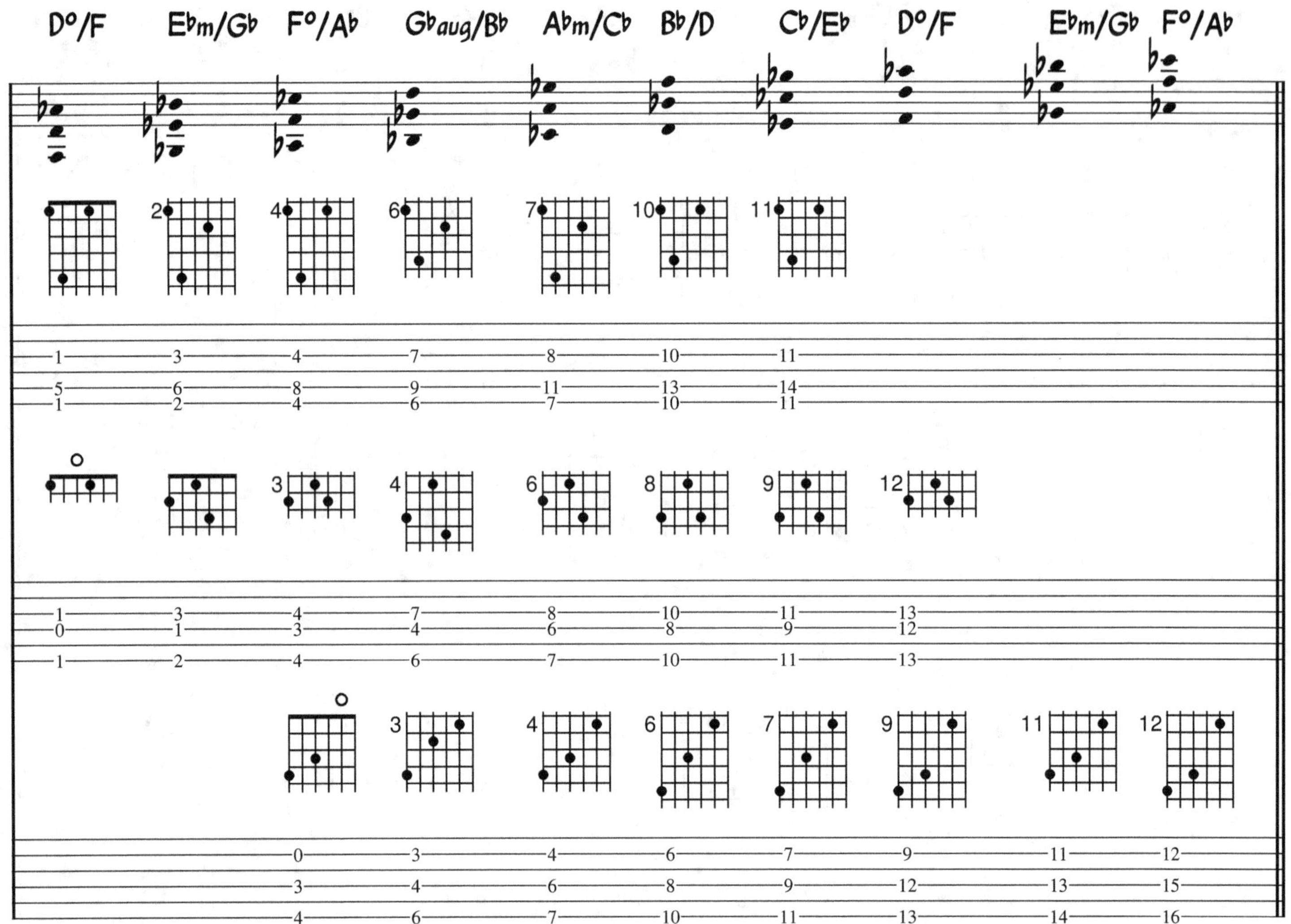

D°/F   Ebm/Gb   F°/Ab   Gbaug/Bb   Abm/Cb   Bb/D   Cb/Eb   D°/F   Ebm/Gb   F°/Ab

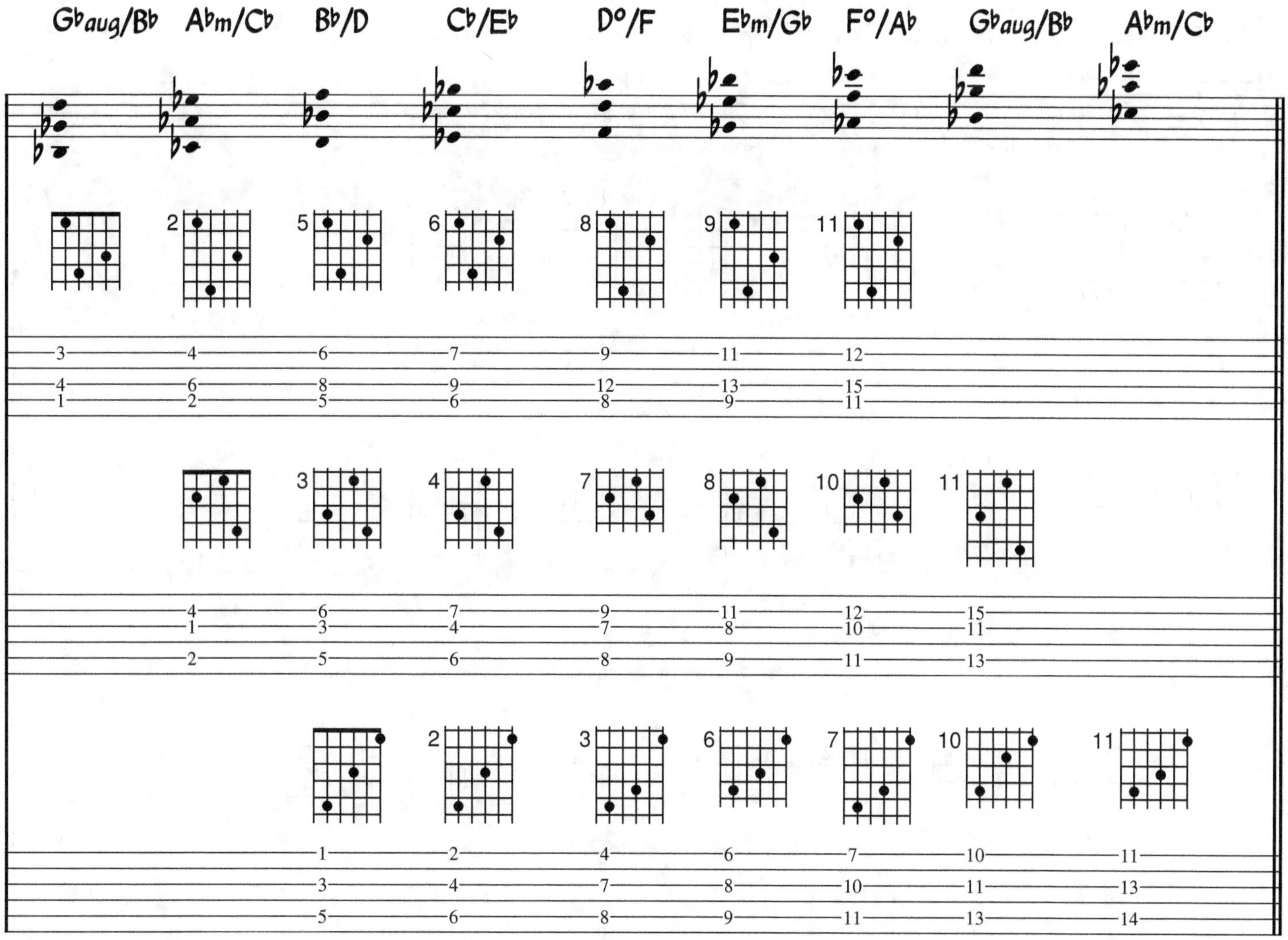

Gᵇaug/Bᵇ Aᵇm/Cᵇ Bᵇ/D Cᵇ/Eᵇ Dᵒ/F Eᵇm/Gᵇ Fᵒ/Aᵇ Gᵇaug/Bᵇ Aᵇm/Cᵇ
Bᵇ/D Cᵇ/Eᵇ Dᵒ/F Eᵇm/Gᵇ Fᵒ/Aᵇ Gᵇaug/Bᵇ Aᵇm/Cᵇ Bᵇ/D Cᵇ/Eᵇ

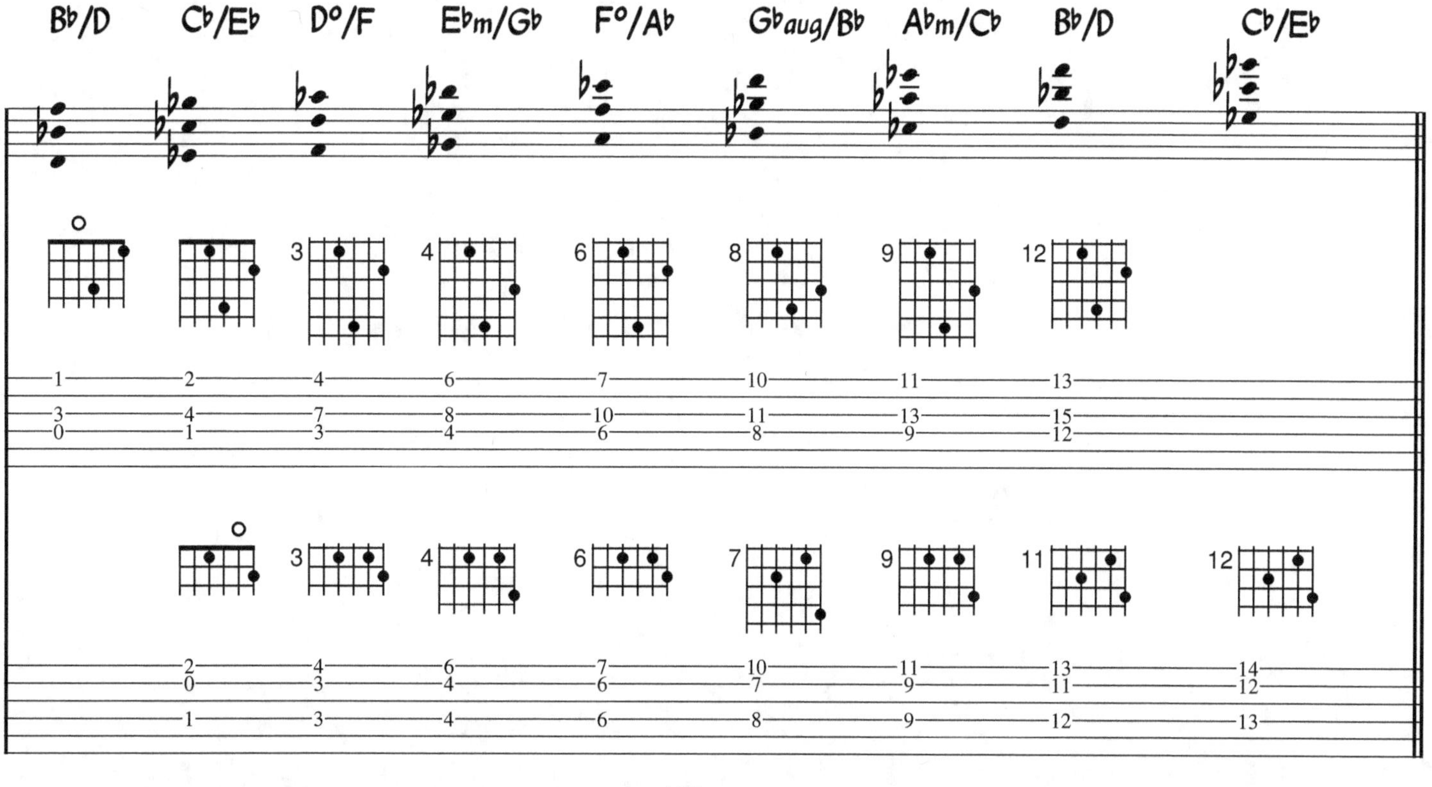

2nd inv. (open voiced)

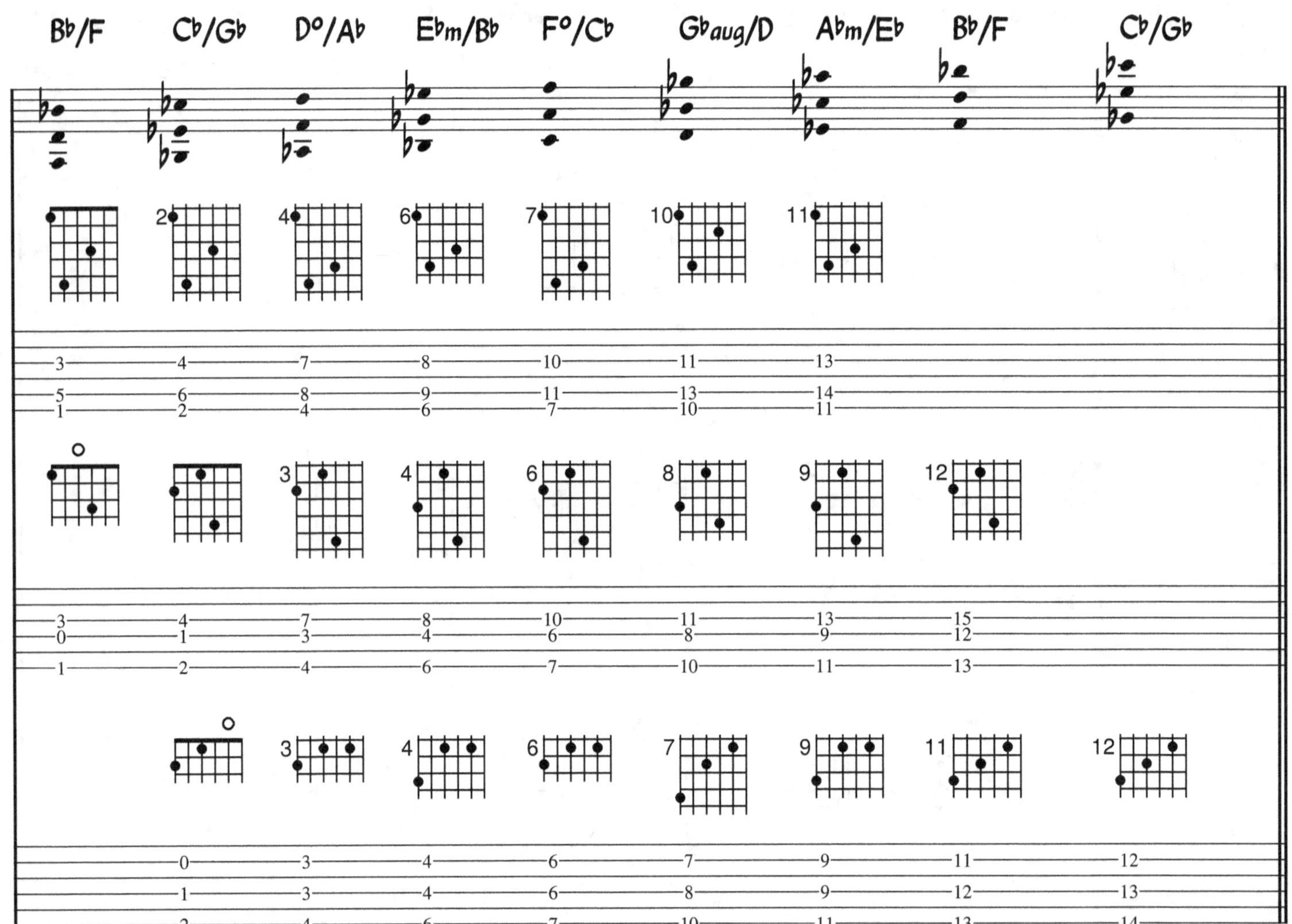

Bb/F
Cb/Gb
Do/Ab
Ebm/Bb
Fo/Cb
Gbaug/D
Abm/Eb
Bb/F
Cb/Gb

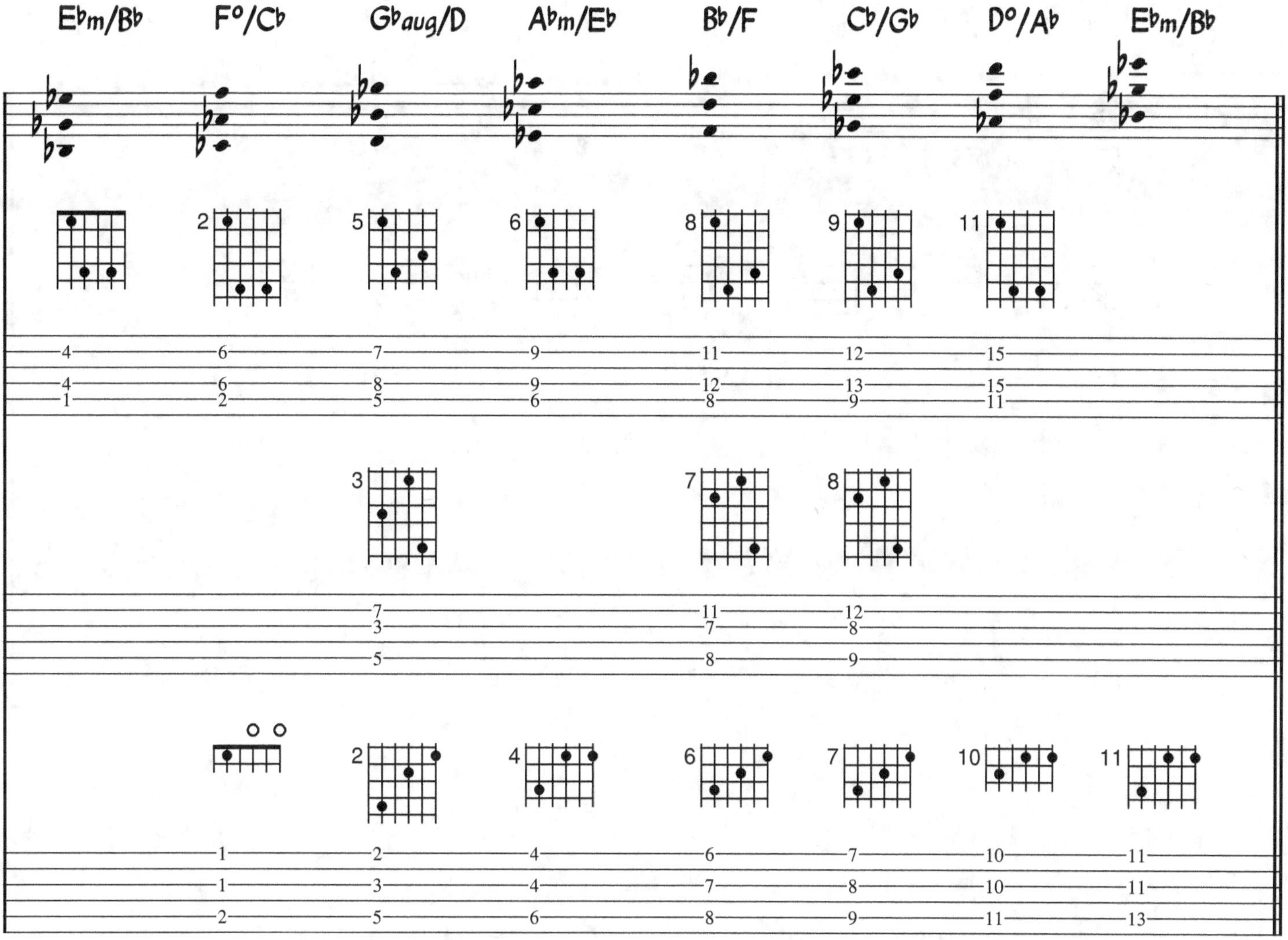
E♭m/B♭
F°/C♭
G♭aug/D
A♭m/E♭
B♭/F
C♭/G♭
D°/A♭
E♭m/B♭

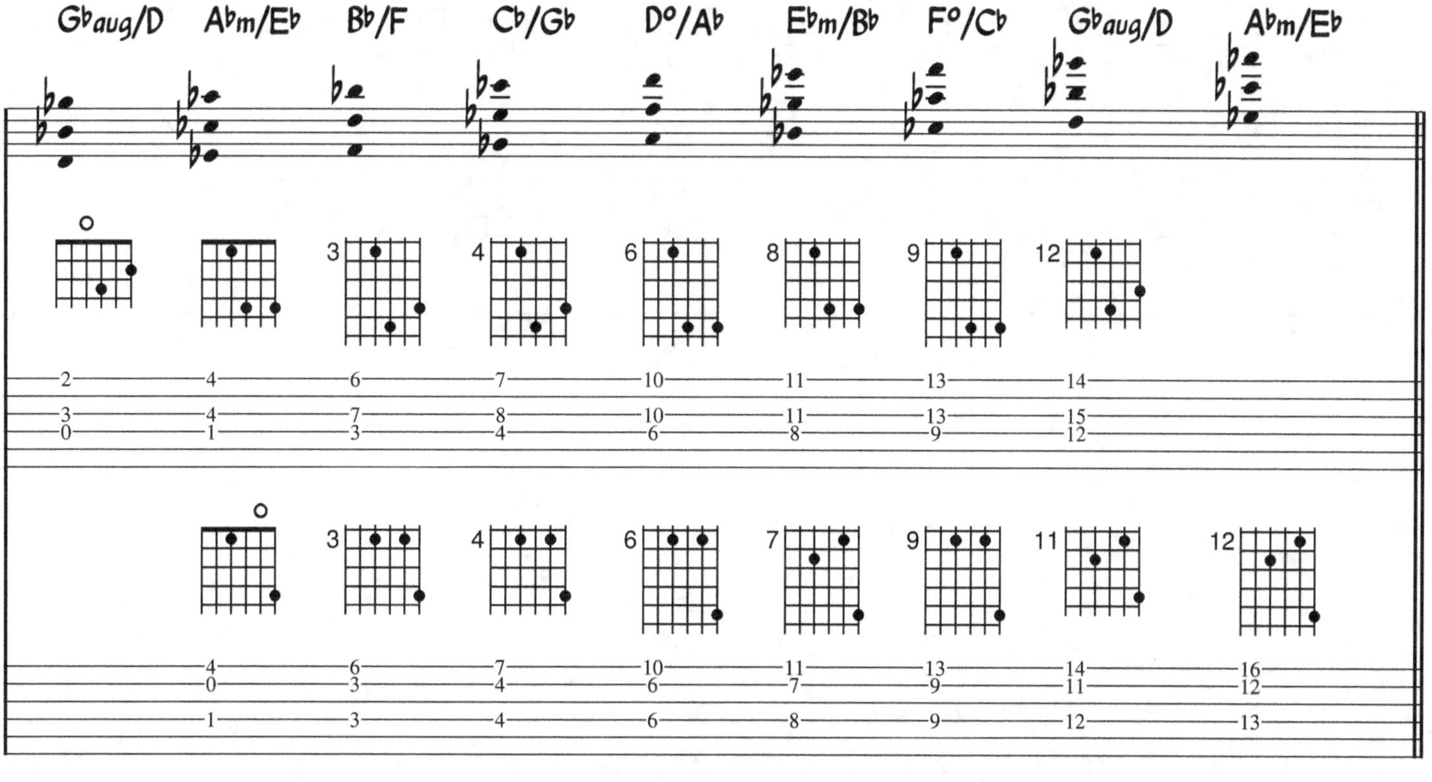
G♭aug/D
A♭m/E♭
B♭/F
C♭/G♭
D°/A♭
E♭m/B♭
F°/C♭
G♭aug/D
A♭m/E♭

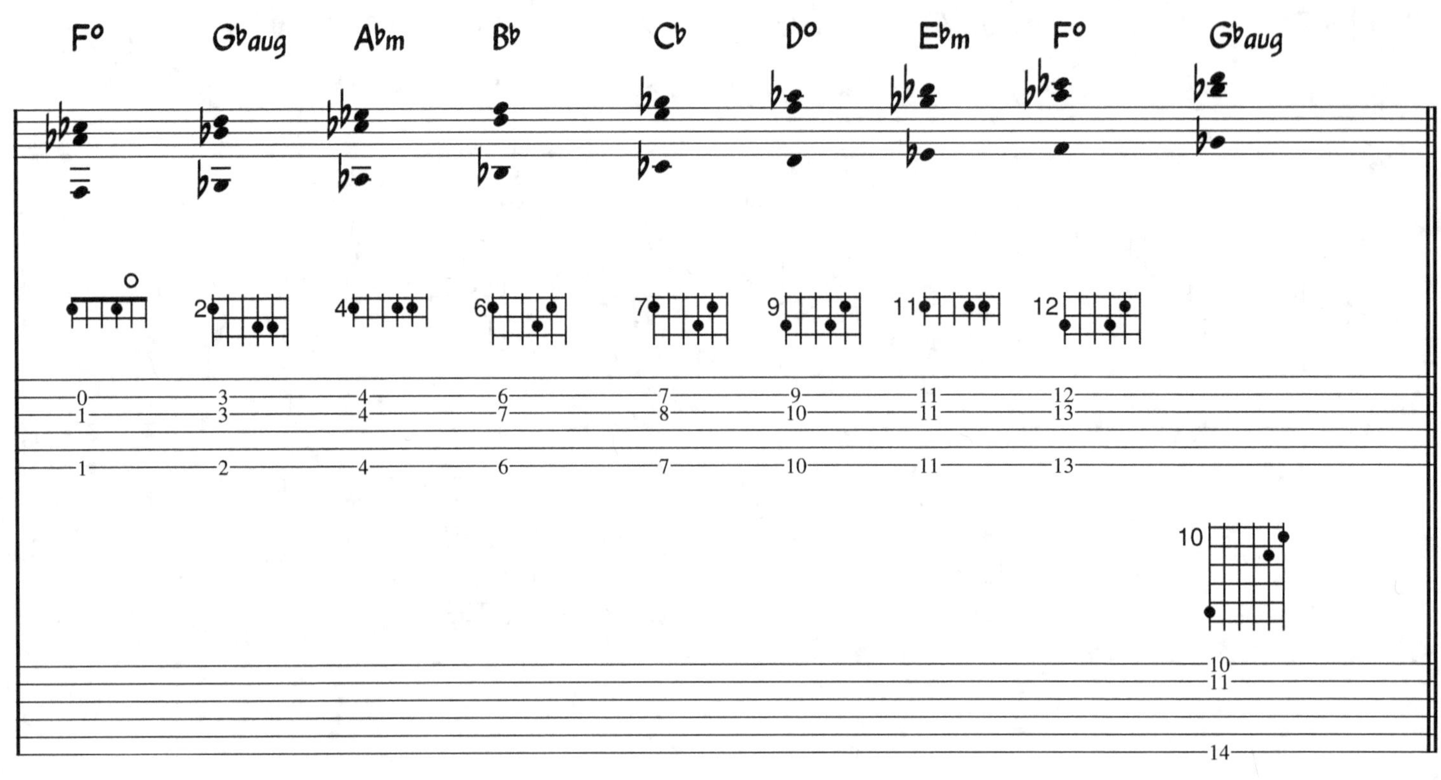

F°   G♭aug   A♭m   B♭   C♭   D°   E♭m   F°   G♭aug

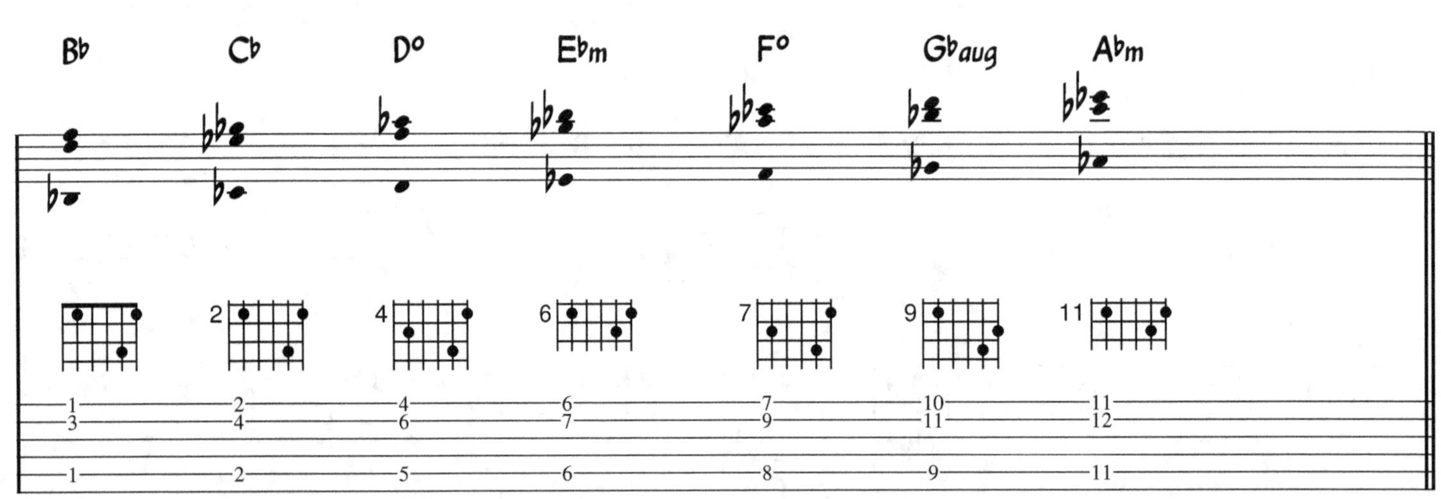

B♭   C♭   D°   E♭m   F°   G♭aug   A♭m

1st inv. (open voiced, Version 2)

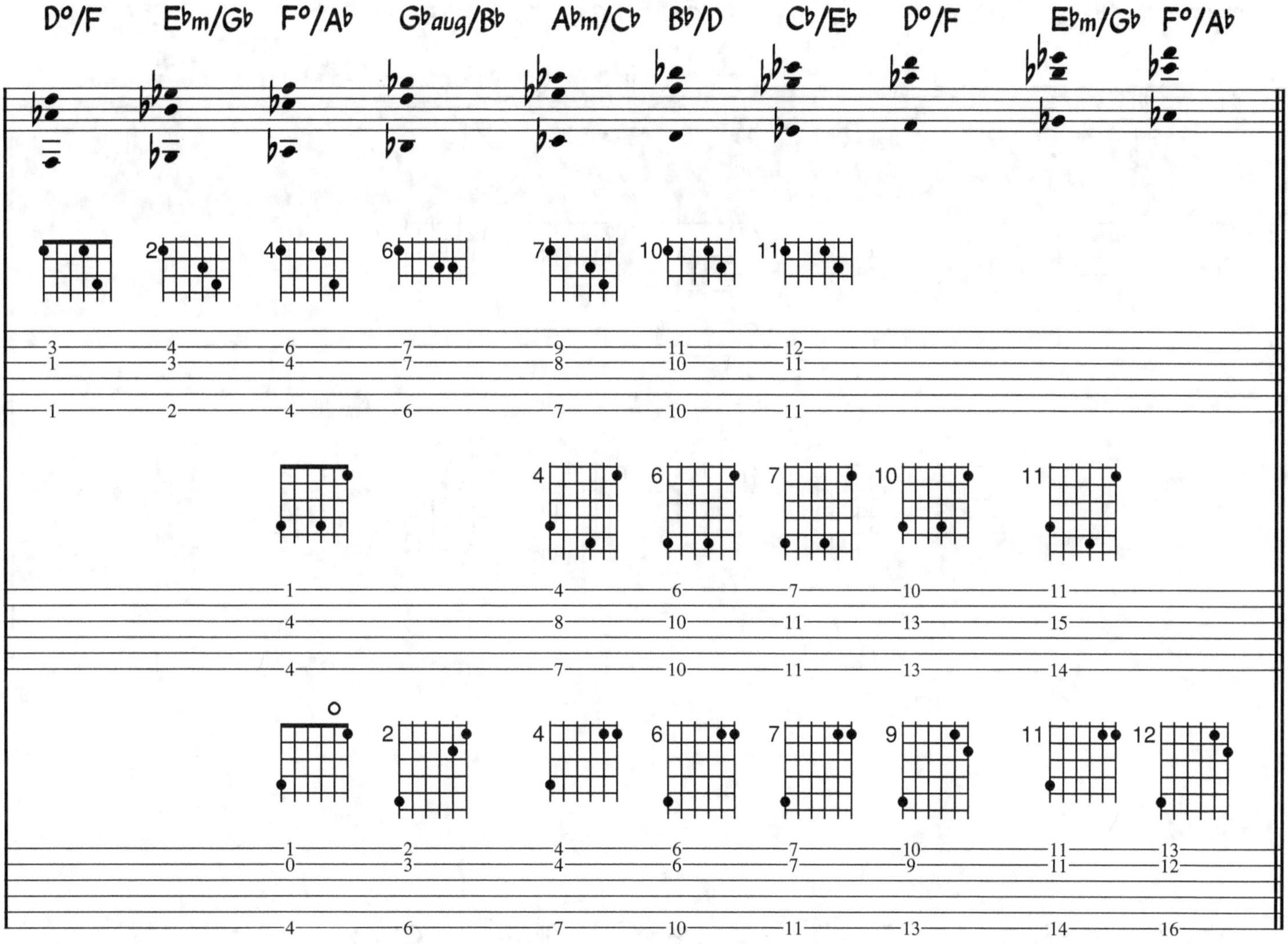

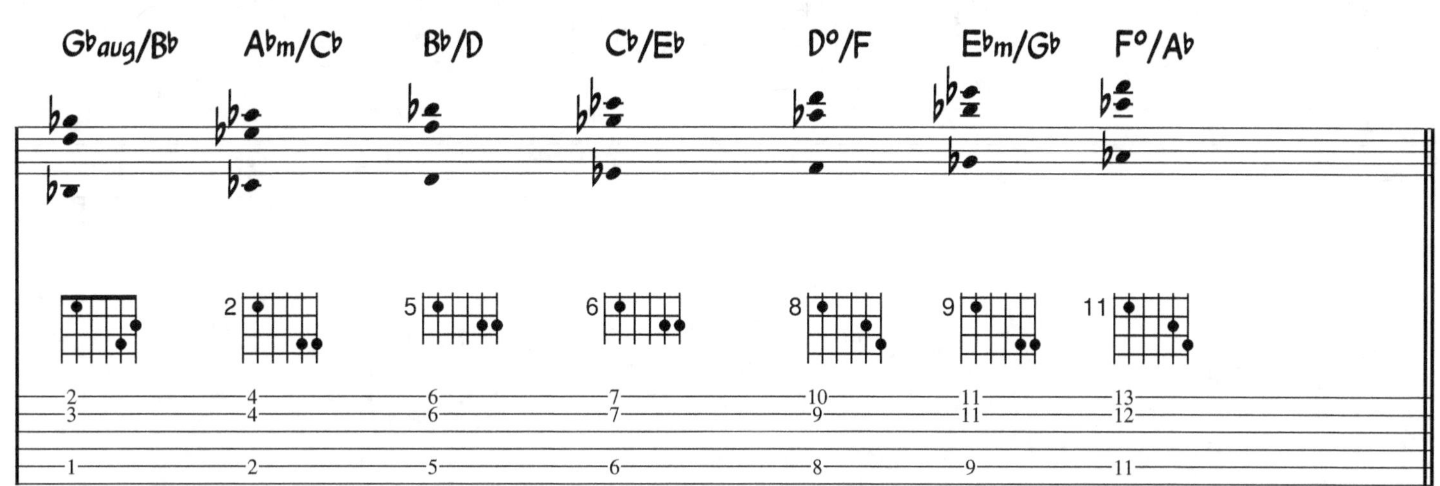

D°/F   E♭m/G♭   F°/A♭   G♭aug/B♭   A♭m/C♭   B♭/D   C♭/E♭   D°/F   E♭m/G♭   F°/A♭
G♭aug/B♭   A♭m/C♭   B♭/D   C♭/E♭   D°/F   E♭m/G♭   F°/A♭

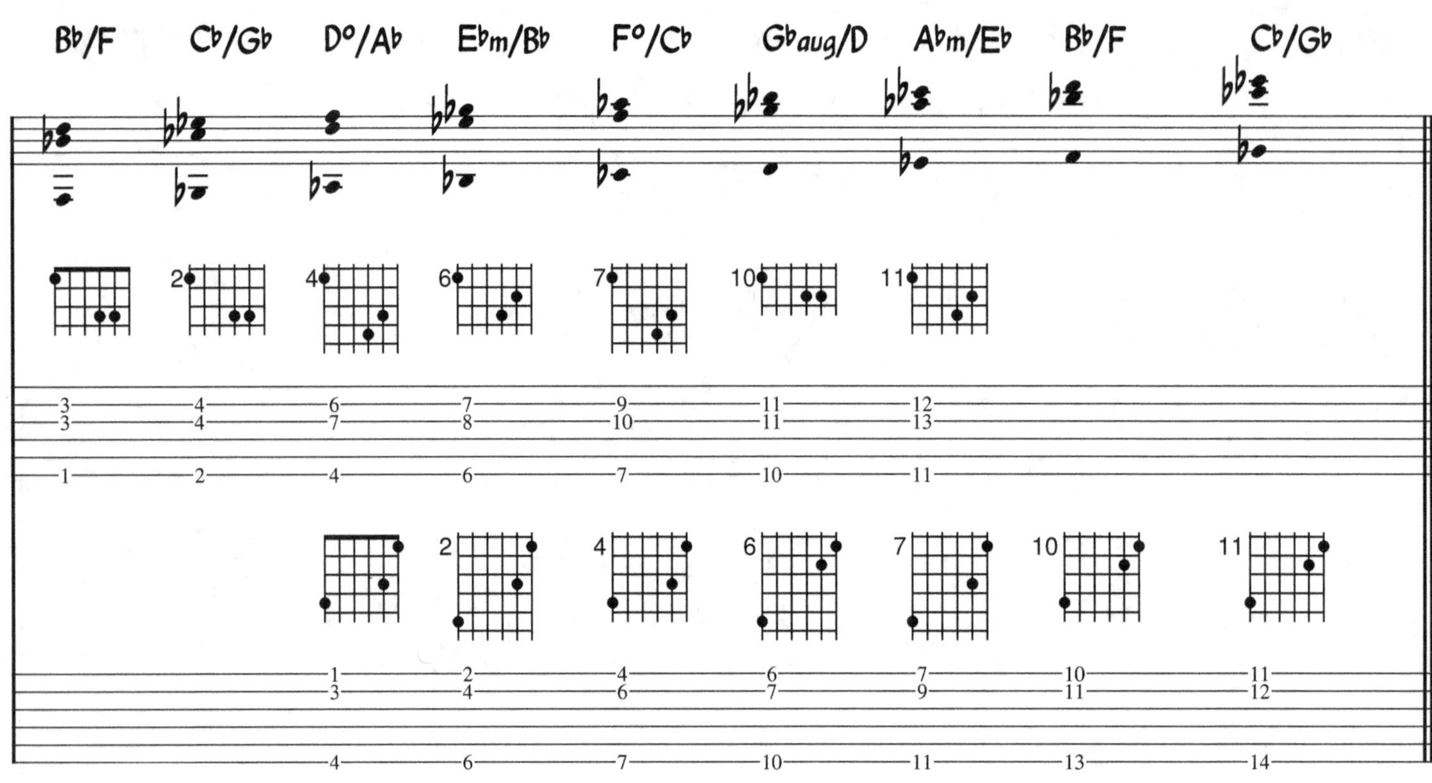

Bb/F
Cb/Gb
Do/Ab
Ebm/Bb
Fo/Cb
Gbaug/D
Abm/Eb
Bb/F
Cb/Gb

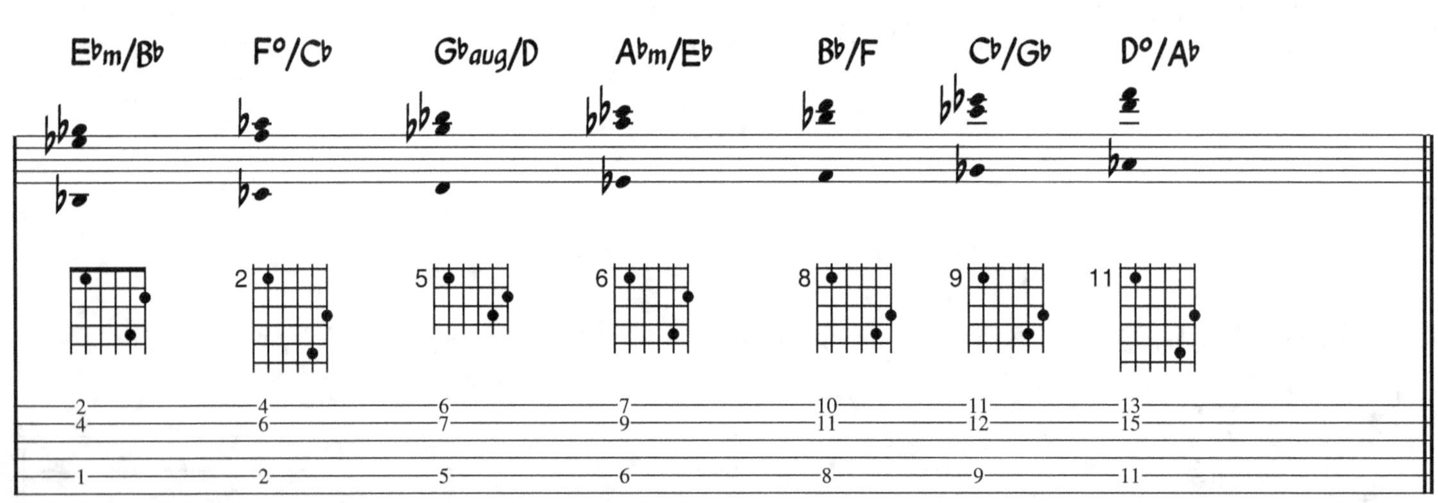

Ebm/Bb
Fo/Cb
Gbaug/D
Abm/Eb
Bb/F
Cb/Gb
Do/Ab

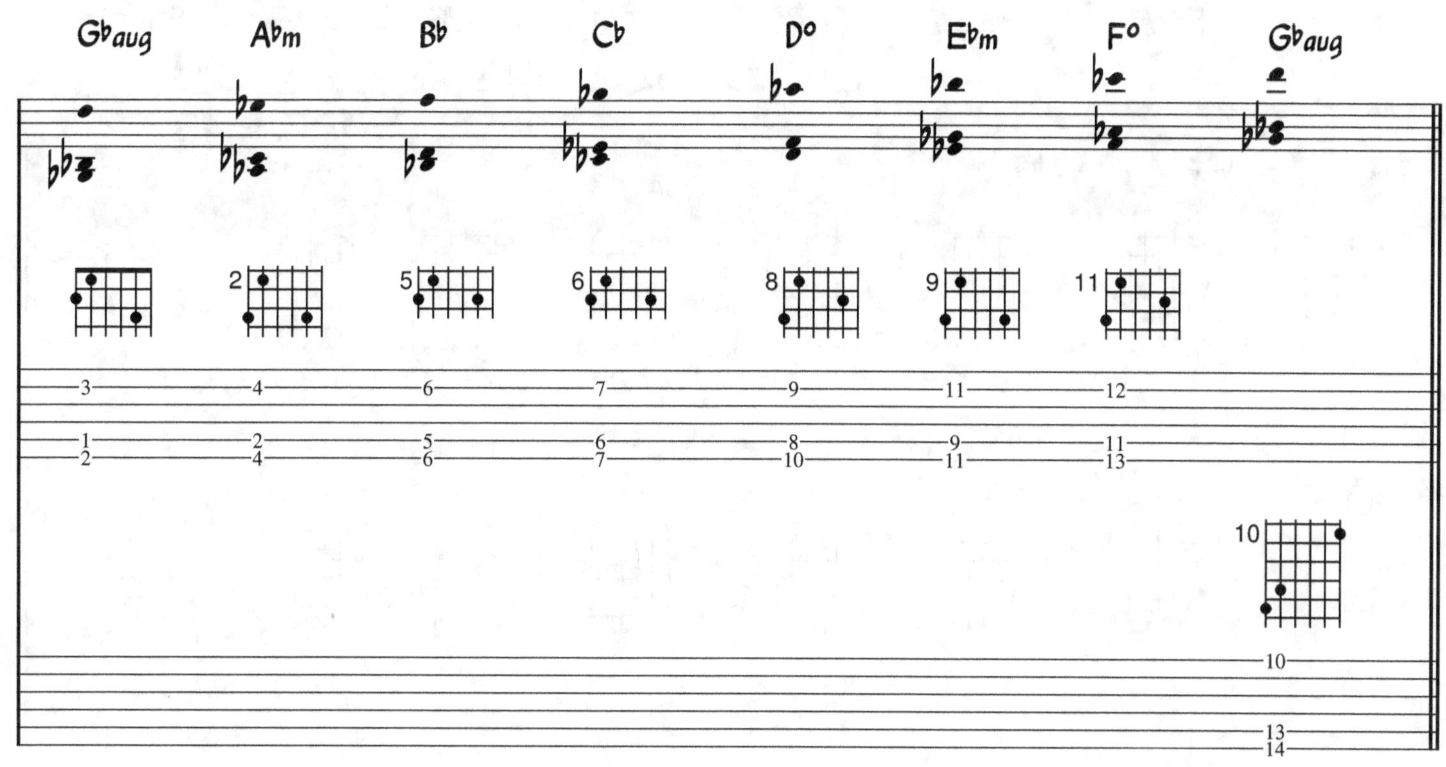
Gᵇaug
Aᵇm
Bᵇ
Cᵇ
Dº
Eᵇm
Fº
Gᵇaug

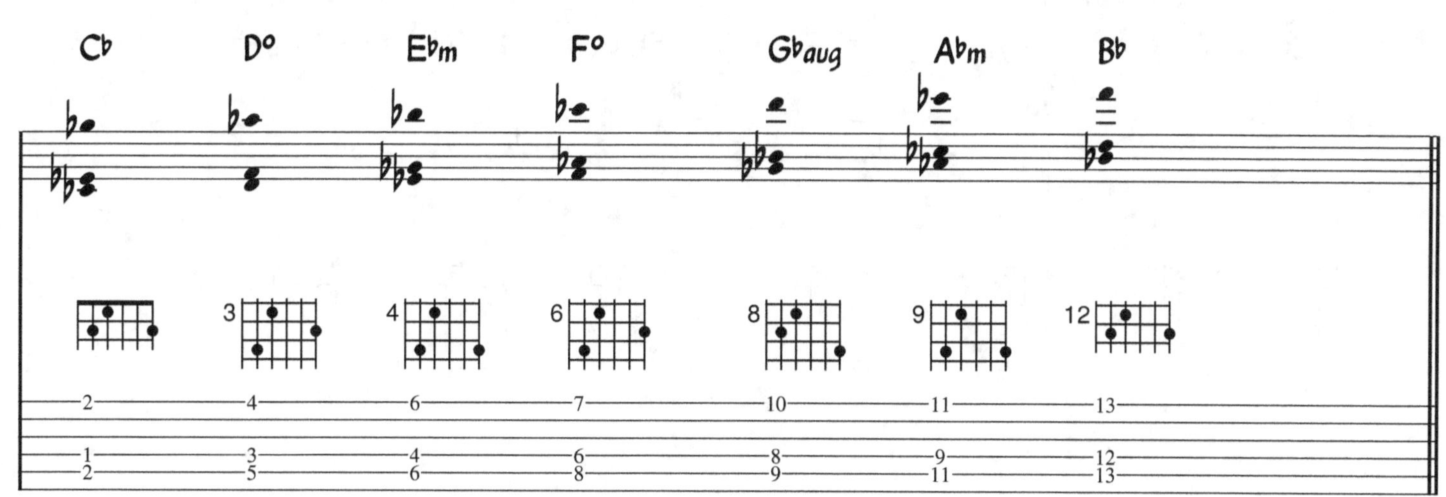
Cᵇ
Dº
Eᵇm
Fº
Gᵇaug
Aᵇm
Bᵇ

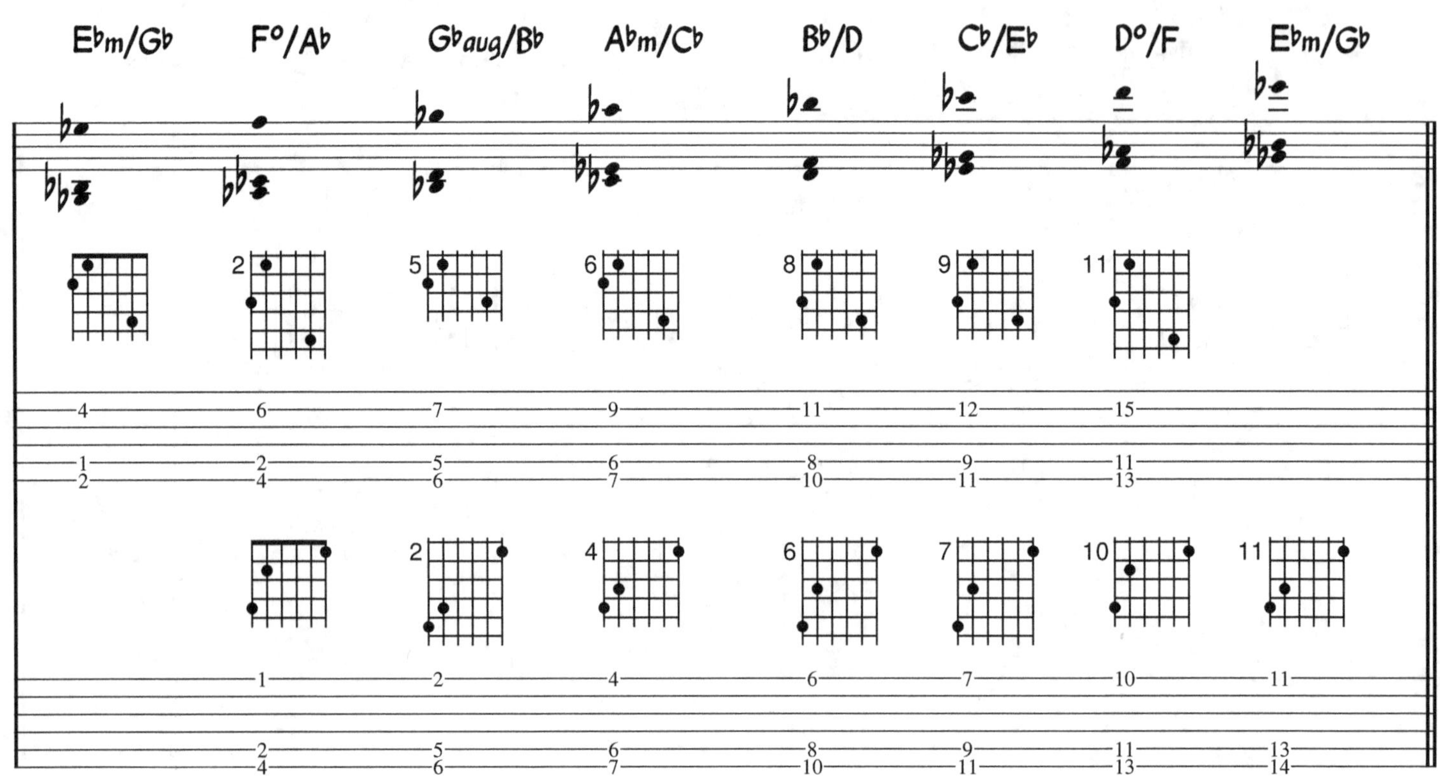

E♭m/G♭   F°/A♭   G♭aug/B♭   A♭m/C♭   B♭/D   C♭/E♭   D°/F   E♭m/G♭

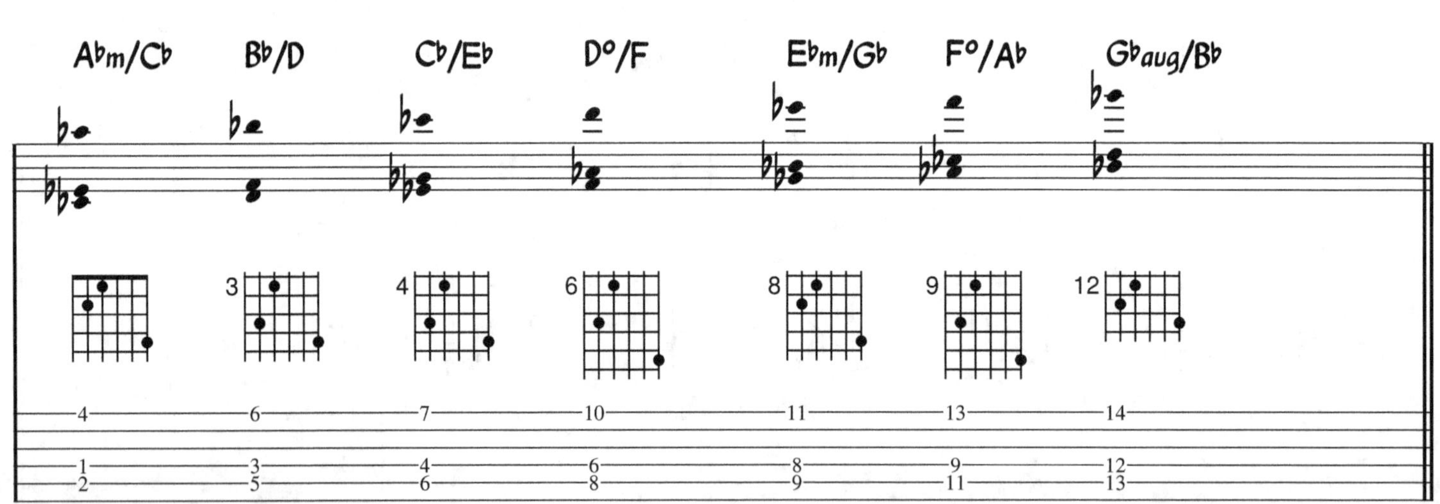

A♭m/C♭   B♭/D   C♭/E♭   D°/F   E♭m/G♭   F°/A♭   G♭aug/B♭

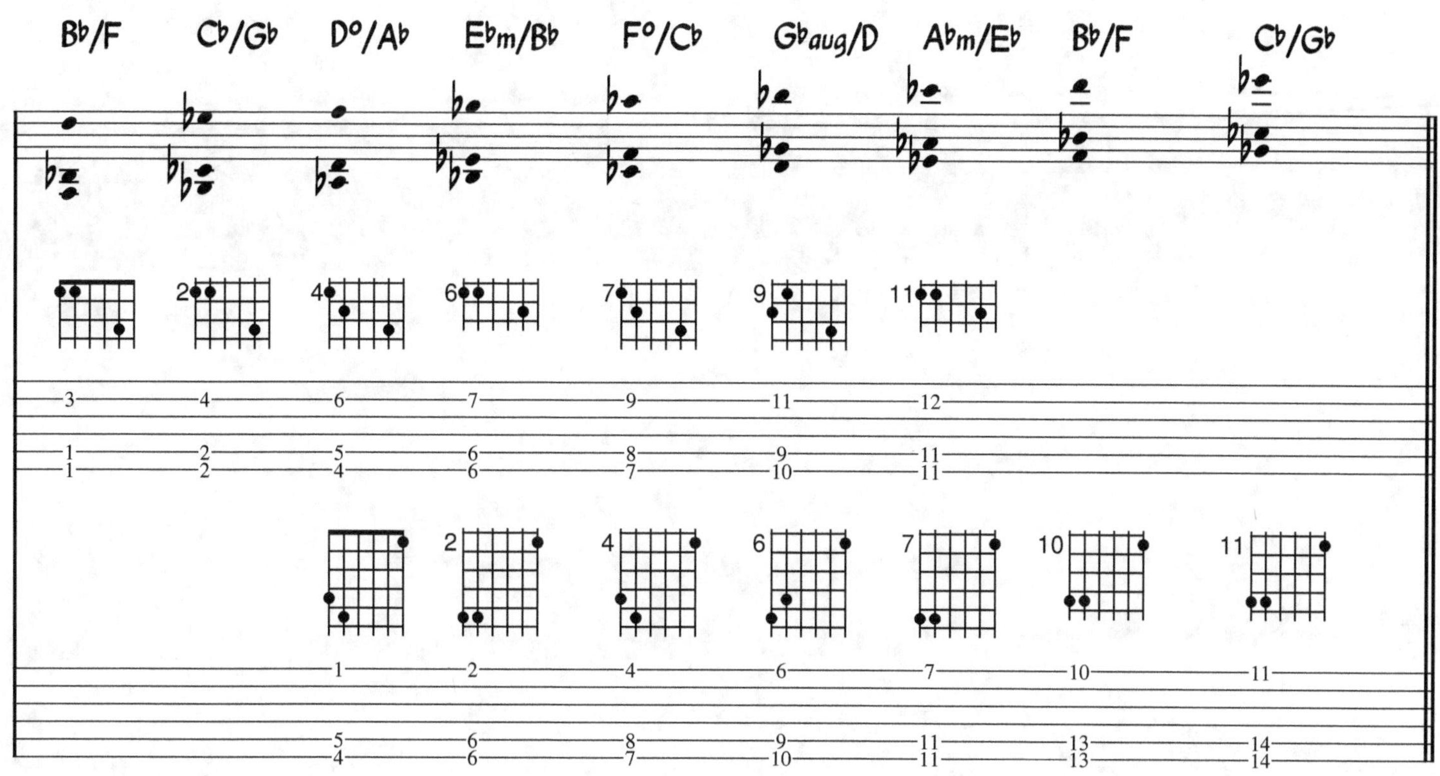

Bb/F
Cb/Gb
Do/Ab
Ebm/Bb
Fo/Cb
Gbaug/D
Abm/Eb
Bb/F
Cb/Gb

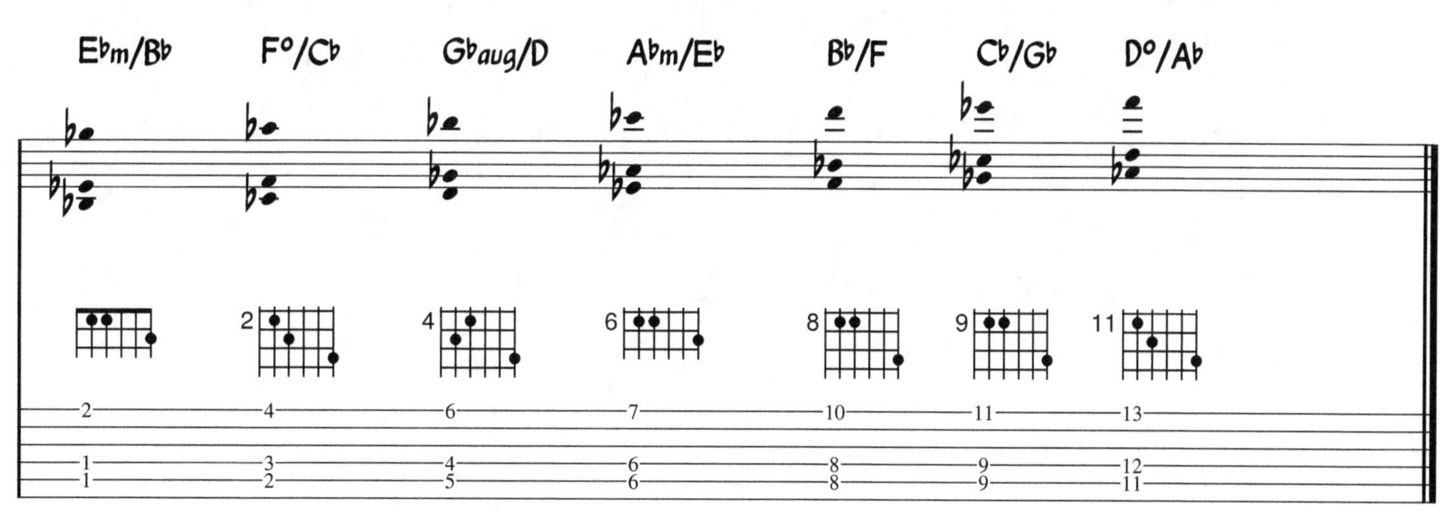

Ebm/Bb
Fo/Cb
Gbaug/D
Abm/Eb
Bb/F
Cb/Gb
Do/Ab

~ B♭ harmonic minor ~

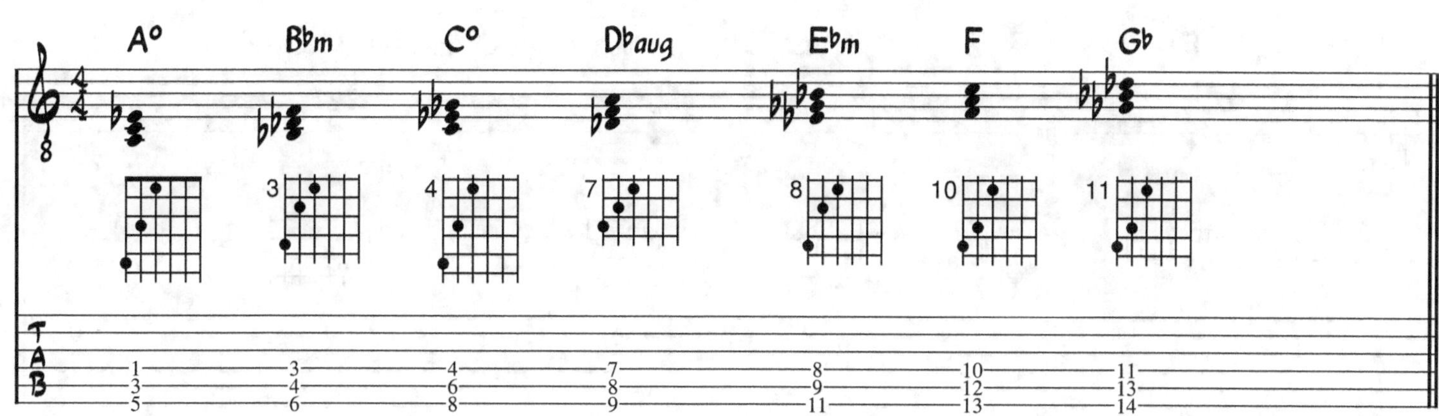

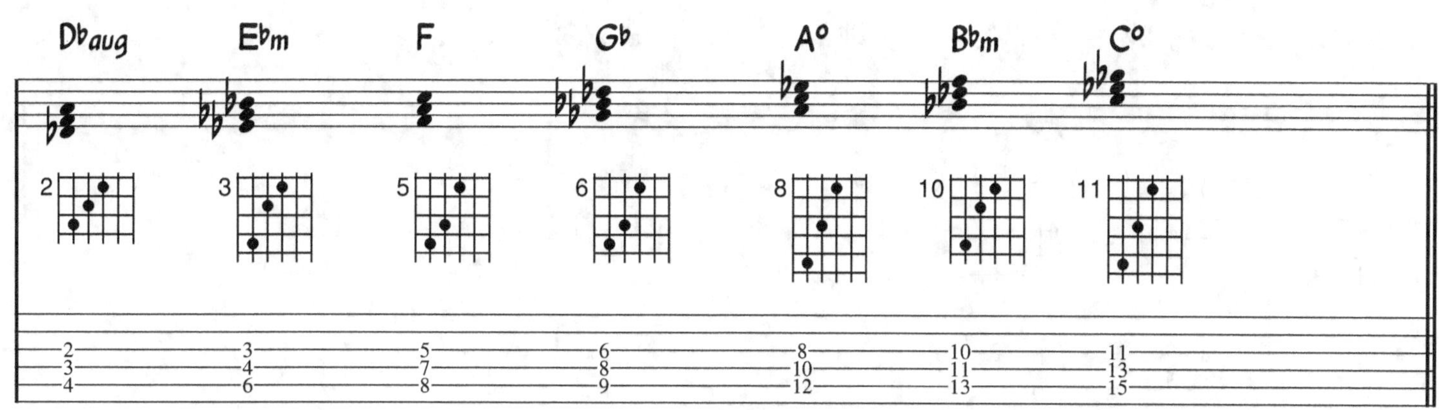

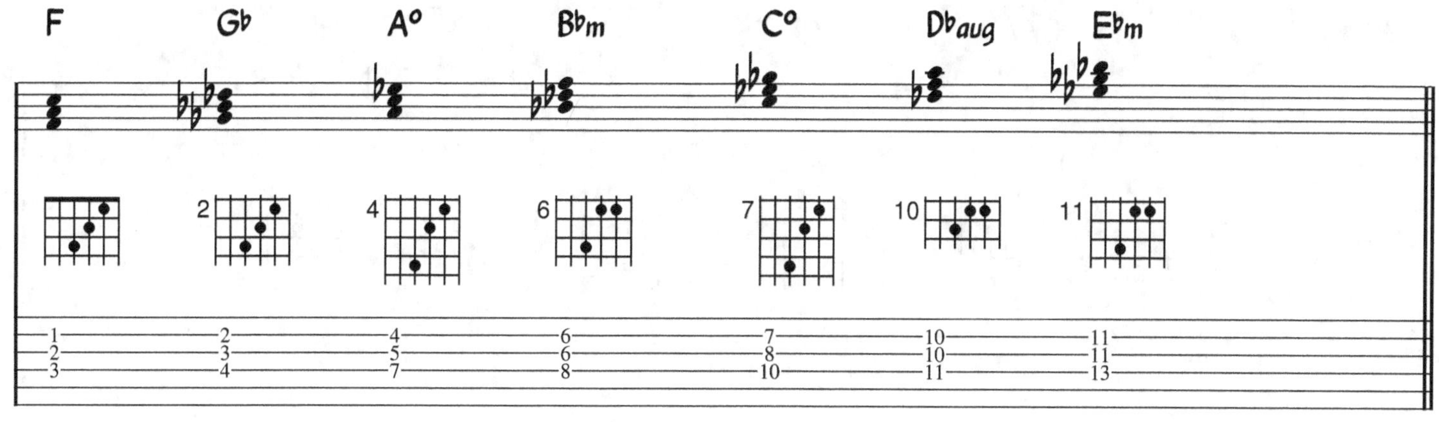

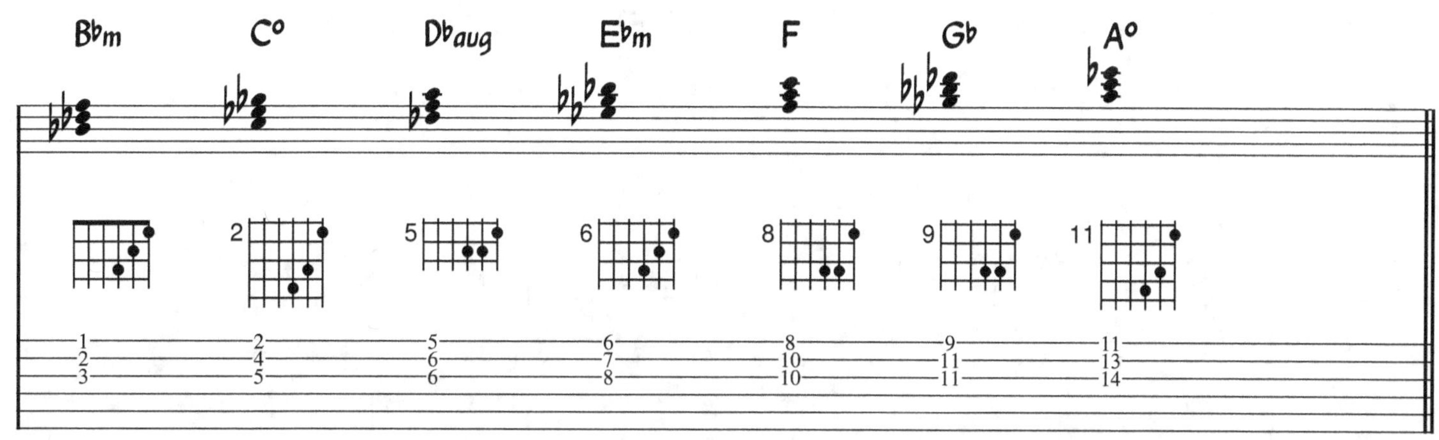

1st inv.

Ebm/Gb   F/A   Gb/Bb   A°/C   Bbm/Db   C°/Eb   Dbaug/F
A°/C   Bbm/Db   C°/Eb   Dbaug/F   Ebm/Gb   F/A   Gb/Bb
Dbaug/F   Ebm/Gb   F/A   Gb/Bb   A°/C   Bbm/Db   C°/Eb
F/A   Gb/Bb   A°/C   Bbm/Db   C°/Eb   Dbaug/F   Ebm/Gb

C°/Gb   Dbaug/A   Ebm/Bb   F/C   Gb/Db   A°/Eb   Bbm/F
F/C   Gb/Db   A°/Eb   Bbm/F   C°/Gb   Dbaug/A   Ebm/Bb
A°/Eb   Bbm/F   C°/Gb   Dbaug/A   Ebm/Bb   F/C   Gb/Db
Dbaug/A   Ebm/Bb   F/C   Gb/Db   A°/Eb   Bbm/F   C°/Gb

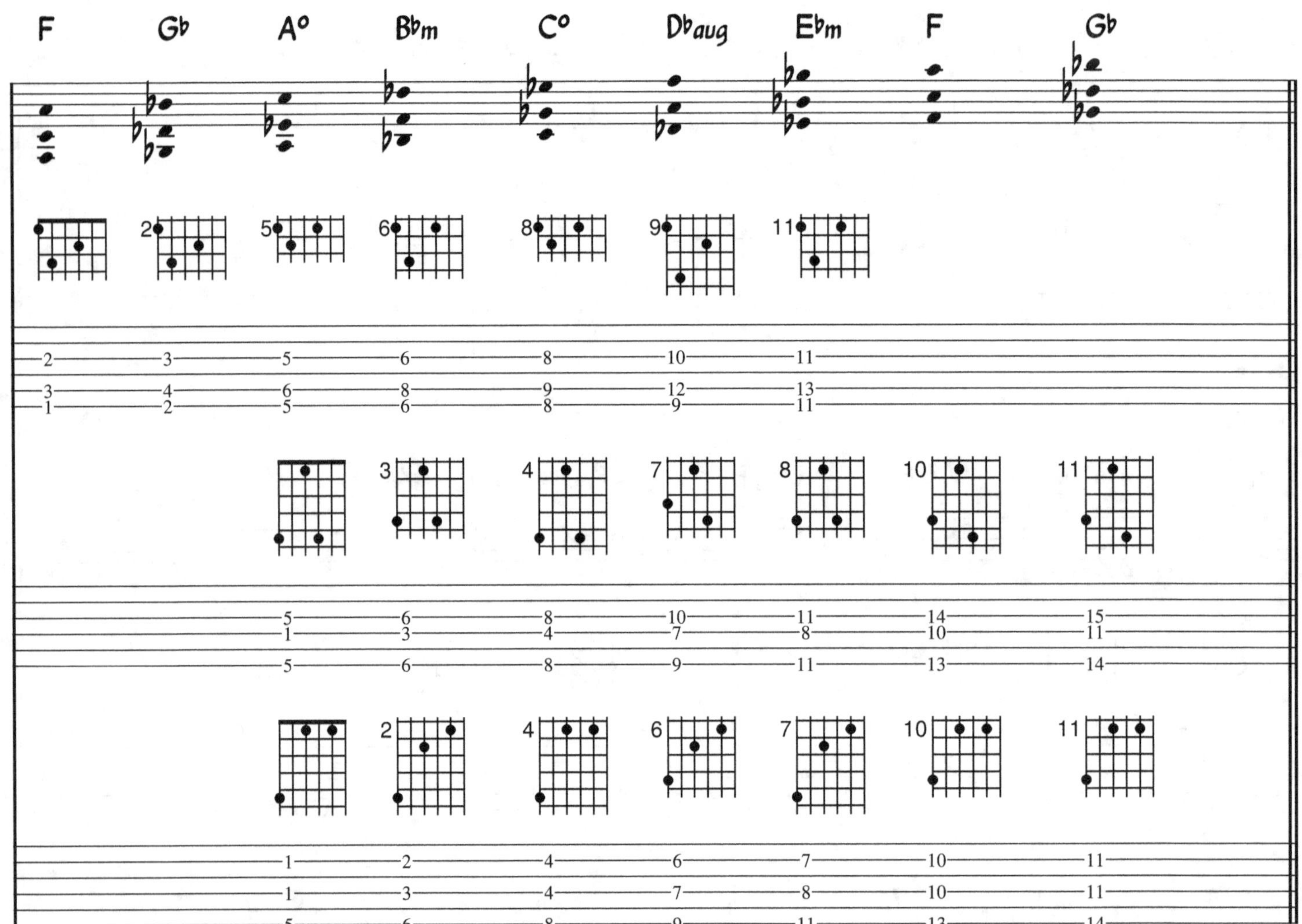

F   Gb   A°   Bbm   C°   Dbaug   Ebm   F   Gb

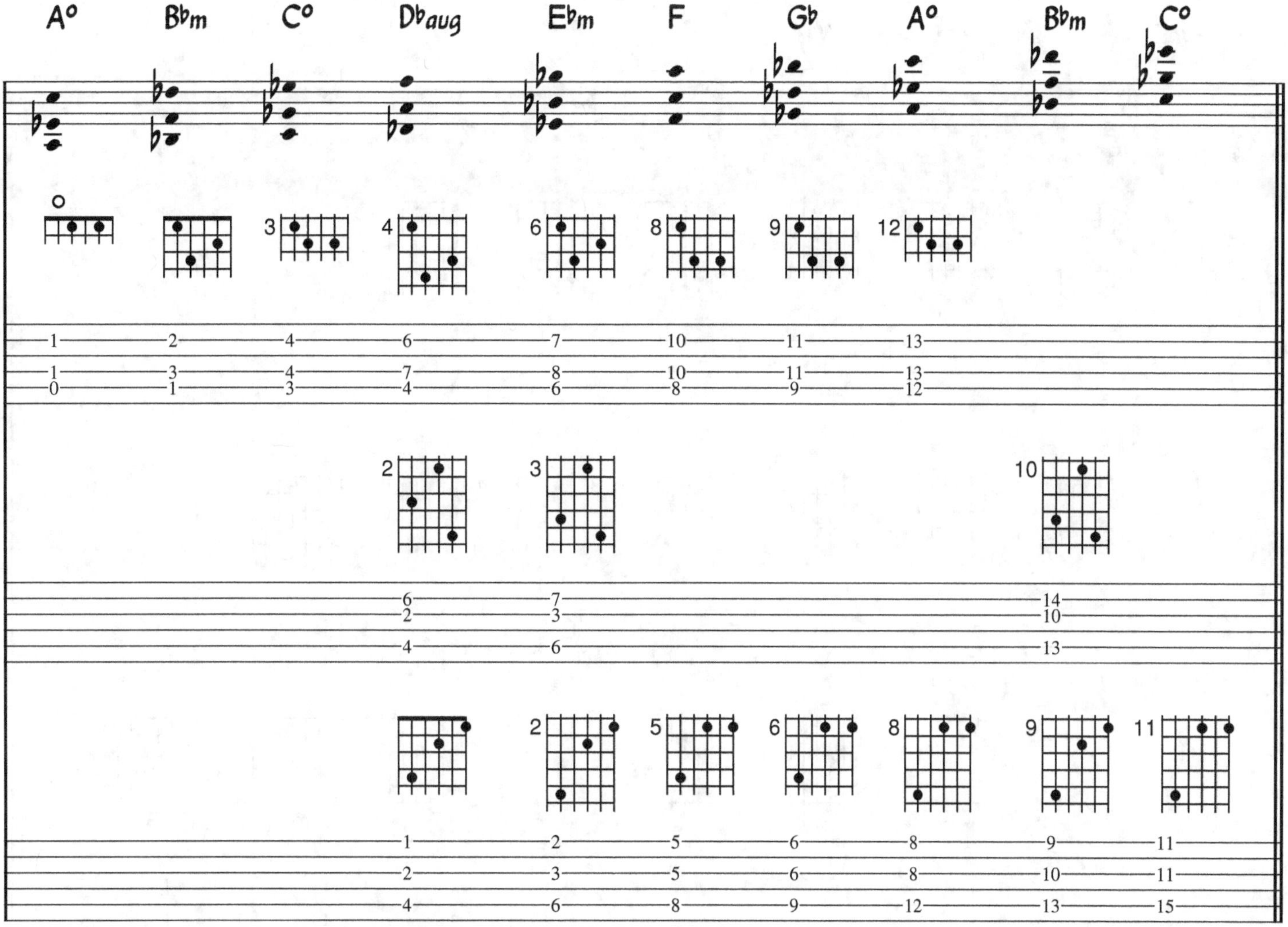

A° Bbm C° Dbaug Ebm F Gb A° Bbm C°
Ebm F Gb A° Bbm C° Dbaug Ebm

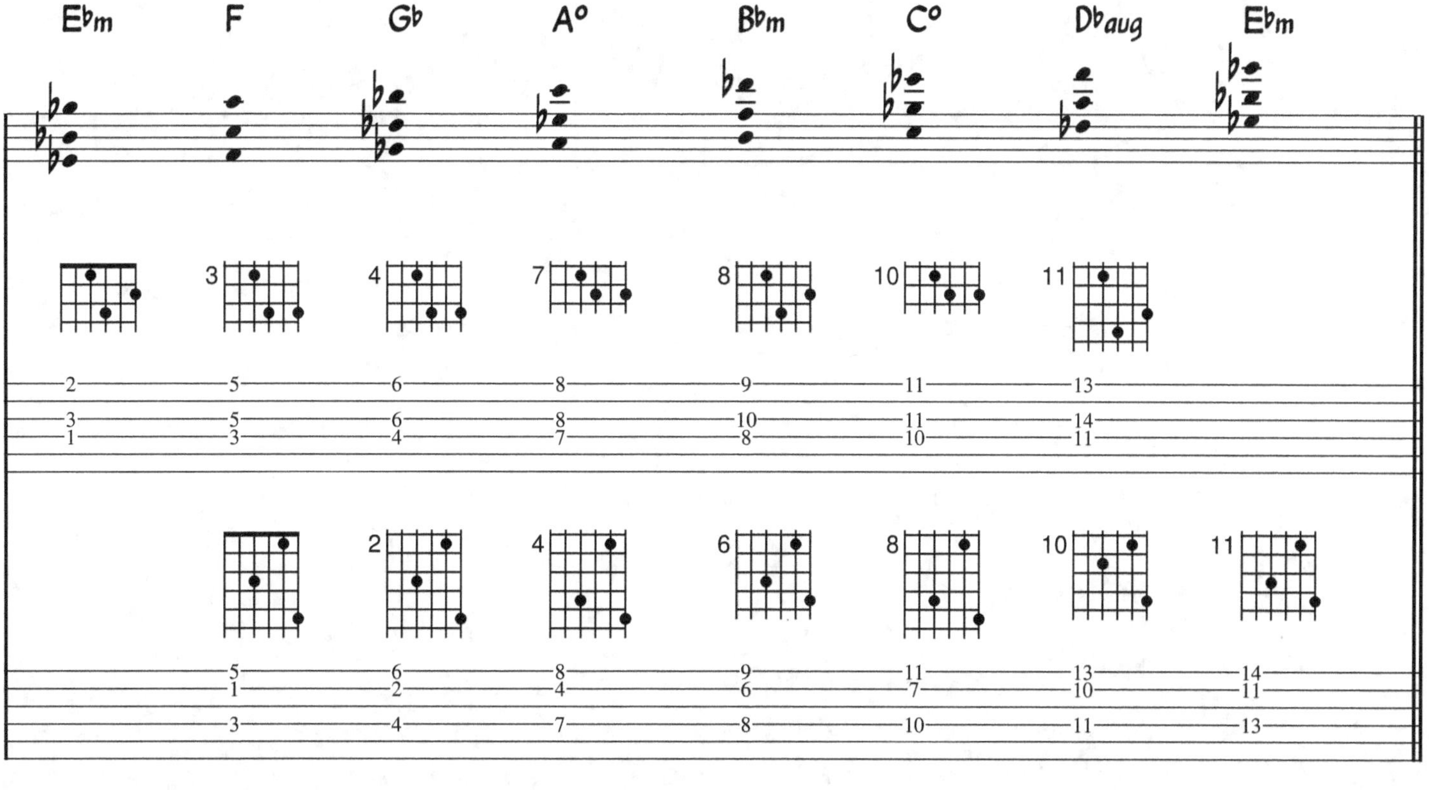

1st inv. (open voiced)
Dbaug/F   Ebm/Gb   F/A   Gb/Bb   Ao/C   Bbm/Db   Co/Eb   Dbaug/F   Ebm/Gb

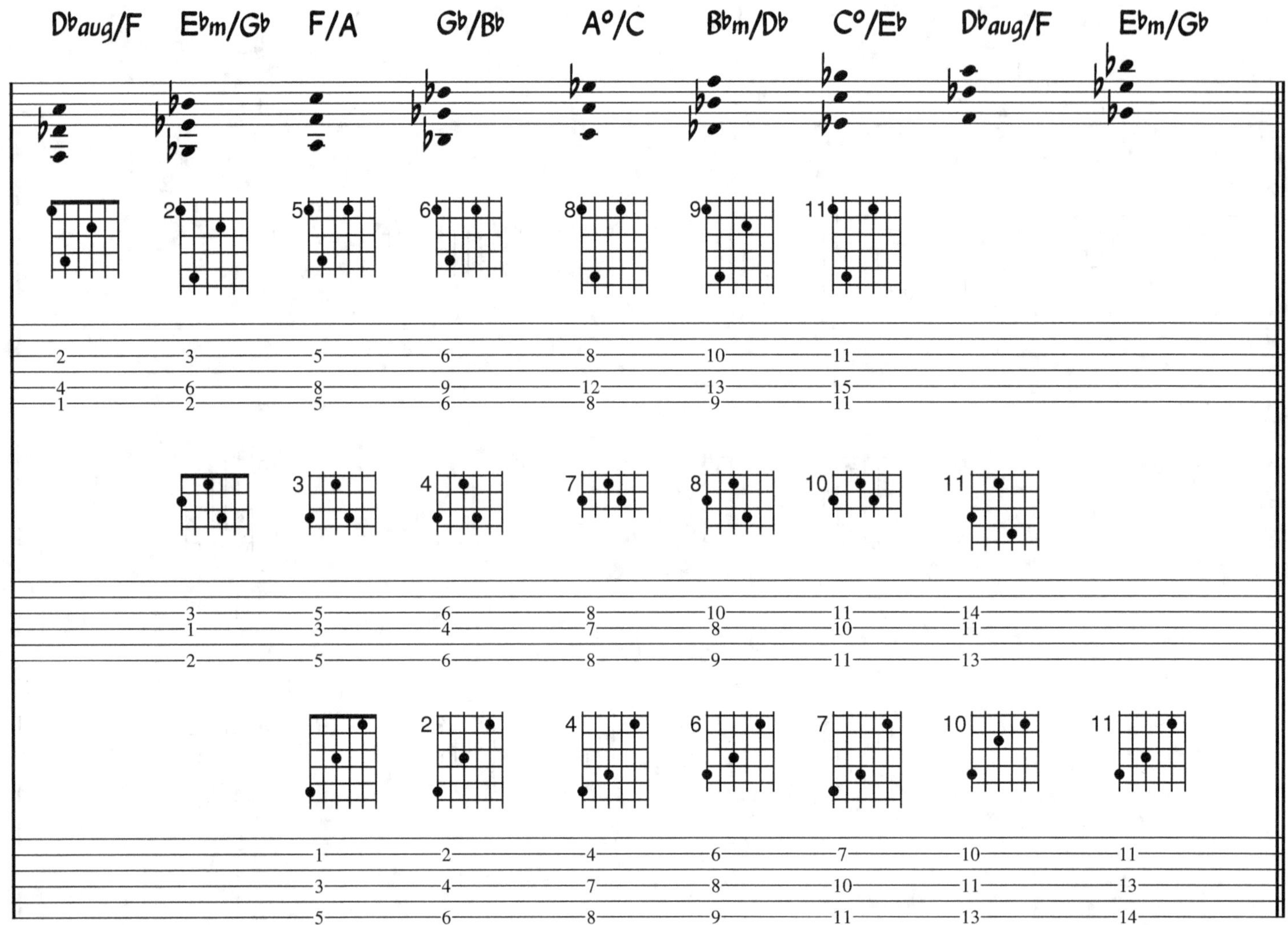

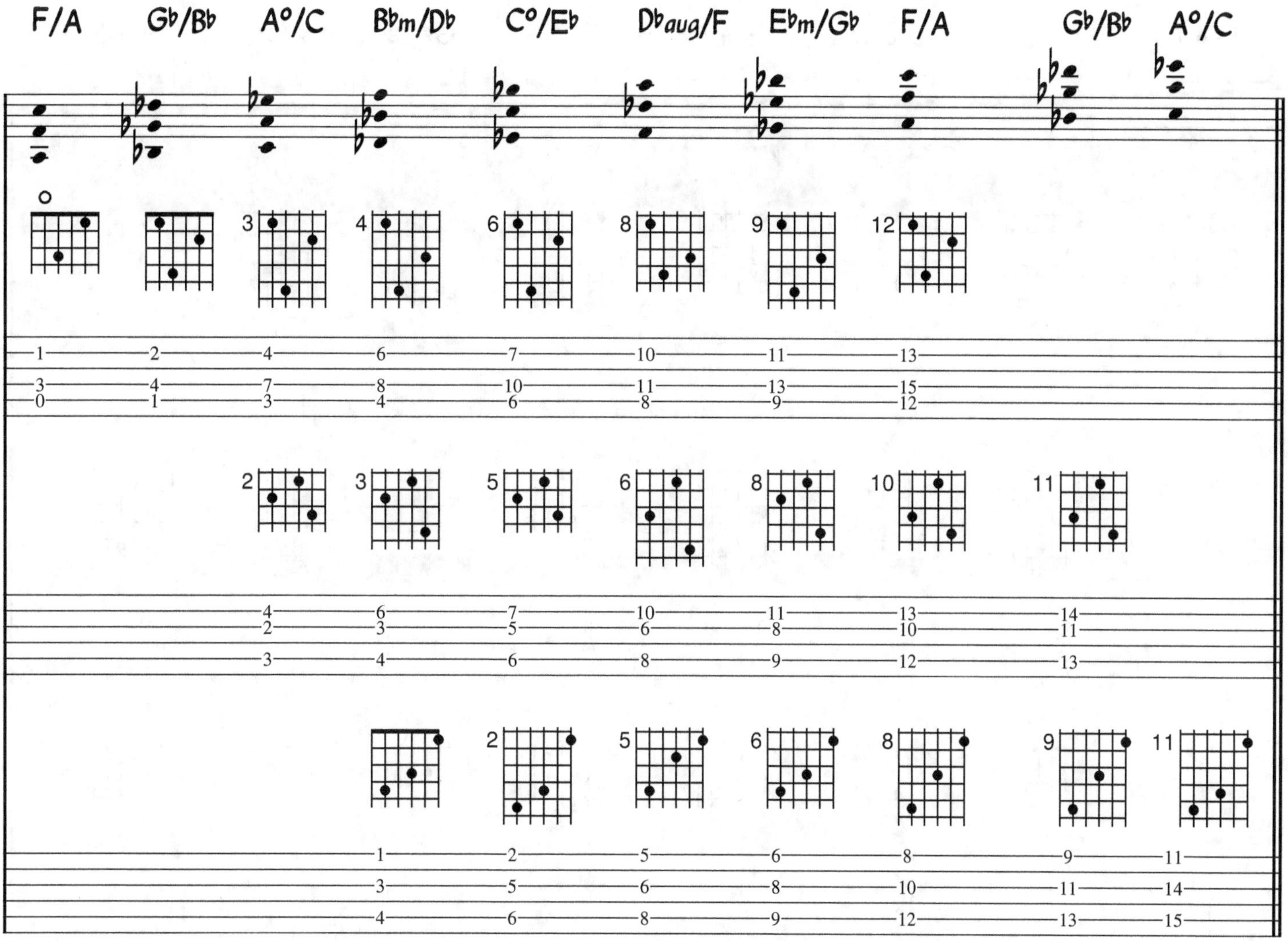

F/A   Gb/Bb   A°/C   Bbm/Db   C°/Eb   Dbaug/F   Ebm/Gb   F/A   Gb/Bb   A°/C

C°/Eb   Dbaug/F   Ebm/Gb   F/A   Gb/Bb   A°/C   Bbm/Db

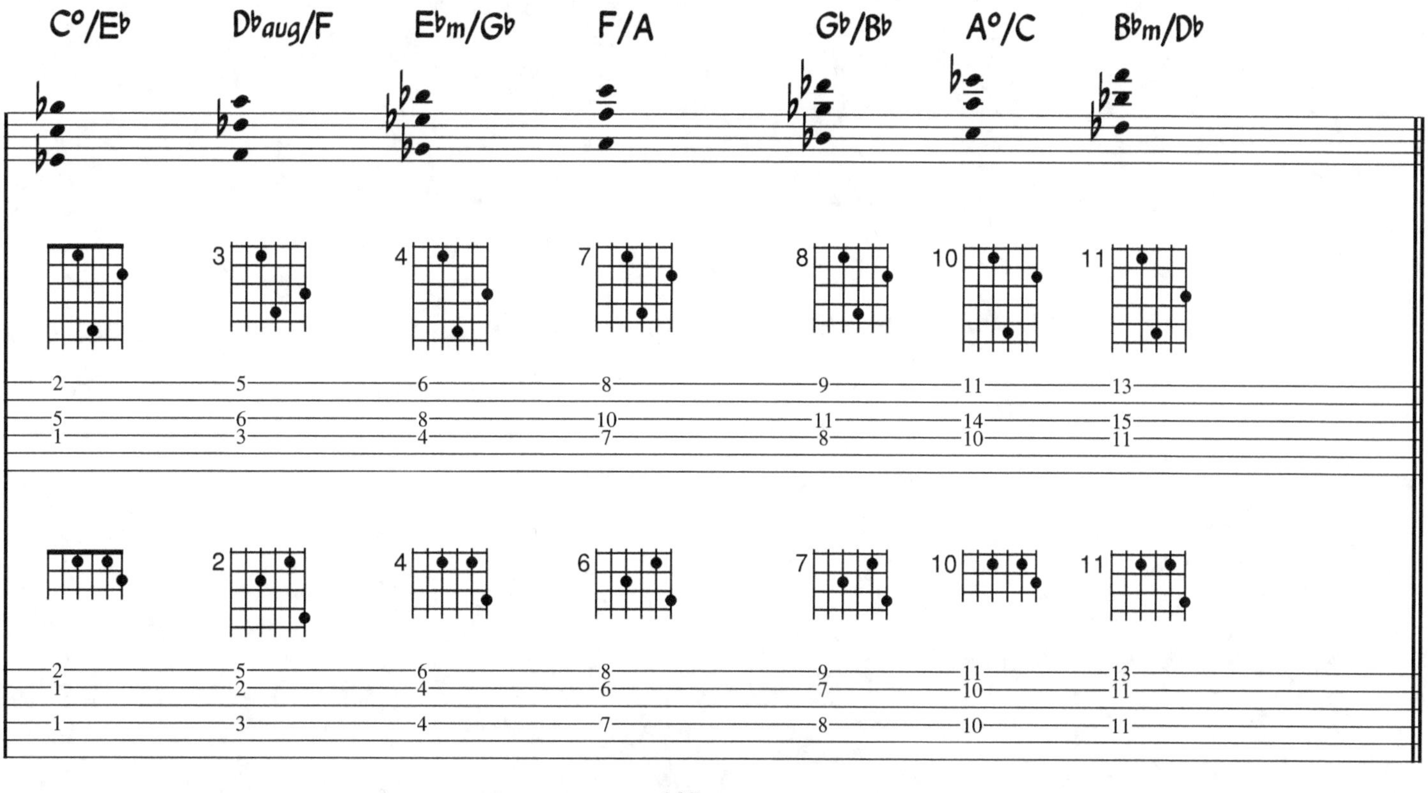

2nd inv. (open voiced)
Bbm/F   C°/Gb   Dbaug/A   Ebm/Bb   F/C   Gb/Db   A°/Eb   Bbm/F

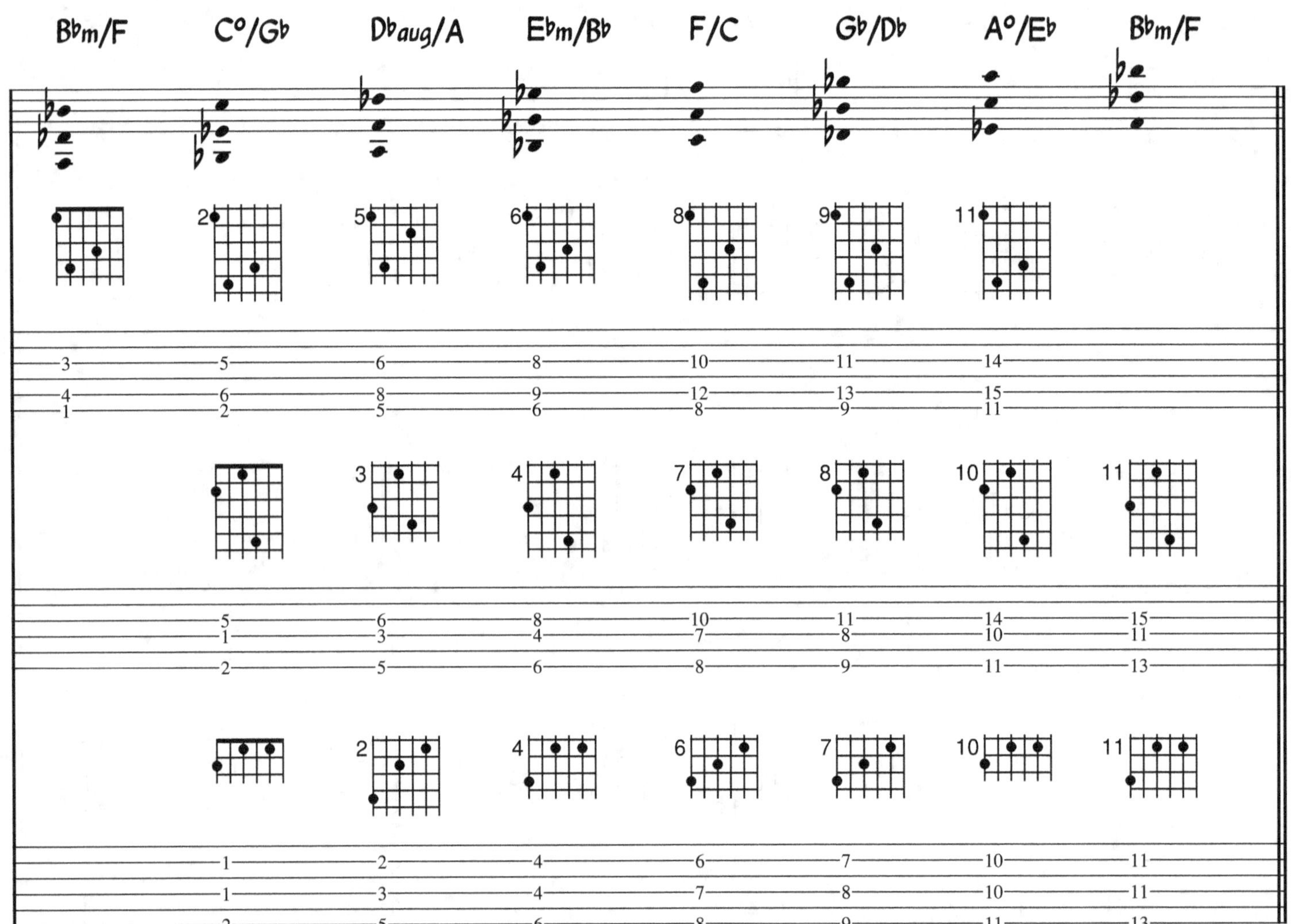

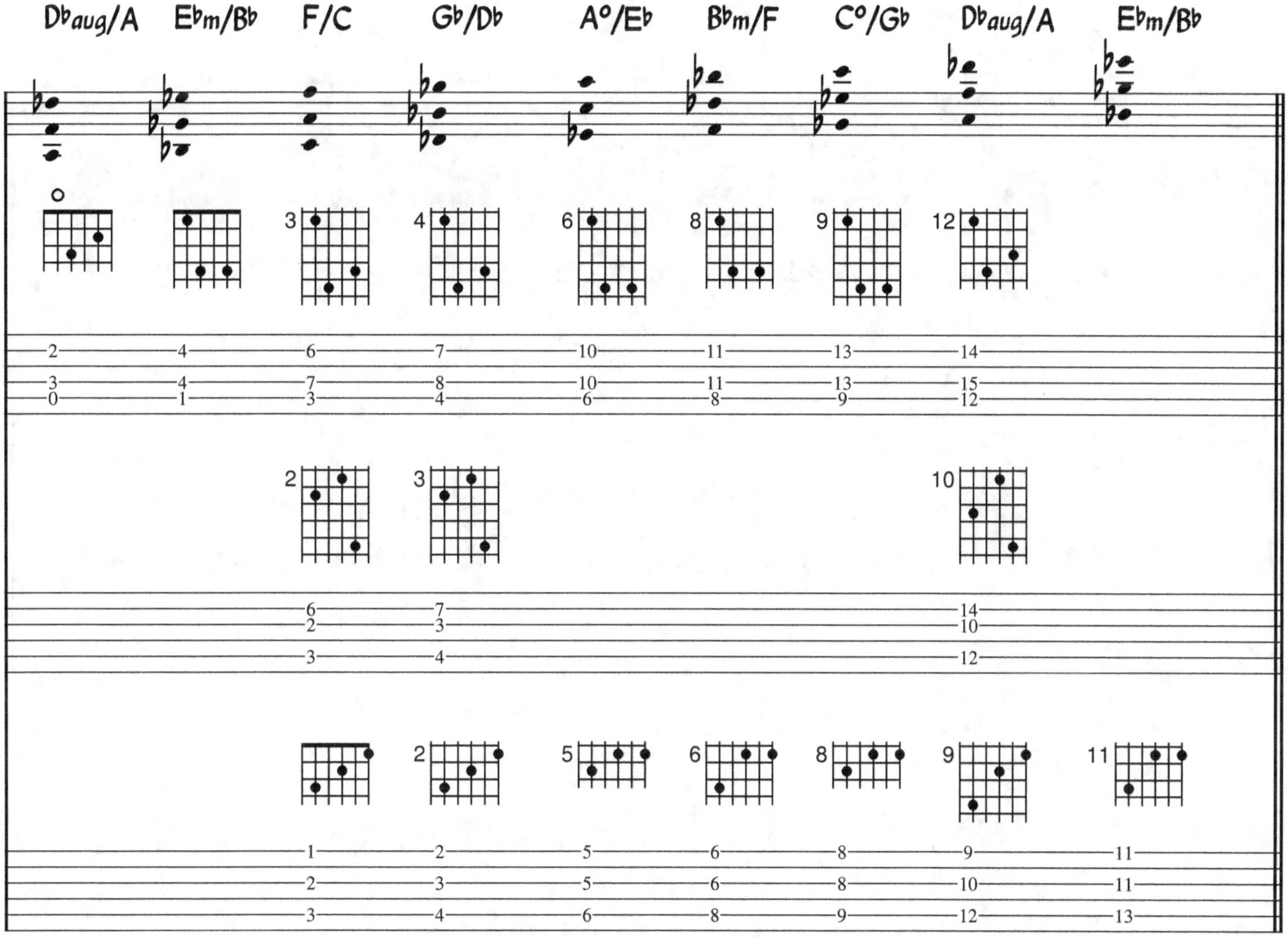

D♭aug/A   E♭m/B♭   F/C   G♭/D♭   A°/E♭   B♭m/F   C°/G♭   D♭aug/A   E♭m/B♭
A°/E♭   B♭m/F   C°/G♭   D♭aug/A   E♭m/B♭   F/C   G♭/D♭

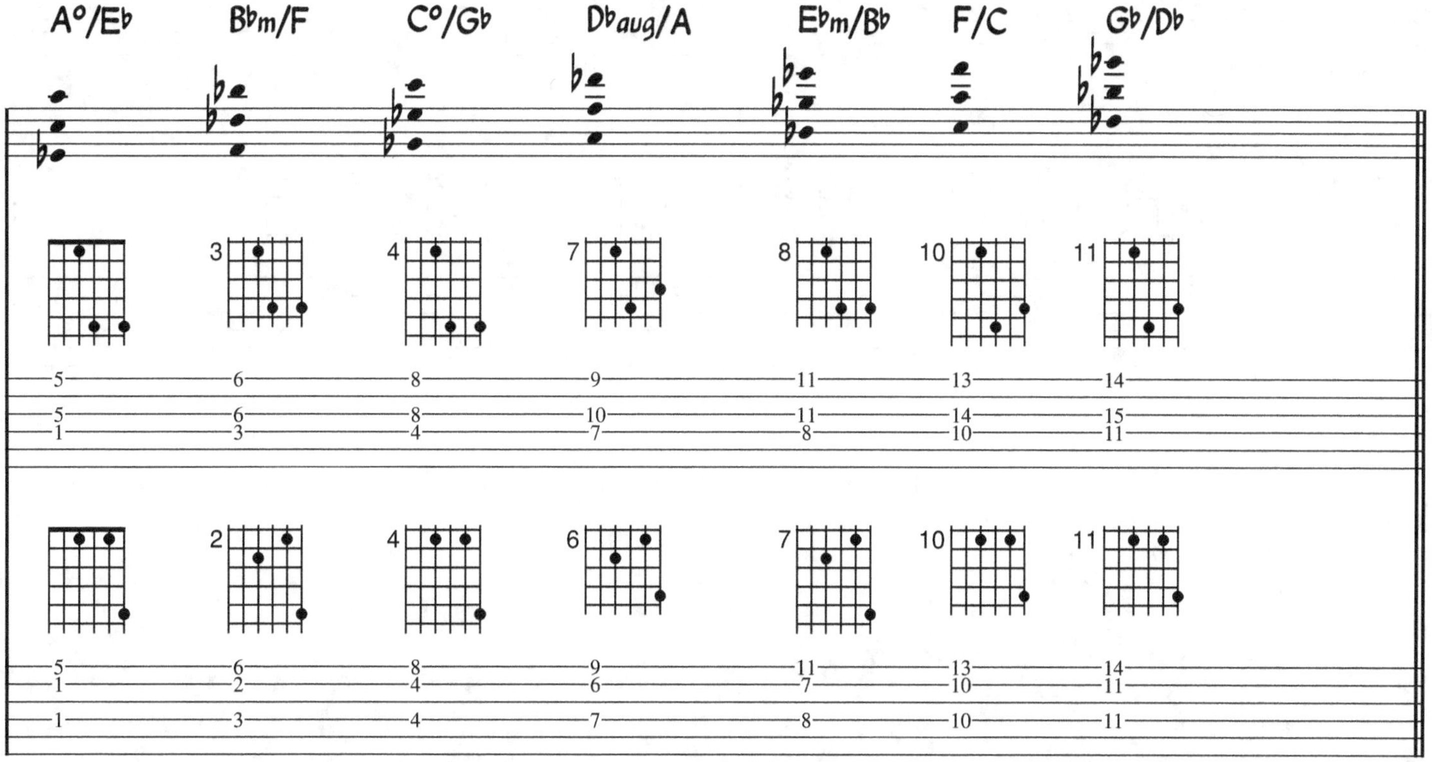

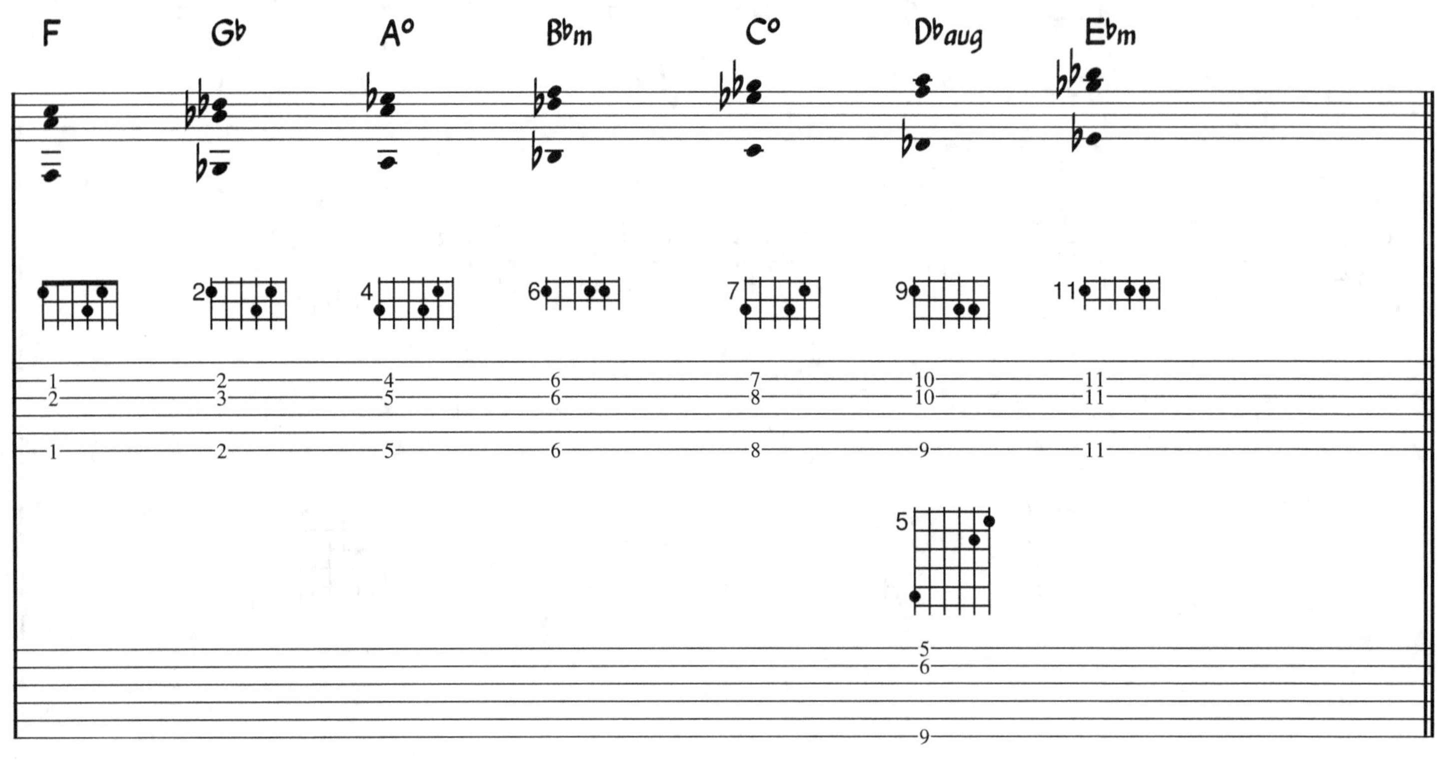

F
Gb
Ao
Bbm
Co
Dbaug
Ebm

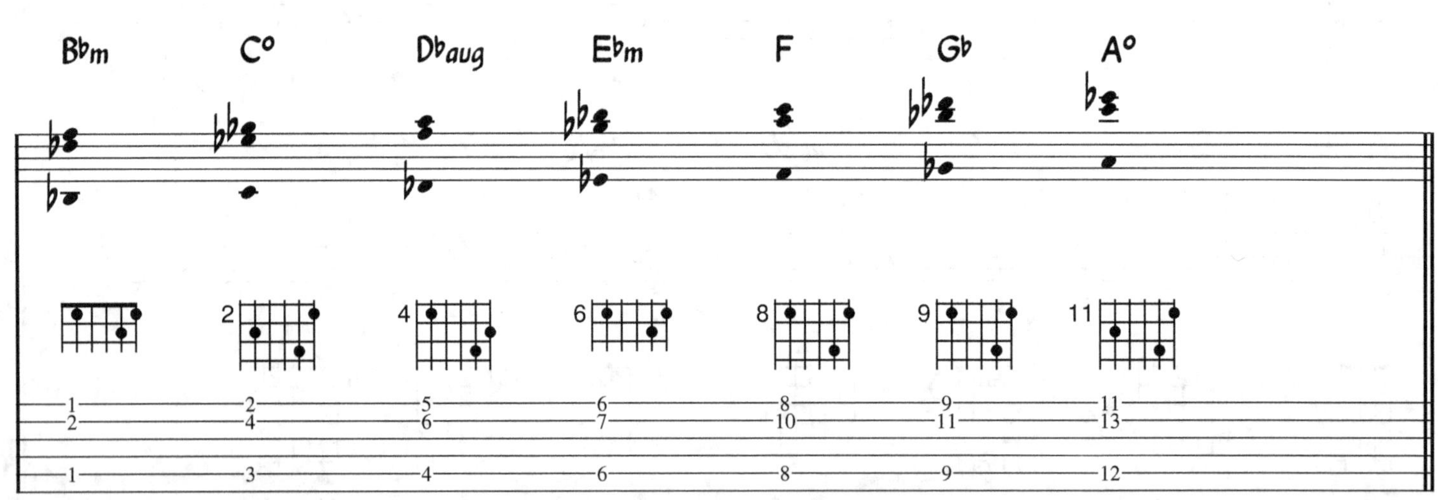

Bbm
Co
Dbaug
Ebm
F
Gb
Ao

1st inv. (open voiced, Version 2)

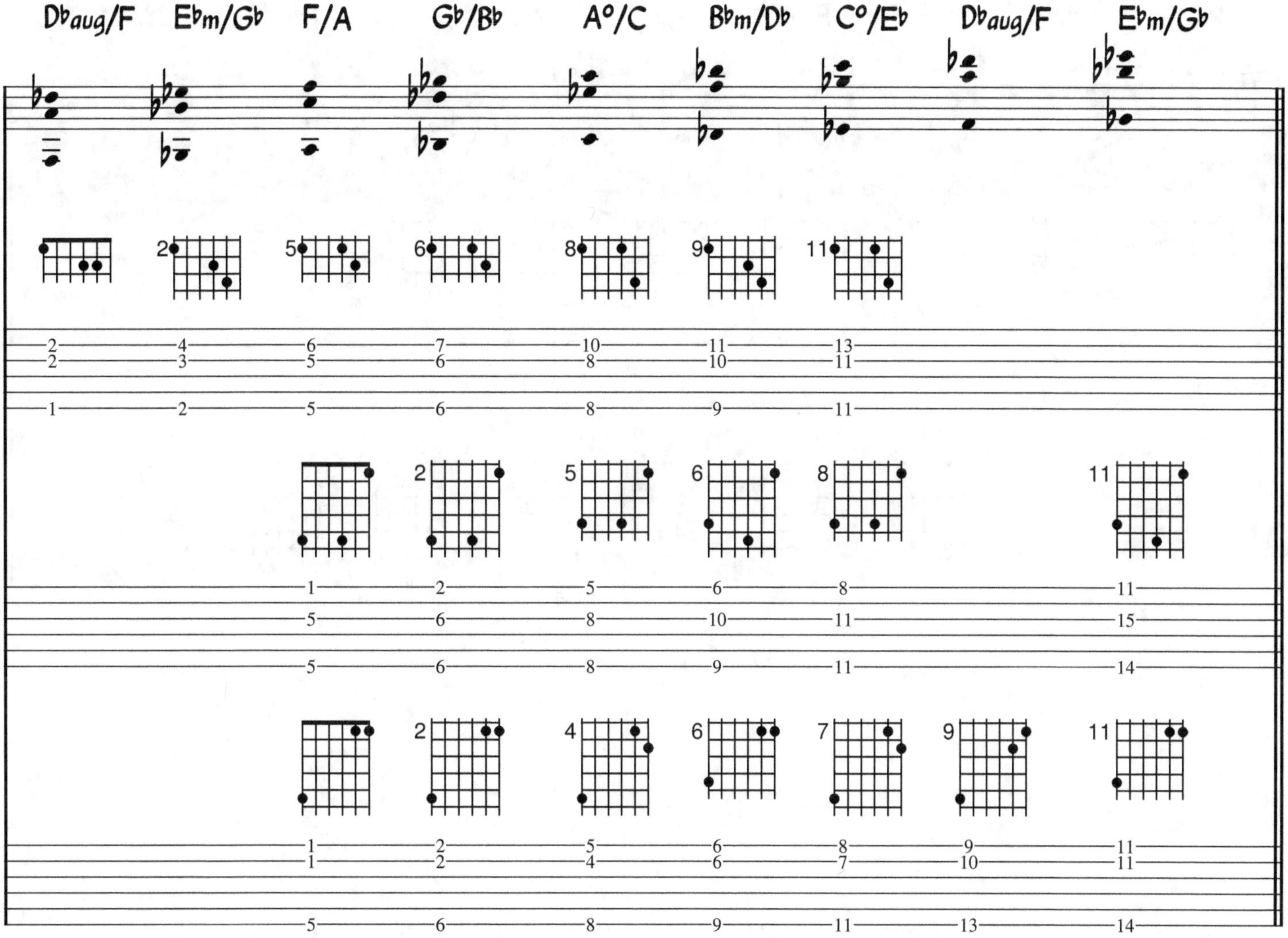

Dᵇaug/F   Eᵇm/Gᵇ   F/A   Gᵇ/Bᵇ   Aᵒ/C   Bᵇm/Dᵇ   Cᵒ/Eᵇ   Dᵇaug/F   Eᵇm/Gᵇ

F/A   Gᵇ/Bᵇ   Aᵒ/C   Bᵇm/Dᵇ   Cᵒ/Eᵇ   Dᵇaug/F   Eᵇm/Gᵇ   F/A

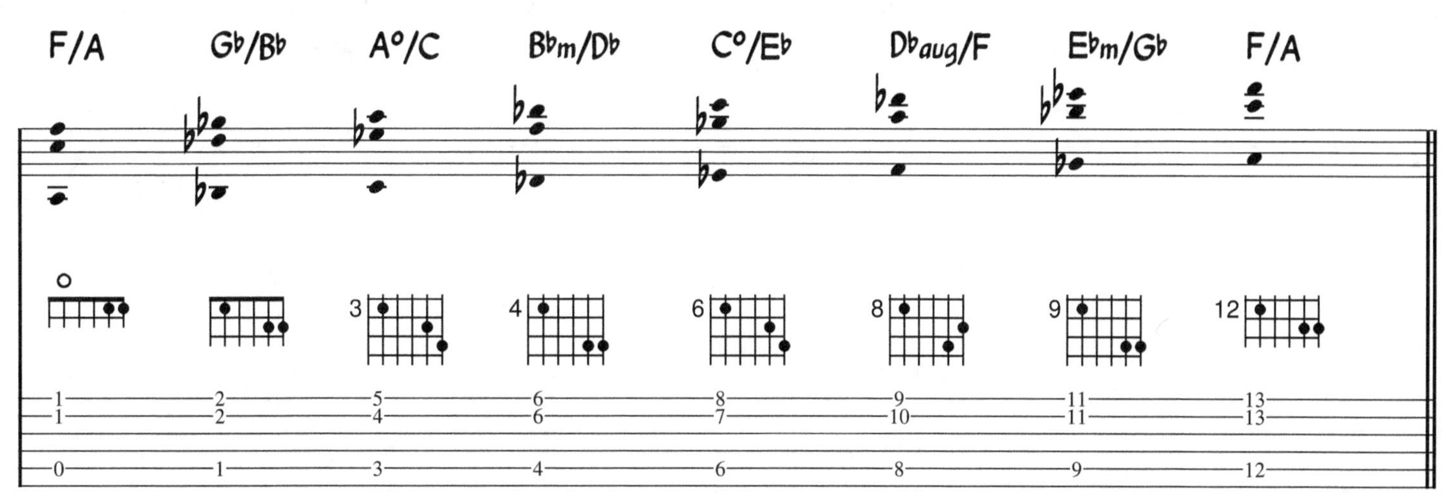

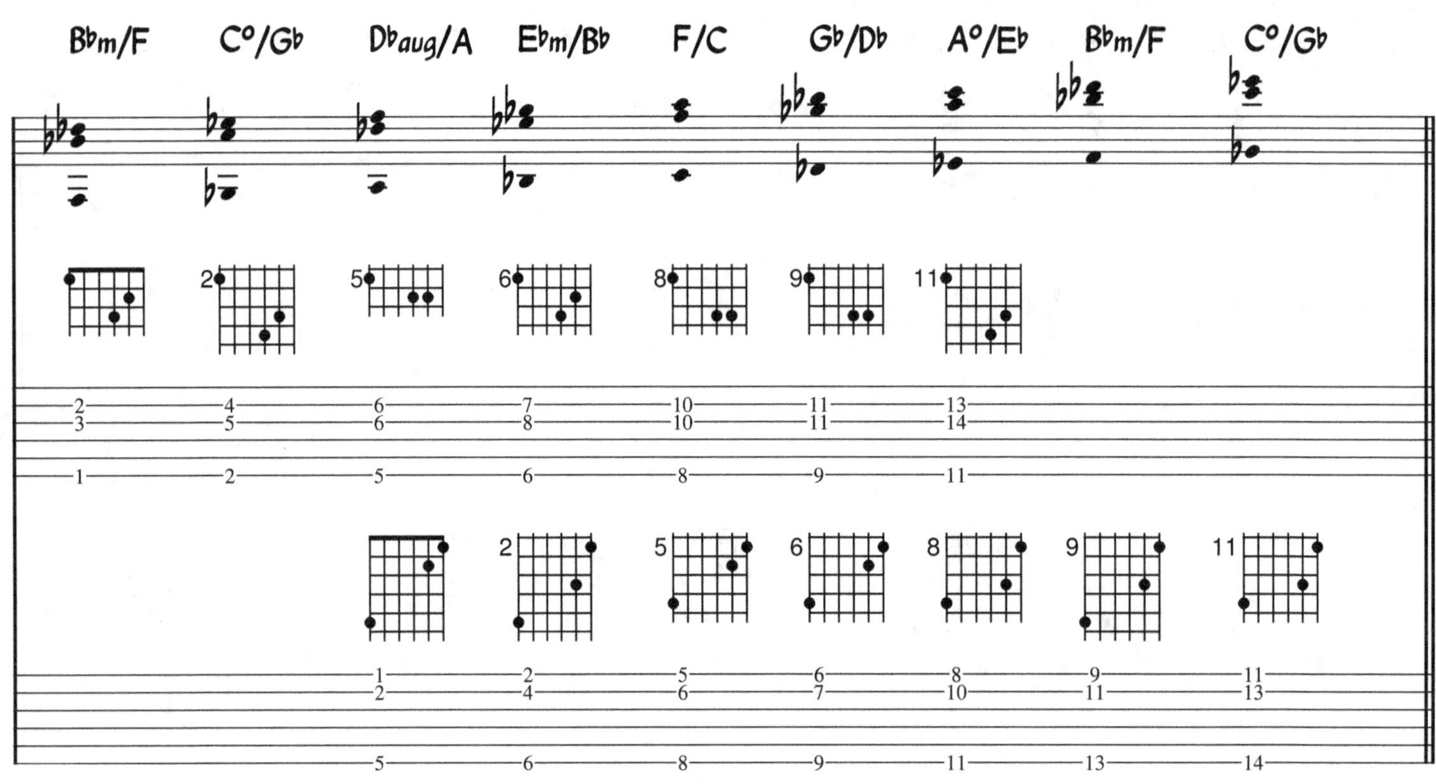

Bᵇm/F   C°/Gᵇ   Dᵇaug/A   Eᵇm/Bᵇ   F/C   Gᵇ/Dᵇ   A°/Eᵇ   Bᵇm/F   C°/Gᵇ

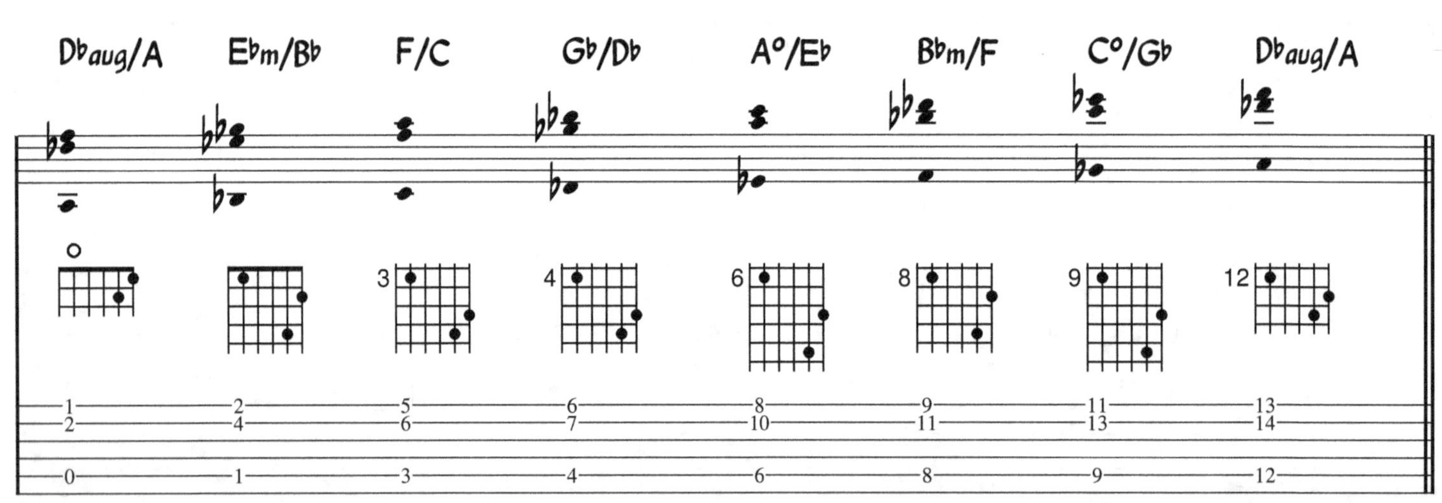

Dᵇaug/A   Eᵇm/Bᵇ   F/C   Gᵇ/Dᵇ   A°/Eᵇ   Bᵇm/F   C°/Gᵇ   Dᵇaug/A

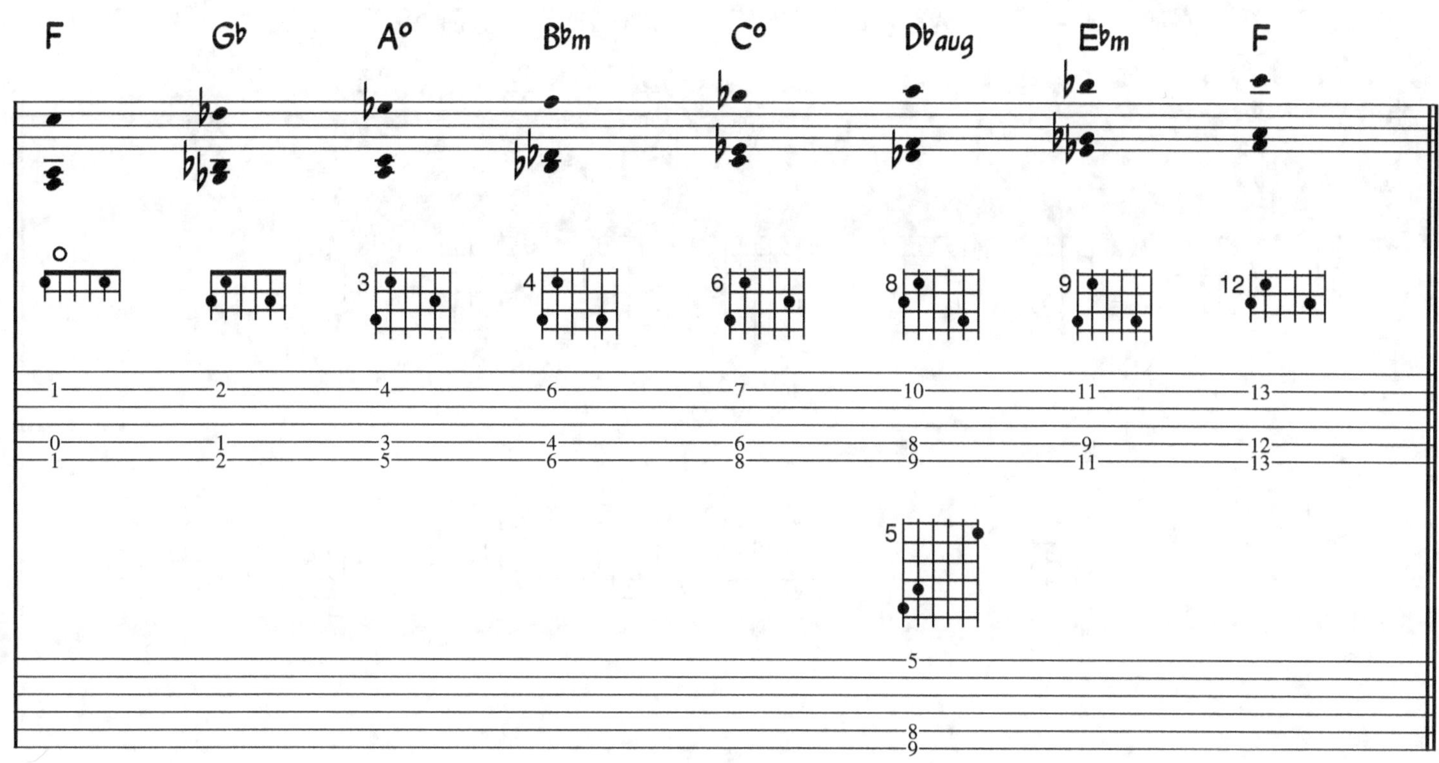
F
Gb
A°
Bbm
C°
Dbaug
Ebm
F

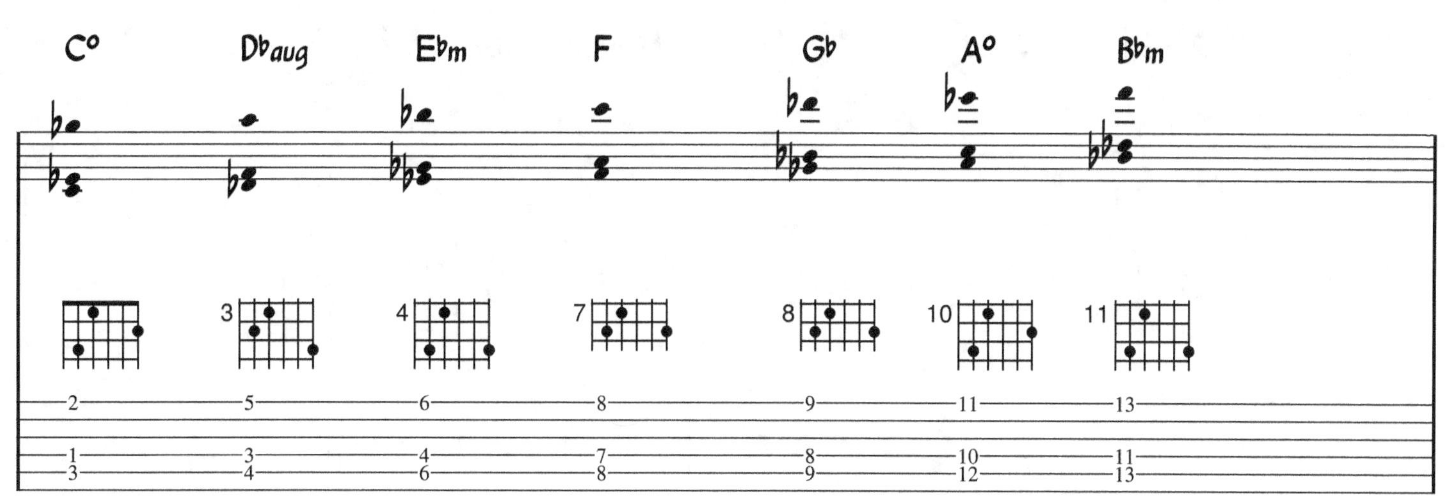
C°
Dbaug
Ebm
F
Gb
A°
Bbm

1st inv. (open voiced, Version 3)

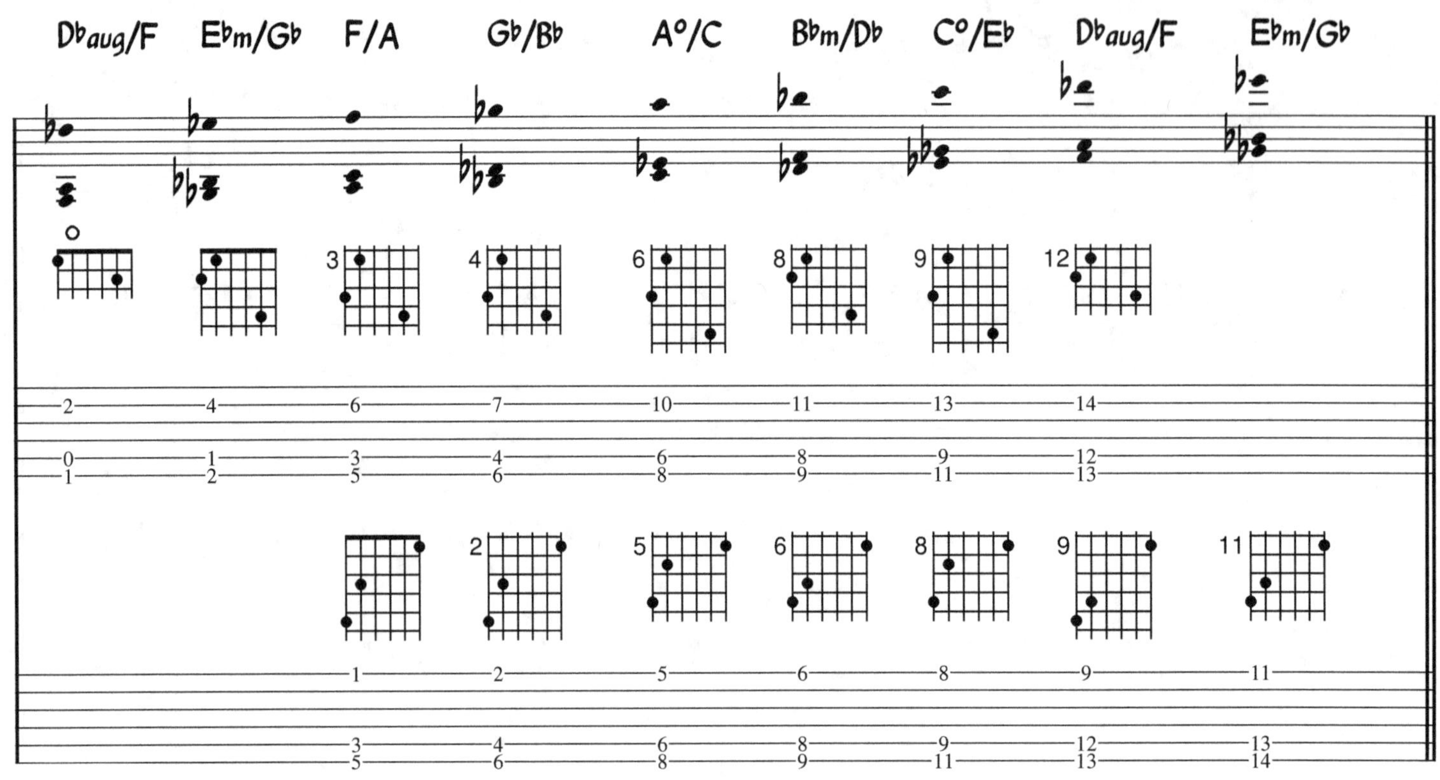
Dᵇaug/F   Eᵇm/Gᵇ   F/A   Gᵇ/Bᵇ   A°/C   Bᵇm/Dᵇ   C°/Eᵇ   Dᵇaug/F   Eᵇm/Gᵇ

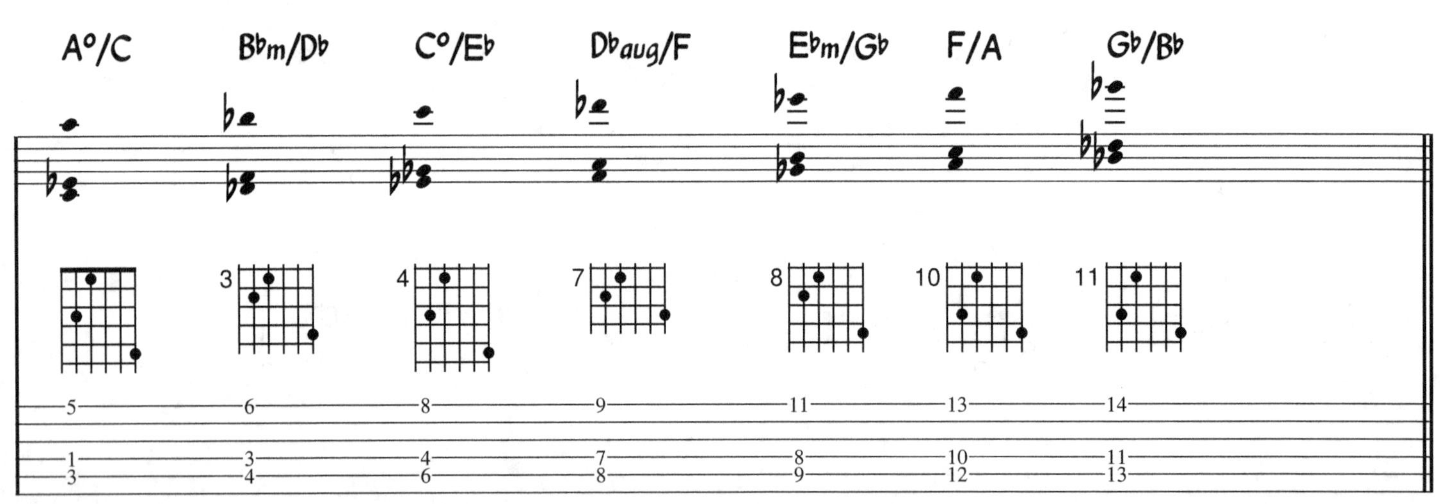
A°/C   Bᵇm/Dᵇ   C°/Eᵇ   Dᵇaug/F   Eᵇm/Gᵇ   F/A   Gᵇ/Bᵇ

2nd inv. (open voiced, Version 3)

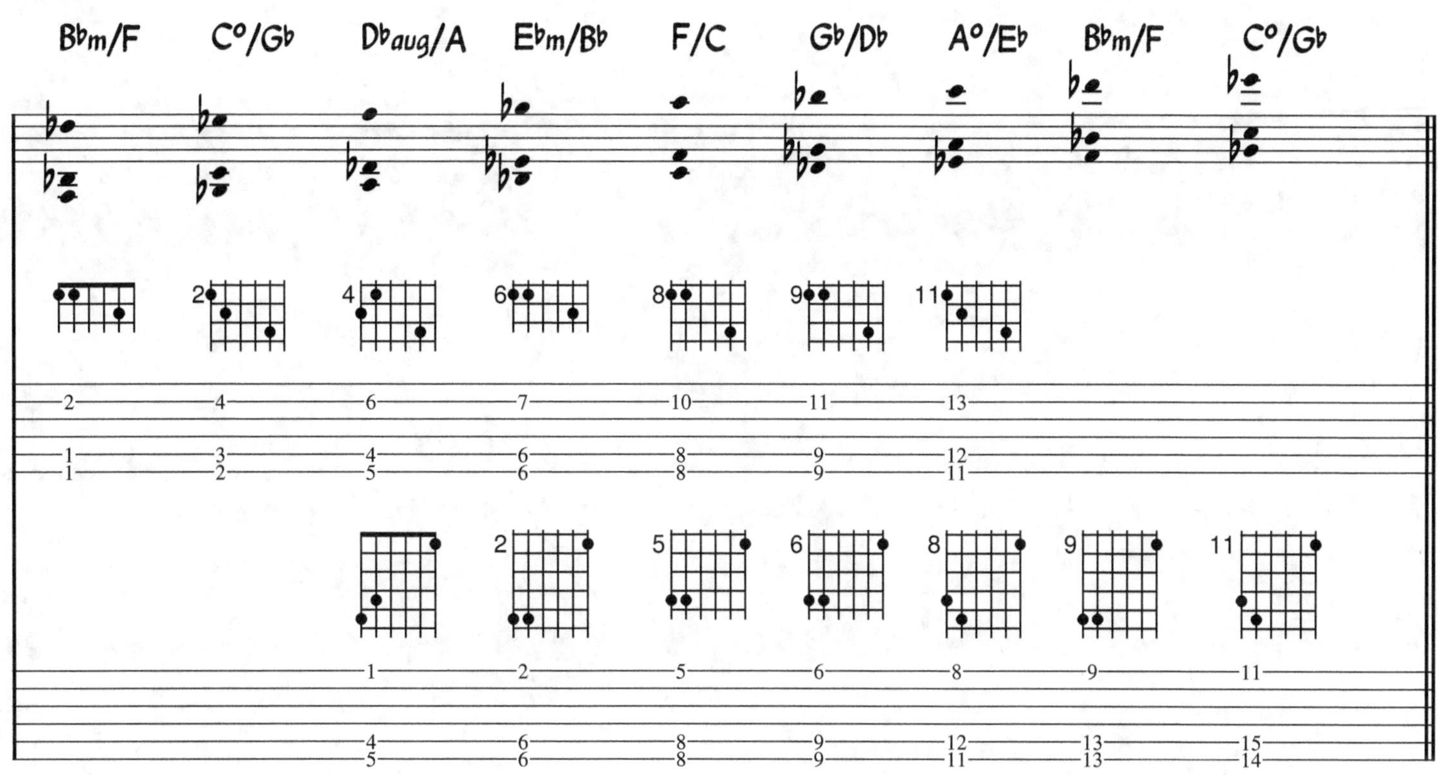

B♭m/F   C°/G♭   D♭aug/A   E♭m/B♭   F/C   G♭/D♭   A°/E♭   B♭m/F   C°/G♭

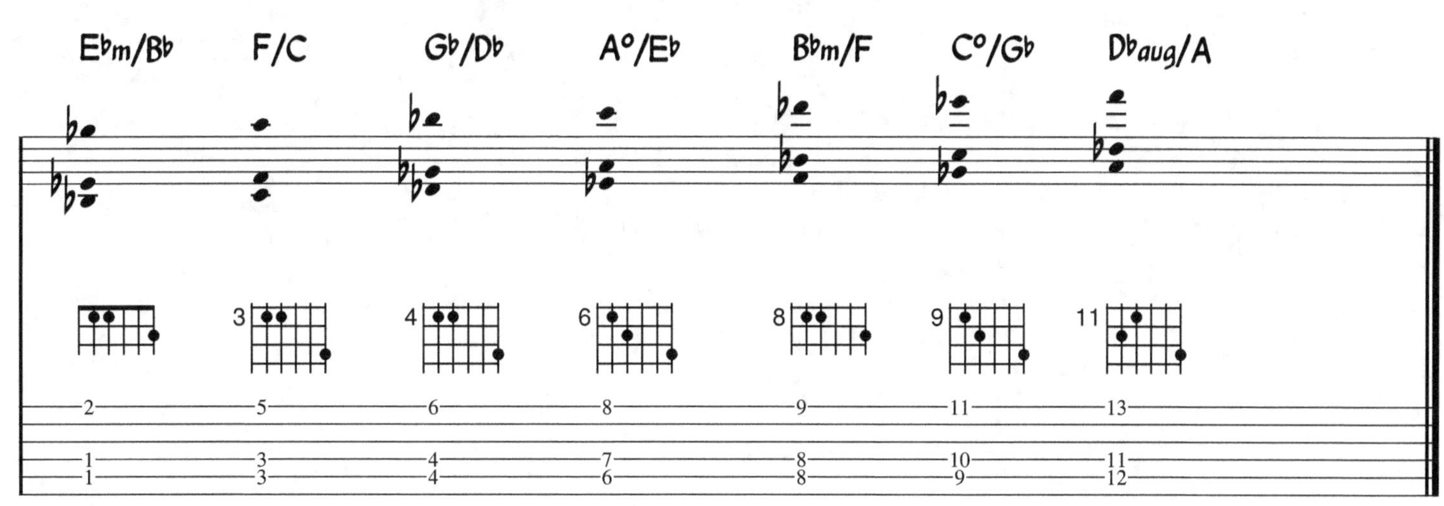

E♭m/B♭   F/C   G♭/D♭   A°/E♭   B♭m/F   C°/G♭   D♭aug/A

~ F harmonic minor ~

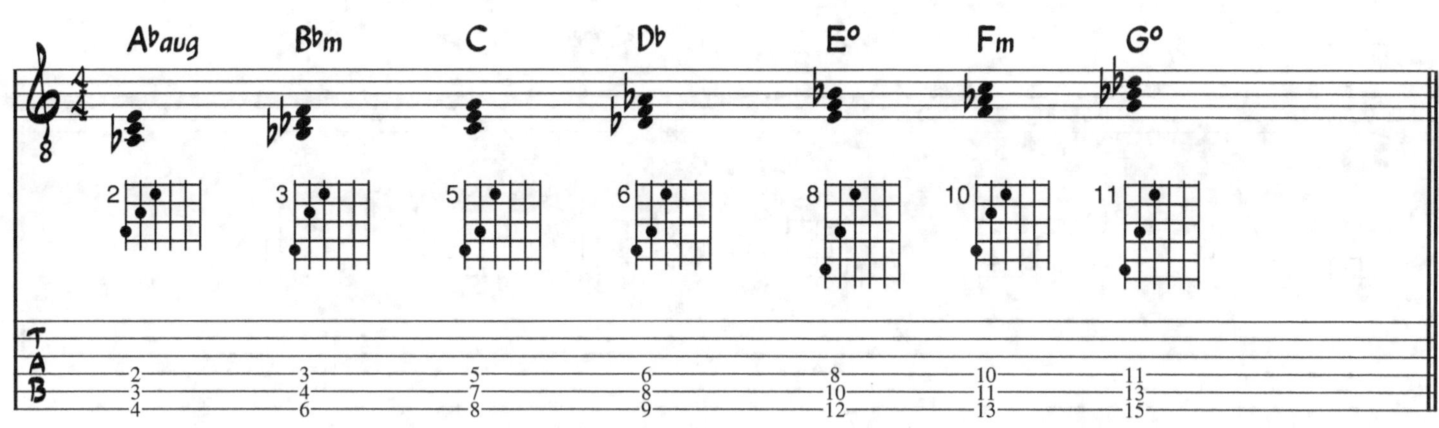

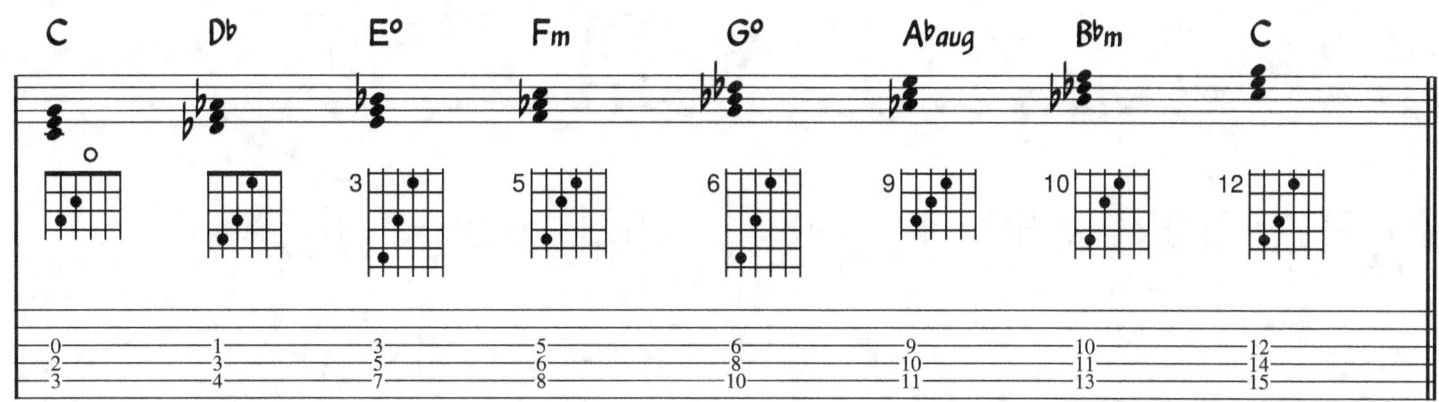

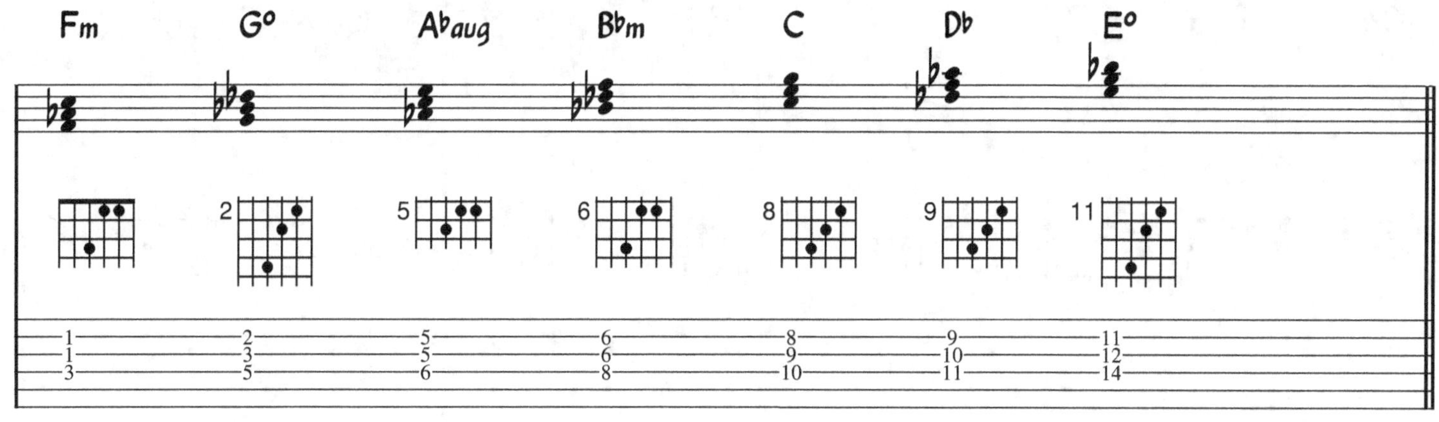

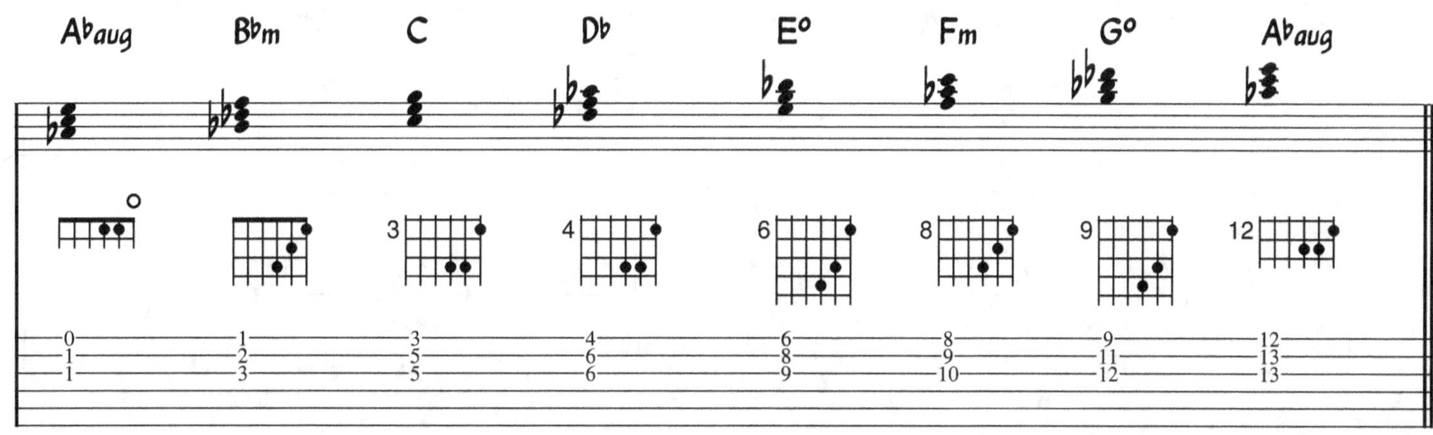

177

1st inv.

E°/G   Fm/A♭   G°/B♭   A♭aug/C   B♭m/D♭   C/E   D♭/F
A♭aug/C   B♭m/D♭   C/E   D♭/F   E°/G   Fm/A♭   G°/B♭
C/E   D♭/F   E°/G   Fm/A♭   G°/B♭   A♭aug/C   B♭m/D♭   C/E
Fm/A♭   G°/B♭   A♭aug/C   B♭m/D♭   C/E   D♭/F   E°/G

2nd inv.

C/G   Db/Ab   E°/Bb   Fm/C   G°/Db   Abaug/E   Bbm/F
E°/Bb   Fm/C   G°/Db   Abaug/E   Bbm/F   C/G   Db/Ab   E°/Bb
Abaug/E   Bbm/F   C/G   Db/Ab   E°/Bb   Fm/C   G°/Db
C/G   Db/Ab   E°/Bb   Fm/C   G°/Db   Abaug/E   Bbm/F   C/G

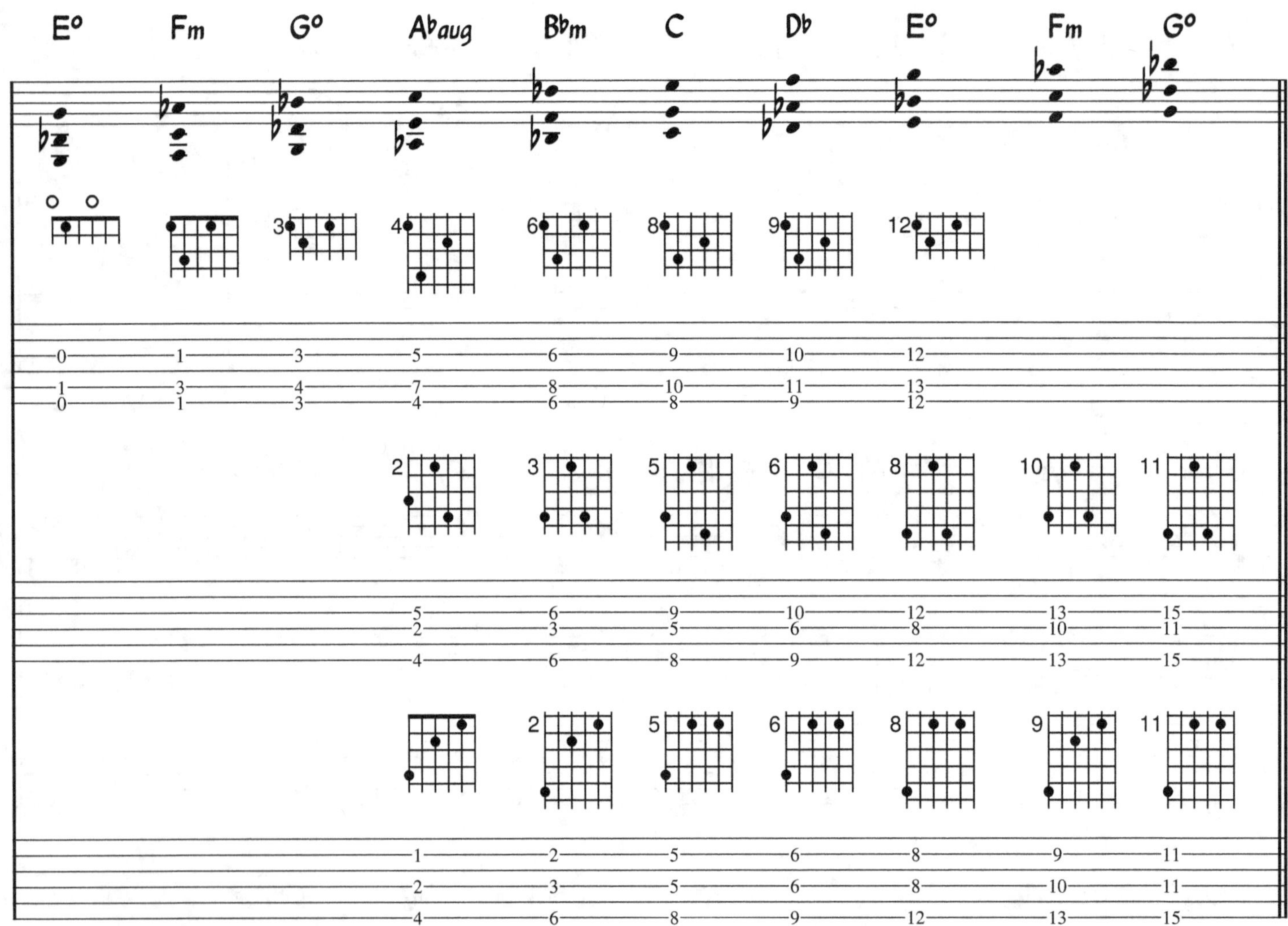

E°
Fm
G°
A♭aug
B♭m
C
D♭
E°
Fm
G°

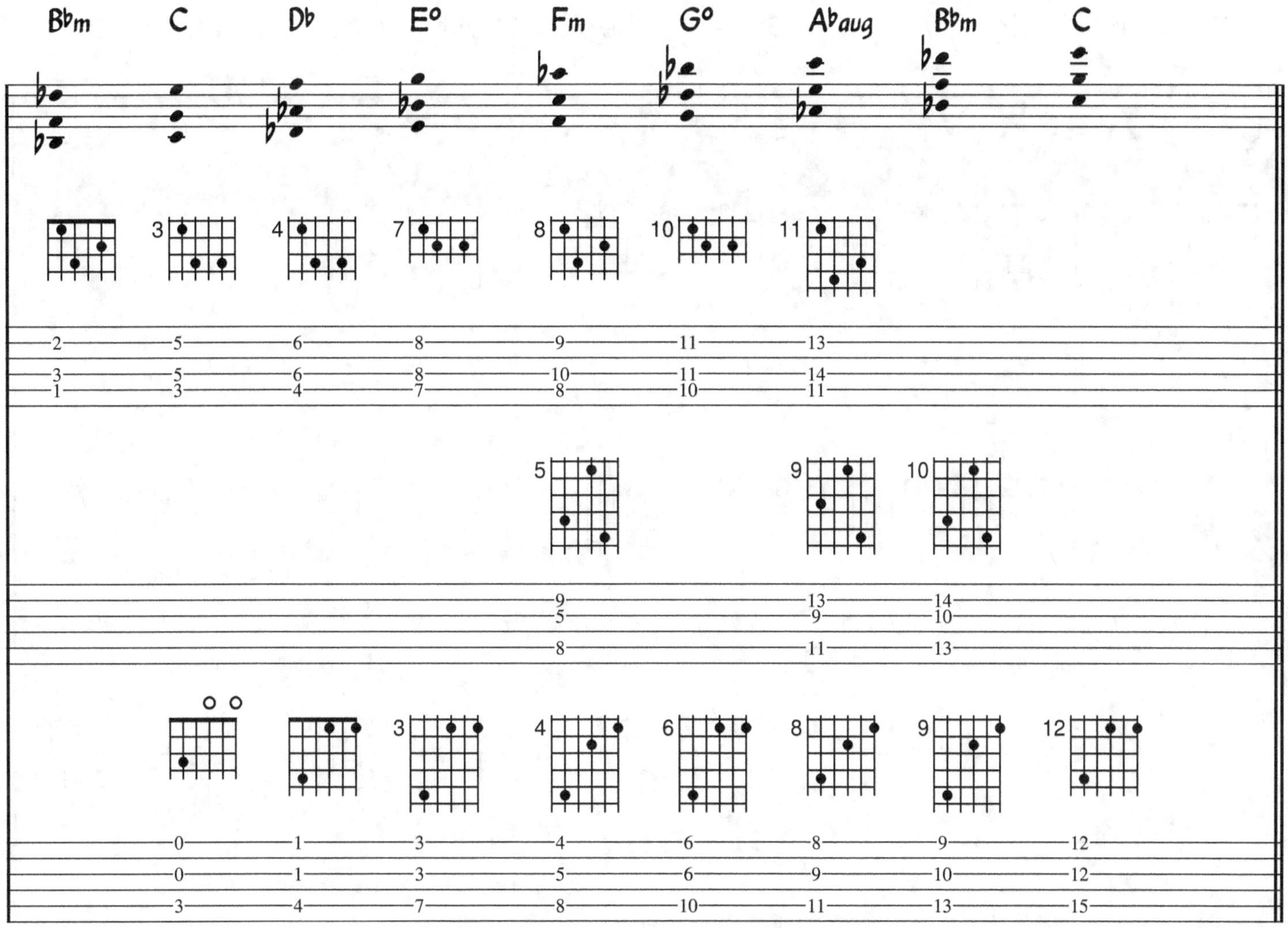

Bbm
C
Db
E°
Fm
G°
Abaug
Bbm
C
E°
Fm
G°
Abaug
Bbm
C
Db
E°

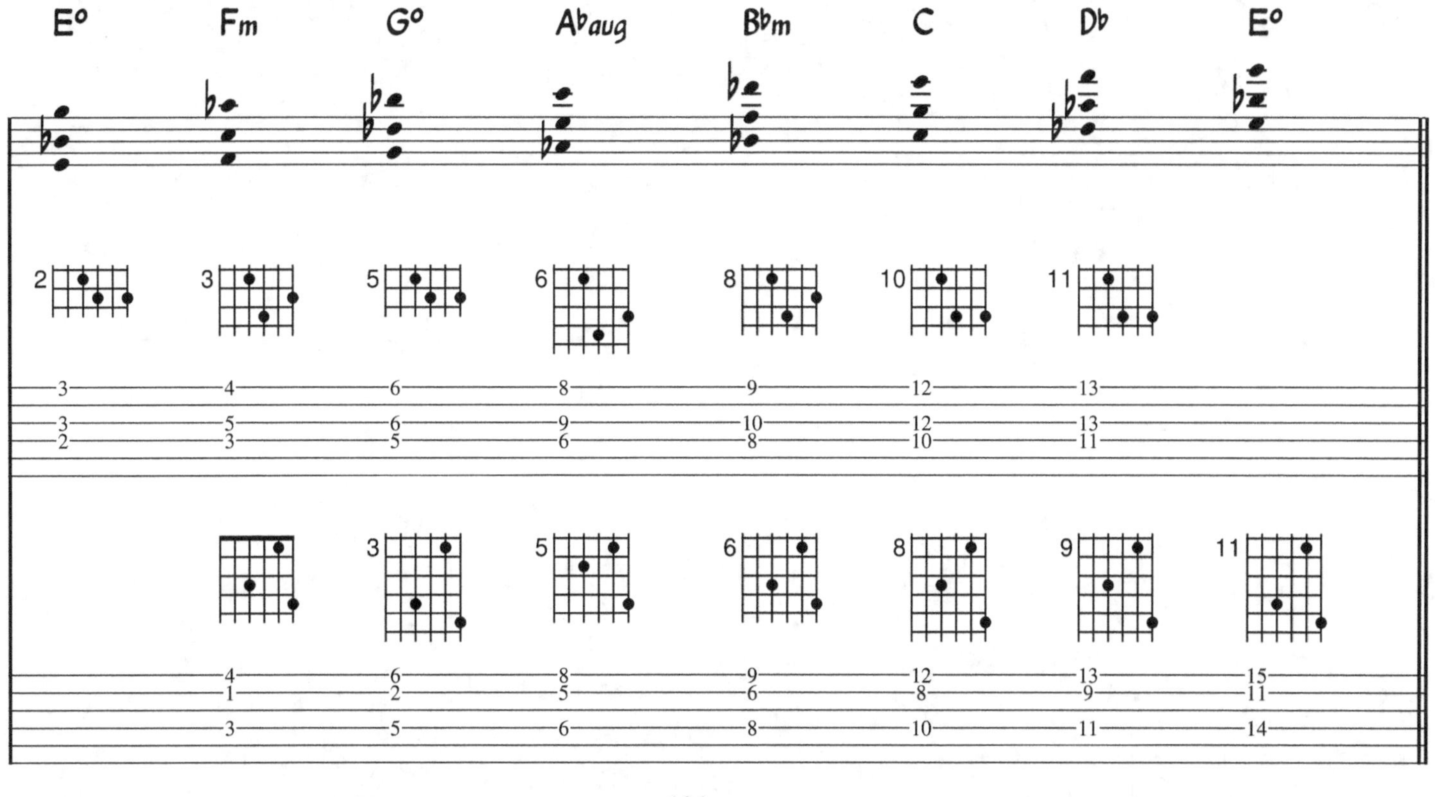

1st inv. (open voiced)

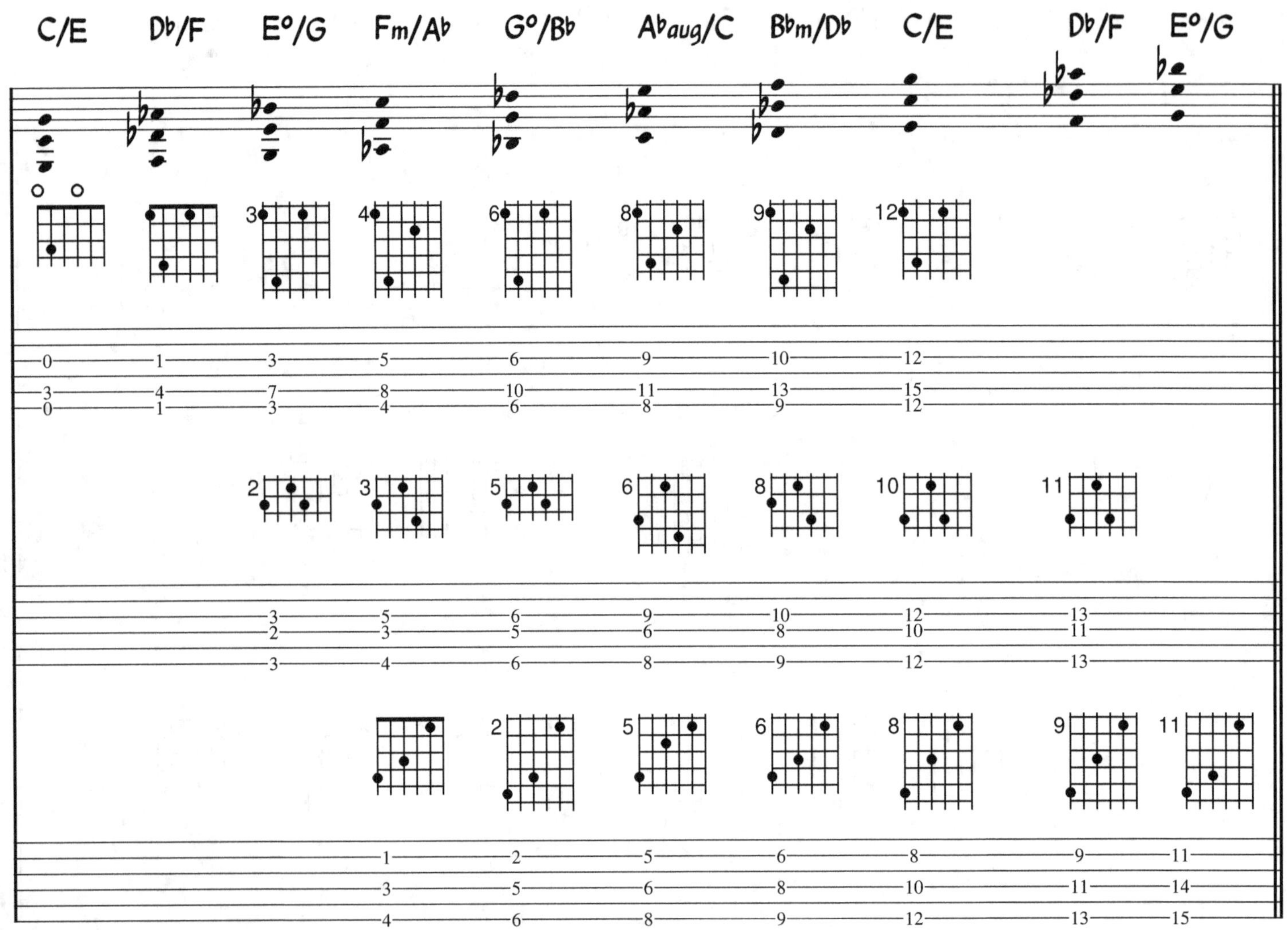
C/E
Db/F
E°/G
Fm/Ab
G°/Bb
Abaug/C
Bbm/Db
C/E
Db/F
E°/G

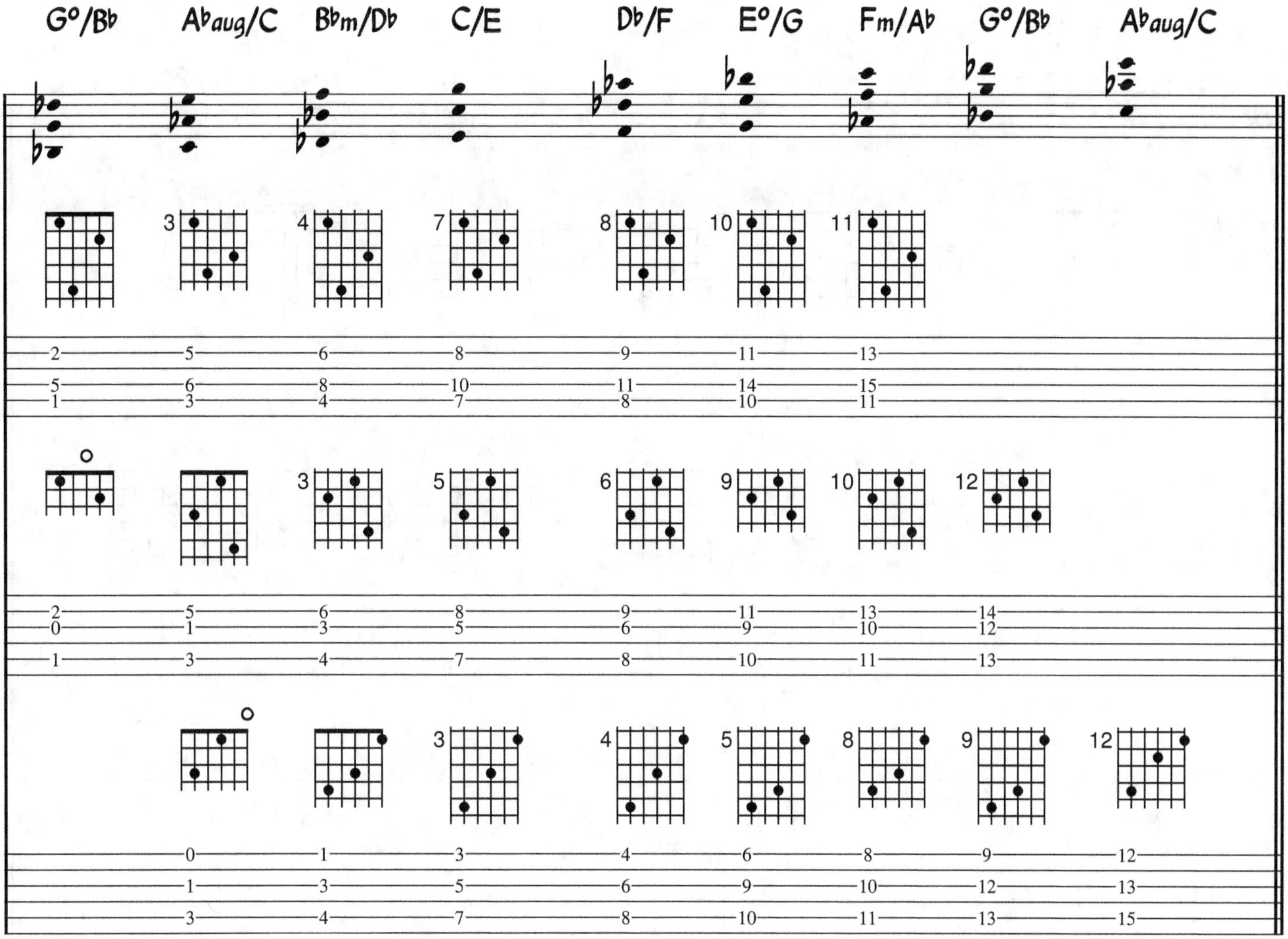

G°/Bb
Abaug/C
Bbm/Db
C/E
Db/F
E°/G
Fm/Ab
G°/Bb
Abaug/C
C/E
Db/F
E°/G
Fm/Ab
G°/Bb
Abaug/C
Bbm/Db
183

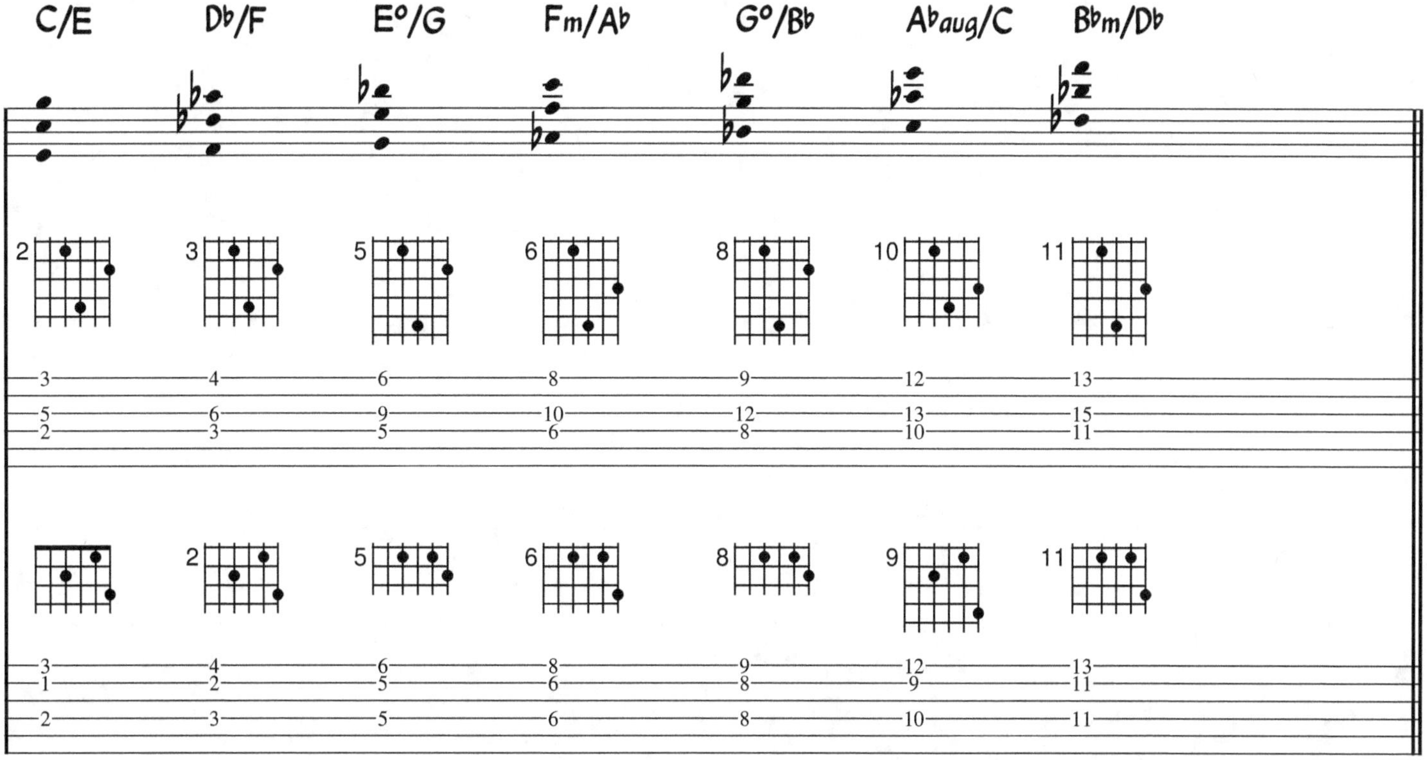

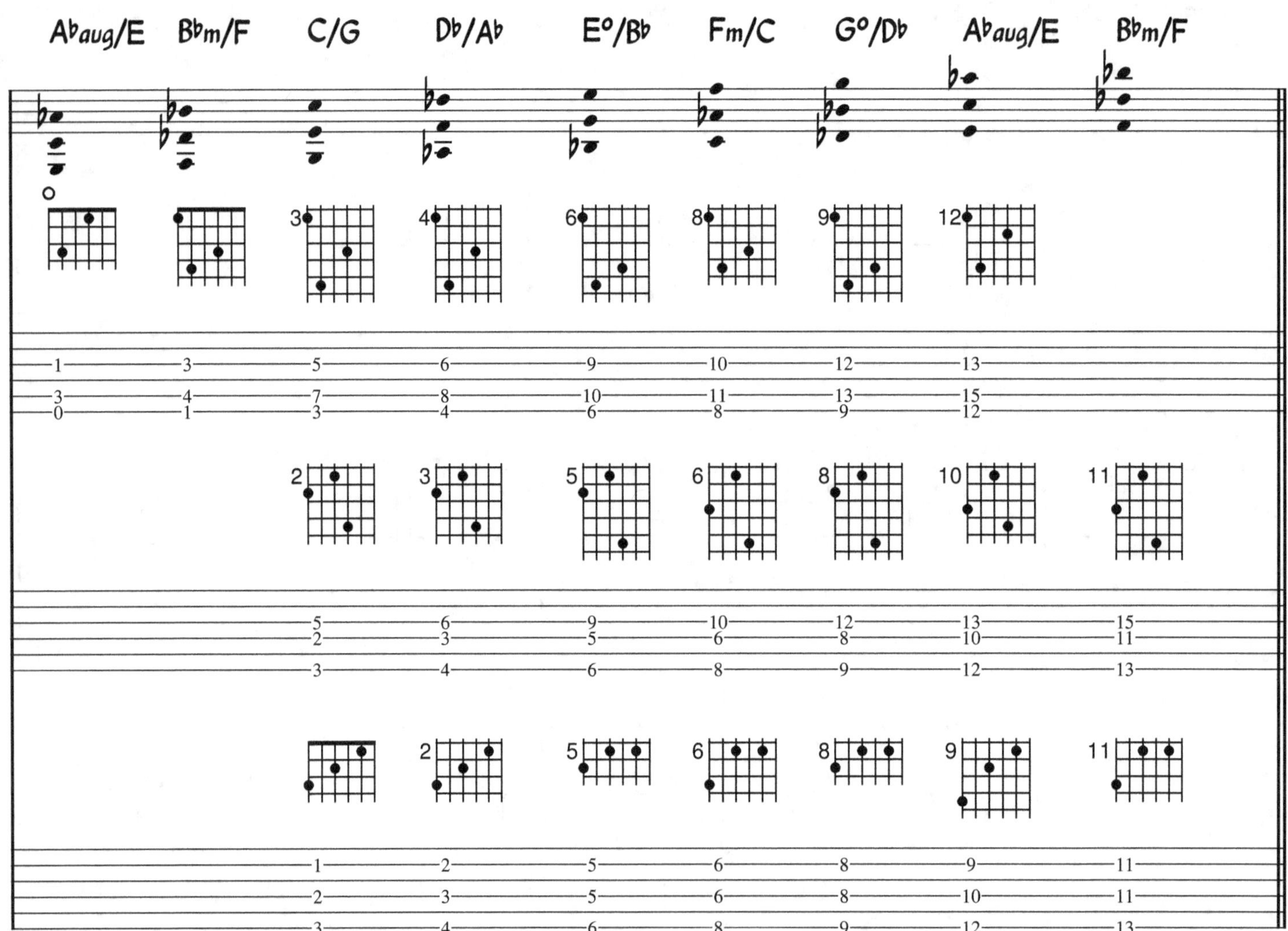
A♭aug/E
B♭m/F
C/G
D♭/A♭
E°/B♭
Fm/C
G°/D♭
A♭aug/E
B♭m/F

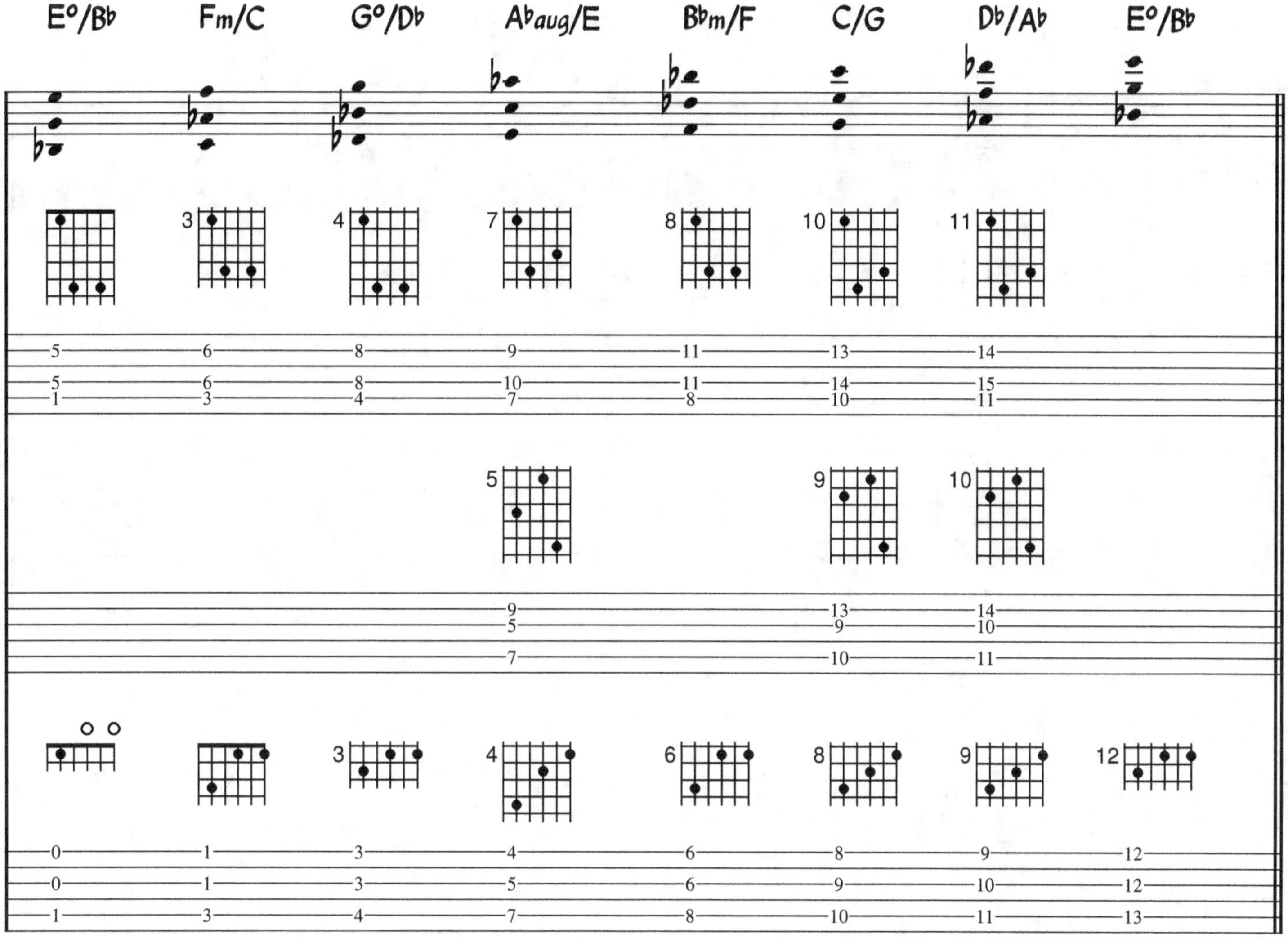

E°/Bb   Fm/C   G°/Db   Abaug/E   Bbm/F   C/G   Db/Ab   E°/Bb

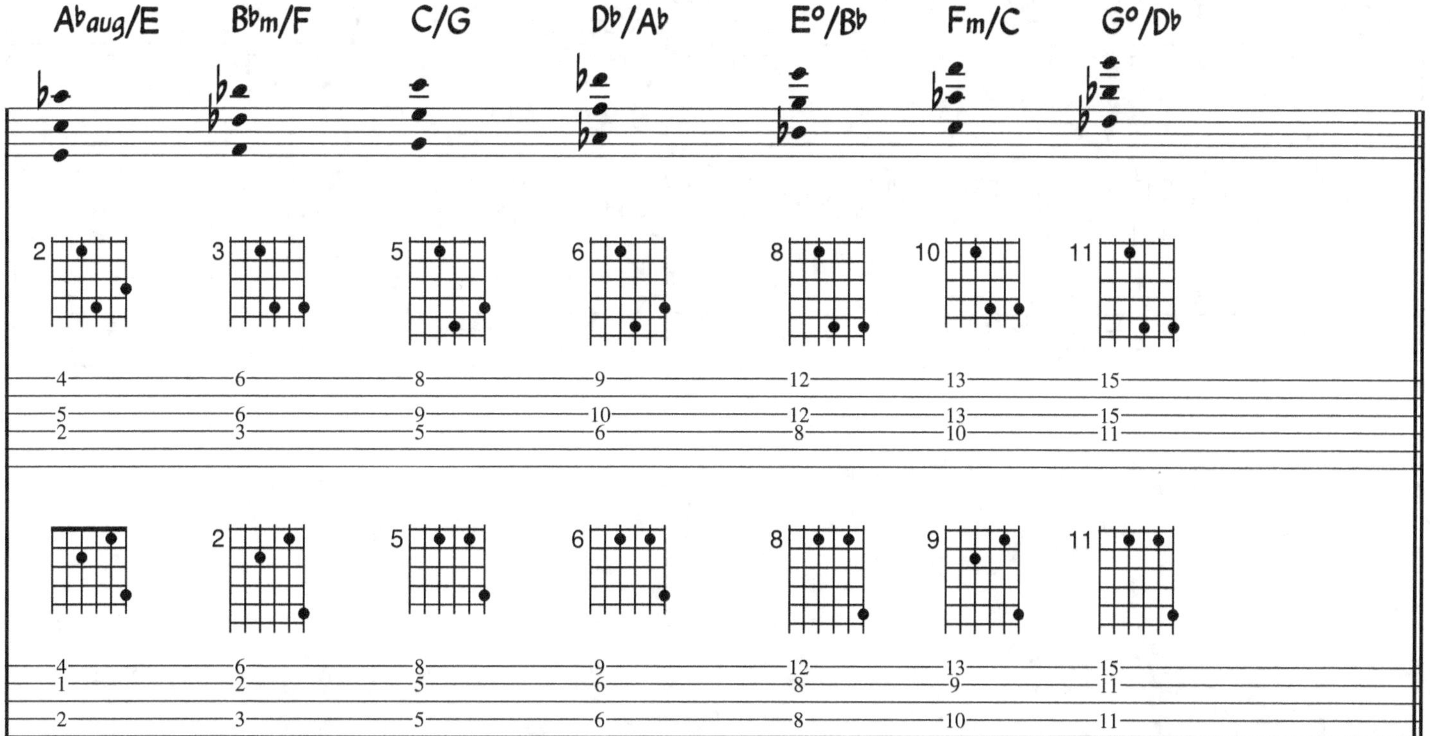

Abaug/E   Bbm/F   C/G   Db/Ab   E°/Bb   Fm/C   G°/Db

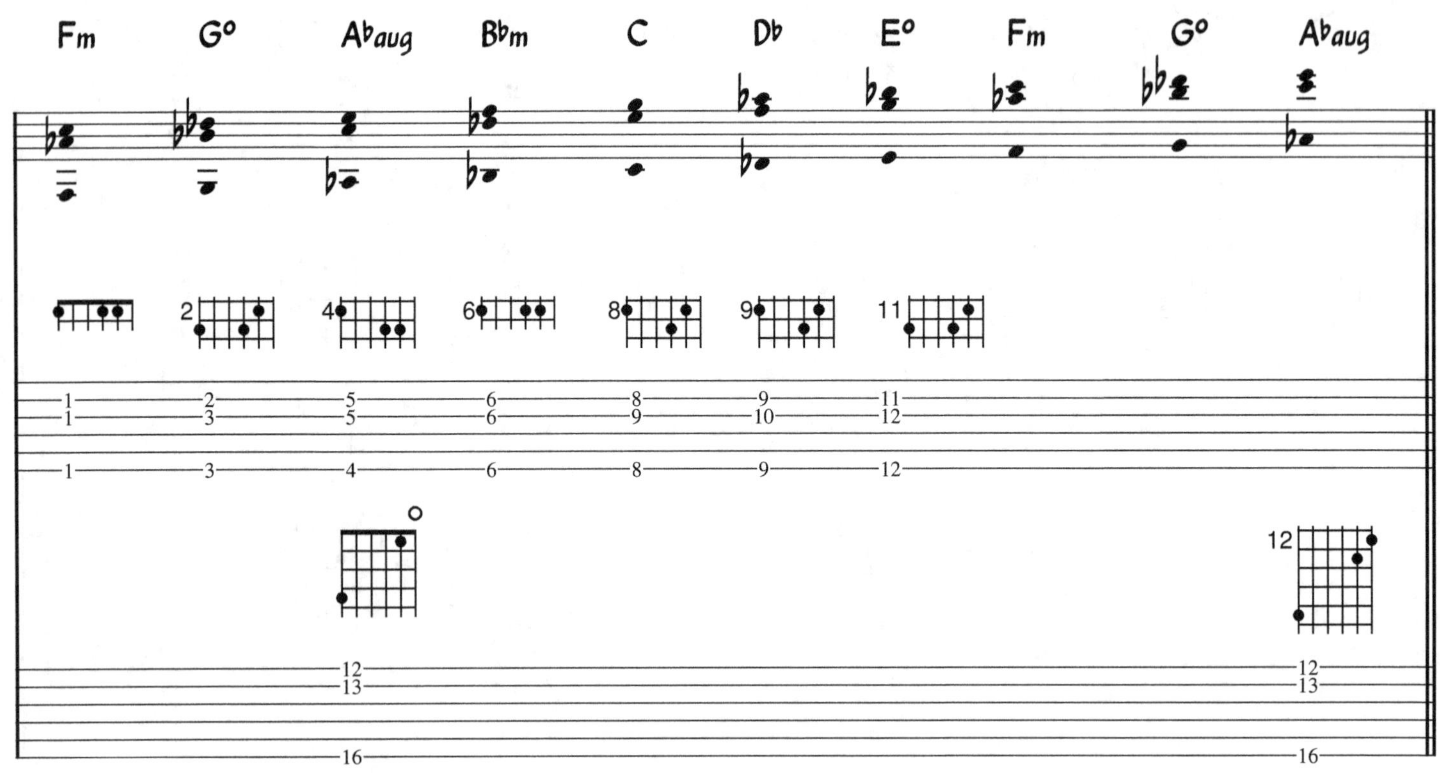
Fm
G°
A♭aug
B♭m
C
D♭
E°
Fm
G°
A♭aug

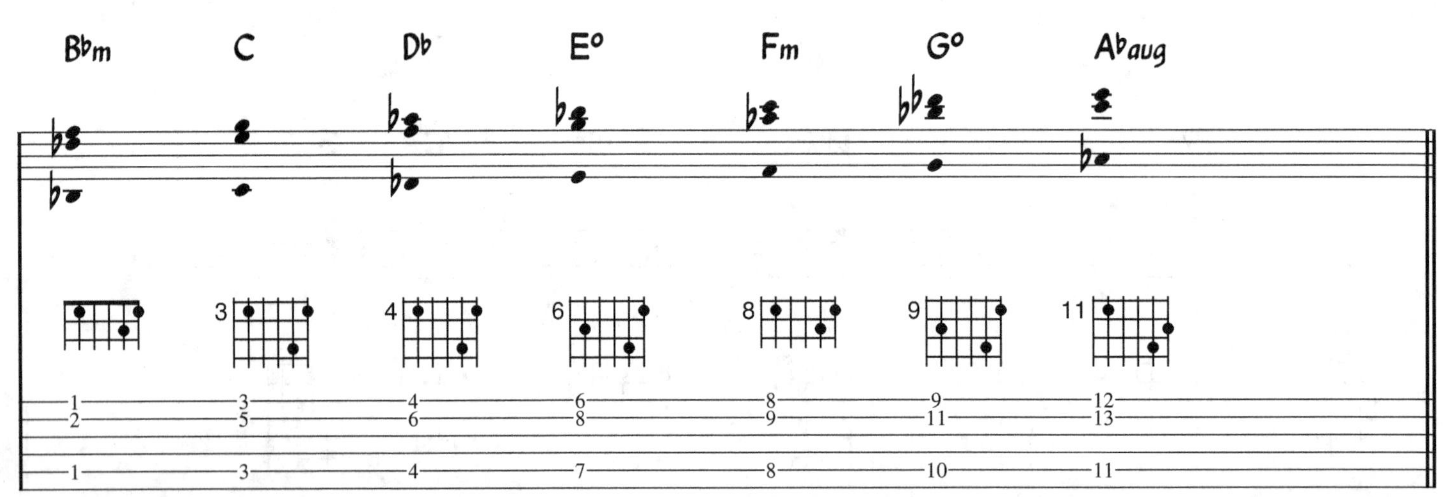
B♭m
C
D♭
E°
Fm
G°
A♭aug

1st inv. (open voiced, Version 2)

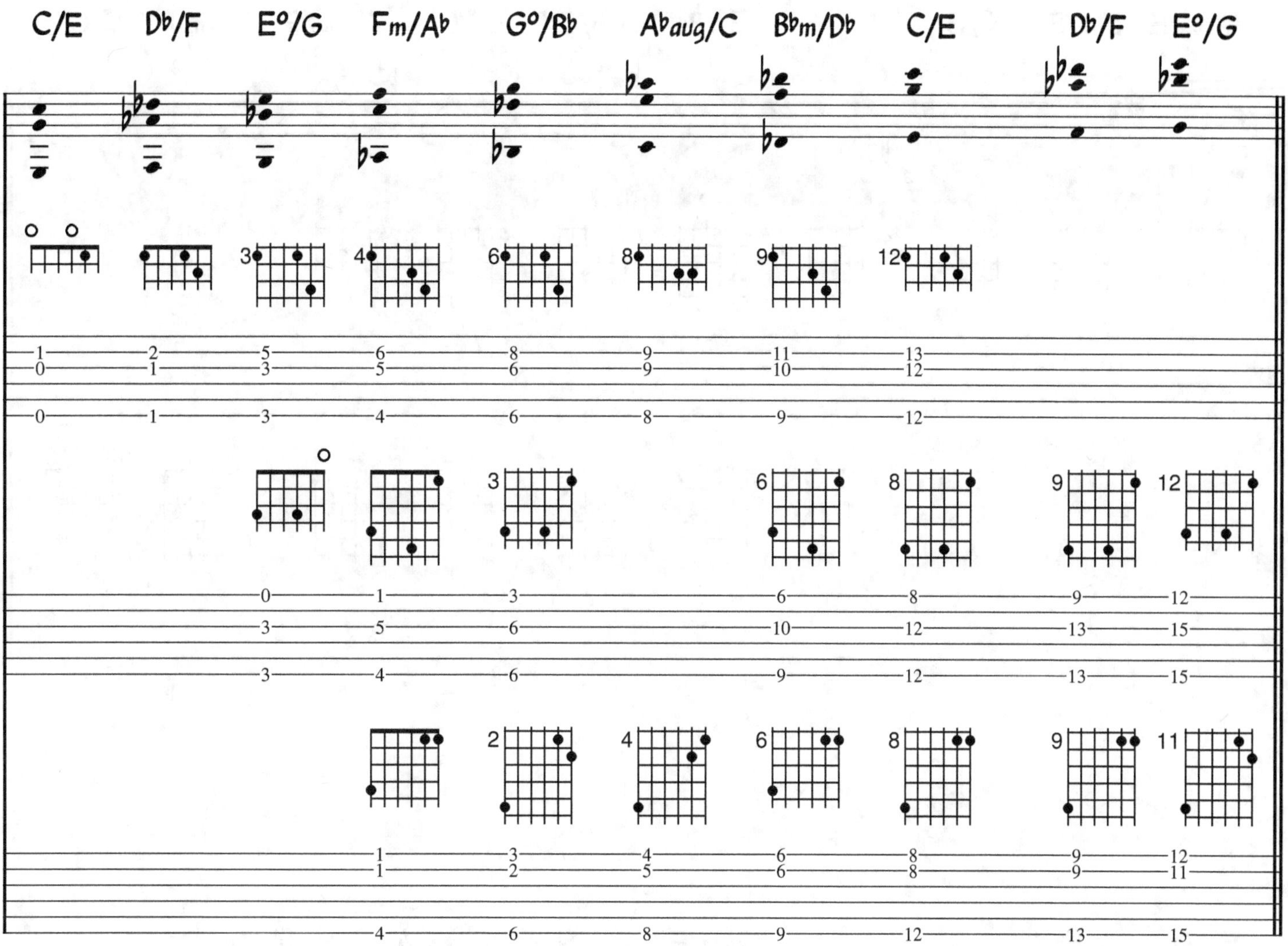

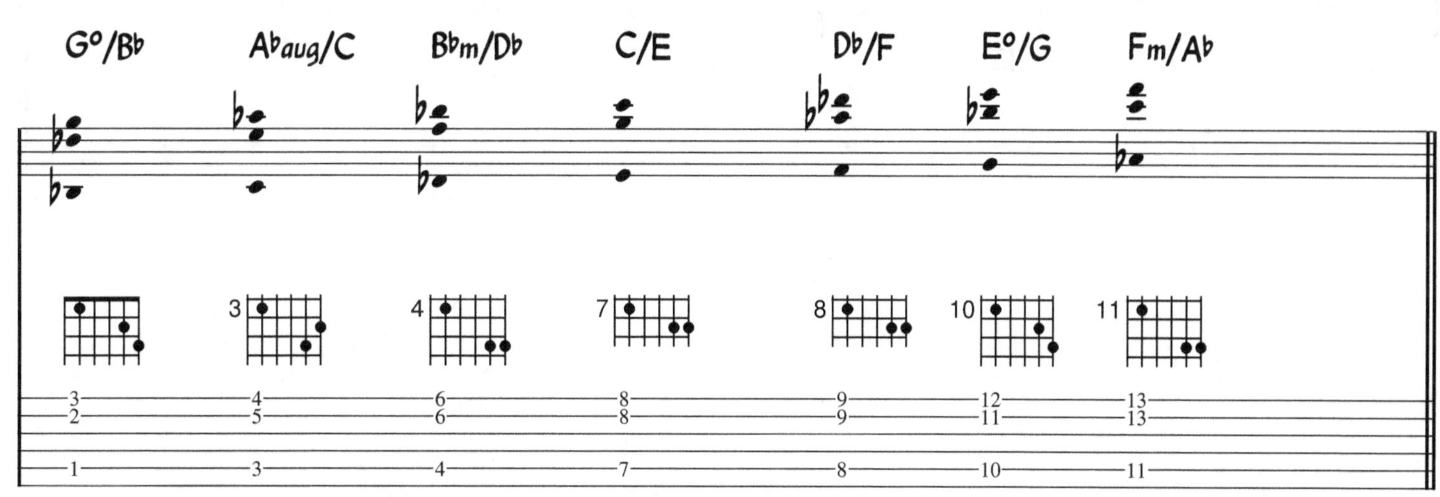
C/E
Db/F
E°/G
Fm/Ab
G°/Bb
Abaug/C
Bbm/Db
C/E
Db/F
E°/G

G°/Bb
Abaug/C
Bbm/Db
C/E
Db/F
E°/G
Fm/Ab

2nd inv. (open voiced, Version 2)

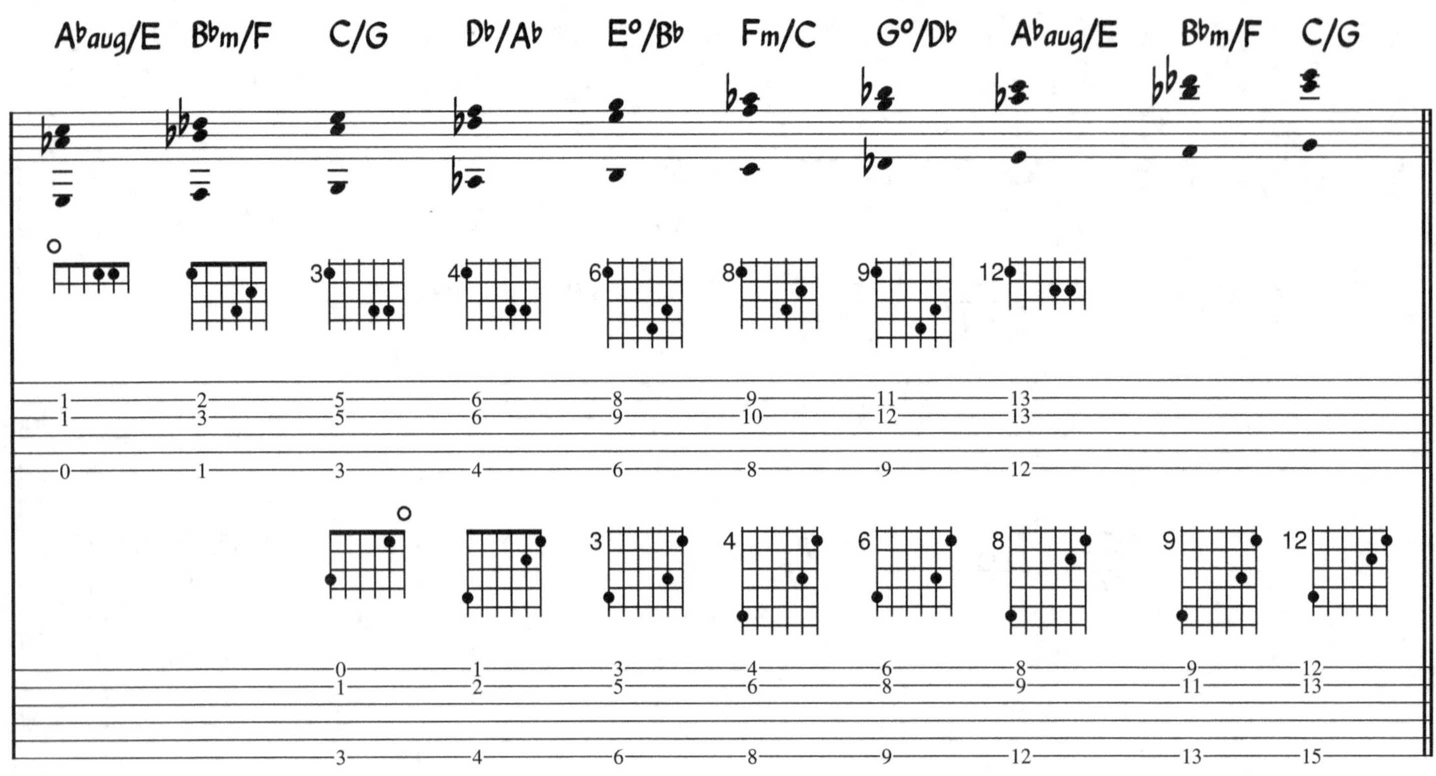

Abaug/E Bbm/F C/G Db/Ab Eo/Bb Fm/C Go/Db Abaug/E Bbm/F C/G

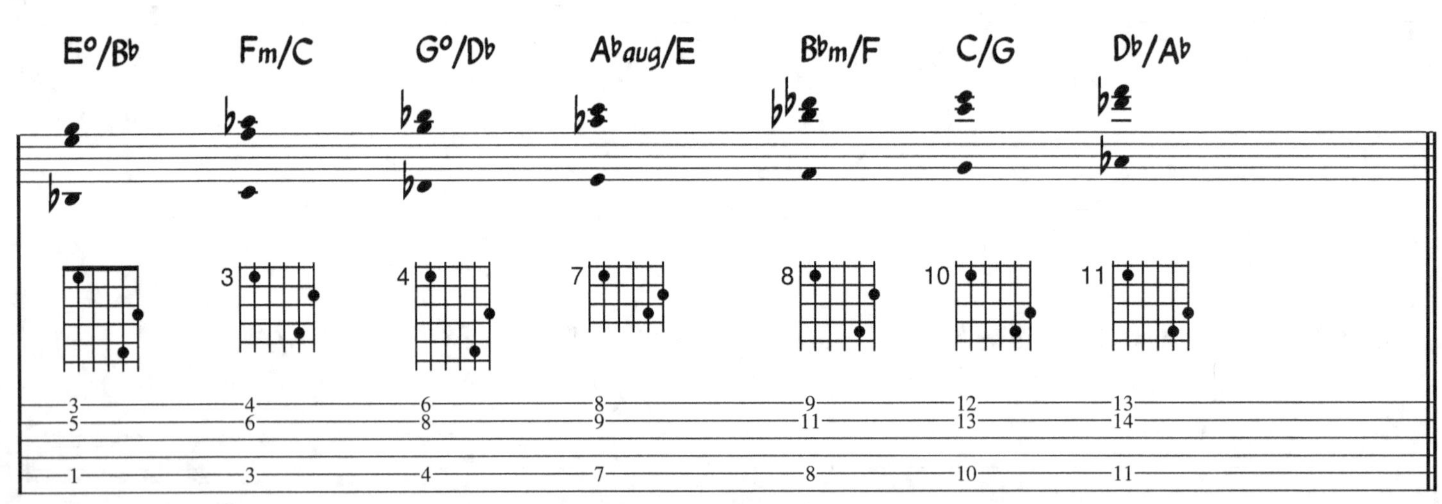

Eo/Bb Fm/C Go/Db Abaug/E Bbm/F C/G Db/Ab

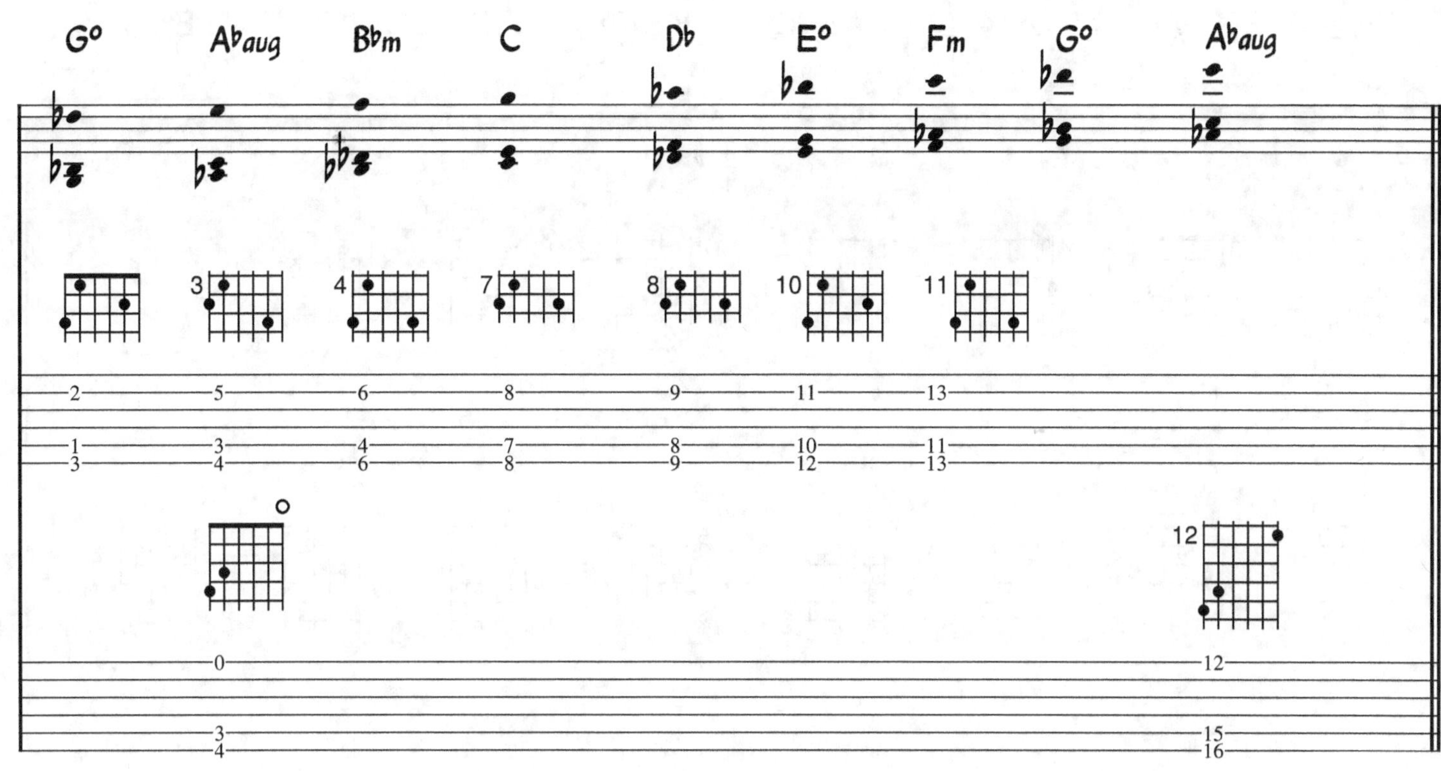
G°
A♭aug
B♭m
C
D♭
E°
Fm
G°
A♭aug

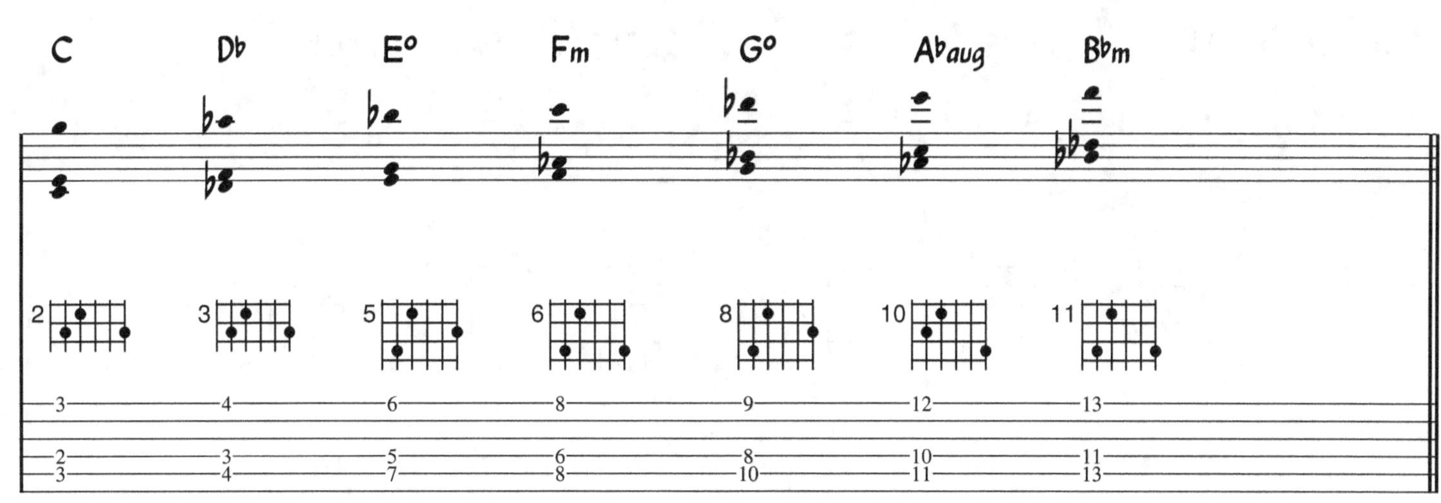
C
D♭
E°
Fm
G°
A♭aug
B♭m

1st inv. (open voiced, Version 3)

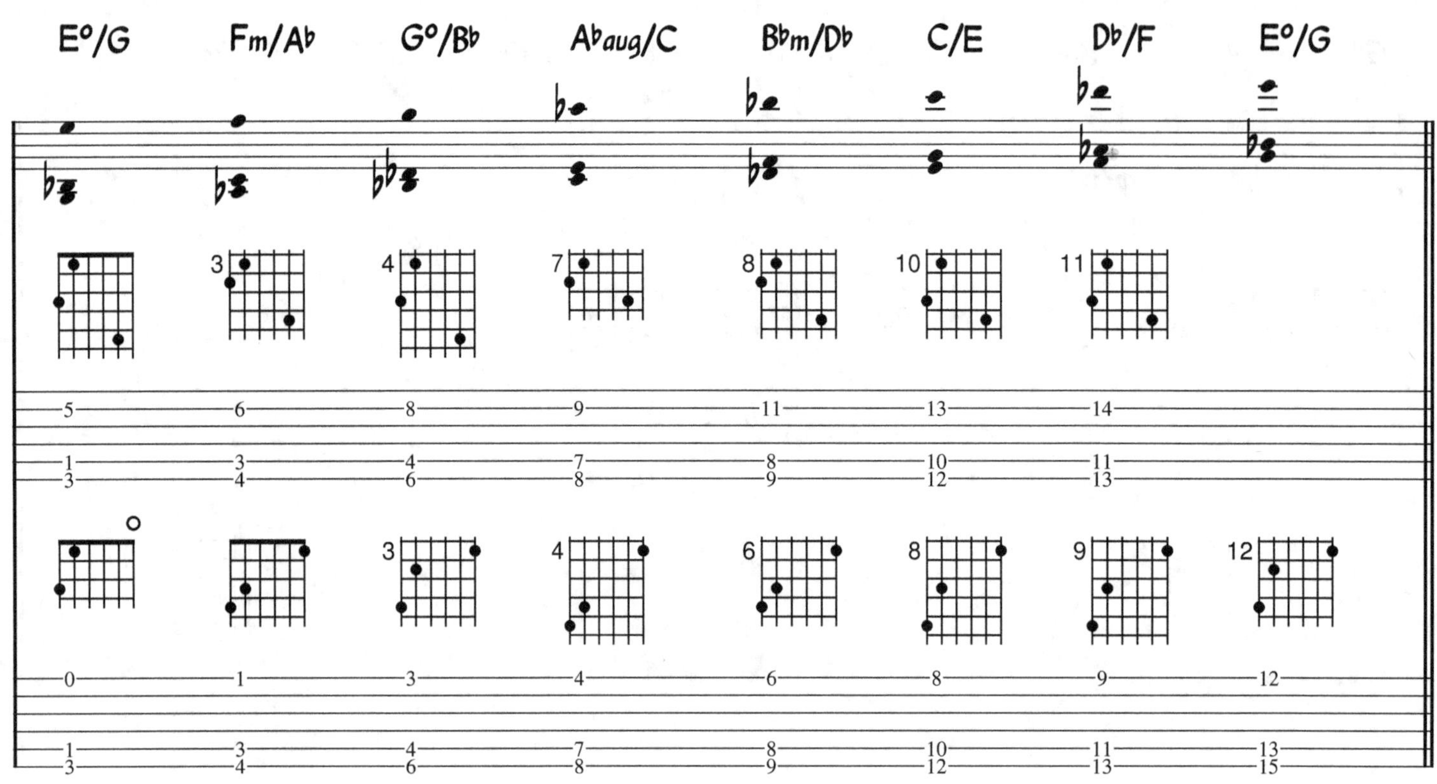
E°/G   Fm/Ab   G°/Bb   Abaug/C   Bbm/Db   C/E   Db/F   E°/G

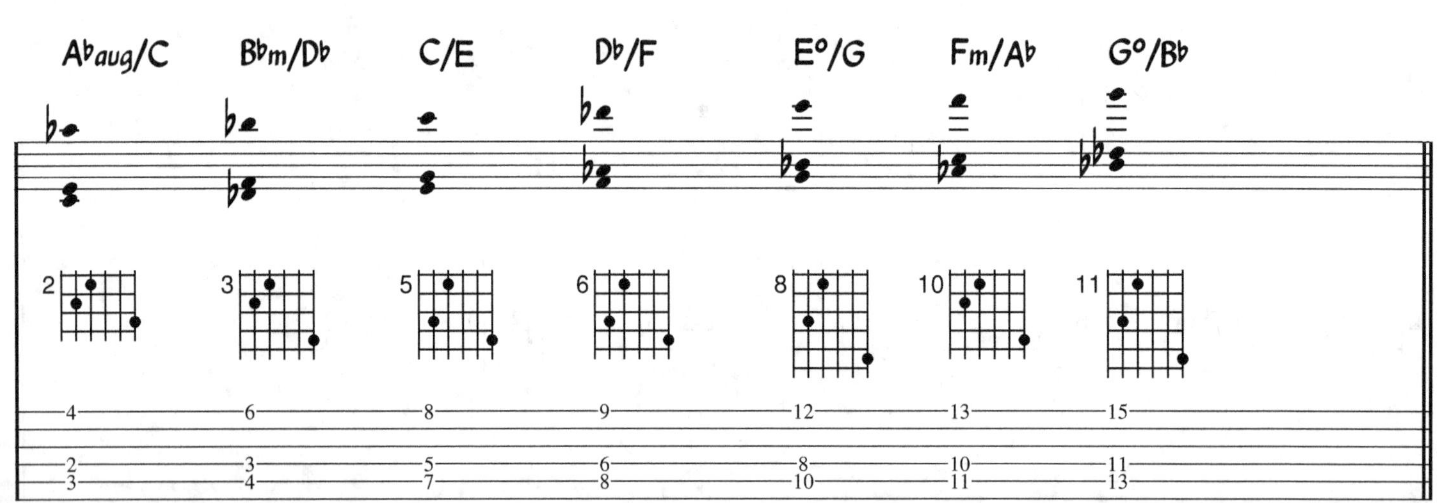
Abaug/C   Bbm/Db   C/E   Db/F   E°/G   Fm/Ab   G°/Bb

2nd inv. (open voiced, Version 3)

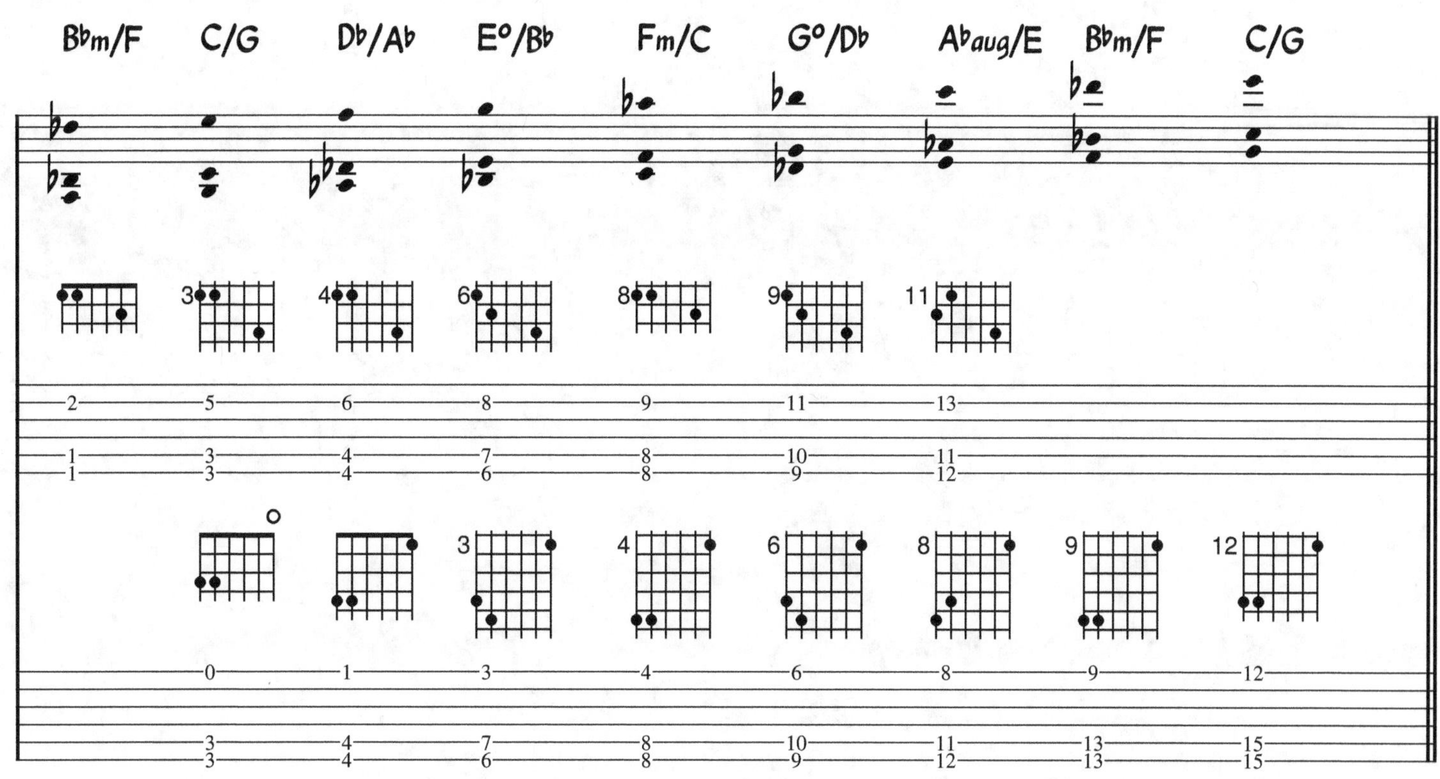

Bbm/F   C/G   Db/Ab   E°/Bb   Fm/C   G°/Db   Abaug/E   Bbm/F   C/G

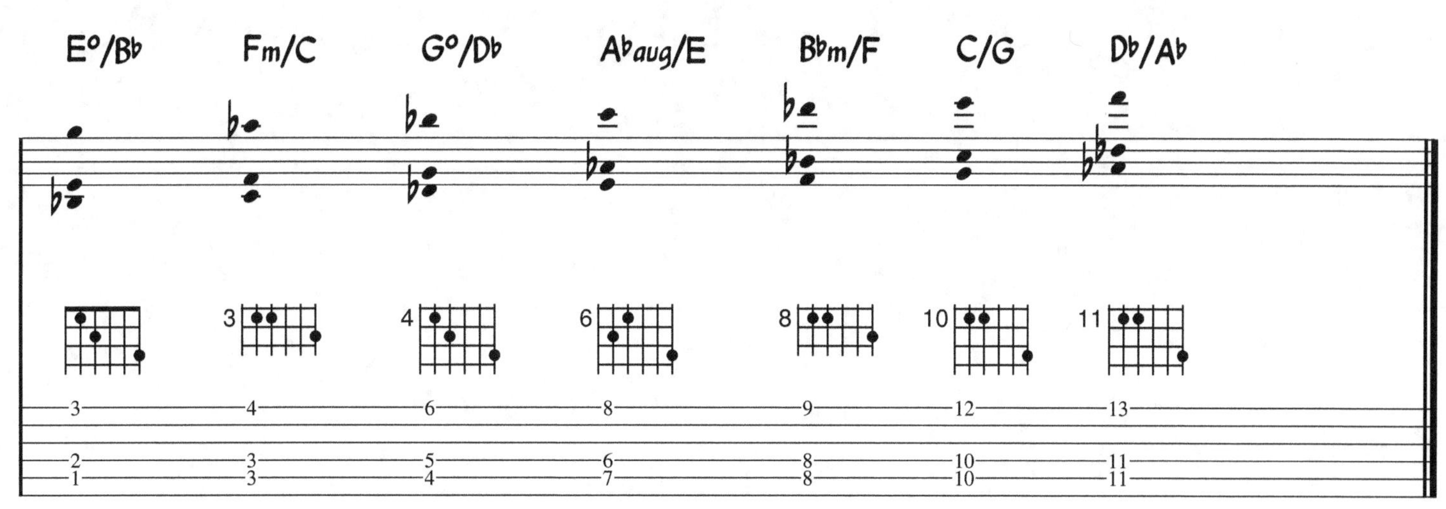

E°/Bb   Fm/C   G°/Db   Abaug/E   Bbm/F   C/G   Db/Ab